공공기관 행정실무

- 공공기관 경영 부문 행정실무를 쉽고 이해하기 편하게 알려주는 편람 -

공공기관
행정실무

초판 1쇄 인쇄 2024년 04월 25일
초판 1쇄 발행 2024년 05월 02일
지은이 김태균 | 이범수 | 차샘 | 오정수

펴낸이 김양수
표지편집 도서출판 맑은샘
본문편집 워킹북스
교정 연유나

펴낸곳 휴앤스토리
출판등록 제2016-000014
주소 경기도 고양시 일산서구 중앙로 1456(주엽동) 서현프라자 604호
전화 031) 906-5006
팩스 031) 906-5079
홈페이지 www.booksam.kr
블로그 http://blog.naver.com/okbook1234
포스트 http://naver.me/GOjsbqes
인스타그램 @okbook_
이메일 okbook1234@naver.com
ISBN 979-11-93857-05-2(13320)

맑은샘, 휴앤스토리 브랜드와 함께하는 출판사입니다.

공공기관
행정실무

서 문

공공기관에 재직하면서 스스로에게 질문을 많이 하며 업무를 수행했다. 공공기관이란 조직에 적응하기 위해 그리고 주어진 업무에 최선을 다해 좋은 결괏값을 얻기 위해 부단히 노력했다. 모르는 업무가 있으면 주변 동료나 직속 상급자에게 물어보고 다른 기관 사례를 확인하면서 내가 속한 기관만의 업무절차와 방법 등을 찾았었다.

공공기관은 정부조직처럼 인사·조직, 교육·채용 등을 전담하는 기관(인사혁신처 등)이 없어서 「공공기관의 운영에 관한 법률」과 직무별 관계 법령, 각 기관의 설립 근거법 및 정부에서 마련한 공공기관 관련 지침 등을 근거로 업무를 추진한다. 다만, 327개(2024년 기준) 공공기관의 성격과 지정 형태, 규모, 사업 영역 등이 모두 달라서 관계 법령 및 정부의 지침 등을 벗어나지 않는 범위 내에서 기관마다 고유한 업무절차와 방법을 가지고 있다는 특징이 있다.

실무업무를 수행하면서 누군가의 확답을 듣고 싶고, 내가 하는 업무절차나 방법 등이 올바른 방향인지 확인하고 싶었다. 기존 관례 및 사례, 선임이 했던 업무방식 등이 과연 옳은 것인지 아니면 개선할 사항이 있는지에 대한 기준이 명확하지 않았다. 공공기관에는 직무마다 실무적으로 해답을 줄 수 있는 상위기관이나 전문기관이 없어서 스스로 방안을 찾거나 과거 수행했던 업무를 답습하면서 진행하는 일이 많았다. 실무를 하면서 가장 아쉬웠던 점이 바로 이런 부분이었다. 이 책을 쓰게 된 이유도 공공기관 경영 부문에 대한 표준적인 업무편람을 만들면 유용하게 활용되지 않을까 하는 개인적인 생각에서 시작했다.

공공기관 직무(또는 조직·운영·관리 등)에 대한 구분이 학문적으로나 이론적으로 명확하게 정립된 것은 아니다. 공공기관에서 이행되는 경영 및 운영·관리 등의 업무가 실무적인 성격이 강하기 때문이다. 공공기관에서 이행되는 업무절차 및 방법 등은 관계 법령과 지침 등에 따라 실시하거나 기존의 관례에 따라 수행했던 업무 방식으로 이루어지는 경향이 있어서, 이론적으로 정립하거나 학문적으로 연구하기에는 다소 어려운 부분이 있는 것도 사실이다.

개인적인 실무경험에 따라 공공기관이 수행하는 직무를 구분하면 '기관을 운영·관리하는 부문'과 '기관의 설립 목적을 이행하기 위해 추진하는 각종 사업 부문'으로 구분할 수 있다. 공공기관 경영 부문은 조직 관점에서 기관의 사업을 보좌할 수 있는 참모부서의 역할을 수행한다고 말할 수 있다. 경영 부문에 해당하는 직무가 주로 기획과 인사, 총무 등이기 때문에 해당 기능은 관계 법령과 정부의 지침 등에 따라 업무에 대한 절차와 형식, 기존의 사례 등이 있어 표준화하기 용이한 부분이 있다. 다만, 법령이나 규정에는 세세하게 명시하지 못한 부분이 많으므로 실무를 이해하는 데 어려움이 있는 것도 사실이다. 그래서 이 책은 공공기관 실무자 또는 공공기관 경영 부문에 관심이 있는 사람(취업준비생 또는 대학생 등)들에게 조금이나마 도움이 되고자 「공공기관 행정실무」라는 제목으로 발간하게 됐다.

이 책은 2019년부터 2023년까지 약 5년간에 걸쳐서 출간한 「공공기관 인사쟁이 따라하기」와 「공공기관 기획쟁이 따라하기」를 기본으로 총무관리 부분을 추가했다. 기존에 출간한 책의 내용 중 보완할 사항과 최신 사례 등을 반영했고, 기존 책에 없던 직무를 추가하여 공공기관 경영 부문에 대한 직무를 이해하기 편하게 편성하고자 했다. 이 책을 읽으면 대략 공공기관 행정에 대한 이해를 높일 수 있고, 공공기관에서 추진하는 각종 직무별 사례를 따라 해보면서 공공기관 행정실무에 대한 간접적인 직무 경험을 쌓을 수 있을 것으로 생각한다.

책을 쓰면서 생각한 것이 있다. 바로 '왜 공공기관 행정에 대한 개론이나 실무 편람이 없을까'이다.

공공기관에는 수많은 임직원(43만여 명)이 재직 중이다. 직무 경험이 많은 분들도 있고, 직무 분야별 박사와 전문 자격증이 있는 분들도 있다. 그런데 왜 아직 공공기관 행정과 관련한 총괄적인 편람이나 업무 매뉴얼 등이 없을까에 대한 고민이 있었다. 필요성이 없어서인지 아니면 공공기관 재직에 따른 부담이 있어서인지 등을 생각해 봤다. 나름대로 내린 결론은 공공기관 행정(경영 부문)의 영역이 직무별로 전문 영역에 해당하기 때문에 하나의 책으로 이 모든 직무를 설명하고 소개하기는 어렵다는 것이다.

공공기관의 행정업무는 관계 법령이나 정부의 규정에 따라 이뤄지고 직무별로 개별적인 업무 매뉴얼이 존재하기 때문에 전체적인 공공기관 행정 관련 매뉴얼을 만드는 것은 어려운 일이다. 인사관리와 관련해서도 학문적으로는 '인적자원관리'라는 이론적 배경 속에서 업무를 수행하고 있고, 감사 관련 직무도 감사원이나 주무기관 등에서 발간하는 각종 '감사업무 매뉴얼'이 있으며, 행정업무 수행을 위한 정부 차원의 '행정업무편람'도 존재한다. 이처럼 직무별 전문성이 강하기 때문에 공공기관에서 이루어지는 경영 부문에 대한 총괄적인 개념서 또는 개론이라고 할 수 있는 편람이 나오지 않은 것으로 생각한다.

다만, 공공기관 행정실무에 대한 전반적인 개념서 및 실무서는 필요하지 않을까 하는 생각을 하면서 기존에 발간된 각종 직무별 매뉴얼과 이론서 등을 읽어보고 실무적으로 경험했던 직무수행 이력을 밑거름 삼아 나름대로 요약과 정리를 하면서 책을 썼다.

출간하면서 느낀 점은 앞에서도 언급했듯이 공공기관에서 이루어지는 일반행정(경영 부문)에 대한 다양한 직무 경험이 있어야 하고, 관련 직무 분야의 전문성(이론 및 실무)을 갖고 있지 않다면 실무 편람을 만드는 일은 어려운 일이다. 다행히 저자는 24년간 공공기관 및 관련 비영리법인 등에 재직하면서 공공기관 경영 부문에 대한 직무 경험을 다양하게 했고, 경영지도사(인적자원관리) 자격증을 취득하기 위해 인사 및 조직·노무관리 공부를 했다. 그리고 현재 일반행정에 대해 이론적 배경과 학문적 깊이를 더하기 위해 경기대학교 일반대학원에서 박사 과정 중이며, 직무업무 경험을 바탕으로 직무별 이론적 배경을 이해할 수 있어 이 책을 쓸 수 있었다고 생각한다. 또한, 공동 저자로 참여한 이범수 님, 차샘 님, 오정수 님이 경험했던 실무적 지식과 사례가 반영되어 완성도를 높였다. 참여해 주신 세 분께도 다시 한번 감사의 인사를 드린다.

이번 책이 공공기관 행정실무에 대한 모든 것을 담고 있다고 생각하지는 않는다. 아직 포함해야 할 직무도 많을 것이고 공공기관의 역할과 기능, 그리고 사회적 관심과 책임이 확대될수록 직무도 새롭게 추가될 것이다. 이번 책을 계기로 '공공기관 행정실무'라는 실무 영역에 대한 지속적인 연구를 통해서 새로운 직무를 발굴하고자 한다. 또한 공공기관 행정실무와 관련된 기본적인 틀(체계)을 마련하고 이 책이 공공기관 경영 부문 실무의 기본서 역할을 할 수 있도록 부족한 부분은 계속 보완하여 개정하도록 노력하겠다.

끝으로 많은 분께 도움을 받았다. 공공기관 행정실무 분야가 실무적 경험을 바탕으로 한 것이다 보니 현직에 있는 관련 업무 담당자나 부서장님들의 의견을 많이 들었고 책에 다양한 생각을 반영하기 위해 노력했다. 책에 관한 좋은 의견을 주신 김구원 본부장님, 이인희 대표님, 한웅 부장님, 신영현 부장님, 신연철 팀장님, 김상호 팀장님, 윤주황 중령님, 송하진 선임님, 한영우 주임님께 감사의 인사를 드린다. 그리고 함께 근무하며 항상 칭찬과 격려를 해주시는 노승환 ·고성혁 실장님께도 고맙고 감사하다는 인사를 드리고 싶다. 마지막으로 주어진 업무에 최선을 다하는 자랑스러운 우리 부서원인 이민재 선임님과 장아민·김기복 주임님께도 감사하다는 인사를 전하고 싶다.

책을 마무리하면서 이 책을 읽게 될 공공기관 신규직원들과 공공기관에 관심 있는 취업준비생 또는 대학생 등에게 하고 싶은 말이 있다. 공공기관도 다양한 연령대의 사람들이 생계를 위해 모인 조직이기 때문에 각자의 위치에서 서로의 역할을 다하며 생활하고 있다는 것이다. 서로의 생각과 생활 방법을 인정하고 함께 즐기면서 행복한 직장생활을 할 수 있는 지혜가 있어야 하지 않을까 생각한다. 행복하고 즐거운 직장생활을 바탕으로 개인의 발전과 조직의 성장을 함께 할 수 있도록 노력한다면 더 나은 공공기관을 만들 수 있다.

마지막으로 이 책을 읽는 모든 분께 감사의 인사를 드리며 행복한 직장생활을 위해 함께 노력하는 직장인이 되기를 바라는 마음을 전하면서 마친다.

아름답고 살기 좋은 도시, 수원에서
김 태 균

추 천 사

이 책이 출간되기까지 격려와 지도를 해주신
모든 분께 감사의 인사를 드립니다.

    공공기관에서 이루어지는 일반행정은 정부 조직과 유사하다. 관련 법령에 따라 업무를 수행하고, 정해진 규정과 지침에 근거해 업무를 추진하는 것이 일반적이다. 이 과정에서 개개인의 역량과 능력에 따라 업무성과가 나뉘는 경우가 많다. 이번에 출간한 「공공기관 행정실무」는 공공기관에 관심이 있거나 공공기관에 입사한 지 얼마 되지 않은 신입 직원이 참고할 만하다. 공공기관에서 이루어지는 직무에 대해서 체계적으로 잘 정리되어 있고 직무별 정의와 업무수행 절차, 각종 사례 등이 실무에 적합하게 구성되어 있다. 바로 실무에 적용할 수 있게 정리된 점이 이 책의 특징이라고 생각한다. 공공기관에 관심 있는 대학생이나 취업을 앞둔 취업준비생과 현재 공공기관에 재직하고 있는 신입 직원들에게 이 책을 추천한다.

이재인
대구가톨릭대학교 사회학과 교수, 前 한국보육진흥원장

    우리나라 사회환경이 복잡하고 다양해지면서 국민의 요구는 증대한 반면 국가나 지자체가 이를 모두 해결하기에는 한계가 있어 공공기관이나 이와 유사한 역할을 하는 기관과 단체들이 계속 증가하고 있다. 이러한 공공기관과 단체들이 역할을 잘 수행하기 위해서는 행정적인 뒷받침이 필수적이다. 이러한 때에 「공공기관 행정실무」의 발간은 시의적절하고 실무적으로 구성되어 있어 매우 반갑고 신선하다. 공공기관 근무를 희망하고 준비하는 사람에게는 뚜렷한 목표의식을 갖게 할 것이고 종사자에게는 등불과 같은 역할을 할 것이다. 특히 저자들이 공공기관에서 근무하면서 겪은 경험과 지속적인 공부를 통해서 얻은 이론적 지식이 빠짐없이 저술된 것이기에 누구에게나 도움이 될 것으로 기대한다.

권혁일
국립농업박물관 경영본부장(상임이사)

이 책은 저자들의 실무 경험을 토대로 공공기관의 기획, 예산, 평가, 인사, 보수, 복무, 자산, 총무, 감사, 구매 분야 등에 대한 공공기관 직무를 정확하고 원활하게 수행할 수 있도록 집필되었다. 공공행정 실무서로서 공공기관에 관심 있는 대학생이나 취업준비생 그리고 공공기관 재직자들이 꼭 보아야 할 바이블이다.

송동섭
단국대학교 경영학부 교수, 現 동남보건대학교 이사장

검사로, 다시 변호사로 소위 법률실무라는 것을 오랫동안 해오고 있어도 항상 어려운 것이 실제 업무절차다. 종종 참고서적을 보아도 현장에서 어떻게 실제 업무가 진행되는지는 알기 어렵다. 일반론이야 누구나 말할 수 있지만, 실무는 직접 경험을 통하지 않고서는 알 수 없는 부분이기 때문이다. 그런 면에서 「공공기관 행정실무」의 출간은 소중한 의미가 있다. 실제로 공공기관에서 기획, 인사, 총무 다방면에 종사한 저자의 산 경험이 담겼기에 더욱 그렇다. 실무자를 위한 실무자의 책이기에, 공공기관 종사자와 관심 있는 분들의 일독을 권한다.

박상진
중앙N남부 대표변호사, 前 의정부지검 고양지청장

행정실무는 국가의 발전과 공공의 복리증진을 조명해 볼 수 있는 행정조직 사무의 바로미터이다. 「공공기관 행정실무」는 공공기관 경영 부문을 키워드로 세부 내용을 쉽게 스케치했다는 점에서 행정실무를 접하는 즐거움을 더해준다. 복잡하고 난해한 행정실무에 대해 고민하는 공공기관 채용 관심자와 종사자 모두에게 능력향상과 자기개발의 길라잡이가 될 것으로 기대한다.

오민석
아주대학교 교육대학원 교수, 現 한국여가복지경영학회 회장이 책은 공공기관 경영 부문을 중심으로 실무에 적용되는 부문별 업무 중심의 경영지침서로서의 내용을 담고 있다. 공공기관의 기획부서, 인사부서, 총무부서 등 행정 분야별 실무에 대해 체계적이고 논리적으로 집필됐다고 사료된다. 각 경영 부문의 실무에서 적용되는 업무절차와 운영방법에 대해 표와 그림 등으로 가시성을 높이고 있다. 공공기관 취업준비생이나 재직 중인 직원들에게 가이드라인이 될 수 있을 것이다.

박노현
세종대학교 산업대학원 유통산업학과 교수

우리나라 공공기관에서 실제로 이행되는 업무절차, 방법, 사례를 담은 책. 공공기관 취업준비생, 공공기관 신입직원들은 이 책을 읽어보길 바란다. 공공기관 실무에 관한 이해를 통해 조직에 대한 적응, 업무 효율이 높아질 것으로 생각된다.

박현욱
경기대학교 행정학전공 교수

취업을 앞둔 대학생이나 취업준비생에게 많은 도움이 될 지침서가 될 것 같다. 공공기관 현장에서 체험한 내용을 정리한 저자들의 심혈을 담은 「공공기관 행정실무」 편찬에 축하와 큰 박수를 드린다.

오서진
오산대학교 사회복지상담과 겸임교수, 現 (사)대한민국가족지킴이 이사장

차 례

■ 제1장 공공기관 들어가기

제1절 공공기관 이해하기

제2절 공공기관 특성

제2장 기획관리

제9절 감사

◼ 제3장 인사관리

제10절 직무관리

제11절 채용관리

제15절 노무관리

◼ 제4장 총무관리

제16절 일반총무

제17절 구매·계약

■ 부 록

제1장

공공기관 들어가기

제1절 공공기관 이해하기

제2절 공공기관 특성

제1절 공공기관 이해하기

1. 공공기관 소개

우리 주변에는 공공기관[1]이란 이름으로 불리는 기관이 많이 있다. 우리의 실생활에 직·간접적인 영향을 미치는 공공기관[2]으로는 전력 및 난방 등 에너지 관련 기관인 한국전력공사·한국가스공사·한국석유공사·대한석탄공사 등이 있고, 교통망(철도 및 공항, 도로 등)을 관리·운영하는 한국철도공사(KORAIL)·㈜에스알·한국공항공사·인천국제공항공사·한국도로공사 등이 있으며, 우리나라 수자원을 관리·운영하는 한국수자원공사도 있다. 이들 기관을 기획재정부에서 지정·고시한 공공기관으로 총칭해 부르고 있다.

앞에서 언급한 대규모 공공기관(공기업) 이외에도 특정 산업의 진흥과 발전을 위해 설립된 공공기관도 많이 있다. 보건 및 의료와 관련된 업무를 수행하는 국민건강보험공단·건강보험심사평가원·한국보건산업진흥원 등이 있으며, 국제협력 및 지원사업을 추진하는 한국국제협력단(KOICA)·한국국제보건의료재단(KOFIH), 한식 진흥을 위해 설립된 한식진흥원, 우리나라의 생물 주권을 보호하고 발전·연구·전시·교육하기 위해 설립된 국립생물자원관(낙동강·호남권·해양생물)과 국립생태원, 보육의 질적 향상을 위해 평가인증사업과 보육교사 자격증 관련 업무를 수행하는 한국보육진흥원, 각종 산업의 역사와 전통 등을 기념하고 전시·교육·체험하기 위해 설립된 각종 국립박물관과 국립과학관[3] 등 주변에서 각각의 기능을 수행하고 있는 수

---

1) 공공기관(公共機關)은 정부의 투자·출자·재정 지원 등으로 설립해 운영하는 기관으로, 「공공기관의 운영에 관한 법률」에 근거해 공기업·준정부기관·기타공공기관으로 분류한다. 기획재정부 장관은 매년 공공기관에 대한 분류와 지정을 한다. 이 책에서는 중앙정부에서 설립한 공공기관을 대상으로 하겠다.

2) 공공기관은 기관의 규모와 사업형태, 사업 특성 등을 고려하여 구분하는데 공기업은 'SOC', '에너지', '산업진흥·서비스'로 나누어지고 준정부기관은 기금관리형과 위탁집행형('SOC·안전', '산업진흥', '국민복리증진')으로 분류하며 기타공공기관은 연구개발목적기관을 별도로 구분하고 있다.

3) 중앙부처 소속기관은 공무원으로 구성된 조직을 말하고 산하기관은 공무원이 아닌 「근로기준법」에 따른 근로자가 근무하는 조직을 말한다. 「공공기관의 운영에 관한 법률」에 따라 지정·고시된 공공기관은 중앙부처 산하기관이다. 현재 국립과학관은 중앙부처 소속기관인 국립과천과학관과 국립어린이과학관 등이 있고, 산하기관인 국립부산과학관, 국립광주과학관, 국립대구과학관 등이 있다.

많은 공공기관4)이 존재한다.

공공기관의 역할은 다양하다. ①정부에서 직접 집행하기 어려운 일을 공공기관을 통해 정부 역할을 대행하고, ②결정된 정책의 집행을 효율적으로 추진하기 위해 공공기관을 설립해 추진하기도 한다. 또한 ③국가 경제의 운용 과정에서 특정 산업에 대한 정책적 대응이 필요한 경우와 ④낙후된 경제를 단시간에 발전시키기 위한 정책적 도구로서 공공기관을 설립하여 운영하고 있다. 특히 공공의 목표를 달성하기 위해 지역사회와 연계된 ⑤사회적 책임을 지향하고 지역사회의 실질적 지원자로서 지역사회의 복지, 교육, 인적자원개발 등에 있어서 주도적 역할을 수행하고 있다.5)

공공기관은 규모와 역할, 예산, 인력 등이 기관의 성격 및 형태 등에 따라 모두 다르고 수행하는 사업의 가치와 중요도 등도 다를 수 있다. 다만, 공공기관은 설립 근거법에 따라 법령에 근거한 독점적 사업권을 가지고 있는 경우도 있고, 정부에서 수행하는 정책사업을 위탁받아 수행하는 공공기관도 있다. 공공기관은 이처럼 다양한 형태와 규모 그리고 역할을 수행하며 국민의 일상에서 늘 존재하며 함께하고 있다.

공공기관에 대한 정보는 기획재정부에서 운영하는 공공기관 경영정보 공개시스템(알리오, http:// www.alio.go.kr.)을 통해서 자세하게 알 수 있다. 기관의 연혁과 근거 법령, 설립목적과 인력규모, 예산과 조직, 그리고 임직원의 근로조건과 기관 운영 전반에 대한 정보를 공공기관에서는 의무적으로 공공기관 경영정보 공개시스템(알리오)에 등록·관리하고 있다. 공공기관에 관심이 있는 취업준비생이나 다른 공공기관의 현황에 대한 정보를 알고 싶은 업무 담당자는 공공기관 경영정보 공개시스템(알리오)을 통해 공공기관에 대한 다양한 정보를 취득할 수 있다.

---

4) 공공기관은 정부와 국민 사이에서 정부가 수립한 각종 정책을 집행하는 기관으로 이해하면 좋다. 정부 정책을 對 국민을 상대로 집행하고 그 성과를 정부와 국민 그리고 공공기관이 공유하게 된다. 이와 관련된 대표적인 이론이 대리인이론이다. 공공서비스 측면에서 대리인이론은 주인(국민)과 위임자(정부)가 대리인(공공기관)에게 공공서비스에 관한 의사결정이나 역할 등을 위임하는 것을 말한다. 주인과 대리인 사이에서는 정보 전달이 원활하게 이루어지지 않으면 정보 비대칭의 문제가 발생할 수 있다. 따라서 정보공개나 기관평가(인센티브) 등을 통해 공공기관을 감시, 통제하게 된다. 공공기관 종사자 및 이해관계자는 이 이론 정도는 알고 있는 것이 좋을 듯하다.

5) 「공공기관 관리제도의 이해」 1권, 한국조세재정연구원, 2016., p14

〈공공기관의 법적관리 체계〉

구분	주요 법령	주요 내용
제1기 ('62년~'84년)	「정부투자기관예산회계법」 ('62년~'84년)	• 정부에서 투자한 기관의 예산 및 회계에 관한 사항을 규정 • 정부투자기관의 법적 개념 최초 정립
	「정부투자기관관리법」 ('73년~'84년)	• 정부투자기관의 관리운영 방식 체계화 • 정부출자관리위원회 설치 및 운영, 임원의 자격·임기·임명절차 명시, 감사의 법적기준 마련
	• 정부투자기관에 대한 경영평가제도 도입(1968년) • 실효성 있는 평가를 위해 인센티브 제도 도입(1972년) → 평가주체 일원화 (경제기획원), 연간 2회(상/하반기) 기관별 평가(1977년)	
제2기 ('84년~'99년)	「정부투자기관관리기본법」	• 주무부처의 통제 완화→기관의 자율책임경영제도 확립 * 제1기의 두 개 법령을 대체해 제정·시행
	• 경영평가를 심의·의결하는 정부투자기관 경영평가 위원회 설치 • 평가에 대한 자문 및 연구용역을 위한 상설기구 구성 • 매년 실적평가의 기준인 경영평가 편람 작성(경영평가단)	
제3기 ('99년~'07년)	「정부투자기관관리기본법」 전면개정('99년)	• 이사회 제도 개편 * 정부 당연직 이사제도 폐지, 상임·비상임이사 체계 구축, 이사회 기능 강화 • 사장추천위원회와 경영계약제도 신설 • 경영공시제도 도입 • 경영평가가 기관평가와 사장경영계약이행 실적평가로 이원화 운영
	「정부산하기관관리기본법」 제정('04년)	• 자율·책임·투명경영을 위한 정부산하기관 관리체계 구축
	두 개 법령에 따라 공공기관의 이원화 관리 (공기업→정부투자기관관리기본법 적용, 현재 준정부기관/기타공공기관→정부산하기관관리기본법 적용)	
제4기 ('07년~현재)	「공공기관의 운영에 관한 법률」 제정('07년)	• 책임경영체계 강화→기관장의 인사/예산 등 경영자율성 부여 • 임원추천위원회 구성 → 모든 임원(기관장/상임·비상임 이사/감사) 추천 • 이사회 독립성 및 내부감사기능 강화 • 경영평가 제도 개선(계속)
	• 공공기관 지정 기준(공기업 및 준정부기관) 상향('23년) - 정원 50명→300명, 자산 10억원→30억원, 수입액 30억원→200억원	

* 자료 : 「공공기관 관리제도의 이해 1권(한국조세재정연구원, 2016., p23~32)」을 재구성함

1) 공공기관 현황

공공기관은 정부 예산(출연금, 보조금, 출자금 등)과 개별 법률 등에 따라 운영하는 기관으로, 설립 근거법에 근거하여 공공의 목적을 달성하기 위해 설립된 기관을 말한다. 2024년 현재 기준[6]으로 327개 기관이 공공기관으로 지정됐고, 공기업 32개, 준정부기관 55개, 기타공공기관 240개로 분류됐다.

공공기관에 대한 분류 기준은 「공공기관 관리체계 개편방안」(기획재정부 보도자료, 2022.8.18.)에 따라 공기업 및 준정부기관 분류기준이 상향[7]되어, 정원과 수입액, 자산 등이 상향 기준에 미충족하는 공기업 및 준정부기관을 기타공공기관으로 새롭게 변경·지정했다. 정부에서는 주무기관의 자율적 관리 권한을 확대·강화하는 방식으로 2023년부터 공공기관을 재분류했다. 4곳의 공기업과 39개의 준정부기관이 정부의 정책방향에 따라 2023년부터는 기타공공기관으로 재지정됐다.

기타공공기관도 연구개발목적기관(49개)을 별도로 지정·관리한다. 「공공기관의 운영에 관한 법률」 제5조 제5항에 따라 기관의 성격 및 업무 특성 등을 고려하여 기타공공기관 중 일부의 연구개발을 목적[8]으로 하는 기관을 세분하여 지정한다. 세부적으로 구분하면 경제인문사회연구회 및 그 소속기관 25개, 부처 직할 연구원 등 그 밖에 기관 24개가 있다.

---

6) 2024년 공공기관 지정·고시 현황은 327개로, 2023년보다 20개 기관이 감소했다. 공기업 및 준정비기관은 전년과 동일하나, 기타공공기관에서 20개 기관이 감소했다.(신규지정 3개 개관, 23개 기관 지정해제)
   * 한국도로공사(공기업)는 준시장형 공기업에서 시장형 공기업, 소상공인시장진흥공단(준정부기관)은 위탁집행형 준정부기관에서 기금관리형 준정부기관으로 유형이 변경됐다.(기획재정부 보도자료, 2024. 1. 31.)

7) 【자율·책임경영 확대를 위한 공기업·준정부기관 분류기준 및 예비타당성조사 대상기준 상향】(기획재정부 보도자료, 2022. 12. 13.)
   - (정원) 50명 → 300명
   - (수입액) 30억 원 → 200억 원
   - (자산) 10억 원 → 30억 원 이상으로 기준 변경
   * 공기업 4곳(부산항만공사, 인천항만공사, 여수광양항만공사, 울산항만공사)과 준정부기관 38곳(한국언론진흥재단, 정보통신산업진흥원 등)이 기타공공기관으로 재분류 지정됐다.

8) 2024년 공공기관 지정·고시 현황에서 '국가과학기술연구회 및 소관 출연연구기관(22개)'은 공공기관에서 지정 해제됐다.(기획재정부 보도자료, 2024. 1. 31.)

구분		분류기준		주요기관
공기업 (32개)	시장형 (13개)	① 직원 정원 300명 이상 ② 총수입액 200억 원 이상 ③ 자산규모 30억 이상	자산규모 2조 이상 자체수입이 총수입의 85% 이상	인천국제공항공사 한국가스공사 한국석유공사 한국전력공사
	준시장형 (19개)		시장형 공기업이 아닌 공기업	한국조폐공사 한국마사회 한국수자원공사
준정부기관 (55개)	기금 관리형 (12개)		「국가재정법」에 따라 기금관리 또는 위탁관리하는 기관	국민체육진흥공단 한국무역보험공사 공무원연금공단
	위탁 집행형 (43개)		정부 업무의 위탁집행	한국관광공사 건강보험심사평가원 국립생태원
기타공공기관 (240개)		공기업과 준정부기관을 제외한 공공기관		한국수출입은행 태권도진흥재단 한국국제보건의료재단
연구개발목적기관 (49개)		연구 개발을 목적으로 하는 기관		국립낙동강생물자원관 한국조세재정연구원
		'국가과학기술연구회 및 소관 출연연구기관'인 국가과학기술연구회·한국식품연구원 등 22개 연구기관이 2024년에 공공기관에서 지정 해제됨		
2024년 327개 공공기관 지정				

*자료: 기획재정부 보도자료(2024. 1. 31.)를 재구성함

2) 공공기관 형태

공공기관은 법인(法人)이며 기관의 설립목적을 이행하기 위해 여러 사람이 모여 공동체적 공감대 속에서 업무를 수행하는 조직이다. 법인은 근거 법령이 있어야 한다. 그래서 모든 공공기관은 설립 근거법[9]이 있다. 개별법이나 모법에 설립 근거 조항이 있는 공공기관도 있고, 「민법」이나 「상법」에 근거하여 설립된 공공기관

---

9) 공공기관의 설립 근거법은 기관만의 개별법으로 존재할 수도 있고 모법에 설립 근거 조항을 신설해 기관을 만들 수도 있다. ① 개별법으로 기관을 설립하는 경우는 기관만을 위한 법이기 때문에 법상에 설립목적과 주요사업, 임원 구성, 재원 등 해당 기관만의 조항을 개별법에서 규정한다. 다만, ② 모법에 설립 근거 조항을 신설해 기관을 설립할 경우, 모법의 제정 목적 범위 내에서 기관의 역할이 한정되는 어려움은 있다(기관 사업의 확장성 제한).

도 있다. 공공기관에서 자체적인 설립 근거법(개별법 또는 모법 설립 근거 조항)의 존재 유무는 중요하다. 우선 설립 근거법이 있는 기관은 사업추진의 안정성과 자율성을 확보할 수 있고, 기관운영 및 사업 추진을 할 수 있는 정부 출연금(예산)과 법령에 따른 독점적인 사업권 등을 바탕으로 기관 사업을 주체성·책임성을 갖고 추진할 수 있다.

다만 「민법」 또는 「상법」에 근거해 설립된 공공기관(재단/사단 등)은 정부의 보조 사업(위탁사업) 위주로 사업을 수행하게 된다. 이는 공공기관이 사업을 추진하는 데 있어 자율적으로 사업을 계획하고 운영하는 데 한계가 있다는 말이다. 주무기관 담당 공무원 사업을 위탁받아 수행하는 집행기관의 역할만 수행하기 때문이다. 주무기관 담당 공무원 사업이다 보니 담당 공무원의 관리하에 사업을 추진할 수밖에 없는 구조적 한계가 있다.

또 하나의 차이점은 기관의 존속성과 관련된 사항이다. 설립 근거법이 있는 기관은 법률이 폐지 또는 개정되지 않는 이상 기관이 존속할 수 있지만, 「민법」 또는 「상법」에 근거해 설립된 기관은 설립목적을 달성하거나 정부 정책 방향(국정목표)에 따라 기관의 존속 여부가 결정될 수도 있다. 이는 기관 구성원의 생존권과도 직결되는 문제이기 때문에 기관의 설립 근거법이 없는 공공기관은 개별법을 제정하거나 모법에 기관의 설립 근거 조항을 신설하기 위해 노력한다.

3) 공공기관 관리

공공기관은 중앙정부의 산하기관[10]이다. 부처별로 부처의 업무를 집행할 수 있는 기관을 만들고 그 기관을 통해서 각 부처가 하고자 하는 업무의 집행을 위탁 또는 독자적으로 수행할 수 있도록 하고 있다. 각 부처는 공공기관의 설립 근거 법령에 관리·감독권을 명시하고 정기적인 감사를 통해 공공기관이 투명하고 효율적으로 운영하고 있는지를 확인·점검한다.

---

10) 공공기관은 중앙정부 산하기관도 있고, 지방자치단체(광역/기초)별로 조례에 따라 설립된 지방 공공기관도 있다. 지방 공공기관을 설립하기 위해서는 행정안전부의 타당성 검토 심의가 완료된 이후 지자체별로 조례를 제정해 기관을 설립하고 운영한다. 지방 공공기관도 중앙정부 산하 공공기관과 유사한 업무를 수행하지만, 적용 대상과 사업 범위에 차이가 있고 관리·감독 권한이 지방자치단체에 있다는 것에 차이가 있다. 이 책에서는 중앙정부 산하 공공기관 중심으로 설명하겠다.

부처별로 공공기관을 관리하다 보면 일원화된 관리가 어렵고, 부처별 필요로 공공기관을 무분별하게 설립하는 문제가 발생할 수 있다. 이런 문제를 해결하기 위해 2007년 「공공기관의 운영에 관한 법률」이 제정됐다. 기존에는 「정부투자기관 관리기본법」과 「정부산하기관 관리기본법」에 따라 공공기관을 기능별로 묶어 관리했으나, 「공공기관의 운영에 관한 법률」이 제정된 이후에는 기획재정부 주관으로 공공기관을 통합 관리할 수 있는 법률적 근거가 마련된 것이다. 기획재정부는 「공공기관의 운영에 관한 법률」에 근거하여 공공기관운영위원회 심의·의결을 통해 각종 지침을 마련하는데 조직·정원관리, 임원 보수 제한, 재무관리, 혁신 등에 관한 규정을 제정해 공공기관에 적용하고 있다. 공공기관운영위원회는 공공기관 운영과 관련된 주요 사항을 심의·의결하는 최고 의사결정기구이다. 기획재정부 장관이 위원장이고 기획재정부 및 행정안전부 차관과 인사혁신처장 등이 내부위원, 외부 전문가 11명이 외부위원으로 참여해 공공기관의 주요 사항을 심의·의결한다.

공공기관 관리·감독체계는 이원화되어 있다. 공기업과 준정부기관은 기획재정부에서 경영 부문을 감독하고, 주무기관은 사업 부문을 감독한다. 기타공공기관은 주무기관에서 경영 부문과 사업 부문 모두를 감독한다. 공기업과 준정부기관은 기획재정부에서 제정한 공공기관 관련 지침을 적용하고, 기타공공기관은 이 지침을 준용하고 있다.

〈공공기관운영위원회 구성 및 역할〉

구분			공공기관운영위원회(기획재정부 소속 위원회)
구성	위원장		•기획재정부 장관
	위원	내부	•국무조정실장이 지명하는 차관급(국무조정실) 공무원 1명 •관계 행정기관의 차관·차장 또는 이에 상당하는 공무원 * 기획재정부 장관이 지명하는 기획재정부 차관 1명, 행정안전부 차관, 인사혁신처장, 국민권익위원회 위원장이 지명하는 차관급 공무원 1명 •그 외 주무기관의 차관·차장 또는 이에 상당하는 공무원
		외부	•공공기관 운영과 경영관리의 학식과 경험이 풍부한 자 (11명 이내)
	사무국		•기획재정부 공공정책국이 사무국 역할 수행 •위원회 간사 : 공공정책국장
역할	① 적용대상		•공공기관 지정(유형별 분류)
	② 기관관리		•정원 및 예산관리, 임원 등에 관한 관리
	③ 성과평가		•경영평가, 고객만족도 조사

*자료: 「공공기관의 운영에 관한 법률」을 바탕으로 재작성

4) 공공기관 운영

공공기관은 경영 부문과 사업 부문[11]으로 크게 구분할 수 있다. 모든 공공기관은 설립목적이 있다. 해당 기관의 설립 근거법 제1조에 그 기관의 설립목적을 명시하고, 이를 이행하기 위한 주요 사업을 법령에서 규정하게 된다. 「민법」에 따라 설립된 기관도 정관 제1조에 설립목적을 밝히는 것이 일반적이다. 모든 공공기관은 설립목적을 달성하기 위해 명확하고 구체적인 경영목표를 설정하고, 기관이 나아가야 할 방향성과 정체성을 확립한다. 목표를 달성하기 위해서는 목표에 걸맞은 예산과 인력을 확보하고 직무를 수행할 수 있는 인력을 선발·유지하기 위한 경영체계도 갖춰야 한다. 즉 공공기관이 설립목적을 달성하고 그 기능을 수행하기 위해 관리·운영할 수 있는 경영 부문이 필요하다.

투명하고 책임 있는 기관 운영을 위해 자금의 투명한 집행과 관리는 중요하다. 일반 국민이 공공기관 운영에 대해서 쉽고 빠르게 알 수 있도록 투명한 정보공개도 필요하다. 이러한 업무를 수행하는 것이 경영 부문이다. 일반적으로 공공기관의 상임이사는 기관장 이하 2명의 임원급 본부장(직책명)[12]을 둔다. 경영 부문 본부장과 사업 부문 본부장으로 각 부문의 영역을 총괄 관리하면서 기관장의 경영방침을 이행할 수 있는 계획을 수립해 공공기관을 운영하고 있다.

공공기관 경영 부문은 기획분야와 경영관리분야로 구분하는데 기획분야는 기획(계획)·조정·예산·법인(이사회)·성과(경영평가 포함)·경영혁신 등의 직무를 수행하고, 경영관리분야는 인사·노무·총무·재무·회계·시설·안전 등의 직무를 수행한다.

---

11) 공공기관 사업 부문은 기관의 설립목적에 따라 추진하는 사업이 다양하다. 사업 이행을 통해 기관의 존재 이유를 증명하는 게 공공기관이다. 경영 부문은 공공기관의 사업이 원활하게 운영·관리될 수 있도록 보좌하는 기능이 강하다고 할 수 있다.

12) 기관장 이하 상임이사가 1명 있는 기관도 있다. 경영 부문과 사업 부문을 총괄하는 사무총장이나 총괄본부장, 부기관장 등의 직책으로 두 부문을 관리하는 경우이다. 또한 2본부 체계하에서 하나의 본부는 임원급으로 보직하고, 다른 본부는 직원을 본부장으로 보직하는 경우도 있다. 기관의 특성과 규모, 사업형태 등에 따라 상임이사 수는 모든 기관이 상이하다. 공기업의 경우에는 상임이사가 10명 이내인 기관도 있다.

5) 공공기관 지정

공공기관 지정요건이 갖춰진 법정기관(특수법인)[13] 또는 정부 출자·출연기관 등은 「공공기관의 운영에 관한 법률」에 따라 매년 공공기관운영위원회 심의·의결을 통해 공공기관으로 지정·고시되고 있다. 공공기관 지정 절차는 매년 7~10월 기획재정부에서 공공기관 지정 요건을 충족하는 산하기관 또는 정부 예산이나 지원을 받는 기관을 조사하고, 각 중앙부처는 10월까지 공공기관 지정 요건을 충족하는 기관에 대한 수요를 기획재정부에 제출하게 된다. 이때 각 기관에서는 공공기관으로서의 역할과 의무 이행이 가능한지를 검토하여 '지정 요청' 또는 '지정 유예'를 건의할 수 있다. 기획재정부는 관련 법령에서 정한 요건을 검토하여 다음 연도 공공기관 지정 여부를 공공기관운영위원회 심의를 거쳐 매년 1월 말에 지정·고시한다.

2020년부터 2023년까지 새롭게 지정된 공공기관은 총 19개[14]이고 지정 해제된 기관은 11개이다. 「공공기관의 운영에 관한 법률」에 근거하여 공공기관에 지정된 기관은 매년 증가 추세에 있다가 2024년에는 327개 지정되어 전년 대비 20개 기관(23개 지정해제·3개 신규지정)이 줄었다.

공공기관으로 지정되면 공공기관의 사회적 책임 이행과 투명하고 청렴한 경영 등을 위한 각종 의무사항이 발생한다. 공공기관에 적용되는 각종 관련 법령에 따라 공공기관에서는 경영평가·경영공시·정보공개청구, 사업실명제, 중기인력운영계획·안전경영책임계획·중장기재무관리계획 수립, 국회 국정감사 수감(피감기관) 등의 의무를 이행해야 한다. 또한 공공기관 경영정보 공개시스템(알리오)에 기관 정보를 공개해 국민의 알 권리를 보장하고 투명하고 청렴한 경영을 추진해야 하는 의무

---

13) 법정기관(특수법인)은 법령에 근거해 설립된 기관을 말한다. 해당 기관을 설립하기 위해서는 근거 법령을 제정하거나 기존의 법에 조항을 신설해 기관을 만들어야 한다. 기관 설립을 위한 법률적 근거가 마련되면, 법령에 따라 설립추진위원회를 구성하는데 위원장은 해당 중앙부처 차관, 내부 위원은 해당 중앙부처 주무국의 장(고위공무원 다급), 외부위원은 신설법인의 업무와 연관된 교수 및 전문가 등으로 구성한다(10명 내외). 실무는 해당 중앙부처 주무국의 담당 공무원들이 담당한다. 설립추진위원회에서는 신설되는 법인의 정관 및 관련 규정과 인력·조직 구성, 예산 등을 확정하고 신규 법인의 기관장 및 임원 구성까지 역할을 수행한다. 신규 법인의 임원진 구성이 완료되고 법인이 출범하면 설립추진위원회는 그동안의 관련 서류 일체를 신규 법인에 인수·인계하고 해산하게 된다.

14) 2020년 총 340개(4개 신규 지정, 3개 지정 해제), 2021년 총 349개(11개 신규 지정, 2개 지정 해제), 2022년 총 350개(3개 신규 지정, 2개 지정 해제), 2023년 총 347개(1개 신규 지정, 4개 지정 해제)

가 부여된다. 공공기관은 설립 근거법령에 따른 설립목적을 이행하기 위하여 각종 사업을 추진하는데 공공기관으로 지정되면 기관의 위상이 강화되고 사업 추진의 공신력을 확보할 수 있다. 다만, 공공기관이 이행해야 하는 의무사항을 추진하기 위한 행정업무(특히 경영 부문에 대한 업무량 증가)가 증가하는 어려움이 있다.

〈공공기관과 법정기관(특수법인) 간 규율 비교〉

*「공공기관의 운영에 관한 법률」은 「공공기관운영법」으로 약칭 사용

구분		공공기관	법정기관 (특수법인)	근거조항
정보 공개	경영공시	○	X (공공기관 지정 후 시행)	• 「공공기관운영법」 제11조(경영공시), 제12조(통합공시)

	정보공개
	청구
		○	○	• 「공공기관 정보공개에 관한 법률」
				  제6조(공공기관의 의무)
				  * 시행령 제2조(공공기관의 범위)
				    4. 특별법에 따라 설립된 특수법인

	사전정보 공개	○	○	• 「공공기관 정보공개에 관한 법률」 제7조(정보의 사전적 공개 등)

	사업
	실명제
		○	△	• 「공공기관 정보공개에 관한 법률」
				  제7조(정보의 사전적 공개 등)
				• 공공기관 혁신지침 제35조(사업실명제)
				• 기관 설립 근거법 또는 정관 등 규정에
				  명시된 경우

고객
만족도
	고객만족도
	조사
		○	△	• 「공공기관운영법」 제13조(고객헌장과
				  고객만족도 조사)
				• 기관 설립 근거법 또는 정관 등 규정에
				  명시된 경우

	고객헌장	○	X (공공기관 지정 후 시행)	• 「공공기관운영법」 제13조(고객헌장과 고객만족도 조사)
평가	경영평가	○ •(공기업, 준정부) 기재부 •(기타) 주무기관	X (공공기관 지정 후 시행)	• 「공공기관운영법」 제48조(경영실적 평가)
	재정사업 자율평가	X	○	• 「국가재정법」 제85조8제1항, 동 시행령 제3조

구분		공공기관	법정기관 (특수법인)	근거조항
혁신	경영혁신	○	△	• 「공공기관운영법」 제15조(공공기관의 혁신) • 기관 설립 근거법 또는 정관 등 규정에 명시된 경우

	혁신포털
	운영
		○	X
			(공공기관 지정
			후 시행)
				• 「공공기관 혁신지침」
				  제11조(혁신포털의 설치·운영)
				* 공공기관 혁신포털 운영 및
				  업무연락방 기능

국회	국정감사	○	△	• 「국정감사 및 조사에 관한 법률」 제7조(감사의 대상)

이사회	이사회
	설치
		○	○	• 「공공기관운영법」 제17조(이사회
				  설치와 기능)
				• 기관 설립 근거법 또는 정관 등 규정에
				  명시된 경우

	이사회 구성	○ (15인 이내)	○	• 「공공기관운영법」 제18조(구성) • 기관 설립 근거법 또는 정관 등 규정에 명시된 경우

	이사회
	회의록
	공개
		○	△	• 「공공기관 혁신지침」 제34조(이사회
				  회의록 공개)
				• 기관 설립 근거법 또는 정관 등 규정에
				  명시된 경우

임원	임원	○	○	• 「공공기관운영법」 제24조(임원) • 기관 설립 근거법 또는 정관 등 규정에 명시된 경우

	임원추천
	위원회
		○	○	• 「공공기관운영법」
				  제29조(임원추천위원회)
				• 기관 설립 근거법 또는 정관 등 규정에
				  명시된 경우

	기관장
	경영계약
		△
		•(공기업, 준정부)
		  의무
		•(기타) 해당없음
			△	• 「공공기관운영법」 제31조(기관장과의
				  계약 등)
				• 기관 설립 근거법 또는 정관 등 규정에
				  명시된 경우

	경영목표
	수립
		○	○	• 「공공기관운영법」 제46조(경영목표의
				  수립)
				• 기관 설립 근거법 또는 정관 등 규정에
				  명시된 경우

재무
·
예산
	중장기
	재무
	관리계획
		○
		•자산 2조원↑ 등
		  40개 기관
			X	• 「공공기관운영법」
				  제39조2(중장기재무관리계획 수립 등)
				• 필수는 아니지만, 경평 평가지표
				  비중높음
				  (비계량 8)

구분		공공기관	법정기관 (특수법인)	근거조항
조직	예산편성	○	○	• 「공공기관운영법」 제40조(예산의 편성) • 기관 설립 근거법 또는 정관 등 규정에 명시된 경우
	중기 재정계획	○	○	• 「국가재정법」 제28조(중기사업계획서의 제출)
	예산낭비 신고센터	△ (권고사항)	X	• 「국가재정법」 제100조(예산·기금의 불법지출에 대한 국민감시)
	중기 인력 운영계획	○	△	• 「공기업·준정부기관의 경영에 관한 지침」 제6조(증원의 절차) • 기관 설립 근거법 또는 정관 등 규정에 명시된 경우
윤리 · 감사	감사	○ •(공기업, 준정부) 감사원 •(기타) 주무기관	○	• 「공공기관운영법」 제52조(감사원 감사) • 기관 설립 근거법 또는 정관 등 규정에 명시된 경우
	감사위원회 설치	△ •(공기업) 의무 •(준정부) 임의	해당 사항 없음	• 「공공기관운영법」 제20조(위원회)
	자체감사 활동	○	○	• 「공공감사에 관한 법률」 제39조(자체감사활동의 심사) • 기관 설립 근거법 또는 정관 등 규정에 명시된 경우
	윤리경영	○	△	• 「부패방지 및 권익위원회 설치와 운영에 관한 법률」 • 기관 설립 근거법 또는 정관 등 규정에 명시된 경우
	윤리헌장 제정	○	X (공공기관 지정 후 시행)	• 「공공기관 혁신지침」 제26조(윤리헌장 등의 제정 및 이행)
	청렴도 평가	○	X (공공기관 지정 후 시행)	• 「부패방지 및 권익위원회 설치와 운영에 관한 법률」 제12조(기능) * 국민권익위원회 종합청렴도 평가(매년)
	임원 직무 청렴계약 체결	○	X (공공기관 지정 후 시행)	• 「공공기관 혁신지침」 제28조(임원 직무청렴계약 체결) * (대상) 기관장, 상임이사, 상임감사
제도	인권경영	○	△ (출연기관 적용)	• 국가인권위원회 결정문(공공기관 인권경영 강화를 위한 인권경영 보고 및 평가 지침 적용 권고) • 기관 설립 근거법 또는 정관 등 규정에 명시된 경우

구분		공공기관	법정기관 (특수법인)	근거조항
	제안제도	△	△	• 별도 규정 없음 • 기관 설립 근거법 또는 정관 등 규정에 명시된 경우
	보수	성과연봉, 직무급 권고	내규에 따름	• 「공기업·준정부기관 인사운영에 관한 지침」 제14조(성과관리체계 구축·운영), 새정부혁신가이드라인 • 기관 설립 근거법 또는 정관 등 규정에 명시된 경우
안전	안전경영 (책임)계획	○	△ (안전 관련 법률 적용 대상 시)	• 「공공기관 안전관리 지침」(기재부 고시) • 「산업안전보건법」 및 「중대재해처벌법」
	소방안전 관리	○	○	• 「공공기관의 소방안전관리에 관한 규정」 • 「화재의 예방 및 안전관리에 관한 법률」
교육	5대 법정 의무교육	○	○	• 산업안전보건교육 : 「산업안전보건법」 제29조 • 성희롱예방교육 : 「남녀고용평등과 일가정 양립지원에 관한 법률」 제13조 • 개인정보보호교육 : 「개인정보보호법」 제28조 • 직장 내 장애인 인식개선교육 : 「장애인고용촉진 및 직업재활법」 제5조의2 • 퇴직연금교육 : 「근로자 퇴직급여 보장법」 제32조

* (○) 시행 중, (X) 미시행, (△) 법정기관(특수법인) 사전 준비 필요(내규에 따라 시행 가능)

6) 공공기관 행정문서

공공기관의 모든 행정업무는 문서로 시작해서 문서로 끝난다. 하나의 업무를 완료하기 위해서는 구두보고 보다는 문서를 만들어 보고한다. 수많은 의견을 모아 보고서 형태로 요약 정리해 각각의 의견을 글로 표현한다. 최종적으로 남는 건 업무 과정에서 이해관계자들이 했던 말이 아니라, 결재된 문서이다. 그 문서를 보고 후임들이 참고하게 되고 이해관계자들이 문서를 보면서 새롭게 업무를 추진할 때 참고자료로 활용하기도 한다. 또한 차후 발생할 수 있는 감사(상급기관 또는 국회 등)

대응과 각종 평가를 위한 증빙자료로 사용하기 위해서도 공공기관에서는 반드시 모든 업무를 문서로 해야 한다.

공공기관에서 성과 있는 업무를 추진하는 직원은 대부분 문서를 잘 만드는 사람이다. 일명 '보고서 작성의 달인들'인데 업무의 성격과 보고 과정에 있는 상급자의 성향을 이해하고 최종 의사결정권자의 의중이 반영된 문서를 만들어야 한다. 문서는 최종적으로 누가 보느냐가 중요하기 때문이다. 내부 결재 문서인지, 외부 반출문서인지를 정확하게 알고 그에 맞는 문서를 생성해 대응할 수 있어야 한다.

공공기관의 문서체계는 행정안전부의 「행정업무의 운영 및 혁신에 관한 규정」에 따라 통일된 체계로 운영한다. 「사무관리규정」에서부터 여러 차례 개정을 거쳐 지금의 「행정업무의 운영 및 혁신에 관한 규정」으로 이름을 바꿔가며 시대의 변화에 능동적으로 대응하며 공조직의 행정업무 운영체계를 만들어 가고 있다. 해당 규정에서는 공문서의 정의에서부터 기안문 작성법과 행정문서 상의 결재체계 등 공공기관의 문서체계 전반을 정의하고 있다. 공공기관 직원은 공조직에서 사용하고 있는 행정문서와 관련된 각종 용어에 대한 정의를 잘 이해해야 하고, 문서작성 방법에 대해서 익혀둬야 한다.

정부에서는 「행정업무의 운영 및 혁신에 관한 규정」을 근거로 '행정업무운영편람'을 정기적으로 제작하여 배포하고 있다. 이 편람에는 공조직에서 업무 운영에 관련된 공문서 작성과 기안문 작성, 각종 행정용어의 개념이 이해하기 편하게 서술되어 있다. 공공기관에서 행정업무를 처음 시작하는 신규직원은 해당 편람을 반드시 읽어보고 곁에 두며 반복적으로 학습하여 내 것으로 만드는 노력을 했으면 좋겠다. 그만큼 행정업무를 수행하는 직장인에게는 반드시 숙지해야 하는 중요한 편람이다.

💡 저자 생각

저자는 군 생활과 사회생활을 하면서 '어떻게 하면 보고서를 잘 쓸 수 있을까'에 대한 고민을 많이 했다. 내가 생각하는 것을 문서로 만들어 제3자를 이해시킬 수 있는 수준의 보고서를 만들고 싶었다. 보고 과정에서 수정되지 않아도 되는 문서를 만드는 게 항상 목표였고 직장생활의 보람이었다.

다행히 저자는 상급자(사수)를 잘 만나 그분이 가지고 있는 보고서 작성 노하우를 전수받을 수 있었으나, 뭔가 모르게 아쉬운 부분이 항상 있었다. 그 아쉬움을 채워줬던 책이 '대통령 보고서(위즈덤하우스, 2007년)'이다. 아마도 보고서 작성 관련 책의 바이블이 아닌가 하는 생각이 든다. 서점에서 책을 사는 게 부담스럽다면 인터넷에서 '대통령 보고서'란 키워드를 치면 '보고서 작성 매뉴얼'이란 자료를 찾을 수 있을 것이다. '대통령 보고서'란 책을 출간하기 전 만들었던 보고서 관련 매뉴얼이다. 이 매뉴얼을 수십 번 읽어보고 직접 문서를 만들어 보면, 나도 모르게 보고서 작성에 대한 개념과 작성법에 대해서 이해가 될 것이다."

〈공공기관에서 문서작성이 필요한 이유〉

❶ 내용이 복잡하여 문서 없이는 업무처리가 곤란할 때
❷ 업무처리에 대한 의사소통이 대화로는 불충분하여 문서가 필요할 때
❸ 내 업무 행위의 의사표시 내용을 증거로 남겨야 할 때
❹ 업무처리의 형식상 또는 절차상 문서가 필요할 때
❺ 업무처리 결과를 보존할 필요가 있을 때

〈문서의 기능〉

❶ 의사의 기록 및 구체화
사람이 가지고 있는 주관적인 의사는 문자·숫자·기호 등을 활용하여 종이나 다른 매체에 표시하여 문서화함으로써 그 내용을 구체화한다.

❷ 의사의 전달
문서에 의한 의사전달은 전화나 말로 전달하는 것보다 좀 더 정확하고 변함없는 내용을 전달할 수 있다.

❸ 의사의 보존
문서로써 전달된 의사는 지속해 보존할 수 있고 역사자료로서 가치를 가진다.

❹ 자료 제공
보관·보존된 문서는 필요한 경우 언제든 참고자료 또는 증거자료로 제공되어 행정 활동을 지원·촉진한다.

❺ 업무의 연결 및 조정
문서의 기안·결재 및 협조 과정 등을 통해 조직 내외의 업무처리 및 정보 순환이 이루어져 업무의 연결·조정 기능을 수행한다.

*자료: 「행정업무운영편람(행정안전부, 2020.)」 22p~23p

2. 공공기관 임직원

공공기관의 인적 구성은 임원과 직원으로 구성한다. 공공기관 임원은 「공공기관의 운영에 관한 법률」 및 해당 기관 설립 근거법 등에 근거하여 법령에서 정해진 절차에 따라 임명되는 임기가 정해진 직원을 말한다. 임원은 상임이사(기관장 포함)와 비상임이사, 감사(상임 또는 비상임)로 구분한다. 직원은 기관의 정관에서 정하고 있는 정년까지 근무할 수 있는 직원과 일정한 기간 동안 근무할 수 있는 직원(계약직 2년 이내 고용)으로 구분하며 정년이 보장된 직원(정규직)의 경우에도 직무의 상대적 차이에 따라 일반직[15]과 운영직(공무직, 무기계약직)으로 분류하고 있다.

1) 공공기관 임원

공공기관 임원은 기관장, 상임이사, 비상임이사, 감사(상임 또는 비상임)로 구분한다. 기관장은 기관에 관한 모든 업무를 총괄하고 상근하면서 업무를 수행한다. 일부 기관에서는 비상근 하는 기관장도 존재[16]하는데 이런 경우 상임이사가 상근하여 직무를 대신한다. 상임이사는 부문 총괄 관리자로 주 40시간을 기관에서 근무하면서 일반 직원과 함께 업무를 수행하는 임원을 말한다. 직책상 일반적으로 본부장 또는 부관장·부원장, 사무총장(국장), 이사 등의 직책으로 불리며 해당 부문을 총괄 관리하는 역할을 한다. 일반기업체에서 상무나 전무 직책(부문장)으로 이해하면 쉽다.

비상임이사는 기관에 정상적으로 출근하지 않는 임원으로, 다른 기관에 소속을 두고 있으면서 기관의 중요한 의사결정이 있을 때 이사회와 간담회, 설명회 등에

---

15) 공공기관에서 일반직이란 용어는 기관마다 상이하게 사용하고 있다. 행정업무를 수행하는 직군에서는 행정직이나 관리직이란 용어로 많이 사용하고 있고 연구나 기타 박사급 직원의 경우에는 연구직(연구위원), 학예직 등의 용어를 사용하고 있다. 법이나 통일된 표준 매뉴얼은 없기 때문에 각 기관의 특성과 유사기관에서 사용하고 있는 용어 또는 학계나 관련 단체 등에서 많이 사용하는 용어를 선택적으로 적용하고 있다. 이 책에서는 정년이 보장된 정규직을 구분하기 위해서 일반직과 운영직으로 표현했다.

16) 기관의 최고 의사결정기구는 이사회다. 이사회는 이사장 또는 의장이 회의를 주관하는데 일반적으로 기관장이 이사회의 의장이 되어 회의를 이끌게 되는데 기관장 외에 비상임으로 이사장을 별도로 두는 기관도 존재한다. 이는 해당기관의 설립 근거법에서 관련 사항을 규정하고 있다.

참석하여 기관 운영에 관여하는 임원을 말한다. 비상임이사는 당연직 비상임이사(주무기관 국장급 보직자)와 선출된 비상임이사가 있다. 선출직 비상임이사는 임원추천

〈임원 선임 절차〉

구분		선임 절차					
		임추위 추천 (복수)	운영 위원회 심의·의결	기관장 임명	주무기관 장관 임명/제청(△)	기재부 장관 임명/제청(△)	대통령 임명
공기업	기관장	○	○		△		○
					○		
	상임이사	○		○			
	비상임이사	○	○			○	
	감사	○	○			△	○
						○	
준정부기관	기관장	○			○		
					△		○
	상임이사	○		○			
	비상임이사	○			○		
	감사	○	○			○	○
					기재부 장관 또는 대통령 임명		
기타공공기관	기관장	○			○		
	상임이사	○		○			
	비상임이사	○			○		
	비상임감사	○			○	○	
					주무기관 장관 또는 기획재정부장관 임명		

* 공기업이나 준정부기관 임원에 대한 임명은 「공공기관의 운영에 관한 법률」 제25조·제26조, 기타공공기관은 해당기관 설립 근거법에 근거함
* 공기업이나 준정부기관의 장과 감사는 「공공기관의 운영에 관한 법률」에서 정하는 기준에 따라 제청권자와 임명권자가 다를 수 있다.
* 기타공공기관은 임원의 선임 절차를 해당 기관의 설립 근거법에 따라 진행하므로 위 표와 다를 수 있음

위원회의 추천에 따라 임명권자의 임명으로 선출되게 된다. 감사는 공공기관의 규모에 따라 상임 또는 비상임으로 구분하는데 일반적으로 공기업이나 준정부기관은 상임감사(또는 감사위원), 기타공공기관은 비상임감사로 선임하고 있다. 임원의 임기17)는 기관장은 3년, 상임이사·비상임이사·감사는 2년으로 하고 경영평가 또는 경영계약 등 내외부 평가를 통해서 1년 단위로 연장할 수 있도록 관련 법령에 명시하고 있다. 또한 임원은 후임자가 선임될 때까지 기관의 설립 근거법에 의거하여 임기가 종료됐음에도 불구하고 계속 근무할 수 있다.

2) 공공기관 직원

공공기관 직원은 일반기업과 마찬가지로 「근로기준법」 및 「기간제 및 단시간근로자 보호 등에 관한 법률」 등에 따라 기간의 정함이 없는 근로자(정규직)와 기간의 정함이 있는 근로자(계약직)로 구분한다. 정규직 근로자는 직무와 역할의 차이에 따라 일반직(행정직, 연구직, 기술직 등 직무의 특성에 따라 부르는 명칭이 다르다)과 운영직(공무직, 무기계약직으로 용어는 기관마다 다르다)으로 나뉜다. 일반직은 행정과 사업 관련 직무를 수행하고, 운영직은 방호·미화 등의 직무를 수행한다. 정규직 근로자 중에는 별도직이라는 직군도 있는데 정년을 앞둔 정규직 근로자 중에서 임금피크제 적용 대상자를 별도직군으로 분류하고 있다.

2017년 정부의 무기계약직 전환 정책18)에 따라 공공기관에서는 계약직 근로자와 용역·파견 근로자들을 해당 기관의 운영직으로 대부분 전환하였고 기관 여건에 따라서는 일반직으로 전환하기도 했다. 해당 정책이 계약직의 저임금과 고용 불안정성을 해결하고 비용(인건비) 절감을 위해 계약직 사용이 계속되는 관행을 없애고자 시행된 만큼 공공기관에서는 비정규직을 최소로 운영하고 있다. 현재 각 공공기관 계약직 근로자는 휴직 대체 인력이나 청년에게 업무 경험을 제공하는 체험

---

17) 공공기관 임원에 대한 임기는 「공공기관의 운영에 관한 법률」 제28조(임기)에서 공기업과 준정부기관의 경우에는 기관장은 3년, 이사 및 감사는 2년으로 명시적으로 규정하고 있다. 또한 해당 기관 설립 근거법에도 이와 동일하게 규정한다. 다만, 일부 기타공공기관의 경우에는 기관장과 이사 및 감사의 임기가 3년으로 동일하게 설립 근거법에 규정하고 있는 기관도 있다.

18) 2023년 1분기 기준 공공기관 운영직(무기계약직) 인원은 5만 5,113명으로 전체 공공기관 직원의 13.33%를 차지함(자료: 공공기관 경영정보 공개시스템)

형 인턴 그리고 상시·지속적 업무가 아닌 일시·간헐적으로 연중 9개월 미만으로 수행되는 경우나 사업의 완료 기간이 명확하여 프로젝트성 업무로 인력 투입이 필요한 경우 등으로 한정하여 운영되고 있다. 수탁과제와 위탁과제가 있는 연구기관은 과업 수행을 위해 도급 형태의 직원도 운영하고 있다.

다만, 기관의 상황과 사업추진 여건에 따라 다양한 방식으로 계약직을 운영하는 여러 상황이 있기 때문에 일률적으로 말하기는 어려운 부분이 있다. 그런데도 실무상 분명한 것은 계약직은 「기간제 및 단시간근로자 보호 등에 관한 법률」에서 허용하는 범위 내(최대 2년) 적법하게 운영해야 한다는 것이다. 또 근로계약을 할 때 동종 또는 유사한 업무를 수행하는 정규직 근로자와 비교하여 차별적 대우[19]가 없도록 근로조건을 정해야 하는 점도 항상 염두에 두어야 한다.

3. 공공기관 경영 부문 주요 직무

공공기관 크게 경영 부문과 사업 부문으로 구분하고 경영 부문은 기획관리와 경영관리로 구분할 수 있다. 기획관리는 계획에서부터 예산, 법인 등의 직무가 있으며 경영관리는 인사에서부터 총무, 재무회계, 시설관리, 정보화 등으로 구분할 수 있다. 다만, 이 구분이 학문적으로 정립된 구분은 아니며 실무적으로 기관에서 조직을 설계할 때 나누는 기준[20]이다.

기획은 '새로운 것을 만든다'라는 의미가 강하다. 새로운 것을 만들든가 아니면 기존에 있던 것을 새롭게 개선해 다른 방식으로 제안한다는 말이다. 기획과 계

---

19) 공공기관에서 정규직 內 일반직과 운영직을 구분하는 이유는 직무의 차이에서 발생한다. 일반직은 일반행정 및 사업을 추진하지만 운영직은 지속·반복적인 업무를 수행함에 따른 차이로 인해서 보수를 구분해서 지급하고 있다. 다만, 직원에게 지급되는 각종 복리후생제도 및 휴가 등 보수를 제외한 근로조건에 대해서는 차등 없이 동일하게 적용하고 있다. 이와 별도로 계약직 근로자는 일정한 기간을 정하고 업무를 수행하고 있기 때문에 정규직과 다른 근로조건을 적용받을 수 있다. 이는 근로계약을 체결할 때 명확하게 계약직 근로자에게 설명하고 이에 대한 동의하에 불필요한 오해가 발생하지 않도록 해야 한다. (정규직과 동일노동 동일업무를 수행할 경우에는 합리적인 사유 없이 보수에서 차이를 둬서는 안 된다.)

20) 경영 부문은 참모조직으로 생각하면 된다. 기관을 운영하고 사업을 추진함에 있어 참모의 역할을 수행하고 사업이 원활하게 진행될 수 있도록 도와주는 역할을 수행한다.

획[21])은 개념이 다르지만, 공공기관 실무업무에서는 기획과 계획의 개념만 이해하면 된다. 실무에서 기획과 계획을 구분해서 사용하는 것까지 요구하지는 않는다. 굳이 고민하지 않아도 될 일에 시간과 노력을 낭비하지 않았으면 좋겠다. 공공기관 기획관리는 시간과의 싸움이 될 수 있고, 장시간의 사투로 결괏값을 얻어야 하는 일도 부지기수다. 실무에서는 개념을 이해하는 것도 중요하지만, 현재 발생한 업무에 대해서 어떻게 실무에 적용해 해결할 것인가를 고민하는 게 더 나은 태도이고 중요하다. 공공기관에서 수행하는 기획관리는 '중장기 및 경영계획' 수립과 기관에 필요한 자금을 관리하는 예산업무, 기관을 효율적으로 운영하게 하는 조직 및 정원, 기관의 성과를 관리하는 내·외부 평가 업무가 대표적이다. 그 외 이사회 운영(법인관리)·공시제도 운영·국회 및 대관업무 등이 있다. 그리고 기획관리는 기관의 모든 업무를 조정하는 기능도 있다. 새롭게 생긴 업무를 어느 부서에서 담당할지를 결정하고 업무가 충돌되거나 중복되면 부서별 업무를 분담해 중재 또는 조정하는 업무를 수행한다.

경영관리는 기획관리를 제외한 모든 참모조직(보좌기능)에서 수행하는 직무로 이해하면 된다. 인사관리부터 총무, 재무회계, 시설, 정보화, 대외협력(홍보) 등 구성원을 선발하고 유지하며 평가하는 업무와 사업이 원활하게 추진될 수 있도록 기관장을 보좌해 주는 업무까지 직무 범위가 넓다고 할 수 있다. 기관이 정상적으로 운영되기 위해서는 경영관리를 수행하는 인력이 각 직무분야의 전문가로 배치되어 있어야 하고, 직무별 상호 유기적인 업무체계를 구축하고 있어야 기관에서 추구하는 미션과 비전, 그리고 경영목표 달성에 기여할 수 있다.

경영관리는 관련 법령에 근거하여 업무를 수행하는 경우가 대부분이다. 법령을 위반할 경우에는 법적인 문제가 발생할 수 있어 해당 직무에 능숙하고 경험이 많은 부서장 또는 실무 담당자를 배치해야 한다. 국회 국정감사 및 상급기관 감사, 언론 등에서 공공기관에 대한 지적이나 부정적인 모습, 각종 사건·사고 등이 발생

---

21) 기획(企劃, Planning)의 사전적 의미는 "일을 꾀하여 계획함"으로 아직 구체화 되지 않은 무엇인가를 만들어 가는 과정이다. 즉, 無에서 有를 만드는 일이다. 계획(計畫, Plan)의 사전적 의미는 "앞으로 할 일의 절차, 방법, 규모 따위를 미리 헤아려 작성함"으로 기획과정을 통해서 도출된 결론을 말한다. 계획과 기획은 구별하여 쓰기도 하고 기획을 계획이라는 용어에 포함시켜 사용하기도 한다. 그러나 단어의 형태로 보면 계획은(Plan) 명사이고, 기획(Planning)은 동명사이다. 기획은 계획을 이루는 과정을 의미하고 계획은 기획의 결과로 얻어지는 최종안을 의미한다.
(*출처: 「행정학 용어사전」, 행정학용어표준화연구회, 2015)

하게 되면 대부분이 기관 운영과 직·간접적으로 연관되어 있는 일이다. 그만큼 중요한 직무들이며 기관의 이미지와 직결될 수도 있다. 그래서 경영관리는 각 직무 분야의 전문가가 해당 직무를 수행해야 하며 기관 내 전문가가 없을 경우에는 반드시 전문가 집단의 조력을 받으면서 업무를 수행할 수 있어야 한다.

1) 기획관리

(1) 계획[22]관리

공공기관을 운영하기 위해서는 구성원 모두가 함께할 수 있는 목표가 있어야 한다. 그리고 그 목표를 달성하기 위한 중장기적 관점의 계획을 수립하고 매년 연도별로 이를 이행하기 위한 업무계획을 수립한다. 기획부서에서는 내부 구성원이 함께할 수 있는 기관의 정체성을 확립하고 목표를 달성할 수 있도록 계획을 수립하는데 이를 중장기 발전계획 또는 중장기계획이라고 한다. 중장기 발전계획은 보통 5년 단위 계획을 수립하고 5년 이상의 계획은 미래전략 관점에서 10년 단위의 미래전략계획을 수립한다.

공공기관은 각 기관의 설립 근거법에서 기관의 중장기 발전계획 및 경영계획 수립을 주요 사업의 첫 번째로 명시하고 있다. 그만큼 경영계획수립은 기획업무의 꽃이자 중요한 업무이다. 해당 직무는 실무경력이 약 10년 내외의 과장급에서 업무를 수행하는데 기관의 핵심 인재가 직무를 많이 담당한다. 업무 난이도가 있으며 기관 전체를 이해하고 있어야 원활한 업무를 수행할 수 있다. 기관의 경영체계를 수립하는 중요한 직무이기 때문에 기획부서의 약 20% 이상의 비중을 차지한다.

(2) 예산관리

기관을 운영하기 위해서는 돈이 필요하다. 사업추진을 위한 사업비가 필요하고 기관을 운영하기 위한 기관운영비(경상경비)가 있어야 하며 구성원에게 지급해야 할

---

22) 공공기관에서 중요하게 생각하는 핵심 계획은 중장기계획과 매년 작성하는 단년도 업무계획이다. 중장기계획은 5년간의 기관 운영 방향과 주요사업, 경영체계를 수립하는 중요한 계획이다. 단년도 업무계획은 중장기계획과 연계된 전략과제에 대한 부서별 이행계획을 수립하는 것이다. 부서별로 전략과제를 어떻게 구현하고 이행할지를 구체적으로 계획에 반영한다. 부서별 목표와 성과지표, 일정이 계획에 반영된다. 자세한 설명은 후술하겠다.

인건비가 있어야 한다. 이러한 자금을 확보하기 위한 업무가 예산업무이다. 예산 편성 및 확정, 집행, 결산의 과정으로 업무를 진행한다. 업무의 중요성이 높아서 업무경력이 약 15년 내외의 과·차장급 인재들이 업무를 수행한다. 이 업무는 기관의 핵심 업무이기 때문에 기관을 이끌어가는 핵심 인재가 예산업무를 수행한다. 기획부서에서의 업무 비중은 25% 이상을 차지한다.

(3) 조직 및 정원

기관을 운영하기 위해서는 사람이 필요하다. 공공기관은 법률과 규정에 따라 운영되는 공조직이기 때문의 위계에 의한 명확한 업무분장이 이루어진다. 인력도 직급에 맞게 구성하고 선발해 배치한다. 인력 선발은 인사부서의 업무이지만 기관의 조직구성은 기획부서 업무이다. 직제에 따른 업무분장과 그 업무를 수행할 인력 관련 업무는 기획부서에서 관리한다. 정원을 배정하고 증감(획득)하는 업무는 기획부서의 고유업무이다.

조직진단(직무분석 및 적정인력 산출 등)을 통해 조직을 개편하고, 정원을 획득하고자 하는 업무는 조직의 성장과 발전에 지대한 영향을 미친다. 기관이 새로운 영역으로 사업을 확장하기 위해서는 안정적 조직과 정원이 있어야 한다. 기획부서에서의 비중은 15% 이상이며 업무 난이도가 높으나 기관의 규모에 따라서 약 10년 이내의 업무경력이 있는 대리급 또는 과장급에서 업무를 수행한다.

(4) 평가관리

① 경영평가

기관에서 목표를 세우고 업무를 수행하면서 목표 대비 성과가 효과적인가를 외부의 시선에서 평가받는 것이 경영평가[23]이다. 공기업이나 준정부기관은 기획재정부 주관하에 경영평가를 시행하고, 기타공공기관은 주무기관에서 자체 평가편람을 가지고 경영평가를 시행한다.

경영평가 결과는 기관의 대내외적 평가 기준이 된다. 내부적으로 임직원의 성과급과 연동되기 때문에 모든 공공기관 구성원은 경영평가를 민감하게

---

[23] 「공공기관의 운영에 관한 법률」에 명시된 공식적인 명칭은 '경영실적평가'이나, 공공기관 대부분 실무상 '경영평가'로 표현하므로 본 책에서도 실무상 용어를 사용하겠다.

받아들이고 있으며, 사업계획을 수립할 때 경영평가와 연계하여 작성하고 사업을 추진한다. 경영평가는 모든 부서에서 부서 고유지표를 가지고 1년간의 실적을 보고서로 작성해 평가위원에게 평가받는다. 그래서 구성원들의 보고서 작성 능력이 중요하다. 기획부서에서 업무 비중은 약 20% 이상이며 직무경력이 약 15년 이상 되는 차장급 이상에서 업무를 담당한다.

② 내부 성과관리

경영평가가 외부의 시선으로 기관을 평가한다면 내부 성과평가는 내부 구성원들이 자체적으로 업무성과를 평가하는 것이다. 기관별로 차이는 있으나 근무성적평정 체계 속에서 정성적인 인사평가는 인사부서에서 주관하고, 계량적인 평가는 기획부서에서 평가하는 이원적인 평가체계를 운영한다.

내부 성과관리는 기획부서에서 자체 평가편람을 만들어 부서별 고유지표와 모든 부서가 대상인 공통지표를 만들어 계량적으로 부서를 평가한다. 평가체계와 평가지표는 기관마다 다르며 평가체계도 다르지만, 성과평가의 목적은 같다. 정성적인 하향식 평가[24](정성평가)의 미흡점을 계량평가를 통해서 보완하고자 하는 성격이 강하다. 기획부서에서의 업무 비중은 5%이며 약 5년 이상의 업무경력이 있는 대리급 이상에서 업무를 수행한다.

(5) 이사회 운영

이사회는 공공기관의 최고 의사결정기구로 기관장과 상임이사·비상임이사로 구성하며 기관장이 의장이 되는 것이 일반적이다. 기관이 주요 의사결정을 심의·의결하는데 매년 2월과 12월에 정기이사회를 개최하고 그 외에는 심의안건이 있을 때마다 수시 이사회를 개최한다. 이사회에서 주로 다루는 안건은 예산과 사업계획, 주요 규정의 제·개정, 임원의 보수, 회계 결산 및 잉여금 처분 등이다. 기획부서에서 이사회 업무의 비중은 5% 정도이며, 업무경력이 2년 이상인 주임급에서

---

24) 대부분 공공기관은 정성평가(기관마다 평가 명칭은 다름)를 역량평가 방식에 점수법과 서열법을 혼합해 평가제도를 설계한다. 항목별 역량을 보직 또는 직급별로 만들어 역량에 대한 정의를 하고, 점수를 배정해 5 척도(예로 해당 역량 점수는 10점이고 S는 10점, A는 9점 등)로 평가자의 정성적 주관에 따라 점수를 부여하고 이를 합산해 평가대상자의 정성평가 점수를 도출한다. 형식은 역량평가지만 이 속에는 점수법과 서열법이 반영됐다고 생각하면 된다. 정성평가는 인사부서에서 제도를 설계·운영한다.

업무를 수행한다. 업무의 중요성은 높으나 이사회 운영을 하는 업무는 정해진 절차에 따라 준비하면 되기 때문에 업무를 배우는 신규직원이나 주임급에서 주로 담당한다.

(6) 대관업무

공공기관은 관련 법령의 개정이나 예산을 획득하기 위해서 국회의 심의·의결 절차를 거쳐야 한다. 정부의 예산을 사용하고 있어서 국민의 대의기관인 국회의 통제를 받고 있다. 공공기관은 국회의원의 질의에 성실히 답변해야 하고 국회에 출석해 기관에 대해서 성실히 설명할 의무가 있다. 기획부서에서 국회 업무의 중요성은 가장 크다. 기관의 예산과 법령을 국회에서 결정하기 때문이다. 하지만 비중은 약 5% 이내이고 업무는 약 5년 이내의 대리급에서 많이 담당한다. 업무는 대리급에서 수행하지만 국회 대응은 기관 차원에서 진행한다. 기관장이 국회의원에서 기관 현안을 설명하고 이해를 구할 수 있으며, 사안에 따라서 각 사업부서 부서장이 직접 국회를 방문해 국회의원실에 보고 또는 설명해야 하는 일도 비일비재하다.

(7) 투명경영

공공기관은 정부의 예산(출연금, 보조금 등)으로 운영되는 공적인 업무를 수행하는 공조직이다. 모든 업무는 국민에게 관련 절차에 따라 투명하게 알릴 의무가 있다. 공공기관은 제도적으로 공시제도와 사업실명제라는 제도를 통해서 공공기관의 모든 정보를 공개하고 있다. 기관의 누리집(홈페이지)과 함께 공공기관 경영정보 공개시스템(알리오)을 통해서 對 국민 공개 서비스를 제공하고 있다. 기획부서에서 관련 업무의 비중은 5% 이내로 주로 업무경력 2년에서 5년 이내의 주임급에서 업무를 담당한다.

(8) 감사

감사는 감독(監督)하고 검사(檢査)한다는 사전적 의미를 지니고 있다. 기관이나 구성원의 업무나 행위가 일정한 기준에 부합되는지를 증거자료에 입각해 조사·점검·확인·분석·검증하고, 그 결과에 따라 시정 및 개선요구 또는 권고 등을 하는 과정이다. 기관에서 감사는 일상감사와 정기감사, 특정감사를 실시하고 있다. 이외에도 반부패 및 청렴한 업무 추진을 위해 윤리경영을 감사부서에서 담당하고 있다. 기관에 따라 인권경영을 감사부서에서 직무를 수행하기도 한다. 기관의 규모에 따라 감사인력은 차이가 있으나, 100명 내외의 기관에서는 부서장과 담당자 1명이 업무를 담당하고 있다. 업무 담당자는 직무경험이 5년 내외의 대리급이 담당하고 있다.

(9) 현안 및 그 밖의 행정

① 현안업무

공공기관에서는 현안업무가 수시로 발생한다. 공공기관의 역할과 책임을 다하기 위해서 국민의 요구사항에 즉각적으로 반응해야 하고 주무기관 또는 기획재정부, 국회의 요구사항 이행을 위해 각종 보고 자료를 만들고 설명과 보고 자리에 참석해야 한다. 이러한 현안업무는 신속하고 정확하게 진행되어야 하므로 기획부서에서 업무 비중은 높지 않지만, 업무경력이 약 10년 이상 되는 과장급 이상에서 현안업무 대응을 전담한다.

② 그 밖의 행정업무

• 첫째, 국정감사

「국정감사 및 조사에 관한 법률」 제2조에 따라 공공기관은 국회의 국정감사를 받고 있다. 기관에서 수행하는 모든 업무에 대한 감사로 매년 10월경 기관이 속한 해당 상임위별로 진행한다. 기관에서는 국회의원실에서 오는 각종 질의에 대한 답변을 서면으로 제출하고, 국정감사 당일에 기관장이 국회 해당 상임위에 출석하여 국회의원의 질의에 답변을 하게 된다. 국정감사에서 지적사항이 있을 경우에는 '시정' 또는 '주의' 및 개선사항에 대해 조치를 해야 한다.

국정감사는 기관 입장에서는 중요한 업무이다. 기관의 역량을 총동원해 준비하고 대응해야 한다. 기관과 관련된 핵심 이슈를 사전에 확인하여 예상 질의를 준비하고, 기관에서 수행하는 각종 업무에 대한 통계 자료를 사전에 준비하여 국회의원실의 질의에 적절히 대응해야 업무 수행에 어려움이 없다. 국회 담당자는 국정감사 일정에 따라 준비를 하는데 국회의원실에서 요구하는 질의에 대한 답변을 정리해 제출하고 국정감사 당일 진행되는 국회의원의 질의를 정리하여 기관과 관련된 내용에 대한 후속조치를 해야 한다.

💡 저자 생각

국정감사는 매년 10월에 진행하지만, 준비를 위한 기간은 연초부터 시작한다. 국회의원실에서 오는 각종 질의에 대응해야 하고 기관 현황과 관련된 통계 자료를 사전에 준비해야 국정감사를 준비하는 9월에 어려움을 덜 수 있다. 일반적으로 3년에서 5년간 기관에서 이루어진 각종 행정행위에 대한 질의를 많이 하기 때문에 5년간의 통계 자료가 준비되어 있지 않을 경우에는 과거의 자료를 짧은 기간에 정리하고 준비하기는 어려움이 있다. 그래서 연초부터 기관과 관련된 통계 자료를 사전에 준비하고 국회의원실의 질의를 대비해야 한다.

국회의원실에서 요구하는 공통된 자료는 일반적으로 대략 10개 내외[25]의 직무와 관련된 사항으로 100개 내외의 항목이 있다. 기획 및 법무와 관련해서는 이사회 운영과 관련된 사항과 기관의 업무계획/중장기 경영목표, 소송 관련 사항 등에 관한 자료 등을 요구하고, 예산과 관련해서는 사업계획 및 예산서, 예비비 편성 및 집행내역, 예산 전용 등에 관한 사항을 주로 요구한다. 또한, 조직과 인사에 관해서는 조직구성 및 정원, 현원, 겸직 현황, 징계 현황을 포함하여 각종 인사 비리·비위 등에 관한 사항을 요구한다. 이외에도 해당 기관에서 이슈가 되는 사항에 대한 집중적인 질의가 올 수 있기 때문에 실무자는 사전에 질의서를 입수하여 대응해야 하며, 예상치 못한 질의가 올 수 있기 때문에 사전에 예상 질의를 기관 내에서 충분히 도출해 답변을 준비해야 한다.

• 둘째, 업무조정

기획부서는 다른 부서에서 하지 않는 업무를 재분배하거나 조율하는 기능을 수행한다. 새로운 직무가 생겼을 때 어느 부서에서 해당 직무를 수행하는 것이 적합한지 내부 구성원의 의견과 인력구성, 직무 연관성 등을 고려해 기획부서에서 업무조정을 실시한다.

---

25) 경영부문과 관련해 국회에서 요구하는 공통된 질의는 크게 10개 내외 직무와 관련된다. 기획과 법무, 예산, 조직과 인력, 감사, 보수 및 회계, 총무 및 자산, 구매·계약, 시설 및 안전, 홍보 및 대외협력, 정보 및 보안, 고객관리(민원) 등으로 분류할 수 있고 각 직무별로 대략 10개 내외의 항목을 구분하여 질의하게 된다. 항목별 통계 자료를 사전에 준비해야 국회의원실의 질의에 적절한 답변을 할 수 있고 국정감사 기간 동안 늦은 시간까지 답변을 준비하는 어려움을 해소할 수 있다.

- **셋째, 경영혁신**

　혁신 업무는 정부의 정책 방향에 따라 이행하는 경우가 대부분이다. 공공기관에서 경영혁신은 기존의 관행을 개선해 새로움을 만들어 나가는 일이다. 직무 재분배를 통한 인력 조정 및 조직 재설계, 효율적인 경영 및 자산 관리를 통한 부채 감소와 경영 수지 개선 등이 경영혁신 업무에 포함될 수 있다. 경영혁신은 기관 자체적인 동력에 의해서 과감하게 추진하는 공공기관은 찾아보기 어렵다. 경영혁신이란 업무의 특성상 내부 반발도 있을 수 있고 이해관계 또는 생각의 차이로 각종 이해관계자와의 마찰 등이 발생할 수 있어 강력한 동기가 없을 경우에는 성공하기 힘든 일이다.

　이 책에서는 경영혁신 분야에 대해 자세히 설명하지 않겠다. 혁신이란 범위가 너무 광범위하고 기관의 의지에 따라 추진하는 일이 아니기 때문이다. 제안제도를 통한 소소한 혁신이나 개선 업무는 추진하지만, 공공기관 전체의 근본적인 문제를 해결하는 혁신은 정부의 정책 의지나 제3의 기관(국회, 언론, 국민 등)의 요구로 이루어지는 업무이기 때문이다.

🔆 저자 생각

　기관 자체적으로 내 살을 도려내는 일은 하긴 힘들다. 내부 구성원의 반발을 무릅쓰고 혁신을 추진할 강력한 동기가 있어야 하는데 기관 스스로 그러한 동력을 찾기는 어렵다. 기관을 변화시키고 혁신하는 방법은 '외부의 충격에 내부를 변화시키는 것'이 가장 이상적인 방법이다. 기획부서에서 혁신업무는 수행하지만, 내부 동력에 의해 업무를 추진한다기보다는 정부나 국회, 감사원, 언론이나 국민의 요구가 있을 때 혁신의 동력이 발생한다.

　모든 조직은 미래의 변화를 두려워한다. 불확실한 미래를 바라보고 일하기보다는 현재의 안정을 추구하려는 경향이 강하다. 미래의 불확실성을 명확한 비전과 목표로 만들어 줄 수 있는 리더가 존재한다면 믿고 의지하며 기획부서 담당자들은 적극적인 자세로 업무를 추진할 것이다. 하지만 3년 단위의 임기를 가지고 있는 기관장이 과연 기관을 혁신하고 새로운 미래상을 보여줄 수 있는 리더십을 구성원에게 보여줄 수 있을지는 미지수다. 그만큼 내부적으로 근본적인 혁신은 제한될 수밖에 없다.

2) 인사관리

(1) 직무관리[26]

조직에서 가장 중요한 핵심은 업무분장이다. 조직은 직제에 따라 업무가 분장되고 위치에 따라 개인이 해야 할 일이 명확하게 나눠진다. 그래서 유기적인 협력 속에서 조직이 정한 목표를 달성하기 위해 매진하게 된다. 직무관리는 조직에서 가장 필요한 '일'을 관리하는 행위를 말한다. 직무를 분석[27]하고 직무를 평가[28]하며, 직무를 설계[29]하는 과정을 직무관리라고 한다. ①직무분석은 조직 내 모든 구성원이 무슨 일을 하며 일을 추진하기 위해 소요되는 시간을 파악해 조직설계 및 임금, 평가 등에 활용하고 있다. ②직무평가는 직무분석을 통해 조직의 직무 즉 일에 대해서 상대적 평가를 통해 직무의 가치를 부여하는 일이다. 즉 직무의 우선순위를 정하는 것으로 기관이 설립된 목적을 이행하기 위해서 어느 직무를 중심으로 업무를 추진해야 조직의 설립목적을 달성하고 기관의 경영목표를 이룰 수 있을지를 평가하는 것이다. 일반적으로 직무 서열을 구분한다고 생각하면 된다. ③직무설계는 직무를 수행하는 사람을 조직에 적합한 인재로 육성하는 것이다. 개인의 역량과 업무 효율성을 높이기 위해 직무를 확대할 것인지 아니면 전문성을 강화하기 위해 하나의 직무에 충실하게 할 것인지를 판단해야 한다. 이는 기관 입장에서는 중요하기 때문에 기관의 인력구조, 직무의 특이성, 직급별 업무역량 등 전반적인 조직에 대한 이해를 바탕으로 기관에 적합한 인력양성과 연계한다.

직무관리는 직무를 수행한 경험과 전문성을 갖추고 있어야 하고 직무의 중요성 등을 고려했을 때 인사부서에서 약 20%의 직무 비중을 차지하고 있으며 직무경

---

26) 직무관리는 다른 직무를 수행하기 위한 기본적인 자료 제공을 목적으로 하고 있다. 즉 조직을 설계하거나 평가제도를 새롭게 만들거나, 보수체계를 개편할 때 직무관리를 반드시 해서 그 결괏값을 바탕으로 각종 제도를 설계·운영하게 된다. 그래서 직무관리 성공적으로 하기 위해서는 직무관리를 하는 목적이 명확해야 한다.

27) 직무분석은 "특정 직무의 성질을 결정하고 그 직무에서 수행하는 일의 내용, 필요로 하는 지식과 태도, 능력 등을 분석하고 책임, 직위의 구분 기준을 정하는 것"이다. (검색: 네이버 지식백과를 재구성함, 2024. 1. 14.)

28) 직무평가는 "조직 내 직무를 일정 기준에 따라 나열, 비교하여 그 상대적 가치를 결정하는 평가 활동"이다. (검색: 네이버 지식백과를 재구성함, 2024. 1. 14.)

29) 직무설계는 "조직 내 업무수행을 위해 요구되는 다양한 과업을 연결하고 조직화하는 것"이다. (검색: 네이버 지식백과를 재구성함, 2024. 1. 14.)

력이 10년 이상인 과·차장급에서 업무를 수행하고 있다.

저자 생각

> 직무관리는 인사전문가의 영역이기 때문에 기관을 객관적으로 바라볼 수 있는 제3의 기관에 분석을 의뢰하는 것이 일반적이다. 새롭게 기관을 설립할 경우에는 조직 관점에서 이론을 바탕으로 조직을 설계할 수 있지만, 기존의 인력이 있는 상태에서 직무관리를 한다는 것은 현실적으로 많은 제한 요소가 발생한다. 이해관계가 형성되어 있고, 현재 일하는 사람이 존재하기 때문에 이를 무시하고 직무관리를 한다는 것은 현실적으로 어렵다. 조직 구성원의 동의를 전제로 직무관리를 수행해야 하기 때문에 제3의 기관에서 용역 형태로 직무관리를 하는 것이 일반적이다. 그리고 직무관리는 인사·조직 전문가가 이론과 각종 설계 도구를 활용해 컨설팅해야 하기 때문에 현직에 있는 업무 담당자가 직접적으로 직무관리를 하는 것은 어려움이 있다.

(2) 채용관리

조직에서 일하기 위해서는 사람이 있어야 한다. 조직에 적합한 사람을 어떻게 뽑을 것인가가 채용관리의 핵심이다. 공공기관 채용에 관련해서는 기획재정부 또는 주무기관의 지침이 나와 있기 때문에 그 지침에 따라 인력을 모집하고 선발하면 된다. 그 결과는 공공기관 정보공개 시스템인 알리오를 통해 국민에게 공개하고 있다. 채용관리는 조직과 관련 없는 제3자를 조직 구성원으로 모셔 오는 과정이다. 기관 입장에서는 조직을 이끌고 함께 동행할 수 있는 인재를 모셔 오는 과정이기 때문에 투명하고 정확하며 신뢰성 있게 업무 추진의 모든 과정을 공개하고 있다.

공공기관에서는 채용의 투명성을 확보하기 위해 다양한 노력을 하고 있다. 각 단계별로 감사인을 입회해 부정행위가 발생하지 않도록 관리하고 채용계획 수립부터 인사위원회를 개최해 채용인원과 기준, 선발방법 등에 대해서 사전 검토해 부정·비리 행위 등이 발생할 수 있는 여지를 원천적으로 예방하고 있다. 공공기관의 채용관리는 對 국민 신뢰와 직결되기 때문에 공정하고 투명한 절차에 따라 운영하는 것을 기본 원칙으로 하고 있다.

채용관리는 인사부서 직무의 핵심이다. 기관이 성장하고 발전하기 위한 시작이 채용에서부터 시작하기 때문이다. 직무의 중요성이 높기 때문에 인사부서에서 대략 30% 이상의 직무 비중을 차지하고 있으며 업무 경험이 10년 이상인 과·차장급이 업무를 담당하고 있다. 다만, 채용관리 업무는 혼자 수행하는 데 한계가 있기 때문에 용역업체를 통해 채용을 진행한다고 해도 채용절차가 진행될 때에는 부서장을 비롯해 업무 담당자(정·부)가 계속해서 검토해야 한다.

(3) 유지관리

기관을 운영하기 위해서는 구성원 모두가 행복한 조직을 만들어야 한다. 구성원들이 단순하게 근로의 대가로 임금을 받는다는 인식을 한다면 개인의 동기부여와 성장에 대한 욕구를 충족시키기 힘들고, 어렵게 선발하여 직무 교육을 통해 역량을 강화시킨 귀중한 인재가 기관을 이탈해 이직할 수도 있다. 유지관리는 기관에 적합한 인재를 만들고 조직 충성도를 높이기 위한 관리업무라고 이해하면 된다. 해당 직무에 대한 인사부서의 업무비중은 대략 10% 이내이며 업무경력이 5년 이내의 대리급에서 업무를 담당하고 있다.

(4) 복무관리

모든 기관은 「근로기준법」에서 정하는 기준에 근거하여 노사 합의로 체결된 단체협약 또는 기관 內 규정에 따라 복무관리를 실시한다. 구성원이 일주일(7일 기준)에 근무하는 시간을 정해두고 출·퇴근시간을 정해 고정된 근무지에서 근무할 수 있도록 한다. 근무시간을 유연하게 적용하기 위해 시차출퇴근제와 선택적 근무제도 등 다양한 유연근무제도를 운영하고 있다. 구성원의 근무 여건을 보장하기 위해 관련 법령에서 규정하고 있는 휴일과 각종 휴가도 적용하고 있다. 기관마다 운영하는 형식은 다를 수 있지만 관련 법령에서 정하는 최소기준 이상으로 노(勞)와 사(社)가 합의해 기관만의 고유한 복무관리제도를 운영한다.

근로시간과 각종 휴가제도 외에도 구성원에게 주어지는 각종 복리후생제도를 통해서 근로의욕을 고취하고 있다. 공공기관에서는 일반 공무원 수준에서 기관의 복리후생제도를 운영하고 있으며, 공무원 수준을 초과해 운영하지 않도록 관리감독을 받고 있다. 복무관리 직무는 인사부서에서 약 10% 이내의 직무 비중을 차지하고 있으며 업무경력 5년 이내의 대리급에서 업무를 담당하고 있다.

(5) 노무관리

기관 내에는 근로자가 중심이 된 별도의 법인이 존재한다. 바로 노동조합이다. 근로자가 자발적으로 만든 법인으로 기관의 간섭이나 지원 없이 관련 법령에 따라 노동조합을 설립해 조합원의 근로조건 개선과 위상 강화를 위해 운영된다. 노동조합이 없는 기관은 「근로자참여 및 협력증진에 관한 법률」에 따른 노사협의회를 통해 근로자의 근로조건 향상을 위해 사측과 협의한다.

노무관리는 노동조합 또는 근로자 대표와 관계된 직무이다. 단체교섭 체결을 통해 조직 구성원의 근로조건을 향상시키기 위해 노력하고 임금협상을 통해 매년 적정 임금이 구성원에게 지급될 수 있도록 노(勞)와 사(社)를 상생적·협력적 관계로 유지·발전시키는 직무를 수행한다. 노무관리는 노동관계 법령에 대한 이해와 지식이 필요하고 대인관계가 원만한 직무 경험이 10년 이상인 과·차장이 직무를 수행한다. 다만, 기관의 규모가 100명 이내인 경우에는 5년 이내의 직무 경험이 있는 대리급에서 담당하고 직무 연관성이 있는 총무 및 인사업무를 겸직하는 경우가 많이 있다.

3) 총무관리

(1) 일반총무

기관마다 총무의 업무 범위는 다르다. 총무의 범위는 경영관리의 모든 직무를 포괄할 수 있고 기능을 축소한다면 회의 및 의전, 행사 등이 일반총무의 범위에 해당될 수 있다. 다만, 각 직무별로 기능이 세분화되고 전문화되고 있어 공공기관에서 일반총무에 관한 업무는 축소되는 경향이 있다. 일반총무는 회의 및 의전, 소모품 관리, 행사 사무공간 관리, 임직원 복리후생(인사부서에서 담당할 수 있음), 자산관리, 대외협력(홍보) 등의 업무를 수행하고 직무 경력이 대략 5년 내외의 대리급 또는 주임급에서 업무를 담당하고 있다.

(2) 구매계약

공공기관에서 행정 행위나 사업을 수행하기 위해서는 구매 및 계약 행위를 통해 장비, 필요한 물품 등을 구입하거나 업체를 섭외해 용역으로 추진한다. 이런 업무를 수행하기 위해 구매계약관리가 필요하다. 모든 공공기관은 「국가를 당사자로 하는 계약에 관한 법률」을 기준으로 기관 내 자체 구매 및 계약 규정을 마련하고 금액과 용도 등에 따라 계약의 범위 등을 정하여 업무를 추진하고 있다. 구매계약관리는 업무 담당자에게 고도의 청렴성과 윤리성을 요구한다. 업무 담당자의 계약 행위를 통해서 제3자에게 이익과 불이익을 줄 수 있기 때문이다.

구매계약관리는 정해진 법령에 따른 절차와 방법 등이 규정되어 있기 때문에 정해진 기간에 반드시 이행해야 하는 일들이 있다. 기간을 미준수했을 경우에는 불이익이 발생할 수 있어 업무 담당자는 직무 경험이 5년 이상 되는 대리급 이상에서 담당하고 있다.

(3) 재무회계

기관을 운영하는데 필수적인 요소인 '자금'을 관리하고 집행하는 직무이다. 예산을 획득하고 자체적인 수입을 확보하는 일은 기획이나 해당 사업부서에서 직무를 수행하고 확보된 예산을 집행하고 관리하는 직무는 재무와 회계업무를 담당하는 부서에서 수행한다. 예산의 획득·편성·집행·결산의 과정을 재무회계부서에서 담당할 수도 있고 예산의 획득과 편성은 기획부서, 집행과 결산은 회계부서에서 담당할 수도 있다. 이는 기관의 규모와 업무 연속성, 인력 구조 등에 따라 기관 「직제규정」에 명시된 업무분장으로 결정한다.

재무회계는 크게 두 가지 업무로 나눌 수 있다. 확보한 예산을 안정적으로 운영해 ①이자수익을 확보하는 것과 예산을 정부의 예산집행지침에 따라 제대로 ②집행하고 관리하는 업무이다.

• 첫째, 확보된 예산관리

기관은 정부로부터 분기별로 받는 예산을 제1금융권(원금 손실이 발생하지 않는 금융권)에 각종 금융상품으로 예치하여 그에 대한 이자수익을 극대화하기 위해 노력한다. 시중 금리에 따라 이자수익의 증감이 발생하는데 이는 어떤 금융상품에 일정

기간 예산을 예치하느냐에 따라 다를 수 있다. 대부분의 기관은 주거래 은행이 있으나, 주거래 은행의 지급 금리가 낮을 경우에는 제1금융권 內에서 원금의 안정성이 확보된 상품 중에 금리가 높은 상품을 선택해 이자수익을 높이는 노력을 하고 있다. 이런 성과를 부서 지표로 활용하기도 한다.

• 둘째, 예산의 적절한 집행관리

재무회계의 핵심은 예산을 정부에서 정하는 기준에 따라 투명하게 집행하고 결산하는 것이다. 예산의 획득과 편성은 기획부서의 업무로 하지만 예산의 집행과 결산은 일반적으로 회계부서에서 담당하고 있다. 예산 집행관리는 원인행위를 하는 사업부서에서 사업 추진 간에 발생한 비용을 회계부서에서 지출 요청하고, 회계부서는 요청받은 비용의 집행 적절성을 확인한 후 비용을 지급하고 회계 처리를 한다. 업무 담당자는 지출에 필요한 서류가 완비되어 있는지를 확인하고 지출 사업체 또는 지급 대상자에게 비용이 제대로 지출되었는지를 확인한다. 지출된 비용은 일일 단위로 회계 처리하여 결산하게 된다.

재무회계는 예산을 어떻게 집행하고 사후처리를 정부기준에 맞게 관리하느냐가 중요하다. 자금과 관련된 업무를 수행하기 때문에 업무 담당자의 신용[30]에 문제가 있으면 안 되고 투명한 자금 집행을 위해 복수의 담당자가 지출과 회계를 각각 나눠서 업무를 처리해야 한다. 물론 지출행위의 최종 과정은 해당 부서장이 직접 해야 한다. 업무의 중요성을 고려해 100명 내외의 조직에서는 재무회계부서 지출은 주임급에서 담당하고 자금관리 및 집행 관리는 과장급에서 업무를 수행하고 있으며, 최종적으로 부서장이 집행관리 총괄 책임자로 직무를 수행하고 있다.

이 책에서는 재무회계 부분은 별도로 다루지는 않겠다. 다만, 각 직무를 수행하는 과정에서 지출과 결산 관련된 사항을 실무적으로 처리하는 절차 및 방법 등에 대해서 설명하도록 하겠다.

---

30) 회계업무를 담당하는 직원은 기관의 규정에 따라 재정보증보험을 별도로 가입하고 있다. 회계와 관련된 불미스러운 일이 발생했을 때를 대비하여 기관 차원에서 손해를 보상받기 위함이다.

공공기관 특성

공공기관은 공조직(公組織)으로 기관에서 근무하는 임직원은 사회적 통념과 규범을 벗어난 행동을 하면 안 된다. 각종 법령에 따라 공무원과 같은 처분을 받기 때문에 업무를 수행할 때 행동과 태도에 신경을 써야 한다. 나의 잘못으로 기관에 피해를 줄 수 있고, 공동운명체인 구성원에게 회복하기 어려운 고초를 겪게 할 수 있기 때문이다. 공공기관 직원이 근무하면서 유념해야 할 사항에 대해서 몇 가지 설명하도록 하겠다.

1. 청렴의식

주변 지인에게 공공기관에 근무한다고 말을 하면 '準 공무원' 아니냐는 말을 많이 듣는다. 법률적 용어도 아니고 학술적 용어도 아닌데 일반 국민은 왜 이런 용어를 사용하는지 궁금하기도 했다. 국민의 인식 속에는 공무원과 공공기관 임직원을 구분하지 않고, 對 국민 서비스를 제공하는 공조직으로 인식하는 것이다. 대부분 공공기관은 설립 근거법에 "공공기관 임직원은 「형법」 제129조부터 제132조까지를 적용할 때는 공무원으로 본다."라는 조항이 있다. 수뢰 및 제삼자뇌물제공 등과 같이 범죄가 있으면 공무원으로 본다는 말이다. 그만큼 공공기관에서 수행하는 업무가 공적인 성격을 가진다.

국가 예산으로 운영하는 공공기관에 소속된 임직원은 청렴·윤리의식을 갖고, 부정한 청탁이나 업무와 연관된 이권에 개입하면 안 된다. 성 관련 문제나 음주운전, 직장 내 괴롭힘, 구성원 간 이간질 및 모함 등 사내 갈등을 유발할 수 있는 언행은 삼가야 한다. 나의 행동이 바로 기관의 얼굴이라는 인식 속에서 조심하고 또 조심하며 행동하려는 생활습관을 가져야 한다.

정부에서는 법적으로 공공기관으로 지정된 기관의 임직원은 의무적으로 청렴 및 윤리교육을 받도록 하고 있다. 연간 1회 이상의 교육을 통해서 투명하고 공정한 공공기관이 될 수 있도록 모든 공공기관 임직원은 노력해야 한다.

2. 수용성

공공기관은 관료제와 같은 위계질서 속에서 법률과 규정에 따라 기관을 운영한다. 직급체계가 있고 직급에 따른 업무가 분장되며 그 속에서 상위직급자의 의견이 사업에 반영되는 경우가 대부분이다. 담당자가 기안한 내용이 보고 과정에서 수정될 수 있고, 방향성이 최초 기안자의 의도와 다르게 변경될 수도 있다. 이런 업무적 구조를 담당자가 이해를 잘못하거나, '내 의견과 주장만이 옳다'라고 생각하면 여러 가지 어려운 문제가 발생할 수 있다.

요즘 세대는 공공기관의 업무절차가 매우 답답하고 고리타분하게 인식될 수도 있다. 공공기관의 조직 특성과 구조를 이해하지 못한다면 공공기관에 적응하는 데 상당한 어려움이 있을 수 있다. 공공기관은 법률과 규정에 따라 움직이는 공적인 조직이다. 내가 할 수 있는 업무의 재량범위가 제한적이고 정해진 절차와 규정에 따라 업무를 수행해야 한다. 규정화된 업무추진을 통해서만이 공정하고 투명한 사업을 진행할 수 있다. 사업 진행 과정에서 발생할 수 있는 이해관계자와의 오해와 불만을 해소할 길은 오직 정해진 절차와 규정에 따라 업무를 수행하는 방법밖에 없다는 것이 공공기관의 특징이다.

공공기관에서 근무하면서 가장 중요하게 생각하는 것이 직원이 가져야 하는 태도의 문제이다. 시대가 변화하고 사람들의 인식이 바뀌어도 공공기관에서 바뀌지 않는 것이 있다. 바로 법률과 규정에 따라 업무를 수행한다는 것이다. 법률과 규정도 시대의 흐름에 따라 변화하겠지만 공공기관의 설립목적은 변하지 않는다. 이 말은 곧 나보다 먼저 업무를 수행한 사람이 있고 그 사람들도 나와 같은 법과 규정에 따라 업무를 수행했다는 것을 의미한다. 같은 업무를 수행하면서 그 당시의 상황과 여건, 인력 구성 등의 차이는 있겠지만 업무를 수행하는 절차나 방법은 유사하다. 업무 수행과정에서 발생한 시행착오나 문제점, 잘됐던 사항 등에 대해서 나보다 먼저 업무를 수행한 선임이나 부서장의 경험은 굉장히 중요하다. 내가 얻어야 하는 삶의 지식 또는 업무 지식이라는 것이다.

시대의 변화에 민첩하게 대응해야 하는 혁신기업이나 스타트업 회사 등은 과거의 업무 지식이 중요하지 않거나 필요 없는 경우도 있다. 하지만 공공기관은 업무의 통일성과 연속성을 위해 과거의 업무절차와 방식에 대한 검토나 연구가 중요하다. 이때 담당자에게 필요한 것이 수용적인 업무태도이다. 선임이나 부서장이 가지고 있는 과거 업무경력과 경험을 내 자산으로 습득하고자 하는 노력이 필요하다. 즉 수용성이 있고 없느냐의 차이는 내가 업무를 성과 있게 잘할 수 있느냐, 없느냐를 결정하는 중요한 요소가 된다. 수용적 업무태도가 구체적으로 어떤 것인지 정확한 정답은 없다. 다만, 내가 가지고 있는 지식과 경험이 최고라는 오만이나 상급자를 무시하는 태도, 배타적인 업무 자세, 타협하지 않는 불통의 마음가짐은 공공기관에서 근무하는 직원의 마음 자세는 분명히 아니다. 주변 선·후임의 이야기를 듣고 이해할 수 있는 업무적 지식과 마음 자세를 기본적으로 갖추고 있고, 옳고 그름을 분별할 수 있는 능력을 갖추고 있어야만 이론적 지식 이외의 경험적 자산을 축적하는 데 도움이 될 것이다.

현직에서 업무할 때 사수와 부사수라는 용어를 많이 사용했다. 멘토링 제도는 이와 유사한데 공공기관 업무는 도제식으로 전수되는 경우가 많다. 같은 공간에서 같은 시간을 공유하며 근무하는 선임과 후임이 있다는 것은 그 자체만으로도 굉장한 행운이다. 내가 수행하는 업무를 먼저 경험했던 선임이 있어 그 사람의 업무적 지식과 기술을 습득할 수 있고, 내가 해결하지 못하는 문제에 대해서 해결방안을 제시해 주고 함께 고민할 수 있는 선임의 존재가 있다는 것은 조직 생활에서 흔하지 않은 일이다. 공공기관에서 상호 존중하는 마음 자세와 수용적 태도로 선임과 원만한 관계를 유지할 수 있다면 업무적인 측면과 조직 내 인간관계에서도 좋은 평가를 받을 수 있다고 생각한다.

3. 공동운명체

공공기관 행정업무는 누구 하나의 독보적인 능력에 의해 업무가 이루어지지 않는다. 위계에 의해 직급별로 담당하는 업무의 범위가 정해져 있고, 보고 과정에서 상급자나 이해관계자의 다양한 이견을 조율하며 업무를 처리한다. 이러한 과정에서 공공기관의 업무는 나만의 업무성과가 아닌 '우리'라는 공동체적 성과로 결과를 얻는 경우가 많다.

공공기관에서 아직도 도제식으로 업무 경험이 전수되고 있는데 그 이유는 모든 업무가 법률과 규정에 따라 진행되기 때문이다. 법률과 규정은 해석의 영역이 있어서 이전에 어떻게 업무를 수행했는지가 중요하다. 그래서 업무를 먼저 경험한 선임들이 겪었던 지식과 노하우가 후임에게는 필요하다. 업무의 연속성을 위해서도 선임들의 업무 경험은 후임에게 전수되어야 한다. 선임이 잘못했던 사례도 알아야 후임이 개선하는 방안을 제시할 수 있고, 그로 인해 혁신적인 업무도 가능하게 되는 것이다.

사수가 부사수에게 자신이 경험했던 사례 중심으로 교육하고 그 속에서 나만의 방식으로 업무를 수행하는 관계가 지금까지도 전해지고 있다. 이러한 관계와 구조 속에서 공공기관 행정분야의 전문 스타가 나오기는 어렵지 않나 하는 생각을 한다. 연구직이나 특정분야의 전문적 지식이 필요한 경우에는 기관의 역량과 제도, 개인의 노력에 따라 해당 분야 스타 직원으로 성장할 수 있지만, 일반행정분야는 함께 하는 업무가 대부분이고 이해관계자와 협업해야 하므로 독보적으로 개인이 스타가 되기에는 현실적으로 어려움이 있다. 개인적으로 전문성을 강화하기 위해 학위를 취득하고 전문 자격증을 취득한다고 해도 조직 내에서 자신의 전문성을 발휘해 얻을 수 있는 성과는 극히 제한된다. 모든 업무는 조직 구성원 내의 관계 속에서 해결하고 대안을 제시하며 진행해야 한다. 즉 다 함께 업무를 추진하고 공동의 성과로 만들어야 한다는 것이다. '나만 잘났어'라는 것은 공공기관 일반행정분야에서는 있을 수 없다. 함께 이룬 성과에 감사하며 고마워하는 태도가 공공기관 직원에게는 필요하지 않을까 생각한다.

4. 마음 자세

요즘 세대 직원들과 같이 근무하면서 느끼는 게 있다. 학교와 직장을 혼동하는 사례가 있다는 것이다. 알려주지 않으면 업무를 하지 못하고 스스로 찾아서 하고자 하는 의지와 노력도 내 기준에서는 부족하다는 느낌을 간혹 받는다. 직접적으로 말을 하면 꼰대나 갑질, 괴롭힘 등으로 매도될 수 있어 말하기도 어려운 것이 현실이다. 업무는 잘 진행되지 않고, 업무추진에 답답함을 느낄 때가 있다. 자신의 근로를 제공하면서 보수를 받는 조직에서 생활하거나, 새롭게 이와 같은 직장에서 근무하고자 하는 취업준비생들에게 해주고 싶은 말이 있다.

"직장은 학교가 아니다."

학교는 등록금을 납부하고 다니는 공간으로 학생을 가르쳐줘야 할 책임이 있고, 학생은 선생님이나 교수님에게 배우거나 궁금한 사항을 물어볼 의무가 있다. 그 과정에서 새로운 지식과 경험을 얻을 수 있고, 사회생활을 하기 위한 기본적인 지적·사회적 능력을 함양한다.

하지만 직장은 다르다. 보수(임금, 돈)라는 매개체로 연결되어 있다. 내가 한 행위에 따라 금전적 보상을 받는 조직이다. 공공기관도 일반적인 회사와 같아서 금전적 보상 즉, 「근로기준법」에서 말하는 보수를 받기 위해 근로자는 근로를 제공하는 곳이다. 공공기관에서 근무하는 모든 구성원은 자신의 근로 제공을 통해 보수를 받고자 하는 같은 목적으로 모인 것이다. 업무를 통해 인정받고 성과를 내는 것이 개개인의 성취욕을 만족시키기 위해서지만 궁극적으로는 금전적 보상을 받아 나와 내 주변인들과 생활을 꾸려나가기 위함이다. 이는 요즘 세대나 그 윗세대가 모두 동일하다.

상급자나 동료 등에게 물어보기 전에 확인·점검하고 검토해서 내가 할 수 있는 최선의 결과를 보고해야 한다. 상급자나 사수에게 검토받아 보완하고 하나의 완성된 결과물을 만들기 위해 함께 노력하는 자세가 필요하다는 것이다. 조직은 내가 노력하지 않으면 그 누구도 나를 챙기거나 나를 위해 일해주지 않는다. 나를 중심으로 조직은 움직이지 않는다는 것을 알아야 한다. 내가 일한 만큼 조직은 나에게 보답하고 그 보답이 만족스럽지 않고 답답하다고 느껴지면 다른 방향으로 진로를 변경하는 게 현실적으로 찾을 수 있는 현명한 방법이 아닐까 생각한다.

공공기관에 입사하면 신입 직원 교육을 하고 기관마다 직무역량 강화교육을 한다. 업무에 빨리 적응하라는 의미다. 새로 입사한 신입 직원에게 난이도 있는 업무를 부여하지는 않는다. 다만, 적극적으로 업무를 찾고자 하는 노력과 상급자의 업무를 지원하고 함께하고자 하는 마음 자세를 가지고 찾아서 업무를 하는 적극성이 신입 직원에게는 필요하지 않을까 생각한다. 공공기관 인건비는 국민의 세금으로 마련한 소중한 돈이다. 내가 하는 업무는 국민이 위임한 업무라는 생각으로 내가 만든 성과는 국민에게 조금이나마 도움을 주려는 노력이라고 생각하면 좋겠다. 돈을 내면서 배웠던 학교에서 벗어나 돈을 받으면서 공공기관에서 근무한다는 인식을 해야 한다. 상급자나 윗세대와 어떻게 하면 서로 잘 지내고, 그들이 가지고 있는 지적 자산을 내 것으로 만들 수 있을지를 고민할 필요가 있다. 한 걸음 더 다가가 선·후임과 좋은 관계를 유지하며 어떻게 직장생활을 할지를 생각해야 한다. 모든 일은 마음 자세를 어떻게 갖느냐에 따라 결과나 성과에서 큰 차이가 난다. 세대별 또는 개인별로 가지는 생각의 폭은 다양성으로 인식하고 같은 공간에서 생활하는 구성원을 이해하려고 하는 마음 자세가 공공기관에서는 중요하다.

💡 저자 생각

선임이나 부서장 등의 상위직급자가 불합리하거나 불법적인 지시, 일반적인 상식을 벗어나 괴롭히고 갑질하며 성적인 문제를 일으킬 때는 단호하게 대응해야 한다. 이는 범죄이고 조직 내에서 있을 수 없는 일이다. 이런 구성원은 조직의 암 덩어리라고 감히 말할 수 있다. 몸속의 암 덩어리는 제거해야 한다.

공공기관 내에서는 갑질이나 괴롭힘, 성 관련 문제를 상담받을 수 있는 신고센터를 운영하고 있다. 상식을 벗어난 일부 몰지각한 사람이 없다고 단언할 수 없으므로 나한테 이와 같은 어려움이 발생하면 주저 없이 주변에 도움을 요청하거나, 기관 내 신고센터를 적극적으로 활용해야 한다. 이는 당연한 권리이다. 주장하지 않는 권리는 보장받을 수 없다. 다만, 조직 대부분은 정상적인 사고를 하는 구성원들이다. 어떻게 하면 함께 잘할 수 있을지 고민하는 사람들이고 선·후임 관계를 원만하게 유지하며 행복한 직장생활을 꾸려나가고자 노력한다.

직장생활을 시작하는 입장에서는 내가 수행하는 업무를 먼저 경험한 선임이나 부서장이 가지고 있는 업무 노하우나 스킬을 최대한 빨리 내 자산으로 만드는 것이 중요하다. 목적을 달성하는 방법은 다양할 수 있으나 지나치지 않게 부서원들과 원만한 관계를 만드는 노력도 개개인의 능력이 아닐까 생각한다.

제2장

기획관리

계획관리

기획부서에서 근무하는 것은 기관의 핵심 인재라는 의미이다. 그중에서도 경영계획을 수립하고 경영목표를 설정하는 업무를 담당한다는 것은 기관에서 인정한 핵심 인재 중의 최고라는 것과 같다. 업무 담당자는 자부심을 느껴도 좋다. 이 책에서는 일반적인 경영이론을 말하기보다는 실무에서 경험했던 사례와 실제로 공공기관 기획부서에서 경영체계와 계획을 어떻게 수립하고 진행하는지를 중심으로 설명하고자 한다. 전문적인 용어보다는 실무에서 사용하는 실질적인 용어를 사용하고자 한다.

1. 직무 소개

기획과 계획이란 용어가 있다. 책의 앞부분에서도 간단하게 언급했듯이 실무적으로는 큰 의미 없이 사용해도 무방하다. 공공기관에서 기획서라는 용어는 별로 사용하지 않고 '~계획', '~기본계획', '~추진계획'이란 용어를 더 많이 사용한다. 그렇다고 기획이란 개념이 계획에 없다는 의미는 아니다. 기관의 전반적인 중장기 계획을 수립하는데 엄밀히 말해서는 중장기 기획이란 용어가 타당하지만, 통상적으로 계획이란 용어를 사용하고 각 기관의 설립 근거법 상에 중장기 발전계획이란 용어가 법률에 명시되어 있어 계획이란 용어를 많이 사용하고 있다는 정도로 이해하면 좋겠다. 이론적 지식과 배경은 머릿속에 두고 실무적인 관점에서 업무를 배우는 습관을 들였으면 좋겠다.

'왜'라는 의문을 가지는 것도 좋지만 불필요하게 의미를 해석하고 고민하는 시간에, 앞에 닥친 업무를 빨리빨리 소화할 수 있는 업무처리 능력을 키우는 게 기획부서 담당자에게는 더 좋지 않을까 생각한다. 기획부서는 처리해야 할 일이 나도 모르게 쌓이는 경우가 많다. 내가 예측하지 못하는 일들도 많이 생기고 상황에 따라 현장에서 업무를 처리해야 하는 일도 있다. 그만큼 업무가 많고 긴박하게 돌아가는 일들이 계속 생긴다. 그래서 기관의 핵심 인재들이 기획부서에서 근무하는 것이다. 순간순간 대처해야 하는 일도 있고 장기적인 관점에서 기관이 나아가야 할 방향을 제시하는 일도 해야 한다. 내부 구성원을 하나의 경영목표로 묶어 함께 성과를 낼 수 있게 계획을 수립하기도 한다.

경영계획 수립 업무는 기관이 나아가야 할 방향을 설정하고 기관의 정체성을 확립하며 경영목표를 통해서 구성원을 하나로 묶는 일이다. 기관에서는 가장 중요한 일이며 기관장이 가장 관심과 노력을 기울이고 있는 과업 중의 으뜸이다.

공공기관에서는 크게 두 개의 계획을 수립한다.

• **첫 번째가 중장기 발전계획 또는 미래전략계획이다**

기관이 앞으로 몇 년간 추진해야 할 일을 계획에 반영하는 것이다. 기관의 미션(Mission)과 비전(Vision)하에서 경영목표를 수립하고 그 속에서 핵심가치를 도출해 기관 구성원이 공유하면서 이를 이루기 위한 전략을 세우게 된다. 중장기 발전계획에는 이와 같은 기관의 경영체계를 반영한다. 보통 기관장이 새롭게 부임하면 기관장의 경영철학과 방침에 따라 기관의 중장기 발전계획을 수립한다. 기존에 있던 계획을 보완·발전시켜 새롭게 부임한 기관장의 의중이 반영된 계획을 수립하게 된다.

미래전략은 장기적인 관점에서 중장기 발전계획을 보완하는 역할을 한다. 중장기 발전계획이 5년 이내의 계획이라면 미래전략은 5년 이상 기관의 미래상을 만드는 일이다. 중장기 발전계획과 미래전략이 비슷하게 느껴질 수 있으나, 시기와 관점의 차이가 있다고 이해하면 된다. 중장기 발전계획은 5년 이내 우리가 해야 할 일을 계획하는 것이라면 미래전략은 우리 기관의 미래상을 만들어 가기 위해 내부 구성원이 무슨 노력을 해야 할지 길을 만드는 일이다. 큰 틀에서는 차이가 있으나, 중장기 발전계획이 계획대로 성과를 달성하면 미래전략도 계획대로 기관의 미래상을 만들어 간다고 보면 좋겠다.

• **두 번째로 단년도 업무계획이다**

매년 연초에 중장기 발전계획을 근거로 해당연도에 사업을 어떻게 추진하겠다는 업무계획을 만든다. 이 업무계획에는 전년도 경영평가에서 나왔던 지적사항을 반영해 구체적인 계획을 수립해야 한다. 기관의 전략체계에서 내가 속한 부서는 어떤 업무를 수행해야 기관에서 정한 목표를 달성할 수 있을지를 고민해서 계획을 수립한다. 사업부서는 담당 사업과 관련된 주변의 대내외 환경을 분석하고 그 속에서 추진할 사업을 구상해 실천 계획을 마련한다. 과제별로 목표를 정하고 목표를 달성하기 위한 이행계획도 반영해야 한다. 목표는 구체적으로 계량화하는 것이 좋다.

(🔲 저자 생각)

업무계획은 크게 두 가지 형태로 작성한다. 하나는 예산에 근거하여 예산을 어떻게 사용할지 사용 항목별로 작성하는 사업계획이 있고, 다른 하나는 기관의 경영체계 속에서 전략과제를 연간 이행하기 위한 업무계획이다. 크게 보면 큰 차이는 없어 보이지만 예산을 기본으로 하는 계획이냐, 경영체계 이행을 위한 계획이냐가 큰 차이다.

그래서 작성 양식도 다르다. 예산과 연동된 사업계획은 매년 11월 또는 12월에 이사회 심의·의결을 거쳐 주무기관 장관의 승인을 받아야 한다. 연초 업무계획은 별도의 절차 없이 내부절차에 의해 기관장 결재를 받고 사업을 시행한다(주무기관 보고). 다만 기관의 규정에 따라서는 이사회 심의·안건으로 상정해 심의·의결 받을 수도 있으나, 일반적으로 단년도 업무계획은 보고안건으로 처리한다.

2. 주요 직무

앞에서도 언급했듯이 기관의 중장기 발전계획을 수립하는 일은 기관 입장에서는 굉장히 중요한 일이다. 기관이 앞으로 어떻게 나아가야 할지를 결정하는 계획이기 때문에 신중하게 만들어야 하고, 기관장의 의중과 내부 구성원의 합의(合意)가 반영되어야 한다. 그래서 일반적으로 전문 외부 업체에 의뢰해 용역을 통해서 계획을 수립한다. 내부에서 자체적으로 계획을 수립할 수도 있지만, 내부 구성원의 이견을 조율하는 과정에서 사업의 우선순위와 방향성이 흔들릴 수 있어 대부분의 기관에서 중장기 발전계획 수립을 위한 용역을 실시한다.

용역은 일반적으로 짧게는 4개월 길게는 6개월 정도의 기간이 필요하다. 용역은 기관 현황에 대한 분석(대내·외 환경)을 시작으로 주요 관계자 인터뷰, 구성원 설문조사, 다른 기관 사례분석의 순서대로 진행한다. 계획수립에 구성원의 의견과 임원진의 경영방침이 중요하기 때문에 워크숍 형태로 집단토의를 할 수도 있다. 또한 기관을 관리하는 주무기관 담당 국장·과장 또는 담당 공무원의 의견을 듣는 것도 중요하다. 기관의 정체성과 추진하고자 하는 사업의 방향은 중앙부처 정책과도 긴밀한 연관성이 있기 때문이다.

중장기 발전계획 수립을 위한 용역도 일반적인 용역들과 같은 방법으로 진행한다. 착수 보고를 통해 용역을 어떻게 진행할 것인지 확인하고 중간보고를 통해 결과물에 대한 설명을 듣는다. 중간보고에서 나왔던 구성원들의 의견을 최종적으로 반영해 최종보고를 한다. 용역에서 나온 결과물을 바탕으로 기획부서 담당자는 기관의 중장기 발전계획을 수립하고 이사회 심의안건으로 상정한다. 이사회에서 이

〈기관 경영계획 추진 절차〉

□ 중장기 발전계획

① 계획수립	② 입찰	③ 용역추진	④ 계획 확정

• 용역 추진계획
  * 계획에는 용역
   기간, 기초금액,
   용역 내용, 업체
   선정방법 등을
   반영하고 과업
   및 제안서를
   붙임에 포함함
	• 입찰 요청
	  - 과업 및 제안서
	   작성
	   (기획→계약부서)
	• 입찰 공고
	  - 업체 선정
	• 제안서 평가
	• 우선 협상 업체
	   선정
		• 착수→중간→완료
		• 용역 내용
		  - 대내외환경분석
		  - 가치체계 진단
		  - 이해관계자 인터뷰
		   및 설문, 직원 워
		   크숍 등
		  - 계획(안) 도출
		  - 용역 결과물 제출
			• 계획(안) 마련
			  * 주무기관 보고
			• 이사회 심의의결
			• 기관장 결재
			• 누리집(홈페이지)
			   공지

□ 단년도 업무계획

① 추진계획 수립	② 각 부서 작성	③ 종합 및 발표

• 업무계획 수립 계획
  - 작성 양식 배포
  * 작성 방법은 세부적으로
   사례를 들어가며 설명
  - 일정 및 작성 기간 공지
	• 중장기계획을 근거로 각
	   부서의 전략과제 이행계획
	   수립
	• 통일된 양식에 따라
	   전략과제를 이행할 수 있는
	   세부 과제와 목표를 명시
		• 기획부서에서 종합하여 최종
		   연간계획 수립
		  * 부서별 업무계획은 연초
		   업무보고 자료로 활용
		  * 기관에 따라 업무 공유
		   차원에서 발표회 개최

* 단년도 업무계획은 중장기 발전계획과의 연관성이 중요하고, 구체적인 이행계획이 반영되어야 한다(이행목표와 측정 방법 등 포함). 중장기 발전계획과 업무계획의 연계성은 경영평가에서 중요한 평가요소로 적용된다.

사들에게 중장기 발전계획을 수립한 배경과 목적을 비롯하여 경영체계와 주요 추진전략, 목표 등에 관해서 설명하고 참석 이사들의 의견을 최종적으로 반영하여 계획을 완성하게 된다. 상정한 안건의 수정사항이 생기면 수정하여 의결하고, 수정된 부분을 반영해 최종안을 확정한다. 원안대로 의결하게 되면 안건으로 상정한 안을 최종안으로 확정하게 된다. 최종적으로 확정한 중장기 발전계획은 기관 누리집(홈페이지)에 공개하면 계획수립과 관련된 실무업무는 마무리된다.

중장기 발전계획 수립이 완료되면 이를 근거로 연간 업무계획을 부서별로 수립한다. 매년 연초에 정기적으로 진행하는 일인데 기획부서는 각 부서가 업무계획을 수립할 수 있도록 공통 양식을 제공해야 한다. 부서별로 다르게 작성하는 것을 사전에 방지해야 원활하게 기관 업무계획을 수립할 수 있다.

1) 중장기 발전계획

(1) 경영체계

중장기 발전계획을 수립할 때 가장 앞에 나오는 내용이 경영체계이다. 기관의 설립목적과 이루고자 하는 미래상 그리고 이를 달성하기 위한 가치, 이를 실천할 수 있는 전략을 하나의 도식으로 표현한다. 이를 부르는 말은 경영체계, 가치체계, 전략체계 등 다양하지만 실무적으로는 편하게 경영체계로 부르는 경우가 많다. 경우에 따라서는 가치체계와 전략체계를 구분해 미션과 비전, 핵심가치와 경영목표를 가치체계라고 하고 전략목표와 전략방향, 전략과제를 전략체계로 나눠 구분하는 데 큰 의미는 없다고 생각한다. 이 책에서는 설명하기 쉽게 가치체계와 전략체계를 구분해서 설명하도록 하겠다. 구분은 큰 의미는 없다는 것만 알면 될 듯하다.

① 가치체계

- **미션(Mission)은 첫 번째다**

  미션은 기관의 존재 이유를 말한다. 기관의 설립목적이라고 생각하면 된다. 설립 근거법이 있는 모든 공공기관은 해당 법 제1조에 설립목적을 정의하고 있다. '이 공공기관은 무엇을 하기 위해 설립한다'라고 되어 있으며,

법의 설립목적을 일반 국민이 이해하기 쉽게 표현한 것이 미션이다. 어떻게 하면 우리 기관의 설립목적을 이해하기 쉽고 가독성 있게 표현할지, 모두가 공감할 수 있게 문구를 만들 수 있을지 고민하면서 미션을 수립한다.

미션을 만들 때는 기관과 관련된 대내·외 이해관계자(내부 구성원, 중앙부처 관계자, 기관과 관련된 업체·협회·단체 등)들의 의견을 듣고 수많은 논의와 설명회 등을 통해서 결정한다. 내부 구성원들은 토론회와 설명회, 워크숍 등을 통해서 여러 안을 도출한다. 도출된 안에 대해서 중앙부처 관계자와 대외 이해관계자의 설문과 인터뷰 등을 통해 전달된 의견을 수렴하여 최종 대안을 마련한다. 이후 기관장(최종 의사결정권자)의 결정으로 미션을 확정한다.

〈주요 공공기관 미션 및 설립 근거법 상 설립목적 비교〉

구분	설립목적	미션
인천국제공항공사	「인천국제공항공사법」 제1조 인천국제공항을 효율적으로 건설 및 관리·운영하도록 하고, 세계적인 공항전문기업으로 육성함으로써 원활한 항공 운송과 국민경제발전에 이바지하게 함을 목적으로 함	인천공항의 효율적 건설·관리·운영, 세계적 공항전문기업 육성, 항공운송 및 국민경제 발전에 이바지
한국수자원공사	「한국수자원공사법」 제1조 수자원을 종합적으로 개발·관리하여 생활용수 등의 공급을 원활하게 하고 수집을 개선함으로써 국민생활의 향상과 공공복리의 증진에 이바지함을 목적으로 함	물이 여는 미래, 물로 나누는 행복
한국마사회	「한국마사회법」 제1조 경마의 공정한 시행과 말산업의 육성에 관한 사업을 효율적으로 수행하게 함으로써 축산의 발전에 이바지하고 국민의 복지증진과 여가선용을 도모함을 목적으로 함	말산업으로 국가경제 발전과 국민의 여가선용에 기여한다.
국립생태원	「국립생태원의 설립 및 운영에 관한 법률」 제1조 생태와 생태계에 관한 조사·연구·전시 및 대국민 교육 등을 체계적으로 수행하여 환경을 보전하고 올바른 환경의식을 함양함을 목적으로 함	자연생태계 보전과 생태가치 확산으로 지속가능한 미래 구현

* 미션을 제정하는 절차 및 방법 등은 기관에 따라 다를 수 있지만 기관과 관련된 다양한 이해관계자의 의견을 수렴하여 기관 설립 근거법에 명시된 설립목적을 근거로 미션을 정하는 것은 기본적인 원칙이다.

*자료 : 각 기관 누리집(홈페이지) 및 설립 근거법을 바탕으로 재구성함

- 비전(Vision)은 기관의 미래상이다

　미션이 존재 이유라면 비전은 기관이 추구하는 목표(미래상)이다. 보여주고 싶은 모습이기도 하고 나아가야 할 방향이기도 하다. 우리 기관이 앞으로 몇 년 동안 어떤 모습일까를 표현하고 다짐하는 것이다. 내부 구성원들이 단합해 앞으로 만들고 싶은 기관의 모습을 나타낸 것으로 생각하면 된다. 비전은 기관의 업태에 따라 '~전문기관', '~세계 최고의 연구기관' 등 선언적인 성격으로 나타내는 경우도 있고, 구체적인 목표를 명시하는 경우도 있다. 기관의 특성을 고려하여 결정할 수 있고 기관장의 경영철학을 반영해도 괜찮다. 물론 정답은 없으며 이해관계자들의 요구와 구성원의 의견을 반영해 결정하는 것이 좋다.

- 핵심가치(Core value)는 시대의 흐름을 반영한다

　기관의 핵심가치는 내부 구성원이 공유해야 할 기준이다. 가치체계를 수립할 당시의 시대상을 반영하고 정부의 정책 방향에 맞는 용어를 선택하면 된다. 내부 구성원이 사업을 추진할 때 가장 먼저 생각해야 하는 '생각·인식의 틀'이다. 공공기관 대부분의 핵심가치는 대동소이하다. 왜냐면 공공기관에서 추진하는 업무가 정부 정책을 집행하는 성격이 강하기 때문이다. 정부에서 사회적 책임을 강조하면 대부분 공공기관 핵심가치에는 사회적 책임이 포함되어 있고, 정부에서 공정과 상식을 강조하면 이와 유사한 용어를 반영한다. 어떤 것이 옳고 그름의 문제가 아니라 시대의 흐름을 능동적으로 수

〈주요 공공기관 비전 및 핵심가치 사례〉

구분	비전	핵심가치
인천국제 공항공사	사람과 문화를 이어 미래로 나아갑니다	도전, 존중, 협력, 윤리
한국 수자원공사	기후위기 대응을 선도하는 글로벌 물기업	안전, 역동, 공정
한국마사회	글로벌 TOP5 말산업 선도기업	혁신선도, 소통·협력, 윤리·청렴
국립생태원	자연과 인간의 공존을 위한 국가 자연생태 플랫폼	생태중심, 상생협력, 국민공감, 자율혁신

*자료 : 각 기관 누리집(홈페이지)를 바탕으로 재구성함

용해 거기에 맞게 경영체계 또는 가치체계를 변경하는 것이 기획부서 담당자가 해야 할 일 중의 하나이다. 특히, 경영평가를 받으면 평가위원이 정부 정책 이행이란 관점에서 기관의 경영체계를 평가한다. 정부에서 중점적으로 사용하는 용어나 가치는 즉각적으로 수용해 반영하는 것이 좋다. 묻지도 따지지도 말고 무조건 수용해야 한다.

• 경영목표(Business goal)는 실천이다

경영목표는 기관의 미션과 비전을 이행할 수 있는 구체적인 목표로 수립한다. 대부분 기관에서는 숫자를 통해 명시적으로 달성 목표를 정하고 이를 이행할 수 있는 전략 방향과 목표, 과제를 설정하게 된다. 예를 들어 '청렴도 1등급', '사회적 책임 이행(취약계층 지원 100만 건)' 등 앞으로 몇 년 이내에 실천 가능하고 도전적인 목표를 단계적으로 이행할 수 있도록 달성할 수 있는 목표를 수립하게 된다. 기관에 따라서는 경영목표를 명시적으로 작성하지 않는 예도 있다. 비전을 구체적인 목표 제시형으로 작성하면 경영목표와 비전이 중복될 우려가 있어 경영목표를 미수립하고 바로 전략체계로 넘어가는 경우도 있다.

② 전략체계

기관이 가지고 있는 가치체계를 어떻게 이행할 것인가를 구체적으로 수립하는 것이 전략체계이다. 전략체계는 이행 방향과 목표를 수립하고 이를 실천하기 위한 과제를 선정한다. 전략 방향은 미션과 비전 그리고 핵심가치에서 밝힌, 기관이 추구하는 가치를 어떤 방향으로 구현할지를 3개에서 4개의 전략으로 방향성을 마련하게 된다. 그 방향성에 따라 목표를 설정하고 그 목표를 이행하기 위해 전략과제를 마련한다. 전략체계는 공공기관의 성격에 따라 모든 기관이 다르지만, 형식적인 면에서는 유사하다. 보통 4개의 전략목표하에 목표별로 3개에서 4개 정도의 전략과제를 수립한다. 3개의 전략목표는 사업 관련 목표이고 1개의 전략목표는 기관 경영과 관련된 부문으로 생각하면 된다. 공식은 아니지만 일반적으로 공공기관의 경영체계는 형식화되어 있다.

경영평가라는 외부 평가를 통해서 일정한 양식이 통일된 느낌이다. 전략 과제가 12개 이내일 경우에는 너무 적어 보이고 16개 이상의 전략과제는 너무 많아 보이는 경향이 있다. 많이 본 것이 익숙해서 그럴 수도 있는데 새로운 관점에서 새로운 양식이나 체계가 나오면 또다시 그 틀과 양식에 적응하는 게 공공기관이기 때문에 앞에서도 언급했듯이 변화를 두려워하지 말고 시대의 흐름에 능동적으로 적응하고 대응하면 된다.

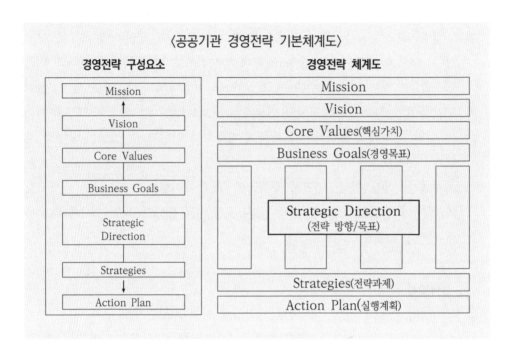

(2) 보고서 작성

기관의 경영체계가 완성되면 전략과제에 따른 과제별 실천 계획을 반영한 보고서를 작성해야 한다. 용역으로 중장기 발전계획을 수립하게 되면 용역업체에서 기본적인 내용은 제공하지만, 최종 보고서는 담당자가 용역 내용을 바탕으로 수립해야 한다. 보고서에는 중장기 발전계획 수립을 위한 환경분석 내용부터 들어가야 한다. 현재 기관의 처한 상황분석을 바탕으로 나아가야 할 방향을 설정하고 방향에 따른 목표를 설정할 수 있기 때문이다. 대부분 상황분석과 이해관계자의 의견 등이 용역보고서에 반영되었기 때문에 담당자는 관련 사항을 요약 정리할 수 있는 역량만 있으면 된다. 대내외 환경분석은 다양한 방법으로 분석하는데 대표적으로 장기적인 관점에서는 PEST 분석[31]을 많이 활용하고 단기적일 경우에는 SWOT 분석[32]을 적용한다.

　대내외 분석이 완료되면 기관의 경영체계가 나온 이유와 근거가 마련됐다는 것이다. 상황분석을 통해 경영체계가 완성되고 그 속에서 추진해야 하는 전략과제가 나온다. 그 전략과제를 어떻게 추진할 것인지 중장기 발전계획에는 반영되어야 한다. 기관의 경영목표와 전략목표를 이행할 수 있도록 ①전략과제를 도출하고 ②전략과제별로 이행계획을 수립하고 ③과제별로 개별 지표와 달성 목표를 수립해 사업을 추진하도록 계획에 반영한다.

　보고서가 완료되면 내부 보고를 하는데 보고 과정에서 추가·보완되며 수정하는 상황이 발생한다. 기관에 따라 담당자가 작성한 사항이 기관장까지 특별한 수정·보완사항 없이 진행되는 일도 있지만 기관 대부분에서는 담당자가 작성한 보고서가 수정·보완 없이 추진되는 일은 거의 없다고 보면 된다. 수많은 수정과 보완을 거쳐서 기관의 중장기 발전계획 초안이 확정된다고 보면 된다.

　기관의 계획이 확정되면 주무기관에 보고하고 계획에 관해서 설명해야 한다. 주무기관은 기관의 경영 및 사업감독 권한이 있기 때문에 기관을 어떻게 운영할지와 방향성에 대해 공유해야 한다. 주무기관에서 기관의 중장기 발전계획 방향성이나 경영체계가 정부의 정책 방향이나 부처의 지향점과 다르다는 의견을 제시하면 다시 원점에서 수정 및 보완작업을 해야 한다. 그래서 용역이나 계획수립 단계에서 주무기관과 긴밀한 협의 과정은 필수적이다. 주무기관의 의견을 최대한 반영해 중장기 발전계획을 수립하는 것은 담당자로서 기본적인 업무 자세이다.

---

31) 사회환경 변화를 일으키게 하는 거시적 환경을 파악하는 데 활용되는 기법. 정치적(Political), 경제적(Economic), 사회적(Social), 기술적(Technological) 측면 분석을 통해 환경이 특정 조직 또는 정책에 어떠한 영향을 미치는지 파악하고 대책을 수립·실행하는데 활용하는 분석기법(검색: 네이버 지식백과를 재구성함, 2024. 1. 14.)

32) 기업의 내부요인인 강점(Strength)·약점(Weakness), 외부요인인 기회(Opportunity)·위기(Threat)를 분석하여 기업의 경영전략을 수립하는 분석 방법이다. 일반적으로 내외부 요인을 연결하여 일반적으로 4가지 전략(SO, ST, WO, WT)을 수립하여 경영전략 수립에 활용한다.(검색: 네이버 지식백과를 재구성함, 2024. 1. 14.)

계획이 주무기관 설명까지 완료되면 이사회 안건으로 상정하게 되는데, 상정하기 전에 이사들에게 찾아가 설명을 하는 게 순서다. 중장기 발전계획은 보고서와 같아서 내용이 방대하고 이해하는데도 상당한 시간이 필요하므로 원만한 이사회 진행을 위해 이사들에게 사전 설명 절차는 필요하다. 이사회에서 안건이 심의·의결되고 그 결과에 따라 후속조치를 하면 중장기 발전계획 수립 업무는 마무리된다.

💡 저자 생각

공공기관 이사회는 기관장, 상임이사와 비상임이사로 구성하고 있다. 상임이사는 기관에 상주하며 근무하기 때문의 사전에 이사회 상정 안건에 대해서 충분한 설명과 보고를 받지만, 비상임이사는 기관 외부에 있는 분들이기 때문에 기관이 어떻게 운영되는지 상세하게 이해하기 어려운 부분이 있다. 담당자는 상정 안건의 중요도에 따라서 사전에 비상임이사들의 이해를 돕기 위해 설명 및 보고를 하는 절차가 필요하다. 이는 담당자가 업무를 원만하게 풀어가기 위함이다. 이사회 안건에 대한 사전 설명 절차나 방법 등에 대한 구체적인 규정은 없지만 찾아가서 설명하는 노력을 한다면 이사회가 원만하게 운영될 수 있다.

2) 단년도 업무계획

모든 공공기관은 연초가 되면 그 해 어떤 업무를 수행할지 업무계획을 수립한다. 중장기 발전계획에 반영된 부서별 전략과제를 구체적으로 이행할 계획을 수립하는 것인데, 기획부서에서는 각 부서에 통일된 양식으로 사업부서에서 계획을 수립할 수 있도록 해야 한다.

일반적으로 업무계획은 전년도 사업성과와 반성이 들어간다. 전년도 사업을 추진한 결과, 잘된 점과 잘못된 점을 분석하고 그 토대 위에서 해당연도 업무를 추진하는 것이다. 그래서 기관 대부분에서는 먼저 전년도 성과를 보고서 앞에 내세우고 반성할 사항을 한 장 또는 반 장 정도로 작성하는 경우가 대부분이다. 성과도 보기 좋게 한 장으로 시각화해 표현을 많이 하고 있다. 구체적인 실적은 글로 표현하고 한 장으로 인포그래픽같이 그림으로 나타낸다.

전년도 분석 및 시사점 도출이 완료되면 해당연도 추진전략을 수립하고 해당연도 목표와 추진과제를 마련한다. 추진과제는 중장기 발전계획의 전략과제와 연계해 설정한다. 이 부분은 경영평가에서 중요한 평가항목이기 때문에 해당연도 추진과제는 반드시 중장기 발전계획에 반영된 전략과제와의 연결성을 고려해야 한다. 해당연도 전략체계가 완료되면 추진과제를 어떻게 실천할 것인지 이행계획을 사업부서로부터 받아 업무계획에 반영해서 마무리하면 된다.

　기획부서 업무 담당자는 전년도 분석과 시사점 도출, 그리고 해당연도 전략체계에 대한 기본 틀을 만든다. 각 부서에서 수립한 세부 과제와 추진계획을 보고서에 반영해 단년도 업무계획 보고서 작성을 완료하면 된다. 작성한 초안은 중장기 발전계획과 마찬가지로 내부결재 절차를 거쳐서 주무기관에 보고해야 한다. 그리고 이사회에 보고안건으로 제출해 이사들에게 해당연도 업무를 설명해야 한다. 경우에 따라 심의안건으로 상정하기도 하는데, 각 기관의 규정에 따라 결정하면 된다. 기관 대부분은 예산안과 사업계획을 해당연도의 전년도 12월에 이사회에서 심의·의결하기 때문에 해당연도 연초에 작성하는 업무계획은 보고안건 정도로 이사회에 설명하는 선에서 업무를 진행한다.

한국공공기관관리원 20○○년 업무계획

1. 기관 일반현황

□ **(설립근거)** ○○○○○법

설립목적
◈ ○○○ 공익기능 및 가치 확산을 위한 기관 설립
◈ ○○ 관련 ○○, ○○, ○○ 기능을 통하여 ○○에 기여

□ **(주요연혁)** ○○○○ 설립 타당성 용역('00.00.00.) → ○○○○법 제정 ('00.00.00. 제정) → 법인 설립 및 개관('00.00.00.)

□ **주요 기능**
　• ○○○○에 관한 ○○ 및 조사, 연구
　• ○○○ 분야 기본 운영계획 및 중장기 발전계획 수립, 시행
　• ○○○ 분야와 관련된 국내외 교류, 협력 및 홍보

□ **조직 및 정원**
　• 조직도(그림 반영)
　• 정원 및 현원(직급별 인원)

□ **주요현황**
- 시설규모
  - (부지면적) 00,000㎡, (건축연면적) 00,000㎡
  - (주요시설) 본관, 교육동, 연구센터, 연수원 등

□ **예산 현황**
- (세입) '00년 예산규모는 전년 0,000백만 원 대비 00백만 원 증액된 0,000백만 원
- (세출) 사업비 0,000백만 원, 인건비 0,000백만 원, 기관운영비 0,000백만 원

(단위 : 백만 원)

구 분	'00년 예산(A)	'00년 예산(B)	증감 (B-A)	%	비 고
세출합계	00,000	00,000	0,000	00.0	–
1. 사업비	00,000	0,000	000	00.0	–
• ○○○○○○○	0,000	0,000	000	0.0	–
• ○○○○○○○	0,000	0,000	000	0.0	–
• ○○○○○○○	0,000	0,000	000	0.0	
2. 인건비	0,000	0,000	0,000	00.0	
3. 기관운영비	0,000	0,000	000	00.0	

2. 20○○년 주요성과 및 평가

□ **주요성과**
- [업무 1] 기관 정체성 확립을 위한 경영전략체계 보완
  - (추진배경) 기관의 성장과 사업간 연계 강화를 위한 경영전략체계 보완
  - (추진내용) 대·내외환경 분석 및 단계별 절차를 통한 핵심 경영전략 도출
  - (추진성과) 기관 정체성이 담긴 경영전략체계 개선
- [업무 2] ○○○○○○○○○○○○○○○○○○○○○○

□ **평가 및 반성**
- [업무 1] 기관 정체성 확립을 위한 경영전략체계 보완
  - (평가) 동일한 경영목표 下 사업의 유기적인 연계를 통한 고유목적 법정사업의 원활한 추진 가능 및 운영체계 내실화
  - (반성) 체계 수립 과정에서 시간상 임직원 전부의 인터뷰 진행 불가
    ➡ 차기 경영전략체계 보완 시 설문조사를 통해 다양한 의견 수렴
- [업무 2] ○○○○○○○○○○○○○○○○○○○○○○

3. 20○○년 환경분석 및 전략체계

□ **경영환경 분석**
- 정부 국정과제 연관성(국정과제 ○○/○○)

구분	주요내용	연관성 분석
국정과제 ○○		
국정과제 ○○		

$\rightarrow$

$\downarrow$

시사점	

☐ **관리원 내·외부 환경분석**
- (내부) 인력 및 조직 안정화, 적정예산 반영○○○○○○○○○○○○
- (외부) 공공기관 효율적 운영 강화, ○○○○○○○○○○○○

【내·외부 환경 분석】

경영환경 ╲ 내부역량	강 점(S)	약 점(W)
기회 (O)	역량확대 (SO)	기회포착 (WO)
위협 (T)	선택집중 (ST)	약점보완 (WT)

☐ **시사점**
- 공공기관의 효율적 운영 체계 마련
- 공공기관 임직원 역량 강화를 위한 교육체계 확립 필요

4. 20○○년 업무계획

☐ **목표 1** : ○○○○○○○○○를 위한 관리기관

가. 과제명 : ○○○○○○○
- **(추진목표)** 기관의 설립목적을 달성하고 공공기관의 효율적 운영과 체계 구축을 위해 ○○○○○○○○○○○○○○○○○○○○ 실현
- **(추진내용)**
  가-1 : ○○○○○○○○○○○○○○○○○○○○○○○○○○○
  가-2 : ○○○○○○○○○○○○○○○○○○○○○○○○○○○
- **(추진절차)**
- **(기대효과)**
- **(관리지표)** "계량과 비계량으로 구분하여 작성"
- **(추진일정)** "매월 추진사업별 시작/진행/결과 반영"

구분	업무	2월	3월		11월	12월
XX	XXXXXXXXXXXX			...		
		XX단	입XX고		XX	
XX	XXXXXXXXXXXX					

☐ **목표 2** : ○○○○○○○○○

붙임 사업별 관리지표 및 목표 현황 1부. 끝.

3) 현안계획

공공기관 기획부서는 현안 계획업무가 많다. 긴급하게 기관장이나 임원급 보직자가 상급기관에 보고해야 하는 현안 사항이 자주 발생한다. 이에 대응하기 위해 담당자는 정해진 기간과 양식에 맞게 보고서를 작성해야 한다. 주로 공공기관과 관련된 사회적 이슈가 발생하면 주무기관 장관 주재로 산하 공공기관 기관장 회의를 하는데 이때 기관장이 그냥 참석하는 게 아니라 쟁점에 대한 현황 및 대응방안, 후속조치 계획 등을 수립해 보고회 전에 주무기관에 제출한다.

이와 유사한 일들이 매달 발생한다고 보면 된다. 쟁점도 다양해서 모두 기획부서에서 작성하는 것은 아니지만, 일정이나 보고서는 기획부서에서 검토하고 외부로 발송해야 한다. 보고서는 기관의 얼굴이고 기관의 역량을 외부에 나타내는 것이기 때문에 중요하다. 특히 다른 공공기관과 비교되는 자리에 제출하는 보고서는 더욱 신경을 써서 작성해야 할 필요가 있다. 다른 기관과 비교되기 때문이다.

주무기관 이외에도 국회 또는 기획재정부 등에서 요구하는 현안보고 및 설명이 필요해 작성되는 자료가 많다. 기존에 없던 현안들도 자주 발생하기 때문에 설명 및 보고자료를 새롭게 작성해야 하는 일도 비일비재하다. 밤을 새우면서 보고서를 작성하고 기한 내에 업무를 마무리하기 위해 수많은 시간을 보낸 적도 부지기수다. 그래서 기획부서에서 중장기 발전계획 및 계획업무를 담당하는 과장급 이상 담당자는 기관의 보고서 달인이 되어야 한다. 아니 그 자리에 1년 정도 있어 보면 보고서 작성의 달인이 될 수밖에 없다. 그만큼 작성하는 보고서의 양이 많고 신경을 써서 작성해야 하는 보고서 개수가 있어서 항상 신경을 곤두세우고 업무를 해야 한다.

계획관리의 핵심은 수립이 아니라 내재화이다. 구성원이 수립된 계획에 따라 이행을 제대로 할 수 있도록 교육하고 함께할 수 있도록 이해시키는 일이 가장 중요하다. 이를 이행하기 위해서 다양한 방법을 활용하는데 가장 많이 하는 방법이 교육이다. 계획이 수립되면 모든 구성원이 모인 자리에서 발표회 형식을 통해서 중장기계획을 보고하고 질의에 설명하는 방식으로 구성원의 이해를 돕게 된다. 필요한 경우에는 직급별 간담회 및 설명회를 통해서 기관 차원의 중장기계획을 공유할 수 있는 시간을 가진다. 이와 별도로 간부급의 경우에는 워크숍이나 토론회 등을 통해서 기관이 나아가야 할 방향성에 대해서 함께 논의하고 토론할 수 있는 자리를 가지게 된다. 확정된 계획을 성과 있게 이행하기 위한 방안과 부서별 이행계획의 실천을 어떻게 할 것인지에 대한 논의를 통해서 세부적인 실천 계획을 수립하기도 한다.

또한 부서별 경영혁신 또는 업무공유를 위하여 본부별, 실별, 부별 다른 부서와 함께 업무 이해도를 높이기 위한 간담회 또는 워크숍을 진행하기도 한다. 모든 일은 내가 아는 범위만큼만 할 수 있기 때문에 이해의 폭을 넓히고 다른 부서에 대한 이해도를 향상하기 위한 자리를 만드는 것도 계획관리업무의 중요한 업무라고 할 수 있다.

예산관리

예산관리는 기획부서에서 가장 힘들고 민감하며 고민의 연속인 업무이다. 확인하고 조율·검토해야 할 사항도 많고, 이해관계자의 입장을 고려한 설득 논리를 개발해 대응해야 하는 복잡한 업무이다. 업무를 추진하는 단계별로 해결해야 할 난제가 속출하고, 그때마다 긴밀한 대응을 통해서 기관이 얻고자 하는 최선의 결괏값을 도출하기 위해 업무 담당자는 예산이 확정되기 전까지는 긴장의 끈을 놓을 수 없다.

내부적으로 업무를 조율해 내부 안을 확정하고, 그 안을 바탕으로 주무기관과 기획재정부를 설득해 정부안이 확정될 때까지 수많은 설명자료를 작성하고 이해관계자를 설득하기 위한 시간을 얻기 위해 노력한다. 기관의 규모와 역할, 역량 등에 따라 기획재정부와 협의 과정이 차이가 날 수는 있지만 예산 담당자는 매년 기획재정부라는 거대한 산을 넘어야 한다. 단순하게 넘을 수 있는 산이 아니기 때문에 기관에서 동원할 수 있는 모든 역량을 모아 기획재정부를 설득하고 이해시키기 위해 노력한다.

기획재정부를 내 편으로 만드는 일은 정말 어렵다. 나와 같은 생각을 하는 수많은 기관이 기획재정부만 바라보고 있기 때문이다. 한정된 예산을 조정하는 기획재정부 입장에서는 정부의 국정목표와 기조에 따라 사업의 우선순위에 의해 예산을 배정한다. 담당자는 기획재정부의 입장을 고려해 기관의 예산획득 방향을 설계하고 대응해야 한다. 공공기관 예산업무는 정부안 확정이 가장 중요하다.

1. 직무 소개

예산은 회계연도[33] 기준으로 세입과 세출을 금액으로 명시한 문서이다. 예산은 성립부터 완결까지 일정한 과정을 거치는데 ①예산과정은 예산편성(기관/정부), 예산

---

33) 회계연도는 매년 1월 1일부터 12월 31일까지이다.

심의(정부/국회), 예산집행(기관), 예산결산(국회/감사원)의 순으로 진행한다. ②예산주기는 3년인데 〔Y-1년〕 예산편성 및 심의, 〔Y년〕 집행, 〔Y+1년〕 결산 순으로 진행된다.

〈예산 3년 주기〉

구분	2023년 (Y-1년)	2024년 (Y년)	2025년 (Y+1년)
2023년 예산	집행(기관)	결산(국회)	.
2024년 예산	편성 및 확정(정부/국회)	집행(기관)	결산(국회)
2025년 예산	.	편성 및 확정(정부/국회)	집행(기관)
2026년 예산	.	.	편성 및 확정(정부/국회)

예산은 기본적으로 수입과 지출로 나눌 수 있다. 공공기관 수입은 크게 정부지원수입(직접/간접 지원)과 그 밖의 수입 등으로 구분하며 지출은 인건비, 경상경비, 사업비 등으로 구분한다. 정부지원수입에는 크게 직접지원과 간접지원이 있는데 직접지원은 출연금·보조금·부대수입 등을 말하고 간접지원은 사업수입과 위탁수입, 독점·부대수입 등을 말한다.

〈공공기관 수입·지출 구분〉

구분			내 용
수입	정부지원수입	직접지원 — 출연금	정부로부터 직접 출연받은 금액
		보조금	「보조금 관리에 관한 법률」에 따라 지원받은 금액
		부담금	「부담금관리 기본법」에 따른 부담금 수입
		이전수입	기금으로부터의 전입금 등 그 밖의 정부로부터 이전받은 수입
		부대수입	정부의 직접 지원액의 이자 등 운용수익
		간접지원 — 사업수입	법령에 규정된 해당 기관의 업무로 인한 수입
		위탁수입	법령에 규정된 위탁 근거에 따라 위탁받은 업무로 인한 수입
		독점수입	법령에 규정된 독점적 사업으로 인한 수입
		부대수입	정부의 (간접)지원액의 이자 등 운용수익

구 분		내 용
	그 밖의 사업수입	설립 근거법에 명시되지 않은 사업의 수행에 따라 발생한 수입
	부대수입	그 밖의 사업수입액의 이자 등 운용수익
	출자금	특정사업 추진을 위하여 재원을 분담하기 위한 목적으로 정부 등으로부터 공공기관이 출자받은 수입
	차입금	기관 운영 또는 투자를 위해 외부로부터 조달한 자금
지출	인건비	기관 임직원의 보수
	경상운영비	기관 운영을 위한 고정비용
	사업비	기관 고유목적 사업수행에 필요한 비용
	차입상환금	외부 조달 자금에 대한 상환비용

*자료: 「2023년 대한민국 공공기관(국회예산정책처, 2023. 4.)」를 재구성함

공공기관 예산업무는 국가예산체계와 연동해 진행한다. 「국가재정법」에 따라 ①중기재정계획을 수립하고, 이를 근거로 ②단년도 예산안을 마련해 ③정부안에 반영될 수 있도록 노력한다. 정부안이 확정되면 ④국회에서 최종 승인될 수 있도록 대응해야 한다. 이런 과정이 매년 반복되며 그 과정에서 제출해야 하는 문서가 정해져 있다. 예산업무를 수행하기 위해서는 예산에 대한 기본적인 이해가 필요하다. 예산과 관련된 용어에서부터 업무수행 절차는 「국가재정법」에서 규정하고 있다.

예산업무를 수행하기 위해서는 절차와 관련 용어에 대한 이해가 필요하다.

1) 예산업무는 절차에 따라 진행한다

예산업무는 기본적으로 3년을 주기로 반복한다. 2024년을 기준으로 설명하면 올해는 2025년 예산을 확정하기 위한 예산작업을 한다. 공공기관은 중기재정계획(5개년 계획)을 수립하여 매년 1월 중순 무렵까지 주무기관에 설명하고 수정 사항을 반영 및 보완해 최종안을 제출한다. 주무기관은 공공기관 예산을 반영하여 부처 안을 확정하고 주무기관은 기획재정부에 부처 안을 매년 1월 말까지 제출한다.

기관의 중기재정계획이 확정되면 2025년 예산을 확보하기 위한 작업을 진행한다. 예산작업의 시작은 기관의 2025년 예산(안)을 마련하는 것이다. 중기재정계획을 근거로 하여 인건비와 경상경비, 사업비를 반영한 기관 예산안을 마련하는데 기관 예산안이 내부 조율을 통해 확정되면 주무기관 담당부서와 1차적으로 협의를 하고, 2차적으로 주무기관 예산담당부서와 협의를 통해서 주무기관의 2025년 예산안을 마련하게 된다. 주무기관과는 4월부터 5월까지 협의를 진행하는데 주무기관은 5월 말까지 부처 안을 기획재정부에 제출해야 한다.

주무기관 안에 기관 예산안을 반영할 때 중요한 것은 주무기관의 지출한도(실링, ceiling) 내에 기관예산이 반영되는 것이다. 지출한도 외로 예산이 편성되면 해당 예산은 확보하기 힘든 예산이라고 생각하면 된다. 예산 담당자는 최대한 기관예산이 주무기관 지출한도 내로 편성될 수 있도록 노력해야 한다.

주무기관의 2025년 예산안이 확정되면 매년 5월 말까지 기획재정부에 제출한다. 기획재정부는 정부안을 마련해 회계연도 시작 120일 전에 국회에 제출해 국회 심의를 받게 된다. 국회는 정부에서 제출한 예산안을 예산회의 종료 30일 전까지 확정해야 한다.

실무적으로 예산업무 절차 중에서 가장 중요한 것은 기획재정부와의 예산 협의 과정이다. 기획재정부는 관련 법령에 따라 정부예산을 편성하고 배분하는 기능을 수행한다. 정부의 정책 방향과 국정목표에 따라 예산배정 우선순위를 정하는데 수많은 정부기관과 공공기관 등이 기관의 예산이 감액 없이 계획안대로 반영되기 위해서 기획재정부 예산실 담당과에 설명과 보고, 설득의 과정을 거친다. 보통 6월에 1차 심의를 진행한다.

1차 심의는 각 기관에서 제출한 예산안에 대해서 타당성과 적절성 등을 심의해 감액 위주의 심의를 진행한다. 2차와 3차 심의는 7월과 8월 초중에 진행하는데 증액과 재심의 사항에 대해서 심의를 다시 진행한다. 대부분의 공공기관 예산은 1차 심의에서 결정된다고 보면 된다. 2차와 3차 심의는 1차 심의에 대한 이의제기 성격이 강하기 때문에 추가로 예산이 증액되기는 현실적으로 어렵다. 그래서 기관 대부분에서 1차 심의에 기관의 모든 역량을 동원해 대응한다.

정부안이 국회 본회에서 의결되면 기관에서는 2025년 예산안 및 사업계획을 기관 이사회에 안건을 상정해 심의·의결하고 주무기관 장관의 승인을 받아 2025년 예산을 확정하고 집행한다.

　　국회는 정부안이 국회에 보고되고 상임위원회별로 각 부처 예산안이 상정되면 본격적인 심의를 진행한다. 상임위원회별로 있는 예산 소위에서 1차적으로 심의한다. 국회 공무원이 검토한 자료에 대한 보고를 받고 예산 소위 국회의원들이 정부 부처 담당자와 질의응답을 통해 심의를 진행한다. 예산 소위에서 심의·의결된 사항은 상임위원회에 최종적으로 보고되어 심의·의결한다. 상임위원회에서 의결된 예산안이 예산결산특별위원회에 상정되어 최종적으로 검토된 후 본회의에서 통과되면 2025년 예산은 확정된다.

　　공공기관 예산은 전체 정부 예산안 중에 차지하는 비중도 작고 우선순위에서도 밀리기 때문에 국회 심의 과정에서 증액된다는 것은 현실적으로 어렵다. 예산을 증액하기 위해서는 국회의원의 문제 제기에 기획재정부가 동의해야 증액할 수 있다. 이는 국가정책을 이행하는 국가사업에서나 가능하지, 공공기관 예산이 국회에서 증액되는 일은 거의 없다고 보면 된다. 다만, 공공기관에서 추진하는 사업이 정부 정책을 이행하는 중요사업으로 증액될 필요성이 있으면, 극히 드물지만 증액되는 경우도 있다. 이는 기획재정부 동의하에 국회의원(지역 또는 해당 상임위)의 이해와 검토가 필요한 것으로 기관 담당자의 노력에 따라 결과를 얻을 수 있는 영역은 아니다.

실무적으로는 주무기관 예산안에 기관의 예산이 지출한도 내에 편성되는 것이 1차적으로 가장 중요하다. 주무기관 입장에서는 해당 부처예산을 먼저 반영하기 위해서 노력하기 때문에 공공기관 예산은 뒷순위인 경우가 많다. 가급적 기관의 예산이 최대한 지출한도 내에 반영될 수 있도록 노력해야 한다.

주무기관 예산안이 확정되면 가장 중요한 고비인 기획재정부라는 큰 산을 넘어야 한다. 6월에 공식적인 설명 기회가 있으나, 대략 5분에서 15분 안에 기관 전체 예산을 설명하는 것은 현실적으로 어려움이 있다. 핵심적인 사항에 관해서만 설명하는데도 설명 시간이 부족한 것이 사실이다. 그래서 공식적인 설명 외에 기획재정부 예산 담당 공무원에게 추가적인 설명 기회를 만들기 위해 담당자들은 다양한 노력을 기울인다.

하지만 현실적으로 담당 공무원에게 추가적인 설명의 시간을 얻기도 어렵다. 예산 담당 공무원은 해당 기관의 예산만을 관리하는 것이 아니라 한 부처 전체 예산을 관리하는 경우가 대부분이기 때문에 일개 공공기관 예산에 신경을 기울일 시간적 여유가 없다. 담당자는 이러한 여건을 이해하고 어떻게 기관 입장에서 담당 공무원을 이해시킬 수 있을지 고민을 해야 한다. 정답은 없지만, 인간적인 노력은 계속 해야 한다.

기획재정부 예산 담당 공무원을 대상으로 한정된 시간 내에 기관예산을 설명하고 담당 공무원을 이해시키는 것은 현실적으로 어렵다. 그래서 담당자는 반드시 예산을 설명하기 위한 요약자료를 만들어야 한다. 설명 우선순위를 정하고 핵심적인 내용만 축약해서 담당 공무원 입장에서 기관예산을 이해할 수 있도록 해야 한다. 그게 핵심이다. 담당 공무원이 기관예산에 대한 이해도가 높아야 궁금증이 생기고 추가적인 자료를 요구할 수 있다. 알아야 요구하는 것이기 때문에 설명 이후에 별도의 자료 요구가 없다는 것은 담당 공무원이 기관예산에 관심이 없거나 제대로 이해하지 못했다는 것이다. 담당자는 이점을 잘 이해하고 능동적으로 대응해야 한다.

예산을 기관 안 대로 확보하기 위해서는 기관장의 노력이 절대적이다. 주무기관 예산에 반영되는 것에서부터 정부안이 확정될 때까지 기관장이 얼마나 예산 확보 필요성을 인지하고 정부 관계자를 만나 설명하고 설득하느냐가 다음 연도 기관의 예산 규모를 결정한다. 담당자는 기관장이 직접 움직일 수 있도록 주요 관계자와의 만남을 주선해야 하고 기관장이 설명할 수 있는 자료를 만들어야 한다. 예산 확보 필요성을 논리적으로 작성해 기관장이 설명하기 편하게 하는 것이 담당자의 능력이다.

<예산업무 추진 절차>

중기재정 계획수립	계획수립 및 주무기관 검토	(1월)
	⇩	
	기획재정부 심의	(2~3월)
다음년도 예산편성	요구서(설명서) 작성 및 주무기관 제출	(2~4월)
	⇩	
	주무기관 심의	(4~5월)
	⇩	
	기획재정부 심의(정부안 확정)	(6~8월)
	* 회계연도 시작 120일 전까지 국회 제출	
	⇩	
	국회 상임위원회(기관 소속) 예비심사	(9~10월)
	* 제안설명 → 전문위원 검토 및 보고 → 소위원회 심사 → 찬반 토론 → 의결	
추경예산 편성 및 예정처 검토 ⇒	⇩	
	예산결산특별위원회 종합심사	(11월)
	* 제안설명 → 전문위원 검토 및 보고 → 종합 정책 질의 → 부별 심사 → 예산안조정소위 원회심사 → 찬반 토론 → 의결	
	⇩	
	본회의 심의·의결	(11~12월)
	* 회계연도 시작 30일 전까지 의결	
다음연도 사업계획 및 예산	사업계획 및 예산안 작성	(9~12월)
	⇩	
	이사회 상정(심의→의결)	(11~12월)
	⇩	
	주무기관 제출(장관 승인)	
	* 기관 정관 등 관련 내규에 따라 매년 12월경 다음연도 사업계획서 제출, 회계연도 시작 전 까지 장관 승인	

2) 예산업무 수행을 위한 관련 용어에 대한 이해가 필요하다

실무적으로 예산업무를 할 때 예산 관련 용어가 나오는데 용어에 대한 개념을 이해하지 못하면 제대로 된 업무를 수행할 수 없다. 내가 사용하고 있는 용어가 어떤 의미가 있고, 어느 때 사용해야 하는지 이해를 한 상태에서 예산업무를 수행해야 한다. 이 책에서는 가장 기본적인 용어에 대한 정의와 비교를 통해서 예산 관련 용어를 이해하기 쉽게 설명하도록 하겠다.

(1) 출연금

「국가재정법」 및 기관의 설립 근거법에 따라 기관 고유목적 사업 수행 등을 위해 정부로부터 직접 출연받는 금액을 출연금이라 한다. 「국가재정법」 제12조는 "국가는 국가연구개발사업의 수행 및 공공목적을 수행하는 기관의 운영 등 특정한 목적을 달성하기 위하여 법률에 근거가 있는 경우 출연금을 지원"할 수 있도록 규정하고 있다.

(2) 보조금

「보조금 관리에 관한 법률」에 따라 국가 외의 자가 수행하는 사무 또는 사업에 대하여 국가가 이를 조성하거나 재정상의 원조를 위하여 내주는 금액을 보조금이라 한다. 보조금 사업은 주무기관 담당 공무원의 고유사업으로 산하기관 또는 민간기업(비영리 협회·단체)에 위임 또는 위탁하여 지급되는 금액이라고 생각하면 된다.

(3) 출자금

정부가 특정 사업추진을 위하여 재원을 분담하기 위한 목적으로 공공기관에 대해 출자하는 금액을 말한다. 2022년 12월 말 현재 34개 공공기관[34]과 5개 비공공기관[35]이 정부로부터 출자를 받고 있다.

---

34) ① 공기업(20개)
   - 한국조폐공사, 한국방송광고진흥공사, 대한석탄공사, 한국수자원공사 등
   ② 준정부기관(6개)
   - 한국자산관리공사, 한국주택금융공사, 한국관광공사, 한국농어촌공사,
     한국농수산식품유통공사, 대한무역투자진흥공사
   ③ 기타공공기관(8개)
   - 한국투자공사, 중소기업은행, 한국산업은행, 새만금개발공사 등

<표 caption="〈출연금·보조금·출자금 비교〉">

구분	출연금	보조금	출자금
개념	고유목적 사업의 수행을 위해 정부에서 출연하는 금액	국가나 지방자치단체가 특정 공익사업을 지원하기 위하여 반대급부 없이 내주는 금전적 급부	공공사업을 수행하는 법인 등의 주식 또는 출자증권을 취득하기 위해 지급하는 금전적 부금
법상근거	필요	불필요	필요
지급대상	법령에 지급 근거가 있는 공공기관 및 법정기관(특수법인) 등	사업자·사업자단체, 지방자치단체 등	공공기관 및 공익사업 등을 수행하는 법인
구체적용도	비지정	지정	비지정
사후처리	사후정산 불필요	사후정산 필요 (집행잔액 반환)	사후정산 불필요

저자 생각

- 정부 예산으로 기관을 운영하는 공공기관은 대부분 출연금과 보조금을 받는다. 출연금은 기관의 설립 근거법에 출연금을 받을 수 있도록 규정되어 있어야 한다. 「국가재정법」에서 법령상 지급 근거가 명확해야 지급할 수 있도록 규정되어 있다. 보조금은 대부분 「민법」에 의해 설립한 기관에 지급되거나 중앙부처 담당 공무원 사업을 위탁받아 수행하는 경우가 대부분이다. 다만, 「보조금 관리에 관한 법률」에 따라 출연금을 받는 기관은 보조금을 받을 수 없게 되어 있다. 단서 조항은 있으나 출연금과 보조금을 같이 받는 기관은 많지 않다.

- 정부의 출연금으로 기관을 운영하는 출연기관은 정부의 보조사업을 수행하는 것은 원칙적으로 제한한다. 다만, 예외적으로 허용하는 경우가 있는데 「보조금 관리에 관한 법률」 제14조에는 "국가는 출연금을 예산에 계상한 기관에 대하여는 출연금 외에 별도의 보조금을 예산에 계상할 수 없다. 다만, 기획재정부 장관이 사업 수행상 특히 불가피하다고 인정할 때는 그러하지 아니한다."라고 규정하고 있다. 단서 조항에는 기획재정부 장관이 특수한 경우에 한해 허용한다고 되어 있는데 특수한 경우는 '2023년도 예산 및 기금운용계획 집행지침'에 나와 있다.

---

35) 대한송유관공사, 서울신문사, 공항철도주식회사, 한국방송공사, 한국교육방송공사(5개)

- 고유업무 이외의 사업으로 공모방식을 통해 사업자를 선정하는 과정에서 해당 출연기관이 민간 보조사업자로 결정된 경우,

- 업무 유관성 및 전문성 등을 감안, 효율적 사업관리 차원에서 보조금을 받아 간접 보조사업자에게 재교부하는 경우이다.

• 공공기관에서 보조금을 받게 되면 중앙부처 담당 공무원의 업무를 위탁받아 수행하는 것이다. 사업의 자율성과 주체성이 없어지고 담당 공무원에 예속되는 문제가 발생할 수 있다. 가급적 출연금을 받는 출연기관은 보조금을 받는 사업을 수행하지 않는 게 적절하다고 생각한다. 출연기관이 보조사업을 수행하면 다른 비영리협회 및 단체 등에서 수행해야 하는 업무를 공공기관에서 수행하는 것이 되기 때문이다.

(4) 예산전용

기관 내 예산 중 단위사업 간 예산을 변경하여 사용하는 것을 예산전용이라고 말한다. 예산전용에서 중요한 개념은 자체전용이다. 자체전용은 기관 내에서 자체적으로 전용할 수 있는 예산을 말한다. 물건비(200) 내 일반수용비(210-01)에서 임차료(210-07)로 전용하거나, 국외여비(220-02)를 국내여비(220-01)로 전용하는 것은 기관 내 예산전용 절차에 따라 진행할 수 있다.

다만, 인건비가 부족해 경상경비에서 인건비로 예산을 전용하는 것은 자체전용 범위에서 제외되는 사항으로 주무기관 및 기획재정부 협의를 완료하고 이사회 심의·의결 이후 주무기관 장관의 승인을 받아야 전용할 수 있다. 인건비는 기획재정부에서 총괄 관리하기 때문에 기관의 임의 판단에 따라 예산을 줄이거나 늘릴 수는 없다. 현실적으로 인건비 증감은 기획재정부의 승인 없인 어렵다.

실무적으로 예산전용은 매년 하반기에 주로 이뤄진다. 예산편성을 보통 전년도 연말에 실시하기 때문에 예산을 집행하는 과정에서 수요예측을 벗어나는 경우가 발생하고 새롭게 추진해야 하는 업무도 발생하는 경우가 있기 때문이다. 또한 업무를 수행하다 보면 예산을 집행하고 남은 금액을 모아서 자체전용이 가능한 범위 내에서 예산을 집행하는 예36)도 있다.

---

36) 다만, 불필요하거나 시급성이 낮은 목적으로 낙찰차액이 사용되는 것을 예방하기 위해 낙찰차액은 불용 처리하는 것이 원칙 (근거 : 예산 및 기금운용계획 집행지침, 기획재정부)

구분	목	자체전용 대상	자체전용제외 (기획재정부 협의)
100 (인건비)	110(인건비)	상호 간 자체전용 가능	* 타 비목에서 110-02목(기타직보수), 110-03(상용임금), 110-05목(연차보상비)으로의 전용은 자체전용에서 제외
200 (물건비)	210(운영비) 220(여비) 230 (특수활동비) 240 (업무추진비) 250 (직무수행경비) 260 (연구용역비)	상호 간 자체전용 가능	* 타 비목에서 230목, 240목, 250-03목(특정업무경비), 210-12목(복리후생비)로의 전용은 자체전용에서 제외 * 주요사업비 내 210-08목(유류비)에서 타 비목으로의 전용은 자체전용에서 제외

*자료: 「2023년도 예산 및 기금운영계획 집행지침(기획재정부)」을 재구성함

(5) 예산과목

예산의 내용을 명확하게 하도록 일정한 기준에 의해 예산을 구분하는 것을 말한다. 세입 예산과목은 장, 관, 항, 목으로 구분하고 세출 예산과목은 분야, 부문, 정책사업, 단위사업, 세부사업(편성목, 통계목[37])으로 구분한다. 장(분야)-관(부문)-항(프로그램)은 국회의 의결 없이는 과목 간 변경이 불가능한 입법과목이며, 세항-목은 국회사전 의결 없이 행정부 재량으로 전용이 가능한 행정과목이다. 공공기관은 단위사업부터 작성해 세부사업과 편성목과 통계목으로 예산을 편성해 운영하고 있다.

---

37) 편성목은 인건비(100) 내 인건비(110), 물건비(200) 내 운영비(210), 여비(220)를 말하며, 통계목은 110-01(보수), 110-02(기타직보수), 210-01(일반수용비) 등을 말함

(단위: 천 원)

단위사업	세부사업	목 (편성목)	세목 (통계목)	예산	산출내역
122 기관운영				0,000,000	
	1221 기관운영비			0,000,000	
		210 운영비		0,000,000	
			210-01 일반수용비	000,000	
				00,000	1. 사무용품, 소모품 구입비 00,000천 원×1식=00,000천 원

				00,000	2. 각종 인쇄비 등
					   (업무보고, 예산, 청렴 홍보 등)
					   00,000천 원×1식=00,000천 원
					   (경평) 00,000천 원×1식=
					   00,000천 원

(6) 사고 및 명시이월

이월은 세출예산 중 연도 내 미지출액을 다음 연도에 지출하는 것을 말하며 "회계연도 독립의 원칙"(「국가재정법」 제3조)의 예외 조항이다. 이월할 수 있는 경우는 명시이월과 사고이월 두 가지 방법이 있다.

명시이월(「국가재정법」 제24조)은 세출예산 중 경비의 성질상 당해 회계연도 내에 그 지출을 끝내지 못할 것으로 예측될 때, 그 취지를 세입세출 예산에 명시하여 미리 국회의 승인을 얻어 다음 연도에 이월하여 사용하는 것을 말한다. 명시이월은 공공기관에서는 거의 사용하지 않고 있다. 국회의 승인을 받으면서까지 다음 해로 사업을 이월시킬 상황이 발생하지는 않는다.

이월과 관련해서 공공기관에서 중요하게 사용하는 것은 사고이월이다. 사고이월(「국가재정법」 제48조)은 세출예산 중 해당연도 내에 지출원인행위를 하고 불가피한 사유38)로 회계연도 내에 지출하지 못한 경비와 지출하지 아니한 그 부대경비를

---

38) ① 지출원인행위를 위하여 입찰 공고를 한 경비 중 입찰 공고 후 지출원인행위까지 장기간이 필요한 경우로서 대통령령(국가재정법 시행령)이 정하는 경비
② 공익사업이 시행에 필요한 손실보상비로서 대통령령(국가재정법 시행령)이 정하는 경비
③ 경상적 경비 이월 및 계속비 이월

다음 연도에 이월하여 사용하는 것을 말한다. 즉 회계연도 내에 원인행위(계약이나 대금 지급을 약정한 행위)를 하였으나, 해당연도에 집행할 수 없어 다음 연도에 이월해 집행하는 것으로 매년 연말에 각 기관에서는 사고이월 사업을 확인하여 이사회 승인을 받고 사고이월 한다.

(7) 불용액과 잉여금

예산을 사용하다 보면 회계연도에 집행을 완료하지 못하고 남는 금액이 발생하는데 이를 불용액(不用額)이라고 한다. 불용액은 세출예산에 편성된 금액보다 집행액이 적은 경우, 그 차액을 말한다. 불용액은 반납을 원칙으로 하고 있다. 다만, 출연금은 반납하지 않고 각 기관의 규정에 따라 부채 탕감이나 다음 연도 사업비 등으로 편성해 사용한다.

잉여금은 회계연도의 세입액에서 세출액을 차감한 잔액을 말한다. 발생 원인을 보면 다음과 같다.

▶ 세입예산을 초과하여 수납된 세입액(즉 조세 등의 예산에 계획되지 않고 예산외에 수납된 수입액)

▶ 세출예산 중 지출되지 않은 것 즉 다음 연도 이월액과 불용액

잉여금은 해당 기관이 사용할 수 있는 여유재원으로 주무기관과 기획재정부 보고 이후 각 기관의 내규상에 규정되어 있는 잉여금 처리 기준[39]에 따라 예산에 편성하고 집행하면 된다.

---

39) 예산 절감을 위해 기관의 지출예산 총액에서 기관 운영으로 발생하는 자체수입예산(사업수입, 이자수입, 사업 외 수입)을 차감한 나머지 부분을 출연금·보조금으로 지원받는 기관을 수지차 기관('24년 기준 62개)이라 하는데, 수지차 기관은 수입과 더불어 결산잉여금을 차년도 자체 세입에 반영하도록 되어있다. (예산안 편성 및 기금운용계획안 작성 세부지침, 기획재정부) 실무적으로 수치차 기관으로 지정되지 않은 출연기관도 수지차 기관 기준을 준용해서 결산잉여금을 차년도 내지 차차년도 세입 예산에 반영하여 운영하고 있다. 사용 규모 및 목적(사업비 등)을 주무부처와 기획재정부 협의 후 세입 예산에 편성하여 사용한다.

〈결산잉여금 예산편성 절차 사례〉

2023년(Y년)	2024년(Y+1년)	2025년(Y+2년)
• 예산집행	• 2023년 결산잉여금 확정 • 2025년 예산 반영	• 2025년 예산집행

* 2023년 결산잉여금을 2024년에 추가편성 해 집행할 수도 있는데 주무기관과 기획재정부와 협의 후 이사회 심의·의결을 받아야 한다. 해당 절차는 기관마다 다를 수 있어 내규에 정해진 절차에 따라 진행하면 된다.
다만, 2023년 결산잉여금이 확정되는 시점은 국회에서 예산 결산이 완료되는 2024년 8월 말 또는 9월 초이기 때문에 2023년 결산잉여금을 2024년 예산에 추가 반영하는 것은 현실적으로 어렵다.

저자 생각

- 「민법」에 따라 설립된 공공기관은 보조금 등을 받아 기관을 운영하는데 불용액이 발생하면 주무기관에 불용액을 반납한다. 그러나 정부로부터 출연금을 받는 기관은 예산을 집행하고 남은 불용액은 다음 연도 사업 예산에 반영해 사용하게 되는데 이를 결산잉여금[40]이라고 한다. 출연금은 현행법상 불용 시 반납할 수 있는 법적 근거가 없어, 해당 기관의 법령 또는 정관에 따라 기관 대부분이 다음 연도 예산에 반영해 부채 상환에 우선적으로 사용하거나 고유목적 사업수행을 위해 다음 연도 예산에 편성해 사용한다.

- 출연금을 받는 기관은 출연금을 집행하고 남은 잔액과 초과 수입금의 발생 등으로 매년 결산잉여금이 발생한다. 결산잉여금은 집행연도(Y) 다음 연도에 결산을 통해 확정하는데 확정된 시기는 다음 연도(Y+1) 8월 국회에서 결산 심의가 완료되어야 확정된다. 하지만 기관에서는 다음 연도(Y+1) 2월 회계 결산을 통해 전년도 예산의 결산잉여금 규모를 확인할 수 있다. 확인된 결산잉여금은 다음 연도 예산편성에 반영하고 기획재정부의 예산심의를 받아야 한다. 결산잉여금을 다음 연도 예산편성에 미반영할 때는 결산잉여금 규모가 커져 기관 입장에서는 처리하기 어려운 상황에 부닥칠 수도 있다. 이런 점을 담당자는 숙지하고 결산잉여금을 언제 어느 시점의 예산에 편성해 집행할지를 주무기관과 기획재정부에 보고하고 협의한 다음 예산에 반영하는 것이 좋다.

---

40) 공공기관 결산잉여금 = (총수입-총지출) - (이월, 보조금 반납분 등)

2. 주요 직무

예산실무는 크게 3단계로 구분해 업무를 수행할 수 있다. ①예산의 편성과 확정, ②예산의 집행, ③예산의 결산이다. 기관의 예산규모와 인력 분포 등에 따라 예산실무를 부서별로 나눠 수행하는 기관도 있고, 한 부서에서 예산만을 전담해 관리하는 기관도 있다. 기관에 따라 달라서 일반화하여 정하기는 어렵다. 예산부서가 별도로 조직된 규모가 큰 기관에서는 3단계의 업무를 모두 관리하지만 그렇지 않은 기관(특히 기타공공기관)에서는 직무를 분담해 수행하고 있다. 예산의 편성과 확정은 기획부서에서 담당하고, 집행과 결산은 회계부서에서 수행하는 방식으로 직무를 구분한다. 예산회계부서에서 예산의 편성과 확정에서부터 집행 및 결산까지의 모든 직무를 수행하는 것이 효율적일 수 있다. 다만, 규모가 작은 기관에서 예산의 모든 업무를 수행하기에는 인력과 역량, 직무의 연관성[41]이 약해 직무 연관성이 높은 부분만 구분해 업무를 수행하는 것이 일반적이다. 이 책에서는 예산 편성 및 확정에 관한 예산 실무를 중심으로 설명하도록 하겠다.

1) 예산편성 및 확정

(1) 중기재정계획

예산실무는 중기재정계획부터 시작이다. 중기재정계획은 5개년을 기준으로 작성하며 중기재정을 바탕으로 단년도 예산안을 수립한다. 중기재정계획은 「국가재정법」 제7조[42]에 근거한 국가재정운용계획에 따라 수립하게 된다. 중기재정계획을 수립하는 이유는 명확하다. 자원의 효율적 배분을 위해서다. 사업의 우선순위에 따라 사업을 계획적으로 추진하고, 단년도 예산편성과 중기계획의 연계성을 강화

---

41) 회계부서는 자금의 집행을 담당하는 부서로 집행 내역과 현황자료를 모두 가지고 있어 예산의 집행과 집행한 결과에 따른 결산을 진행하는 것이 업무의 연관성 측면에서는 효율적이다. 기획부서는 예산의 집행 내역에 대한 정보와 직접적인 관련이 없어 기관 대부분에서는 기획부서는 편성과 확정, 회계부서에서는 집행과 결산으로 구분해서 업무를 수행한다.

42) 제7조(국가재정운영계획의 수립 등) ①정부는 재정운용의 효율화와 건전화를 위하여 매년 당해 회계연도부터 5회계연도 이상의 기간에 대한 재정운용계획(이하 "국가재정운용계획"이라 한다)을 수립하여 회계연도 시작 120일 전까지 국회에 제출하여야 한다.

하기 위함이다.

중기재정계획은 매년 1월 말까지 주무기관 안을 기획재정부에 제출하는데 공공기관에서는 1월 중순까지 주무기관에 제출해야 한다. 이 과정에서 주무기관에 제출하기 전 설명을 하고 수정·보완을 거쳐 기관의 중기재정계획을 제출하면 된다. 실무적으로는 다음 연도 예산이 최종적으로 확정된 이후 바로 중기재정계획 수립 작업을 시작한다. 보통 이사회를 통해서 '다음 연도 예산안과 사업계획'이 확정되면 12월 중부터 중기재정작업을 시작한다. 매년 하는 작업이기 때문에 5개년 간 사업의 확대와 수요를 예측해 사업 물량을 고려해 인건비와 경상경비, 사업비를 구분해 작성하게 된다. 중기사업계획서는 정해진 양식이 있다. 사업개요와 변동내역 및 변동요인, 예산의 산출근거, 고려사항 등을 반영하고 세부적으로 계속사업과 신규사업에 대한 설명자료를 포함한다.

〈중기재정계획 작성 양식〉

① 한국공공기관관리원 운영(재량)

□ **사업개요**

구 분	내 용
국정과제	해당 없음
사업내용	공공기관의 효율적 관리를 위한 사업 추진
사업기간	(한국공공기관관리원 운영) '23~계속 (한국공공기관관리원 시설증설) '24~'27
총사업비	해당 없음
사업규모	(시설증설)기관 건물 신축 1식(연 면적 15,000㎡), 교육연구원 신축 1식(연 면적 40,000㎡)
지원조건	(한국공공기관관리원 운영) 출연(100%) (한국공공기관관리원 시설증설) 국비(100%)
사업시행주체	(한국공공기관관리원 운영) 한국공공기관관리원 (한국공공기관관리원 시설증설) 한국공공기관관리원

□ **의무지출 사업 중장기 전망**(의무지출 사업만 작성) : 해당 없음
□ **변동내역 및 변동요인**

<한국공공기관관리원 운영사업 지출변동 내역>

(단위 : 백만 원)

구분	'22결산	'23예산	'24	'25	'26	'27	연평균 증가율
'22~'26계획	00,000	00,000	00,000	00,000	00,000		
(증가율)		(0.0)	(0.0)	(0.0)	(0.0)		
'23~'27요구		00,000	00,000	00,000	00,000	00,000	
(증가율)			(00.0)	(00.0)	(△00.0)	(0.0)	(00.0)

□ 산출근거

(단위 : 백만 원)

년도	금 액		산 출 근 거
'23	'22~'26(당초)	00,00	
	'23~'27(요구)	00,000	
'24	'22~'26(당초)	00,000	
	'23~'27(요구)	00,000	
'25	'22~'26(당초)	00,000	
	'23~'27(요구)	00,000	
'26	'22~'26(당초)	00,000	
	'23~'27(요구)	00,000	
'27	'23~'27(요구)	00,000	

□ 고려사항

• 최근 3년간('20~'22년) 이·전용, 이월·불용실적

(단위 : 백만 원)

년도	당초예산 (A)	전년이월 (B)	이·전용 (C)	예산현액 (A+B+C)	집행	차년이월	불용
'20							
'21							
'22							

• 외부기관 지적사항 및 평가결과 : 해당 사항 없음
• 외부기관 지적사항 및 평가결과 반영 내용 : 해당 사항 없음
• 외국 및 민간의 사례 (※ 간단히 요약)
• 지자체 매칭 신규사업에 대한 지자체 의견 : 해당 사항 없음

중기('23~'27년)사업 예산 총괄표

(단위: 백만 원)

구 분	'23 (A)	'24(안) (B)	증감내역 (C=B-A)	'25	'26	'27
□ 한국공공기관관리원 운영	00,000	00,000	00,000	00,000	00,000	00,000
□ 한국공공기관관리원 운영	00,000	00,000	0,000	00,000	00,000	00,000
• 인건비	0,000	0,000	000	0,000	0,000	00,000
• 기관운영비	0,000	0,000	△000	0,000	0,000	0,000
• 사업비	00,000	00,000	000	00,000	00,000	00,000
– 00000사업	0,000	0,000	000	0,000	0,000	0,000
– 00000사업	0,000	0,000	00	0,000	0,000	0,000
– 00000사업	0,000	0,000	00	0,000	0,000	0,000
– 00000사업	0,000	0,000	00	0,000	0,000	0,000
– 00000사업	0,000	0,000	00	0,000	0,000	0,000
– 00000사업	000	000	00	000	000	000
□ 한국공공기관관리원 시설증설	–	0,000	0,000			
– 기관 건물 신축	–	0,000	0,000	00,0000	00,000	–
– 교육연수원 신축	–	–	–	0,000	00,000	00,000

* 이하 사업별 계속사업과 신규사업의 세부사업설명자료 붙임

(2) 단년도 예산안

예산실무의 핵심은 단년도 예산안을 편성하고 확정하는 것이다. 중기재정계획이 완료되면 다음 연도 예산안 작성을 진행하는데 기획부서 담당자는 예산을 어떻게 편성해야 하는지 가이드라인을 각 부서에 알리고 일정한 양식에 따라 주무기관이나 기획재정부를 설득할 수 있는 설명자료를 만들어야 한다. 담당자는 우선 예산편성계획을 수립해야 한다. 기관 경영 여건을 분석하고 예산편성 방향과 방안, 예산편성의 우선순위 등을 계획에 반영하고 이 계획을 바탕으로 가이드라인을 수립해 각 부서에 알려 각 부서의 사업예산을 만들 수 있게 해야 한다.

예산과 관련해서 정부에 제출하는 양식은 통일되어 있다. 기관마다 다르면 심의를 할 수 없으므로 모든 기관에 공통으로 적용되는 양식이 있다. 그 양식에 따라 예산안을 작성하는데 통일된 양식으로는 충분한 설명을 할 수 없으므로 추가로 보완자료인 사업별 설명자료를 만든다. 설명자료는 왜 이런 사업을 해야 하는지 타 기관이나 다른 나라 사례, 보도자료 등을 근거로 설득할 수 있는 논리를 최대한 반영해 작성해야 한다. 주무기관이나 기획재정부 설명 과정에서 담당 공무원이 추가자료를 요청하는 경우가 있다. 그럴 때는 요청한 사항에 대해서 한 장 이내로 핵심적인 사항만 요약해 설명할 수 있어야 한다. 요약자료를 만들 때 담당자의 업무역량을 확인할 수 있다.

예산안의 업무절차는 앞에서 언급했기 때문에 별도로 설명하지는 않겠다. 다만, 예산안 작업에서 담당자가 놓치면 안 되는 것은 시기와 설득 논리 개발 그리고 신속한 대응이다. 기획재정부 담당 공무원은 해당 기관만을 담당하지 않고 부처급 예산을 관리한다. 담당 공무원이 기관에 요구하는 자료가 있다는 것은 기관예산에 관심이 있다는 것과 같다. 담당자는 담당 공무원의 요구사항에 즉각적으로 대처할 수 있도록 예산 시기에는 관련 자료를 항상 가지고 다니면서 어느 장소에서도 즉각적인 대응이 가능하도록 조치해야 한다.

정부 예산안이 확정되고 기관의 예산안이 국회에 제출되면 공공기관 입장에서는 예산안 관련해서는 국회의 요구(기관별 해당 상임위원회)에 따라 설명할 기회가 별도로 있을 수도 있고 없을 수도 있다. 예산과 관련하여 중요한 쟁점이 있는 기관이 아닌 이상에는 별도의 설명은 하지 않고 예산 관련 질의에 대해 성실한 답변만 하면 된다. 그리고 국회의 진행 과정에서 있을 수 있는 사항에 대해서 주시하며 최종 예산이 국회 본회의에서 확정될 때까지 기다리며 대응하면 된다.

실무적으로는 정부안이 국회에 제출되면 바로 정부안을 기준으로 실행예산과 사업계획을 작성하게 된다. 그래야 정부안이 국회에서 최종적으로 확정되면 바로 이사회를 개최하여 다음 연도 예산안 및 사업계획을 안건으로 상정할 수 있기 때문이다. 예산을 기준으로 하는 사업계획은 예산을 사용하기 위한 계획으로 연초에 수립하는 업무계획과는 양식이나 내용에 차이가 있다. 사업계획에는 확보한 예산을 단위 사업별로 어떻게 사용할 것인지를 작성한다. 한 예로 A 사업의 예산 100억을 사용하는데 연구용역 3건에 10억, 사업관리에 1억, 기획전시 5건에 10

억 등으로 사용 금액과 내역, 필요성 등을 반영한다.

이사회에서 '다음 연도 예산안과 사업계획'[43]이 심의·의결되고 주무기관 장관의 승인을 얻으면 담당자는 '다음 연도 예산안과 사업계획'을 책자로 제작해 모든 구성원이 사용할 수 있도록 나누어 준다.

〈단위 사업별 사업계획 작성 사례〉

1. ○○기획·운영

□ **예산안**

(단위 : 백만 원)

사 업 명	2023년 예산(A)	2024년 요구안(B)	증감 (B-A)	%
□ ○○기획·운영	0,000	0,000	000	00.0

□ **추진근거**
- 「○○○○○○법」 제5조(○○○○○)
- 「○○○○○○법」 제13조(○○○○○)
- 「국정과제 ○○」 ○○○○○○ 보존 및 가치 제고
- 「신성장 4.0 전략」 스마트 ○○○

□ **사업목적**
- (다채로운 ○○콘텐츠로 보완) ○○○○○○○○○○○○○○○○○○○○○○○○○○○○○○○○○
- (생동하는 스마트 ○○○ 구현) ○○○○○○○○○○○○○○○○○○○○○○○○○○○○○○○○○○

□ **사업내용**
- (세부사업 ①_기획 및 협력○○) 기관 수요(관람객)의 지속성을 확보하고, ○○전문 기관으로서 인지도 확대를 위한 ○○ 개최
  - (필요성) 기관 고유성을 부각할 수 있는 차별화된 ○○ 확대로 ○○가치를 확산할 수 있는 콘텐츠 개발 및 ○○기능 강화

---

43) 예산안 및 사업계획에는 다음 연도 예산총괄표(전년도 대비 증감 및 사업 주요 내용)를 시작으로 사업별 계획과 예산, 예산총칙, 추정 재무상태표 및 손익계산서 그리고 각목명세서를 반영한다. 각 기관의 내규에 포함해야 할 내용을 명시하기 때문에 기관의 관련 규정을 확인하면 된다.

- **(내용)** ○○○○○○를 주제로 ○○ 및 ○○ 개최

구 분	주제	내용	소요예산
1회차	- XXXXXX	- XXXXXX	200백만 원
2회차	- XXXXXX	- XXXXXX	200백만 원
3회차	- XXXXXX	- XXXXXX	200백만 원

- **(세부사업 ②_○○○○ 콘텐츠 보강)** 소장○○을 활용한 관람객 친화형 ○○○ 콘텐츠 개발 및 운영
  - **(필요성)** [국정과제-○○]에 따라 ○○○ 및 ○○○○ 가치 조명 및 관람객 눈높이에 맞춘 콘텐츠 확보
  - **(내용)** ○○○○○○를 주제로 ○○○○○ 보강

구분	내용	소요예산
개발	- XXXXXXXXXXXXXXXXXXXXX	30백만 원
운영	- XXXXXXXXXXXXXXXXXXX	20백만 원

※ 타 기관 사례 비교

기관명	내용	예산('23)
○○○	- XXXXXXXXXXXXXXXXXXX	40백만 원
○○○	- XXXXXXXXXXXXXXXXXXX	60백만 원

□ **기대효과**
- 주기적인 ○○ 및 ○○ 개최로 기관 방문율 제고
- 대국민 ○○○○○○ 향유 기회 확대

□ **산출내역**

(단위 : 백만 원)

사업명	'23년 예산(A)	'24년 요구안(B)	증감 (B-A)	증감 사유
□ ○○기획·운영	1,000	1,300	300	
① 기획 및 협력○○	- ○○○ 400 (200X2회)	- ○○○ 600 (200X3회)	200	
② ○○○○ 콘텐츠 보강	('24신규)	- ○○○ 제작 30 - ○○○ 운영비 20	50	
③ …				

2) 예산집행 및 결산[44)]

예산집행과 결산[45)]은 회계부서에서 주로 담당하기 때문에 이 책에서는 자세하게 설명하지는 않겠다. 다만, 예산집행에서 중요한 자체전용에 대해서 간단하게 설명하겠다.

자체전용은 기관장의 결재로 예산을 전용해 사용하는 것을 말한다. 사업을 하다 보면 최초 편성한 예산에 변동이 필요한 경우가 발생한다. 이럴 때 같은 비목 내에서 자체전용을 하여 예산을 집행하게 된다. 자체전용 절차는 기관마다 다르긴 하지만 일반적으로 사업 담당 부서에서 부서 예산을 전용할 때에는 부서예산 전용계획을 수립하여 기관장에게 결재를 득한 후 예산편성 권한이 있을 기획부서에 공문으로 전용 요청을 하면 된다. 기획부서는 결재받은 문서를 근거로 내부 결재(기획부서 업무 총괄, 실장급)를 받은 후 기관 내 경영정보시스템상에서 예산을 재배정하면 자체전용 절차는 마무리된다.

기관마다 전용 절차에 차이는 있으나 부서에서 자체전용할 때 기획부서 부서장

---

44) [①]예산집행과 [②]결산업무는 기관의 규모와 인력구조 등에 따라 업무 수행을 기획부서에서 할 수도 있고, 회계부서에서 할 수도 있다. 기관의 「직제규정」상에 어느 부서가 업무를 수행하느냐에 따라 결정된다.

① 예산집행은 획득된 예산을 각목명세서에 따라 집행하는지를 확인·점검하고 기관의 고유목적사업을 추진하기 위해 정부와 기관에서 규정한 '예산집행지침'에 근거하여 예산을 사용하고 확인하는 업무이다. 분기별 또는 반기별 집행실적을 확인하고 점검하여 미집행 예산에 대한 집행을 독려하고 집행잔액을 확인하여 예산결산에 대비한다. 일반적으로 출연금 기준으로 90% 이상을 집행해야 예산결산 시 문제가 되지 않는다. 예산 집행률이 낮을 경우, 예산 획득에 어려움을 겪을 수 있고 예산결산 시 문제사업으로 지적될 위험이 있다. 출연금의 경우에는 낙찰 차액과 인건비 잔액분 등으로 인해 95%에서 97% 내외의 집행률을 나타내는 것이 일반적이다.

② 예산결산은 회계연도(1월 1일부터 12월 31일)에 집행된 예산을 정리하는 업무이다. 회계연도를 기준으로 다음 연도 2월 말까지 기관 이사회에 '00년 결산'을 심의안건으로 상정하여 심의·의결하고 주무기관에 제출(재무제표, 해당 회계연도 사업계획서 및 집행실적, 이사회 회의록 사본 등)하게 된다. 기관에서 제출한 예산결산보고서(예산액, 이전용 현황, 사업집행실적 및 성과, 지난 5년간의 지적사항 및 조치사항 등 포함)는 3월~5월까지 주무기관, 기획재정부(감사원 포함)의 검토와 승인을 받아 6월에서 8월까지 국회(상임위, 예결산위, 본회의)에서 예산결산 심의를 받게 된다. 이 과정에서 국회의 지적사항이 발생할 수 있기 때문에 예산은 확정된 예산의 범위 내에서 규정에 따라 계획에 근거하여 집행하는 것이 가장 중요하다. 기관의 임의적 판단으로 자체전용의 범위를 벗어나 집행할 경우 예산결산 시 문제가 될 우려가 있다. 국회 예산결산 심의결과 위법 또는 부당한 사항이 있을 때에 「국회법」에 따라 기관에 변상 및 징계 조치 등 그 시정을 요구할 수 있고, 시정요구를 받은 사항을 지체 없이 처리하여 국회에 보고 하도록 하고 있다.

(부장 또는 팀장급)에 협조받게 된다. 기관예산을 총괄 관리하는 부서의 장에게 전용 사유와 전용액을 사전에 협의하는 절차를 거쳐 차후에 발생할 수도 있는 업무 착오를 예방하는 목적이다.

예산을 집행할 때 내부 구성원이 참고해서 보는 자료가 각목명세서이다. '단년도 예산안 및 사업계획'을 이사회 심의·의결 및 주무기관 장관의 승인을 받은 후 기획부서 담당자는 책자로 제작해 각 부서 담당자에게 나누어 주는데 이 자료에는 각목명세서 내용이 포함되어 있다. 각목명세서는 예산을 명확하게 사용하기 위해 구분한 자료로 예산과목에 따른 예산액과 경비의 내용, 산출근거 등을 표시하여 예산의 내용을 상세하게 알 수 있는 기본자료이다. 각목명세서는 사업담당부서에서 작성하는 것이 원칙이다. 인건비는 보수담당 부서에서 작성하고, 경상경비(기관운영비)는 총무 담당 부서, 사업비는 각 사업부서별 소관 예산의 각목명세서를 작성한다.

각목명세서는 정부의 「예산안편성 및 기금운용계획안 작성 세부지침」[46]을 근거로 작성하는데 크게 인건비(100), 물건비(200), 이전지출(300), 자산취득 및 운영(400), 상황지출(500), 전출금 등(600), 예비비 및 기타(700)로 구분하고 25개의 비목으로 구성되어 있다. 정부예산은 일정한 코드번호를 부여해 각 관·항·목을 쉽게 구별할 수 있도록 하고 있는데 실무적으로는 비목별 코드는 인지하고 있는 게 좋다.

20○○년 사업비 실행예산 자체전용 계획

□ **전용 요구액 : 0,000천 원**
- 연구개발사업-운영비-임차료(11○○-210-07) ⇒ 연구개발사업-여비-국내여비(11○○-220-01)

□ **전용 사유**
- 5개의 연구 단위사업 추진을 위해 국내여비 증액 필요

---

46) 정부의 지침에는 비목별 정의와 적용 범위, 세부사용지침을 명시적으로 명확하게 설명하고 있다. 공공기관은 정부의 지침에 근거하여 각목명세서를 작성하고 적용 범위와 목적에 맞게 예산을 편성해 집행하고 있다. 예산의 전용도 정부지침에 따라 진행하는데 자체전용의 허용범위도 해당 지침에 있다.

* 예산편성 당시 3개의 연구 단위사업 추진을 계획했으나, 2개의 단위사업이 추가됨에 따라 연구사업이 확대됨

□ 전용 재원

• 운영비 內 임차료(210-07) 절감액(0,000천 원)을 전용 재원으로 활용

□ 전용명세서

(단위: 천 원)

예산과목	예산현액	전 용		전용 후 예산현액	비 고
		증	감		
전용 증·감 합계	-	0,000	△0,000	-	
전용 감액 계	-	-	△0,000	-	
11○○ 연구사업	-	-	-	-	
210-07(임차료)	00,000	-	△0,000	00,000	
전용 증액 계	-	0,000		-	
11○○ 연구사업	-	-	-	-	
220-01(국내여비)	0,000	0,000	-	00,000	단위사업 추진을 위해 국내여비 증액

□ 각목명세서

(단위: 천 원)

조정 전			조정 후		
세목		산출내역	세목		산출내역
운영비(11○○-210)					
210-07	00,000	* 임차료	210-07	00,000	* 임차료
	00,000	1. 연구사업을 위한 차량임차 00,000×1식=00,000		00,000	1. 연구사업을 위한 차량임차 00,000×1식=00,000
	00,000	2. 연구물품 대여비 00,000×1식=00,000		00,000	2. 연구물품 대여비 00,000×1식=00,000
여비(11○○-220)					
220-01	0,000	* 국내여비	220-01	00,000	* 국내여비
	0,000	1. 타 기관사례· 자료조사 등 0,000×0인×00회=0,000		00,000	1. 타 기관사례· 자료조사 등 00,000×0인×00회=00,000

조직·정원관리

조직 및 정원관리 업무의 핵심은 ①'어떻게 하면 조직을 효율적으로 설계할 것인가?', ②'정원을 어떻게 확대할 것인가'이다. 조직의 특징은 한번 설립하면 조직의 설립목적을 달성해도 절대 사라지지 않는다는 것이다. 조직의 존속을 위해 새로운 일거리를 찾으며 변화해 간다. 공공기관도 조직이기 때문에 공공기관 고유의 목적을 달성하거나 시대의 흐름에 따라 기능을 상실해도 조직을 보호하기 위해 다른 목적을 찾아 기관이 지속될 수 있는 논리를 개발한다.

조직 담당자는 기관이 존속할 수 있는 타당한 근거를 제시하고 어떻게 하면 조직을 확대·발전시킬 수 있을까를 고민하는 중요한 자리이다. 단순하게 조직도를 설계하고 인력을 배분하는 일에서 벗어나 장기적인 관점에서 기관의 생존을 고민하고 조직을 확장 시킬 수 있는 미래 먹거리를 찾는 것이 조직 담당자의 최우선 과제이다.

1. 조직관리

1) 직무 소개

사람이 모여있는 조직[47]에서는 구성원을 어떻게 배치하고 무슨 업무를 부여할 것인가를 고민한다. 조직의 최고 의사결정권자를 정점으로 업무를 가장 효율적이고 효과적으로 수행할 수 있도록 조직설계를 한다. 공공기관도 이와 같다. 어떻게 하면 업무를 성과 있고 효율적으로 운영할 수 있을까를 고민하며 조직관리를 한다. 모든 공공기관은 「직제규정」이란 내규를 가지고 있다. 「직제규정」상 기관의

---

47) 집단(무리)과 조직의 핵심적인 차이는 업무분장의 유무이다. 집단이나 조직은 하나의 목적을 달성하기 위하여 모인 무리지만 조직은 위계에 따라 부여되는 직무가 명확하게 구분되어 '누구누구는 무슨 업무를 수행하고 어느 부서의 업무 범위는 어디까지'라는 것을 명시적으로 규정화하는 반면 집단은 특별한 업무분장 없이 하나의 목적에 따라 모여있는 무리로 볼 수 있다.

업무를 수행할 수 있는 조직이 구성되는데 직급체계와 정원, 부서별 임무와 인력 배치 등을 포함한다.

조직구성을 어떻게 하느냐는 기관뿐만 아니라 내부 구성원에게도 중요한 일이다. 내가 어느 부서에서 어떤 업무를 할지가 결정되기 때문이다. 인사부서는 기획부서에서 구성한 조직에 따라 인력을 배치하는 업무를 수행하지만 기획부서는 조직을 설계하는 업무를 한다. 「직제규정」에서는 상임이사가 관리·운영하는 부문까지만 그 역할을 구분하고 기관의 직급별 정원표 정도만 간략하게 명시한다. 「직제규정」은 이사회 심의·의결을 받는 주요 규정이다. 개정 필요가 발생하면 이사회 안건으로 상정되어야 하므로 규정상에는 기본적인 사항만 반영하고, 세부적인 사항은 「직제규정 시행세칙」에서 다룬다.

「직제규정 시행세칙」은 기관의 최소 부서 단위까지의 정원과 역할을 부여한다. 다만, 기관에 따라서는 큰 부서 단위인 '실' 단위 정원까지만 해당 세칙에 반영하고 기관의 최소 부서 단위인 '부' 단위 또는 '팀' 단위 정원은 별도로 반영하지 않는 경우도 있다. 이는 업무량과 기관의 여건 등을 고려하여 인력 배치의 융통성을 확보하기 위해서이다. 「직제규정 시행세칙」 상에 부서별 과업의 범위와 세부적인 정원 배분 등을 어떻게 규정할지에 대한 결정은 기관의 여건과 인력구조 등을 고려하여 적용하면 된다.

💡 저자 생각

조직관리는 조직변화에 능동적으로 대응해야 하는 업무이다. 개인과 조직의 반발을 극복하고 그에 대한 대안을 제시하는 것이 담당자의 역할이다. 조직을 변화시킬 때 내·외부의 저항이 강하다. 그것은 당연하다. 변화가 가져올 미래에 대한 두려움이 있기 때문이다. 불확실성·사회적 관계의 위협·새로운 지식과 기술을 학습해야 하는 부담 등이 개개인이 조직변화에 저항하는 원인이 아닐까 생각한다.

조직의 저항도 있을 수 있는데 기존의 관습을 지키려고 하는 구조적 관성, 현재를 유지하고 싶은 기득권, 과거 변화 노력의 실패 경험 등이 이에 해당한다. 조직관리 담당자는 이러한 개인과 조직의 우려와 저항을 원활한 소통과 비전 제시, 명확한 미래상 정립 등을 통해서 내부 구성원을 안심시키는 능력도 있어야 한다.

조직에서는 직급체계와 부서 단위·명칭이 중요하다.

(1) 직급체계

직급은 일의 권한이나 업무, 역할에 따라 분류하는 등급으로 공공기관에서는 다양한 형태로 직급을 분류하고 있다. 가령 1급에서 6급까지 6직급 체계로 운영하기도 하고, 수석-책임-선임-전임-원급의 5직급 체계로 운영하는 기관도 많이 있다. 기관의 유형과 사업 특성에 따라 많은 차이가 있다. 직급체계는 내부 구성원의 승진 및 보수와 직결되기 때문에 조직문화 형성과 동기부여 측면에서 중요하다. 직급체계는 한번 설계하면 변경하거나 개선하기는 어렵다. 내부 구성원 간 이해득실 문제가 발생하기 때문에 직급체계를 설계할 때 신중을 기해야 한다.

직급체계와 연동되는 것이 호칭이다. 어떻게 그 사람을 부를 것인가는 조직 내에서 중요한 일이다. 공공기관은 관료제[48]적 성격이 강하기 때문에 '나를 남이 어떻게 부르느냐'에 따라 조직 내 나의 위치(권한과 책임의 범위)가 결정되고 대외활동에서의 인지도가 달라질 수 있다. 대외활동이나 대민 접촉이 많은 업무 담당자 입장에서는 호칭에 민감할 수 있다. 최근 민간기업에서는 기존에 사용하는 '대리', '과장', '차장', '부장'을 '매니저' 또는 '님', 영어로 표현된 단위 등의 호칭으로 변경해 사용하고 있으나, 공공기관에서는 아직 전통적인 호칭체계를 유지하고 있다. 호칭이라는 것은 내가 듣기 좋은 것도 있지만 나를 불러주는 사람이 호칭을 통해서 그 사람이 가지고 있는 업무의 책임 범위와 권한 등을 인지할 수 있어야 한다. 공공기관에서는 이러한 이유로 전통적인 호칭체계를 유지하는 경향이 강하다.

저자 생각

- 직급체계를 변경하기 어려운 이유는 내부 구성원 간의 이해관계 때문이다. 직급체계가 변경되면 이득과 손해를 보는 구성원이 발생하기 때문에 내부 혼란이 발생한다. 직급을 줄이게 되면 기존 3급과 4급이 동일 직급이 되고 직급을 확대하면 기존 선

---

48) 공공기관은 위계질서가 있고 법령과 내규에 따라 업무를 수행하는 체계를 가지고 있어서 수평적 조직문화가 만들어지기는 어려운 구조적 한계가 있다. 이를 보완하기 위해서 인권경영, 윤리 및 청렴의식 고취, 일과 가정양립을 위한 정책 등을 통해서 일하기 좋은 근무여건 조성하기 위해 노력하고 있다.

임급이 3급과 4급으로 분리되는 현상이 자연스럽게 발생한다. 이는 내부 구성원 간 반목의 시작이 될 수 있다. 직급체계 변경을 통해 얻을 수 있는 효과보다, 내부 구성원 간의 분란이 조직 안정화 측면에서는 안 좋은 영향을 미치기 때문에 직급체계를 확대하거나 축소하는 등의 직급체계 변경은 신중할 필요가 있다.

• 호칭은 사회생활을 하는 직장인에게는 중요하다. 호칭체계는 나의 사회적 위치와 역할을 제삼자에게 알려주는 것과 같기 때문에 사회통념 상 모두가 인지할 수 있는 익숙한 호칭을 사용하는 것이 좋다. 위계가 있고 관료제적 성격이 강한 공공기관에서는 호칭을 단순화하거나 직급체계와 연동해 부르는 일은 조직을 바라보는 관점에서는 좋은 결정은 아니라고 생각한다. 잘못된 결정에 따라 조직문화가 한순간에 무너지는 우를 범할 수 있다."

한국공공기관관리원 호칭체계 개선(안)

□ **추진배경**
• 보직자를 제외한 나머지 직급에 대한 적절한 호칭이 없어, '~선생', '~씨', '~님'이라고 함
• 대내·외적 업무수행과 직급 간 위계를 확립하기 위해 직급별 호칭체계 마련 필요

□ **적용방안**
• **(부여방법)** 보직자와 비보직자로 구분하여 타 기관 사례를 참고해 공공기관에서 적용하는 호칭체계 도입
• **(적용안)** 보직자는 현 직책을 호칭(실장·부장/팀장)으로 사용
  * 비보직자는 선임급은 경력에 따라 차장(경력 10년 차 이상)·과장(경력 10년 차 미만), 원급은 계장으로 호칭 적용

【타기관 사례 비교】

구분	1급	2급	3급	4급	5급	6급	7급
한국○○○	처장	부장	차장	과장	대리	사원	–
국제○○○	처장		부장	차장	과장	대리	사원
한국○○○	실장	부장	차장/과장	계장	–	–	–
국립○○○	처장	부장/소장	과장		계장	주임	
국립○○○	실장	부장	차장	과장	계장	주임	사원

(2) 부서 단위 및 명칭

부서단위와 부서명칭은 부서 업무의 성격을 나타내는 중요한 요소이다. 기관에 부서 단위를 정하고, 부서명칭을 결정하는 것은 해당 부서가 어떤 업무를 수행할 것이며 조직 내에서 어느 정도의 위치에 있는지를 외부에서 알 수 있도록 하는 작업이다. 일반적으로 공공기관에서 사용하는 부서단위는 '본부-실-부' 체계가 많다. 공기업과 같은 대규모 조직에서는 기본적인 부서단위는 유지하면서 '처'나 '단', '센터' 등의 조직을 만들어 운영하기도 한다.

실무를 하다 보면 2급 또는 책임급 이상을 최소단위 부서장으로 보직하는데 공공기관에서는 '부' 또는 '팀' 단위가 최소단위의 부서라고 생각하면 된다. 또한, 공무원 조직과 혼선을 피하기 위해서 '과'나 '국' 단위의 부서조직은 지양하고 있다.

─────────
💡 저자 생각
─────────

• 조직업무를 담당하면서 조직을 개편하고자 할 때 부서 단위를 어떻게 하는 것이 좋을지 많이 고민했다. 이왕이면 직급을 상향하는 것이 대외적인 업무 수행에 도움이 될 수 있고 부서 단위를 높여서 외부에서 바라볼 때 좀 더 우위적인 위치에서 업무를 수행할 수 있을 것으로 생각도 했었다. 그래서 부서 단위에 대한 자료를 많이 찾아봤는데 어느 부서 단위가 상위인지에 대한 개념 정립이 안 되어 있다는 것을 알았다. 기업이나 공공기관 등에서 「정부조직법」[49]에 따라 부서 단위를 관념적으로 사용했을 뿐이다.

• '실' 단위가 '부' 단위보다 높고[50], '실'과 '처' 또는 '단'[51]은 비슷하지만 그래도 '실'이 우선한다든가, '본부'는 총괄하는 것과 같은 이미지 때문에 '실'보다는 위라고

생각하는 일반적인 고정관념 속에서 부서 단위의 서열이 나뉘지 않았나 생각된다. 그래서 스스로 내린 결론은 부서 단위의 높고 낮음은 큰 의미가 없으며 사회통념 상 많이 사용하는 부서 단위를 순서대로 사용하는 것이 가장 좋다는 결론을 얻었다.

- 공공기관 조직을 보면 '팀' 단위 부서가 많이 있다. 팀(team)은 조직 내에서 프로젝트 개념으로 신속하고 빠른 의사결정을 위해 2000년대 초반부터 우리나라에서 많이 사용하고 있는 부서 명칭이다. 공무원 조직은 2005년부터 정부 주도하에 '팀' 단위 부서가 만들어졌으나, 현재는 원래의 학문적 개념에 따라 일시적인 임시조직을 운영할 때 팀제[52]를 운영한다. 그 외에는 과-국-실 체계를 유지하고 있다.

- 보직은 보직자의 조직 내 위치를 나타낸다. 팀장이란 보직은 조직의 최상위 보직자가 팀장의 역할을 할 수도 있고 최하위 직급자도 팀장 업무를 수행할 수 있기 때문에 일반적인 행정업무를 위계에 따라 수행하는 공공기관에서는 사용하기에 적절한 부서명이라고 생각하지는 않는다.

2) 주요 직무

조직관리는 기관 내 조직을 어떻게 하면 구성원이 성과 있고 효율적으로 업무를 수행할 수 있을까를 고민하는 업무이다. 부서 간 중복되는 업무를 조정하고 필요한 부서는 신설하며 기능을 다 한 부서는 변경하는 업무를 한다. 조직을 새롭게 신설하고 없애기는 어렵고 힘든 일이다. 기관 내 구성원 간의 이해관계가 형성되어 있어, 조직이 변화된다는 것은 현재 내가 하는 업무의 범위와 권한에 변동이 생길 수 있다는 것을 의미하기 때문에 구성원들이 민감하게 반응하기도 한다.

---

49)「정부조직법」제2조에 따르면 중앙행정기관의 단위는 부·처·청으로 하고, 보조기관은 차관·차장·실장·국장·과장으로 한다고 규정하고 있다(본부장·단장·부장·팀장으로도 사용 가능). 다만, 공공기관의 부서 단위에 대한 명확한 기준이나 법률적 규정은 없는 상태이다.

50) 일반적으로 공공기관에서 '실' 단위 밑에 '부'나 '팀' 단위를 편제하는데, '부' 단위 밑에 '실' 단위 부서를 편제하는 공공기관도 있다. 이는 공무원 조직 중 연구기관은 기관장 밑에 '부' 단위 조직이 고위공무원이 임명되는 자리이기 때문에 '부' 단위를 상위개념으로 인식하는 데서 오는 관념적 조직편성이라고 생각한다.

51) 새로운 직무를 사업 단위로 구성할 때 '단'이란 용어를 많이 사용한다. 정부에서 새로운 사업을 추진할 때 신규 프로젝트 담당 조직으로 '~사업단'이란 부서 단위를 사용한다.

52) 팀제는 2005년 중앙정부에서 시작되어 현재 지방자치단체의 경우 팀제를 운영하고 있다. 예전의 '계' 단위의 부서명칭을 '팀' 제로 변경해 사용하고 있는데 팀제의 학문적 개념과는 상이 하게 운영하는 측면이 있다.

실무적으로 미세한 조정이나 조직 내 이해관계자들 간의 원만한 협의가 완료되면 기관 자체적으로 조직개편을 한다. 다만, 조직에 대한 전반적인 진단과 개선방안을 찾아내는 것은 외부 전문기관에 의뢰하여 용역을 통해 과업을 수행하는 경우가 대부분이다. 조직을 개편하면 규정을 개정해야 하는데 「직제규정」에 대한 개정 필요가 있으면 이사회 안건으로 상정하여 심의·의결 후 주무기관의 승인을 받아야 하고 미세한 경우일 경우에는 「직제규정 시행세칙」 개정을 통해 기관장 결재를 받은 후 시행한다.

(1) 조직개편

'조직개편을 한다'라는 것은 조직이 원활하게 움직이지 않는다는 말이다. 기관장이 새로 부임하면 가장 먼저 확인하고 점검하는 것이 조직이다. 기관장의 경영방침을 제대로 이행할 수 있는 조직을 만들고자 하는 것은 기관장 입장에서는 당연하다. 많은 공공기관에서는 새로 기관장이 부임을 하면 3개월에서 6개월의 적응 기간이 지나 대대적인 조직개편을 단행한다. 기관장의 임기는 보통 3년으로 대부분 공공기관에서 3년 단위로 조직을 개편한다고 생각하면 된다. 그 규모의 차이는 있겠지만 대규모 개편 또는 미세 개편을 공공기관에서는 주기적으로 진행한다.

조직개편을 하기 위해서는 일정한 절차가 있다.

① 기관 內 자체적인 조직개편

내부에서 조직을 대대적으로 개편하기에는 이해관계자들의 관계 때문에 어려움이 있다. 조직 내 이해관계가 서로 상충하는 가운데 기획부서에서 제시한 개편안은 일부 부서가 기존에 가지고 있던 권한이나 기득권이 축소될 수도 있다. 그럴 때 기획부서는 이들의 공공의 적이 된다. 이런 위험부담을 갖고서 자체적인 조직개편을 추진하는 것은 현실적으로 많은 어려움이 있는 게 사실이다. 기관장의 강력한 의지로 자체적인 조직개편을 추진할 수도 있으나 누군가는 손해를 본다고 생각하기 때문에 기획부서는 논란의 중심에서 힘든 시기를 겪을 수 있다.

일반적으로 공공기관에서는 내부 구성원의 의견을 조정하고 중재하는 것이 어렵기 때문에 기관 내부에서는 미세한 조직개편을 주로 진행한다. 이 또한 어려움이 많이 있는데 부서 간 기능을 조정하거나 부서 명칭을 변경하고, 최소단위의 부서를 증설·폐지하는 정도 선에서 내부 조직개편을 진행한다.

진행 절차는 다음과 같다.

• **첫째, 필요성이 있어야 한다**

기관장의 문제 제기가 있든가 아니면 업무를 수행하면서 부서 간 조정이나 협의가 안되는 부분이 발견되어야 한다. 또는 외부의 지적53)에 따른 대응이나 기관의 기능 확대로 새로운 직무가 발생해 업무를 수행할 부서를 만들 필요가 있을 때 조직개편을 진행한다.

• **둘째, 공감대 형성의 기간이 필요하다**

조직개편의 필요성에 대해 내부 구성원 간 공감대를 형성하면 어떻게 할 것인지를 검토한다. 부서별 의견을 수렴하고 기획부서 담당자가 초안을 준비해 기관장에게 보고 후 공론화한다. 공론화 과정에서 이해관계자 간 충분한 논의를 진행한다.

• **셋째, 내부 안 확정 및 주무기관 보고**

내부 구성원과 합의가 완료되면 기획부서 담당자는 최종안을 기관장에게 보고해 확정한다. 확정된 안은 주무기관에 보고해야 한다. 이사회 안건 상정 여부와 관계없이 주무기관은 공공기관의 경영과 사업을 감독하는 기능을 수행하기 때문에 조직이 변경되면 대수롭지 않을지라도 보고하고 설명해야 하는 의무가 있다.

---

53) 조직개편과 관련해서 외부의 지적은 정부의 경영혁신 차원에서 대부서화 또는 인력감축에 따른 조직재설계 등의 요구가 있을 수 있고, 경영평가 수검 시 평가위원의 지적에 따라 개선하는 경우도 있다.

- **넷째, 내부 결재 체계에 따라 업무 마무리**

주무기관 보고가 완료되면 내부 결재를 받는다. 조직개편안을 기관장에게 보고할 때 관련 규정 개정을 함께 보고하는 것이 좋다. 경미한 개편의 경우, 「직제규정 시행세칙」을 개정해야 한다. 부서 간 기능이나 명칭을 조정할 수 있고 부서가 신설될 수 있어 조직도를 변경해야 하기 때문이다.

규정 제·개정 절차는 일반적으로 ①초안작성(해당 부서) → ②의견수렴(전 부서, 이해관계자) → ③부패영향평가(감사부서) → ④검토(기획부서) → ⑤심의위원회 상정(심의·의결) → ⑥보고 및 결재 → ⑦제·개정 공지 및 관리의 순서로 진행한다. 기관장에게 조직개편안을 보고할 때 관련 규정 개정안을 보고한다는 것은 내규 개정 절차를 모두 마쳤다는 것을 의미한다. 기획부서 담당자는 업무 수행 절차를 사전에 숙지하여 업무추진의 과정에서 누락되거나 절차를 위반하는 일이 없도록 준비해야 한다.

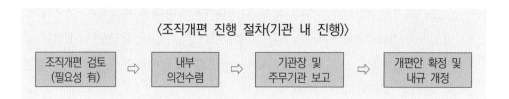

〈조직개편 진행 절차(기관 내 진행)〉

| 조직개편 검토 (필요성 有) | ⇨ | 내부 의견수렴 | ⇨ | 기관장 및 주무기관 보고 | ⇨ | 개편안 확정 및 내규 개정 |

② 외부 전문업체 용역에 의한 조직개편

기관의 조직을 대대적으로 개편하고자 할 때는 대부분의 기관에서 외부 전문업체를 통해 용역으로 추진한다. 새롭게 조직을 만드는 일이기 때문에 조직개편의 원인을 진단하고 개선방안을 찾아내 기관의 경영체계에 맞는 조직을 만들어야 한다. 조직을 진단한다는 것은 전문 영역이기 때문에 기획부서 담당자가 직접 업무를 수행하기에는 한계가 있다. 전문 역량도 부족할 수 있겠으나 궁극적으로는 내부의 문제점을 들춰내야 하는 어려움이 있다.

뭔가를 새롭게 한다는 것은 기존의 잘못과 비효율을 진단하는 것부터 시작한다. 내부의 문제를 해당 기관의 직원이 진단한다는 것은 현실적으로 어려움이 있다. 한마디로 조직 내 적을 만들어야 한다는 것이다. 조직 내에 나를 싫어하거나 감정적으로 유대관계가 없는 구성원이 많다는 것은 조직 생활에 마이너스 요인이 된다. 나로 인해 손해를 보는 구성원이 발생하는 일은 가급적 하지 않는 것이 조직 생활의 기본이다.

내부적인 어려움을 극복하기 위해 외부 전문가의 도움을 받아 객관적인 입장에서 조직의 문제를 해결하는 것이다. 외부 기관의 용역은 다음의 절차에 따라 업무를 수행한다.

• 첫째, 조직진단 추진계획을 수립한다

모든 행정의 기본은 계획수립부터 시작한다. 조직개편도 계획수립을 통해 업무를 시작한다. 계획에는 배경과 목적, 추진방향, 용역 업체선정 및 향후 추진일정 등을 포함한다.

한국공공기관관리원 조직진단 용역 추진계획

〈추진 배경〉

◆ 기관 설립('00.00.00.) 이후 인력 충원이 완료되고 부서별 업무수행 과정에서 부서별 직무와 인력 배치에 대한 개선사항 도출
  * 부서와 부서 간 중복 또는 모호한 직무 발생
◆ 직무분석을 통해 적정 인력의 부서 배치 필요성이 제기되고, 효율적인 업무수행을 위한 조직문화 및 조직체계 마련이 필요한 시점

☐ **추진방향**
• 경영전략체계를 고려한 **조직·인력의 체계적 운영 방안** 모색
• 기관 운영체계 확립 및 내실화를 위한 **적정 조직구조 도출**
• 정량·정성적 직무분석을 바탕으로 **부서별 적정인력 산출 및 재배치안** 마련
• 지속 가능한 경영을 위한 **조직문화 전략 수립**

☐ **조직진단 개요**
• **(기간)** 시작일로부터 4개월
• **(대상)** 전체 인력 및 조직(기관 조직, 일반직 및 운영직 등)
• **(방법)** 총액/협상에 의한 계약
  * 기술능력평가 80% + 입찰가격평가 20%

- **(소요예산)** 00,000,000원(부가세 포함)
- **주요내용**
  - **(직무분석)** 조직 내 모든 직무에 대한 분류와 업무량 분석을 통해 부서별 적정인력 산출
  - **(조직진단)** 조직구조 적정성 검토 및 효율적인 조직·인력운영방안
  - **(조직문화)** 리더십 및 조직문화 전반 진단 및 개선방안 도출

□ **세부 내용**

1. **사전진단**
- **대내·외 환경분석**
  - (내부) 경영전략체계, 사업 및 조직구조, 직원 내부 역량 등
  - (외부) 정부 정책 및 이슈사항, 관련 법령 및 산업 동향
  - * 유사 공공기관의 조직 및 인력 운영실태 비교, SWOT 및 PEST 분석 등 다양한 분석기법을 적용한 분석 및 시사점 도출
- **면담 및 의견청취**
  - 각 부서 면담(임원 포함) 및 직원 의견 청취(인터뷰), 설문 조사 등 시행
  - * 임직원의 의견과 생각을 파악할 수 있도록 설문 및 인터뷰 사전 준비 철저

2. **본 과업**
- **직무분석**
  - 정원산정 근거가 되는 기초직무 분류체계 수립
  - * 직군〉 직렬〉 직무〉 과업〉 세부과업 정리
  - 직무별 직무설명서(직무기술서+직무명세서) 작성
  - 직무의 곤란도, 책임도, 업무량 등을 정량·정성적으로 분석
  - * (정량) 사무량, 문서생산, 사무처리시간 등
  - * (정성) 비공식적 사무량, 생산문서의 가중치·중요도, 부서별 의견 등
  - 직렬·직종·직급별 인원 적정성 파악(구분 필요성 포함)
  - * 일반직(1급~5급)-운영(공무)직, 기술운영(공무)직-일반운영(공무)직
  - 행정부서와 사업부서 간 인력배분의 적정성 판단
  - 직무 신설, 직무범위 확대, 직무폐지 등 직무조정 검토
  - 기관 설립목적과 비전 등 경영전략체계를 바탕으로 미래 수요를 고려하여 중장기 인력운영(안) 도출(중장기 발전계획 용역과 연계)

- **조직진단**
  - 조직운영 현황(기능, 직무, 인력, 구조) 분석
  - 유사·중복·폐지 및 확대 등 조직 기능의 조정 사항 발굴
  - 본부·실·부의 상하 조직 존치 적합성 검토
  - * '팀' 제와 '부' 제의 장·단점 분석, 호칭 체계 적정성 검토 및 대안 제시
  - '실' 또는 '부'별 업무분장 적정성 검토
  - 법령 및 기능상 조직분석 결과 문제점 도출
  - 효율적인 사무처리를 위해 민간 위탁 직무 검토

- 관리원의 특수성과 설립목적 이행을 위한 적절한 조직(안) 제시

• **조직문화**
  - 성과 지향, 업무 자율성, 민주성, 의사결정, 리더십 등 조직 분위기 진단
  - 일·가정 양립을 위한 관리원 특성에 맞는 제도 도입 방안
  - 스케줄 근무자의 근무형태 분석 및 개선방안
  - 고객만족도 향상을 위한 우수 사례 및 전략 분석

3. 과업 결과
• 기관 조직(안) 및 부서별 적정인력과 직무(안)
  * 대내외 분석 결과와 유사기관 비교, 직무분석 등을 통해 조직안 및 부서별 적정인력과 직무(안) 제시
  * 중장기인력계획(안) 도출
• 조직문화 개선을 위한 과제 도출(과제별 시행계획)

□ **추진일정**
• (2월 중) 계획 수립 및 입찰공고
• (3월 중) 업체 선정 및 과업 수행
  * 협상에 의한 계약으로 제안서 평가는 (3월 초), 기술협상 및 업체 계약(3월 중순)

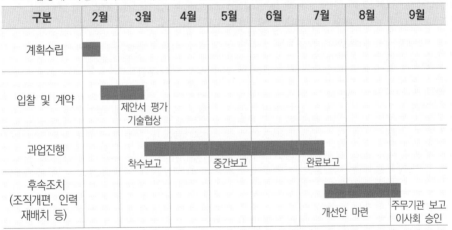

구분	2월	3월	4월	5월	6월	7월	8월	9월
계획수립	■							
입찰 및 계약		■ 제안서 평가 기술협상						
과업진행		착수보고		중간보고		완료보고		
후속조치 (조직개편, 인력 재배치 등)							개선안 마련	주무기관 보고 이사회 승인

붙임 1. 용역 기초금액 산정 1부.
　　 2. 과업지시서(제안요청서) 1부. 끝.

• **둘째, 용역업체를 선정한다**

　조직진단을 용역으로 추진하기 위해서는 계약절차를 진행해야 한다. 기획부서 담당자는 과업지시서와 제안요청서를 작성해 계약부서에 계약 의뢰를

한다. 계약 방법은 '협상에 의한 계약'으로 진행한다. 기관의 요구사항을 제대로 이행할 수 있는 업체를 선정할 수 있다는 장점이 있다. 제안서 평가위원은 기관에서 정한 기준(또는 해당 사업 과업지시서에 사전에 공지한 기준)에 따라 다르며, 일반적으로 총 7명(내부위원 3명, 외부위원 4명) 정도로 구성한다. 용역 계약금액에 따라 평가위원의 수는 달라질 수 있다. 외부위원 선정[54]은 기관에서 미리 준비한 인재풀에서 감사부서 직원이 입회하여 무작위로 선정된 순서에 따라 참석할 수 있는 위원을 선정한다. 제안서 평가와 가격입찰을 통해 우선협상대상자로 선정된 용역회사와 기술협상을 진행해 용역 수행에 문제가 없으면 기획부서는 계약부서에 계약을 요청하고 업체선정은 마무리된다.

🔅 저자 생각

　　과업수행은 용역업체를 선정하는 데부터 시작된다. 어떤 업체와 과업을 함께하느냐가 기관에서 얻고자 하는 결과물을 잘 받을 수 있는지를 결정한다. 성공적인 용역이 되기 위해서는 과업지시서에 과업의 범위를 명확하게 명시하고 요구하는 결과물에 대한 인식을 용역업체와 공유해야 한다. 과업 수행 과정에서 기관에서 요구하는 사항과 업체에서 이해하는 범위에 간극이 발생하면 기관에서 원하는 결과물을 얻는 데 어려움이 있다.

　　업무 담당자는 용역을 수행하는 컨설턴트와 대화가 될 정도의 역량을 보유하고 있어야 용역을 리드하며 과업을 진행할 수 있다. 컨설턴트보다 뛰어난 전문 역량을 요구하는 것은 아니지만 대화가 되고 기관에서 요구하는 사항에 대해 이해하고 전달할 수 있을 정도의 사전 지식과 능력은 갖춰야 용역을 통해 얻고자 하는 성과를 달성할 수 있다.

• 셋째, 조직진단 용역을 시작한다

　　용역은 기관의 現 상태를 분석하는 것부터다. 분석 방법은 내부 구성원

---

54) 외부위원 선정 방법은 기관의 내규에 따라 결정한다. 다만, 일반적으로 적용하는 방법은 ①각 직무별로 외부전문가 풀을 연간 단위로 모집(공고)해 구성하고 그중에서 감사부서에서 무작위로 선정하는 방법, ②안건이 발생할 경우 몇 배수로 외부위원 풀을 구성하고 무작위로 선정하는 방법, ③안건 발생 시 주변 기관의 업무 관련자를 외부위원으로 선정하는 방법 등이 있다. 외부위원 선정방법은 기관의 업무특성 등을 고려해 내규에 선정방법을 규정화해야 한다.

인터뷰와 설문조사로 시작한다. 사전 준비 기간을 가지고 대내외 환경분석을 시행하고 기관장부터 모든 직급까지 인터뷰를 통해 구성원의 속마음을 확인하고 설문을 통해 얻고자 하는 답을 얻을 수 있도록 유도한다. 현 상태 분석이 완료되면 제대로 인력이 분포되어 있는지 적정인력산출을 위한 작업을 하는데 조직과 인력은 상호 연동되기 때문에 조직을 진단하기 위해서는 적정인력이 근무하는지를 확인해야 한다.

적정인력 산출 방법은 다양하게 할 수 있지만 유사 기관과의 비교분석 방법과 내부 구성원이 직접 참여하는 조사 방법(정량적/정성적) 등이 있다. 용역 업체에서 자체적으로 가지고 있는 조사 TOOL에 따라 적정인력을 산출한다. 기획부서 담당자는 업체에서 제시하는 방법이 제대로 적정인력을 산출하는 방법인지를 확인하고 검증할 수 있는 역량을 가지고 있어야 한다. 검사방법의 타당성을 확인할 수 있는 역량이 없다면 용역업체가 제공하는 자료를 검증할 수 없으므로 업체에 끌려다니는 어려움이 발생한다.

용역업체 조사가 완료되면 이해관계자와 조율을 실시한다. 조직도를 그려야 하기 때문이다. 업체에서 우선 경영진의 의견을 반영해 대략 3개의 안을 제시하고 그 안에 대해서 주요 경영진과 기획부서 부서장이 1차적으로 검토한다. 업체가 제안한 안이 기관장의 경영철학을 반영하고 현재의 문제점을 개선할 수 있는 안인지를 검증한다. 대략적인 검증이 완료되면 중간 보고회를 개최하는데 중간 보고회는 부서장급 간부나 임원이 참석해 업체에서 최종적으로 제안하는 조직안과 적정인력 배분에 대해서 난상토론을 한다. 각 부서는 업체가 제안한 안에 대해 의견을 전달하고 용역업체는 최대한 부서의 입장을 고려해 적정 안을 최종보고서(용역결과물)에 반영해 기관에 제출하게 된다. 조직진단 용역은 기관의 규모에 따라 다르지만 대략 4개월에서 6개월의 기간을 두고 진행한다.

🔅 저자 생각

• 용역을 진행할 때 기초금액 산정을 어떻게 정할지를 고민하는 담당자들이 많이 있다. 일반적으로는 비교 견적을 통해서 기초금액을 산정하는데 용역 금액이 많고 금액을 계량적으로 산출하기 어려운 용역은 비교 견적이 의미가 없어지는 경우가 있

다.(일명 부르는 게 값인 용역이 있음_전문가의 지적재산으로 용역을 얻는 과업(중장기 발전계획용역/조직진단용역/홍보디자인 대행 용역 등)) 그래서 견적을 전문적으로 수행하는 외부전문업체에 위탁해 진행하는 것도 하나의 방법이다. 기획재정부에서 허가받은 몇 개의 업체가 있는데 정부에서 인정하는 전문업체에 의뢰해 기초금액을 산출하는 것이 담당자로서는 안정적으로 업무를 추진하는 방법이다.

- 용역 수행과정에서 담당자는 용역업체에서 주 단위로 과업 진행 결과를 보고받고 향후 일정을 조율해야 한다. 용역업체는 우리 과업만 수행하는 것이 아니라 다른 기관의 용역에도 참여할 가능성이 커서 담당자는 용역 PM과 지속적으로 통화 또는 만나면서 기관의 요구사항이 과업에 반영될 수 있도록 관리를 해야 한다. 용역 PM과는 공식적인 관계 유지 외에는 불필요한 만남은 자제하는 것이 좋다. 특히 업체 비용으로 식사하거나 선물 등을 받으면 청렴의무 위반 등으로 징계를 받을 수 있어서 특히 조심해야 한다. 용역업체와는 과업 기간에 친밀한 관계는 유지해야 하지만 개인적 관계 형성은 극히 조심해야 한다.

- 넷째, 최종안을 도출한다

용역업체의 용역 과정이 완료되면 그 결괏값을 기본으로 내부 구성원의 의견수렴을 거쳐서 최종안을 마련한다. 최종안은 기관장의 의지를 반영해야 한다. 용역을 실시하는 실질적인 이유는 단 하나이다. 용역을 통해서 구성원의 의견과 생각을 듣고 조직진단에 그들의 의견을 최대한 반영할 수 있는 여건을 조성하기 위함이다. 용역업체는 기관장의 의도와 구성원의 의견을 고려해 최적의 안을 제시하는 게 과업의 핵심이다.

기관장의 의지와 구성원의 의견을 수렴한 최종안이 확정되면 내부 결재 절차를 거쳐서 확정하고 주무기관에 보고 후 관련 규정 개정을 통해 조직개편 작업을 마무리55)한다.

---

55) 용역 결과는 기관의 최종안이 아니다. 용역 결과를 바탕으로 기관 내에서 어떤 안을 적용할 것인지를 판단해 구성원의 의견수렴과 의사결정권자의 결심으로 최종안을 마련해야 한다. 조직개편이 완료되면 후속조치로 「직제규정」과 「직제규정 시행세칙」을 개정하는 작업을 한다. 일반적으로 「직제규정」은 기관의 주요 규정으로 개정하기 위해서는 이사회에서 심의·의결을 해야 한다. 「직제규정」 개정이 완료되면 「직제규정 시행세칙」 개정을 위한 기관 內 내규심의위원회를 개최하여 개정 작업을 진행한다. 조직개편과 관련된 내규 개정이 완료되면 조직개편에 따른 인사발령으로 조직개편 작업은 완료된다(조직 변경에 따라 사무실 재배치, 부착물 및 누리집(홈페이지) 작업 등은 병행 추진).

한국공공기관관리원 조직개편(안)

☐ **추진목적**

- ○○○ 설립목적의 성공적 달성을 위한 경영전략에 기반한 조직으로 개편
- 각 부서의 명확한 역할 재정립 및 효율적 업무 분담
- 협업의 극대화 및 업무 간 시너지가 발생할 수 있도록 조직 재결합 추진

☐ **대내외 환경 분석**

- 대외 환경 분석
  - XXXXXXX (정책환경, 사회환경, 문화환경, 유사기관 사례 등 분석)
- 내부 환경 분석
  - XXXXXXX (경영전략, 기관성격, 임직원 의견 등 분석)
- 종합 시사점

☐ **조직개편(안)**

- **(조직도)** ○○○를 고려한 ○○○ 방향으로 조직 개편

(현행)	→	(개편안)

- **(조직 단위별 개편)** ○○○를 고려한 ○○○ 중심의 개편

① 경영기획실

개편 전	부서명칭	주요 내용	비고
○○팀	○○팀(명칭 변경)	- XXXXXXXXXXX	신설
○○팀	○○팀 (부서명 동일)	- XXXXXXXXXXX - XXXXXXXX(○○팀→○○팀)	업무조정 업무이관

② 경영관리실

　　XXXXXXXXXXXX XXXXXXXXXXXX XXXXXXXXXXX

☐ **정원조정(안)**

- **(원칙)** 직무분석을 통해 산출된 적정 직무 인력을 기준으로 직무 재배치에 따른 인력 반영

구분	현행		개정		비고
	정원	주요 업무	정원	주요 업무	
○○팀	○	• ********* • *********	○ (+1)	• ********* • ******** • *******(신규)	신규 업무 발생 (정원 1명 추가)
○○팀	○	• ********** • ********* • ********	○ (-1)	• ********** • *********	직무 이관 (정원 1명 조정)

☐ **추진일정**

- XXXXXXX (일상감사, 상급기관 협의, 이사회 개최, 시행일 등)

붙임 「직제규정」 개정(안) 1부. 끝.

2. 정원관리

공공기관 정원관리는 정원의 증감을 관리하는 업무이다. 조직은 시대의 변화에 능동적으로 대응해야 한다. 정부의 정책 방향에 따라 중요하게 인식되는 분야가 있고 법령의 제·개정으로 새롭게 수행하고 퇴출당하는 직무가 발생한다. 기획부서 담당자는 이를 사전에 인지해 기관 입장에서 새롭게 추가되는 직무를 개발이나 발굴해야 하고 정부의 정책 방향과 시대적 소명 속에서 기관을 성장·발전시킬 기회를 만들 수 있어야 한다.

1) 직무 소개

공공기관 정원은 예산(인건비)과 직접적인 관계가 있다. 정원의 증감 여부에 따라 인건비에 변화가 생기기 때문이다. 공공기관 정원을 증감하기 위해서는 주무기관 협의와 기획재정부 승인을 얻어야 한다. 인건비 증감 없인 정원을 조정할 수는 없다.

공공기관 인건비는 '총인건비'로 관리한다. 총인건비는 기관 인력에게 지급되는 모든 인건비성 경비(「소득세법」상 근로소득 일체, 복리후생비 포함)를 포함한 인건비 총액이다. 2023년 총인건비 인상률은 전년 대비 1.7%이며 2023년 인건비는 전년 대비 1.7% 증액된 범위 내에서 편성하고 예산의 범위 내에서 집행해야 한다. 총인건비가 중요한 이유는 총인건비 인상률을 초과해 지급하면 기관에 많은 불이익이 발생한다는 것이다.

우선 초과한 부분만큼 다음 연도 인건비를 감액하여 편성하고 경영평가 계량지표 점수를 받을 수 없다. 이러한 표면적인 제재에 끝나는 것이 아니라 총인건비도 관리 못 하는 무능한 기관으로 낙인찍혀 차후 예산작업 및 경영평가에서 지속적인 불이익을 받을 수 있다. 오랫동안 기관 이미지 회복에 많은 노력이 필요하게 된다. 그래서 총인건비는 반드시 인상률 범위 내에서 관리해야 한다. 총인건비는 일반적으로 보수업무를 담당하는 부서에서 관리하지만, 정원관리 업무를 수행하는 담당자는 개념 정도는 인지하고 있어야 한다.

2) 주요 직무

정원(定員)은 규정에 정해진 인력을 말한다. 모든 공공기관은 직급별 정원을 「직제규정」에 반영한다. 정원에 변동이 있으면 규정을 개정해야 하는데, 개정 필요가 발생했다는 것은 정원이 증원됐거나 감원됐다는 의미이다. 정원의 증감은 기획재정부와 사전협의 절차를 반드시 거쳐야 한다. 예산과 직결되기 때문이다. 이를 준수하지 않고 정원 변경을 했을 경우 앞으로 예산 확보(인건비 및 사업비 등 기관의 모든 예산을 말함)에 큰 어려움이 있을 수 있고, 경영평가와 기획재정부와 연계된 모든 업무에서 불이익을 받을 수 있다. 이는 반드시 준수해야 하는 절차이다.

실무적으로 정원관리의 핵심은 정원 증감과 관련된 업무이다. 정원을 변경하고자 할 때는 증원이든 감원이든 「직제규정」을 개정해야 가능하다. 규정을 개정하기에 앞서서 주무기관과 사전협의를 해야 하고, 기획재정부의 협의 및 승인을 얻어야 후속 조치 차원에서 「직제규정」을 개정[56]할 수 있다. 직제규정 개정은 기관의 주요 업무로 이사회에 개정안을 상정해 심의·의결 받고 주무기관의 승인을 받아야 한다.

저자 생각

공공기관에서 인위적인 정원 감원은 일어나기 어려운 일이다. 기관의 설립 근거가 법으로 정해져 있고 정관상에 신분이 보장되기 때문에 기관이 없어지지 않는 한 감원은 현실적으로 힘든 일이라고 생각한다. 다만, 정부의 정책 방향과 시대적 변화에 따라 크게는 기관의 구조조정, 재무상황 개선을 위해 인력을 조정해야 할 수 있고, 작게는 기관 내 직무 가치가 낮아져 인력을 조정해야 하는 문제가 발생할 수 있다. 전자의 사유라면 기관 역할의 축소나 재무위기를 극복하기 위한 처사이므로 전사 차원에서 인력 감원 자구책을 마련해야겠지만, 후자의 사유라면 인력을 재배치하여 기관에서 중점적으로 추진할 직무에 대해 직원들을 교육하여 다시 배치하는 것이 일반적이다. 한번 정해진 정원을 감원하는 것은 한 사람 또는 가족의 생사와 직결되기 때문에 신중할 필요가 있다. 정원 책정 시 면밀한 조직진단을 통해 적정인력을 산출하는 것이 현명한 방법 아닐까 하는 생각이다.

---

56) 「공기업·준정부기관의 경영에 관한 지침」 제6조 제5항에 근거

정원 증원 절차는 다음과 같다.

(1) 중기인력운영계획 수립

모든 업무는 중기인력운영계획을 수립하면서 시작한다. 「공기업·준정부기관의 경영에 관한 지침」에 따라 3년간의 인력운영계획을 해당연도를 포함하여 수립한다. 계획에는 중장기 경영목표, 대내·외 환경분석과 기관장의 인사방침, 업무소요 변화 등을 지정된 양식에 따라 작성한다. 중기인력운영계획은 이사회 심의·의결로 확정하는데 매년 2월 이사회에 안건으로 상정해 확정하고 2월 말에 기획재정부에 제출해야 한다. 해당연도를 포함한 중기인력운영계획에 따라 정원증원 심의 때 근거 자료로 활용하게 된다.

한국공공기관관리원 중기인력운영계획

1. 기관 일반현황

1) 기관 개요

□ **연혁 및 주요업무**

- (설립근거) ○○○○법
- (설립목적) ○○○ 공익기능 및 가치 확산을 위한 기관 설립
- (주요연혁) ○○○○ 설립 타당성 용역('00.00.00.) → ○○○○법 제정('00.00.00. 제정) → 법인 설립 및 개관('00.00.00.)
- (주요업무) ○○○○○ 공공기관 관리 및 효율적 운영
- (최근 경영평가 결과) A 등급(○○○○ 주관)

□ **재무 현황**

- 최근 5년간 자산, 부채, 자본, 부채비율, 영업이익, 당기순이익

2) 예산 현황

□ **최근 5년간 예산 편성 및 집행현황**

3) 조직 현황

2. 그동안의 인력운영 분석

1) 최근 3년간 인력운영 추이

구분	2022		2023		2024. 1.	
	정원	현원	정원	현원	정원	현원
합 계	XX	XX	XX	XX	XX	XX
▪ 상임임원	XX	XX	XX	XX	XX	XX
▪ 일반정규직	XX	XX	XX	XX	XX	XX
▪ 운영직(공무직)	XX	XX	XX	XX	XX	XX

2) 인력운영에 대한 성과평가

☐ (미래성장동력 확보) 기존 조직의 진단(직무 및 조직분석)을 통해 미래성장동력 확보를 위한 최적의 조직으로 개편 및 인력 편성

☐ (정·현원차 관리) 적기 인력 채용을 통해 업무 공백을 방지하고, 공공분야 청년층 및 사회적 약자의 일자리 창출

   * ('22~'23년 채용 실적) 청년 0명, 장애인 0명, 보훈 0명

☐ (현장 중심 인력배치) 운영직 00명 중 00명(00%)을 현장 종사자로 배치하여 고객 만족과 안전 중심으로 기관 운영

   * (운영직 총 53명) 시설 0명, 경비 0명, 미화 0명, 안내 0명

☐ (일·가정 양립) 유연근무제도 도입, 휴가 사용 장려를 통한 근로자 휴식권 보장으로 일과 가정이 균형을 이루는 조직문화 창출

   * '23년 기준 유연근무제 사용 건수 00건, 휴가 사용률 00%

☐ (양성평등) '24년 1월 기준 임직원 125명 중 여성 00명(00%)이며, 부장급 이상 관리자 00명 중 여성 00명(00%)

☐ (미흡한 점) 운영직의 잦은 퇴사 발생 → 처우 및 조직문화 개선, 법정 업무 담당 전문인력 부족 → 정원 확보로 법정 업무 누락 없도록 조치

3. 중기인력운영계획

1) 기본방향

☐ **경영환경 분석**

구분	주요내용	시사점
정부정책	• 120대 국정과제(공공혁신, 효율화, 탄소중립) …	• 기관 혁신과 고객 안전 보장을 최우선 가치로 인력 운영…
대외여건	• 세계 **디지털 콘텐츠** 시장 성장 …	• **디지털 콘텐츠** 개발과 운영에 역량 집중 …
대내여건	• 경영진의 강한 **조직혁신** 의지 …	• 전사 **혁신** 내재화 노력 및 소통 강화 …

□ **중기인력운영 기본방향**
- 기관 고유 ○○○○ 사업 강화 및 안전 중심의 인력 편성
- 정책과 사회적 흐름에 부합하는 ○○○○ 등 인력 재배치

2) 기관 소요인력 현황 및 전망

□ '25년까지 총 00명 인력 수요 발생
- 세부 내역 작성

3) 주요 사업단위별 인력 운영계획

□ A 사업에 대한 인력 운영계획 작성(현황 및 운영계획)
□ B 사업에 대한 인력 운영계획 작성(현황 및 운영계획)

(2) 정원 증원 요청

정원증원을 하기 위해서는 관련 지침[57]에 따라 주무기관 및 기획재정부와 사전 협의를 해야 한다. 다음 연도 정원증원 심의를 하기 위해서는 매년 5월 말까지 주무기관과 정원증원 필요에 대한 협의를 완료하고 인력 채용에 재정 지원이 필요한 예산수반기관은 7월 말까지 기획재정부와 협의를 해야 한다. 재정 지원이 불필요한 예산비수반기관[58]은 9월에서 10월경 협의를 하면 된다. 이 과정에서 담당자는 수많은 문서를 작성해야 하고 기획재정부를 설득할 수 있는 논리를 개발해야 한다. 정원을 증원한다는 것은 정말 힘든 일이며 정확한 근거와 계량화할 수 있는 수치가 없다면 증원은 어렵다고 봐야 한다. 정원증원은 요구한 업무 분야, 기존 인력의 적정성 등을 종합적으로 검토[59]하여 증원 규모를 산정한다. 기관의 핵심 기능 및 설립목적에 부합[60]하는 상시·지속 업무[61]는 증원이 가능하다.

---

57) 「공기업·준정부기관의 경영에 관한 지침」 제6조 제2항에 근거

58) 정부 예산(출연금 및 보조금 등) 없이 자체적인 수입으로 기관을 운영할 수 있는 기관을 말함

59) 기존 인력을 통해 증원 요구 업무를 수행할 수 있는지를 분석하고 증원이 필요한 경우에 한해 필수 소요를 검토함

60) 1) 기관 고유업무(법에 명시), 2) 국정과제, 3) 국민 수요가 증가하는 업무, 4) 법령 제·개정에 의한 의무 사업 등

61) 한시 업무나 기한이 정해진 업무의 경우 한시·탄력 정원으로 증원

한국공공기관관리원 20○○년 정원 증원(안)

Ⅰ. 한국공공기관관리원 일반현황
□ 연혁
□ 주요업무
□ 조직 및 인력현황

Ⅱ. 인력운용 특성
□ 예산 및 현원 비율
□ 향후 인력 배분방향

구 분	20○○년	20○○년	20○○년	20○○년	20○○년
• 전체합계 (a+b+c)	100	100	100	100	100
1. ○○○○○○ 사업(a)	00	00	00	00	700
• ○○○○○○○ 사업	00	00	00	00	00
• ○○○○○○ 사업	00	0	00	00	00
• ○○○○○	0	0	0	0	0
• ○○○○○○	00	00	00	00	00
• ○○○○○○	0	0	–	–	–
• ○○○○○○	–	–	0	0	0
• ○○○○○○○	–	–	–	0	0
• ○○○○○○	0	0	0	0	0

□ 외부기관 지적사항 : 해당 사항 없음

Ⅲ. 증원 요구 내역
□ 총괄표

(단위: 명)

구 분	20○○년			20○○년		
	정원(A)	20○○년증원	현원	요구(B)	반영시 정원	증가율(B/A)
• 전체합계	000	00	000	00	000	00%↑
− ○○○○○○사업	00	00	00	00	00	00%↑
• ○○○○○○	00	0	00	00	00	0%↑
• ○○○○○○	00	0	00	0	00	0%↑
• ○○○○○○	00	·	00	0	00	0%↑
• ○○○○○○	0	·	0	0	0	·
• ○○○○○○	00	·	0	0	0	·
• ○○○○○○	00	0	·	·	·	·

□ 분야별 요구현황

(단위: 명)

| 분야 | 증원 요구 | | | | | | | | | | 기 증원 | |
| | 0000 | | 0000 | | 0000 | | 법상추가 | 00 | 00 | 계 | 2000년 증원 | 2000년 증원 |
	00	00	00	00	00	00						
2000년 정원	·	·	·	·	·	·	00	·	○	00	○	○
요구	·	·	·	·	·	·	00	·	○	00	·	·
일반 증원	·	·	·	·	·	·	00	·	○	00	○	○

Ⅳ. 사업별 검토

□ 000000사업

(단위: 명)

| 사업명 (대분류) | 분야 | 2000년 | | 2000년 증원 | | | 기능조정 해당여부 |
		정원	현원	요구	담당검토	비고	
000000사업	법상추가	00	00	00			

- (증원요구) 00명 증원
- (증원필요성)00000000000000000000000000000000

□ 000000사업

(단위: 명)

| 사업명 (대분류) | 분야 | 2000년 | | 2000년 증원 | | | 기능조정 해당여부 |
		정원	현원	요구	담당검토	비고	
000000사업	법상추가	00	00	00			

- (증원요구) 00명 증원
- (증원필요성)00000000000000000000000000000000

Ⅴ. 검토 총괄표

(단위: 명)

| 분야 | 증원 요구 | | | | | | | | | | 기 증원 | |
| | 0000 | | 0000 | | 0000 | | 법상추가 | 00 | 00 | 계 | 2000년 증원 | 2000년 증원 |
	00	00	00	00	00	00						
2000년 정원	·	·	·	·	·	·	00	·	○	00	○	○
요구	·	·	·	·	·	·	00	·	○	00		
검토												
일반 증원	·	·	·	·	·	·	00	·	○	00	○	○

공공기관은 정부의 정책을 이행하는 집행기관으로 공조직의 성격이 강하고 정부의 예산을 받아 운영된다. 정부의 예산을 받는다는 것은 외부의 감시를 받아야 하고 평가를 통해 성과를 분석해야 한다는 의미이다. 정부와 국회의 감사를 정기적으로 받고, 기획재정부와 주무기관의 평가를 받아 기관이 잘 운영되고 있는지를 확인해 예산 증액 여부와 사업확장 등이 결정된다. 공공기관은 내외부 평가를 통해 한 단계 성장하고 도약할 수 있는 계기를 만들고 기관의 인지도 향상에도 활용한다. 임직원의 보수와도 연동해 평가 결과에 따라 보수의 차등이 발생하게 된다. 외부로부터 받는 평가를 '경영평가'라 하고, 내부 구성원이 받는 평가를 '근무성적평정' 또는 '인사평가', '인사고과' 등이라 부른다.

내부 구성원 평가는 아직 학문적으로 통일된 평가 명칭이 없다. 공무원의 평가 명칭인 '근무성적평정'이란 용어를 일반적으로 많이 사용하는데, 내부 구성원 평가 명칭은 기관마다 부르는 명칭이 다르다. 내부 구성원을 위한 평가는 인사부서에서 실시하는 정성평가가 있고, 기획부서에서 실시하는 부서 단위 평가인 정량평가가 있다. 기획부서에서는 부서 단위로 계량지표를 설정해 부서를 평가하고 그 평가 결과를 인사부서에 전달하면 인사부서에서 정성평가와 정량평가를 종합하여 기관 구성원의 연간 평가 등급을 결정한다. 다만, 기관마다 평가체계는 달라서 일반적으로 적용되는 표준화된 평가방법은 없다. 기관의 인력 및 규모, 조직 형태, 연력 등에 따라 평가시기와 방법은 천차만별이다. 공무원 조직과 같이 직종과 직렬, 업무가 달라도 표준화된 평가방법에 의해 평가하는 것과 같이 공공기관도 내부 구성원을 평가하는 방법과 절차 등이 통일되어 진행됐으면 하는 생각이다. 기관마다 다를 필요가 있을까 하는 생각이 든다.

경영평가는 「공공기관의 운영에 관한 법률」 제48조에 명시되어 있다. 공기업과 준정부기관은 기획재정부가 주관하여 경영평가를 시행하고, 기타공공기관은 주무기관 주관으로 경영평가를 진행한다. 경영평가는 경영평가편람을 통해서 평가기준을 사전에 공지하고, 공공기관은 그 기준에 따라 평가를 받는다. 외부 평가위원에 의해 경영 부문과 사업 부문으로 구분하여 비슷한 비중으로 평가를 받으며 보고서 평가와 실사 검증 등의 절차에 따라 평가한다.

1. 경영평가

1) 직무 소개

"공공기관의 모든 업무는 경영평가화 된다."라는 말을 실무진에서는 많이 한다. 그만큼 공공기관 입장에서는 경영평가가 중요하고 힘든 업무이다. 기관의 모든 행정역량을 동원해야 하고 평가 결과에 따라 기관이 받는 이익과 손실이 너무도 분명하기 때문이다. 수준 이상(S 또는 A)의 결과를 받으면 기관은 역량 있고 성과 있는 기관으로 인정받으며, 평가연도 정말 열심히 근무했다는 것을 외부에서 알아주는 것이다. 외부의 평가가 좋으면 내부 구성원의 사기도 진작될 수 있다. 이와 함께 두툼한 경영평가 성과급을 받을 수 있어 개인적인 실리도 챙길 수 있다. 하지만 수준 이하(D 또는 E) 결과가 나오면 기관에 대한 이미지는 추락하게 되고 유사 기관과의 비교에서 수준 낮은 기관으로 낙인찍히는 것은 물론 경영평가 성과급도 낮은 지급률로 받거나 아예 못 받는 상황에 부닥칠 수도 있다. 최하의 등급을 받게 되면 기관장의 운명도 장담할 수 없는 처지가 된다. 경영평가 결과에 따라 기관에 미치는 영향이 크기 때문에 모든 공공기관은 경영평가에 사활을 걸 수밖에 없다.

경영평가는 2007년 「공공기관의 운영에 관한 법률」이 제정되면서 시작됐다. 공공기관의 자율·책임경영체계를 확립하기 위해 매년 경영활동과 성과를 공정하고 객관적으로 평가하는 제도이다. 공공기관의 성과 향상을 유인하고 정부 정책의 실행력을 강화하며 對 국민 서비스 향상을 목적으로 경영평가를 시행하고 있다. 경영평가가 있기 전에는 다양한 형태로 공공기관을 평가했는데 「정부투자기관관리법」 및 「정부산하기관관리기본법」에 따라 정부투자기관과 산하기관을 평가했다. 평가의 주요 사항은 경영효율화, 민영화, 자회사 정리 등이며 2004년 이후부터는 혁신, 자율과 책임경영, 고객만족 경영 등이 반영되어 정부혁신평가, 사장경영계약 실적평가, 기관 경영평가 등의 이름으로 평가가 진행됐다.

「공공기관의 운영에 관한 법률」로 모든 공공기관 관리가 통합되면서 경영평가도 2007년부터 자리를 잡기 시작하는데 공공기관에 포함된 공기업과 준정부기관, 기타공공기관 모두를 대상으로 평가를 시작했다. 2007년 이후 출범한 정부의 국정철학에 따라 중점적으로 평가하는 항목에는 다소 차이가 있을 수 있으나, 평가 기준이나 지향하는 바는 큰 차이 없이 현재와 같이 운영되고 있다.

경영평가는 기관의 경영실적을 체계적이고 종합적으로 평가한다. 경영관리와 주요 사업의 2개 부문으로 구성하며 전년과 대비하여 평가하는데 주로 전년 대비 해당연도에 어떤 부분이 개선됐고 실적이 좋아졌는지를 평가한다. 경영관리와 주요 사업의 점수 반영 비중은 비슷(50/50, ±5)하며 경영관리는 주로 경영전략 및 리더십, 사회적 책임, 업무효율, 조직·인사·재무관리, 보수 및 복리후생, 혁신과 소통을 평가한다. 주요 사업은 주요 사업별 계획과 활동, 성과와 계량지표의 적정성 등을 종합적으로 평가한다.

〈경영평가 기본체계〉

평가범주	주요 평가내용
경영관리 (경영 부문)	경영전략, 사회적 책임, 재무성과관리, 조직 및 인적자원관리, 보수 및 복리후생관리 등
주요사업 (사업 부문)	공공기관의 주요사업별 계획·활동·성과 및 계량지표의 적정성을 종합적으로 평가

*자료: 2023년도 공공기관 경영평가편람(기획재정부, 2022. 12.)

공기업과 준정부기관은 사업의 성격에 따라 분류해 유사기능을 수행하는 기관끼리 평가를 받는데 공기업은 ①SOC 유형, ②에너지 유형, ③산업진흥·서비스 유형으로 분류되어 평가를 받고, 준정부기관은 ①기금관리형 ②위탁집행형-SOC·안전 유형, ③위탁집행형-산업진흥 유형, ④위탁집행형-국민 복리증진 유형으로 분류되어 평가를 받는다.

<공기업 및 준정부기관 평가 유형 구분>

유형		유형구분기준	해당기관
공기업	SOC	사회기반시설(SOC)에 대한 계획과 건설, 관리 등을 주요업무로 하는 기관	인천국제공항공사 외 7개 기관
	에너지	에너지의 생산·공급 및 자원개발 등을 주요업무로 하는 기관	한국가스공사 외 11개 기관
	산업진흥·서비스	특정분야 산업 진흥 및 대국민 공공서비스 제공을 주요업무로 하는 기관	한국마사회 외 11개 기관
준정부기관	기금관리형	「국가재정법」에 따라 기금을 관리하거나 기금의 관리를 위탁받은 기관 중에서 기금관리형 준정부기관으로 지정된 기관	공무원연금공단 외 10개 기관
	위탁집행형 SOC·안전	SOC 및 안전 관련 업무를 주요업무로 하는 기관	한국농어촌공사 외 13개 기관
	위탁집행형 산업진흥	특정 산업 진흥을 주요 업무로 하는 기관	한국관광공사 외 15개 기관
	위탁집행형 국민복리증진	국민복리 증진을 위한 대국민 공공서비스 제공을 주요업무로 하는 기관	국립생태원 외 13개 기관

*자료: 「2023년도 공공기관 경영평가편람(기획재정부, 2022. 12.)」을 재구성함

일반적으로 경영평가는 해당연도 평가로 생각하기 쉬운데 엄밀하게 말해서 3년 주기로 계속 반복된다고 생각하면 된다. 일명 PDCA체계 속에서 계획(Plan)을 통해서 실행(Do)하고 실행 결과를 평가(Check)받고 평가받은 결과를 바탕으로 개선(Act)하는 하나의 순환 사이클로 3년간 연속적으로 반복한다. 전년도 개선사항을 계획에 반영해 사업을 수행하고 평가연도 결과에 따라 개선사항이 발생하면 다음 연도 계획수립에 반영해 사업을 추진한다.

<경영평가 3년 주기 체계>

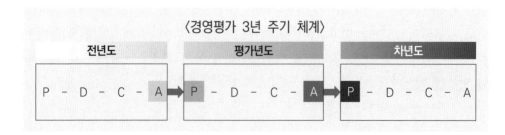

PDCA체계는 기관 운영 방향의 타당성, 관리의 체계성, 성과의 우수성과 지속가능성을 확인하기 위한 경영평가의 기본구조이다.

<PDCA에 대한 설명>

① **계획(Plan)**은 모든 행정업무를 수행하기 위한 기본계획을 말하며 기본계획에는 기관의 경영전략체계와 연동된 각종 목표를 설정하고 목표를 달성하기 위한 과제발굴 및 세부적인 이행계획이 반영되어야 한다. 평가위원은 성과목표, 추진전략, 실행과제 등의 사업목표와 추진방향이 명확하게 제시되고 추진체계가 명확한지를 확인·점검한다.

② **실행(Do)**은 설정된 계획이 체계적이고 실질적으로 실행됐는지를 확인한다. 전사적 참여와 기관 특성을 반영한 실행 방식 등을 점검하며 과제 달성을 위해서 실행한 세부 활동 내용과 실적을 확인한다.

③ **평가(Check)**는 계획을 검증하는 단계로 결과의 측정과 계획과의 비교를 통해서 경영활동이 충분한 수준의 성과를 달성했는지를 확인한다. 기관에서 수행한 해당 과제의 실적 및 성과가 기관의 설립목적 및 비전과 경영목표 달성, 정부의 정책 방향 등에 어느 정도 이바지했는지를 확인한다.

④ **개선(Act)**은 계획과 결과의 차이를 분석하고 문제 해결 방안을 제시하여 다음 연도에 반영할 수 있도록 한다. 성과분석을 통해 잘한 점과 문제점의 원인을 파악해 어떻게 하면 적절한 환류 활동을 할 수 있을지에 대한 점검과 검토를 한다. 성과점검을 통한 문제점 및 원인 분석 후 해결방안을 모색하고 개선을 위한 해답을 찾는 노력을 해야 한다.

2) 주요 직무

경영평가는 전사의 행정역량을 총동원해 준비해야 하는 업무다. 기획부서 담당자 개인이 혼자서 준비할 수도 없고, 그렇게 했을 경우 경영평가 결과는 최하위 등급에서 벗어날 수가 없다. 경영평가 보고서를 작성하다 보면 사업부서 담당자들이 간혹 "경영평가 보고서는 기획부서에서 작성해야 하는 거 아닌가요?"라는 말을 할 때가 있다. 경영평가는 기획부서 담당자의 업무가 아니라 전사적으로 같이 동참해서 최고의 보고서를 작성해야 하는 기관 차원의 중대한 업무라는 것을 공공기관 재직자는 알아야 한다.

- 경영평가 실무를 하다 보면 답답한 일들이 많이 발생한다. 경영평가 보고서를 어떻게 작성해야 하는지 잘 모르는 내부 구성원이 많이 있고, 공공기관이 아닌 다른 직업군에서 공공기관으로 이직한 새로운 구성원들은 경영평가에 대한 이해도가 매우 낮다. 경영평가 보고서를 왜 담당자가 작성하지 않고 사업부서에 업무를 미룬다는 등의 불평불만을 말하는 경우도 많이 있다. 이럴 때 그들을 설득하고 이해시키며 사전 교육을 시키는 것도 경영평가 담당자가 해야 하는 일이다. 전사적인 행정역량을 총동원해야 하기 때문에 내부의 불만 요소가 산재하다 보면 불필요한 오해로 제대로 된 경영평가 준비를 할 수 없다. 경영평가에서 좋은 성과를 도출하기 위해서 체계적으로 준비해야 한다. 그 첫 번째가 경영평가에 대한 내부 구성원의 이해도를 높이고 참여를 이끌어내는 것이다. 그러기 위해서는 체계적인 사전 교육과 경영평가에 대한 내재화가 선행되어야 한다. 그 역할을 담당자가 해야 한다.

- 경영평가는 기관의 행정역량을 총동원해야 하는 중요한 일이다. 담당자가 혼자 할 수 없는 일이고 그렇게 할 수도 없다. 경영평가에서 좋은 성과를 내기 위해서는 구성원 모두가 동참하는 것도 중요하지만 가장 핵심적인 사항은 기관장의 관심과 의지다. 기관장이 경영평가에 대해 중요성을 인지하고, 어떻게 조직을 이끌면서 준비하느냐가 경영평가 결과에 그대로 나타난다. 기관장의 관심과 참여를 유도하기 위해 경영평가의 중요성을 인지시키는 일은 경영평가 담당자가 고민해야 할 일이다.

경영평가는 1년간 수행했던 실적과 성과에 대해서 외부의 시각으로 평가하는 것이다. 평가연도 1월 1일부터 12월 31일까지 기관에서 있었던 모든 행정행위(경영 및 사업)를 보고서로 표현해야 한다. 앞에서도 언급했듯이 PDCA체계에 따라 계획을 수립하고 실행하며 평가받고 개선계획을 수립해 다음 연도에 반영해야 하는 반복적이고 순환적인 업무이다. 각각의 직무와 사업별로 수행하는 업무에 대한 기본계획을 수립하여 이행해 실적과 성과를 보여주고 이에 대한 검증 및 평가를 받아 그 결과에 따른 개선사항을 찾아야 한다. 이러한 일련의 절차가 의미하는 것은 연초부터 기관의 경영전략과 연계된 기본계획을 수립해야 한다는 것이다. 기본계획에는 기관 차원의 전략과제와 연계된 과업을 도출하고, 목표를 설정해 목표를 달성하기 위한 세부적인 이행계획이 반영되어야 한다.

경영평가는 실적 보고서로 평가받는다. 정부에서 확정한 경영평가편람에 따라 평가 배점과 평가 방법이 정해져 있고, 이를 근거로 각 기관에서는 항목별 질문에 따른 기관의 이행 실적과 성과를 글로 표현한다. 보고서는 정제된 문구와 함축적인 표현으로 의미를 전달해야 하며, PDCA체계에 따라 계획과 실행, 결과와 개선의 방법으로 보고서를 작성한다. 경영평가편람에는 평가의 의의와 평가절차, 평가 실적에 대한 평가기준, 경영실적 평가방법, 평가결과 등 후속조치에 대해서 자세하게 나와 있다. 항목별 배점과 보고서 작성에 대한 세부기준과 질문이 있으며 비계량지표와 계량지표로 구분하여 배점이 정해져 있다.

경영평가는 1년 단위로 평가한다. 1년의 실적을 다음 연도 3월에 보고서 형식으로 정부에 제출하고 제출한 보고서를 평가위원이 3월 또는 4월에 검토한 이후 4월 또는 5월 무렵에 기관을 방문해 현장점검을 하게 된다. 현장 실사까지 마무리되면 6월 말 또는 7월 초에 경영평가 결과가 공개되고 지적사항 및 보완사항에 대한 개선요구를 하게 된다. 해당 사항(지표 및 계획 등)에 대한 개선안을 수립하여 제출하면 해당연도 경영평가는 마무리가 된다. 다만, 앞에서 말했듯이 경영평가는 매년 반복적으로 순환하기 때문에 경영평가 결과가 발표되는 순간에도 해당연도가 평가 기간이 됨을 인식하고 준비하고 대비해야 한다.

〈2023년 기획재정부 공기업 경영평가 평가지표 및 가중치 기준〉

범주	평가지표	계	비계량	계량
	1. 경영전략	9	8	1
	– 리더십 – 전략기획 및 경영혁신 – 국민소통	2 5 2	2 5 1	 1
경영 관리 (55)	2. 사회적 책임	15	8.5	6.5
	– 일자리 및 균등한 기회 – 안전 및 재난관리 – 친환경/탄소중립 – 상생/협력 및 지역발전 – 윤리경영	5 2 1.5 4 2.5	3 1 1 2 1.5	2 1 0.5 2 1

	3. 재무성과관리	20	3	17
	– 재무예산관리 (중장기재무관리계획)	3 (1)	3 (1)	
	– 재무예산성과 (재무건전화 계획) (일반관리비 관리)	11 (4) (3)		11 (4) (3)
	– 효율성 관리	6		6
	4. 조직 및 인적자원관리	4	4	
	– 조직 및 인적자원관리 일반	2	2	
	– 노사관계	2	2	
	5. 보수 및 복리후생관리	7	4	3
	– 보수 및 복리후생	4	4	
	– 총인건비관리	3		3
	소계	55	27.5	27.5
주요사업 (45)	주요사업 계획·활동·성과를 종합평가	45	21	24
	소계	45	21	24
	합계	100	48.5	51.5
가점	공공기관 혁신계획 실행 노력과 성과 가점	5	5	

◇ 평가지표 및 가중치는 준정부기관 및 기타공공기관별로 차이가 있으며, 세부적인 사항은 경영평가 편람에 자세하게 나와 있음

*자료: 2023년도 공공기관 경영평가편람(기획재정부, 2022. 12.)

(1) 추진계획

경영평가를 준비하기 위해서는 기획부서 담당자 이외에 사업부서 담당자도 "어떻게"와 "무엇을"을 고민해야 한다. 전년도에 지적받은 사항을 "어떻게" 개선해서, "무엇을" 계획에 반영할지에 대해 생각이 필요하다. 기획부서 경영평가 담당자는 평가지표별로 담당자를 지정해서 PDCA체계에 맞게 업무계획을 수립하는지를 확인하고 점검한다. 매년 1월 또는 2월 사업부서별로 업무계획을 수립할 때 경영평가 평가지표와 연계해 전년도 지적사항 및 미흡한 사항을 계획에 반영하고 올해 사업목표를 기관의 경영전략과 연계하여 수립할 수 있도록 유도하는 역할을 해야 한다. 그래야 경영평가 보고서를 작성할 때 보고서에 쓸 수 있는 이야깃거리(story telling)가 다양하고 풍성해질 수 있다.

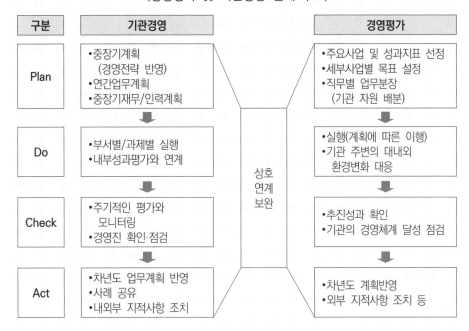

〈경영평가 및 기관경영 연계 구조〉

구분	기관경영		경영평가
Plan	•중장기계획 　(경영전략 반영) •연간업무계획 •중장기재무/인력계획	상호 연계 보완	•주요사업 및 성과지표 선정 •세부사업별 목표 설정 •직무별 업무분장 　(기관 자원 배분)
Do	•부서별/과제별 실행 •내부성과평가와 연계		•실행(계획에 따른 이행) •기관 주변의 대내외 　환경변화 대응
Check	•주기적인 평가와 　모니터링 •경영진 확인·점검		•추진성과 확인 •기관의 경영체계 달성 점검
Act	•차년도 업무계획 반영 •사례 공유 •내외부 지적사항 조치		•차년도 계획반영 •외부 지적사항 조치 등

　경영평가 담당자는 경영평가를 준비하기 위해서 사전에 기관의 인력들에 대한 교육을 체계적으로 실시할 필요가 있다. 경영평가에 대한 개념을 숙지시키고 경영평가의 필요성과 당위성을 기관 구성원 모두가 인지한 상태에서 경영평가를 받을 수 있도록 조치하는 것이 담당자의 역할 중의 하나이다. 필요하다면 외부 전문 강사를 초빙해 교육을 시행하고 보고서 작성에 대한 노하우를 전수하기 위해 외부 기관에 내부 구성원을 대상으로 위탁교육을 실시하는 등의 계획을 수립해야 한다. 특히 새롭게 신설된 기관일수록 경영평가에 대해 구성원의 이해도를 높이는 일이 가장 시급하며 전사적인 업무라는 공감대를 만드는 일이 경영평가 담당자가 먼저 추진해야 하는 업무이다.

　경영평가를 준비하기 위한 계획은 평가기간(1년) 하반기에 수립하는데 경영평가 준비를 위한 '경영평가 준비 TF팀'을 구성하는 게 핵심이다. TF팀의 역할은 경영평가 보고서를 작성하는 게 주된 임무이다. 보고서를 언제부터 작성하고 어디에서·어떻게 작성할지를 사전 계획에 반영해 공지하고 구성원 모두가 공감하고 동참할 수 있도록 해야 한다.

(2) 보고서 작성

경영평가에서 가장 중요한 것은 경영평가를 받기 위해 제출하는 보고서이다. 보고서에는 기관의 평가대상 기간 행해진 모든 실적과 성과가 나타나야 하고, 정부가 제시하는 평가지표 상의 내용을 모두 반영해야 한다. 보고서의 특성상 보고받는 사람의 입장에서 보기 좋고 편해야 하며, 사용하는 문구와 용어, 디자인 등이 눈에 익숙해야 좋은 보고서로써 평가를 받을 수 있다. 물론 모든 지표에 해당 부서만의 이야깃거리가 반영되어야 하고 그 속에서 실적과 성과가 잘 나타나야 한다. 보고서는 모든 항목을 PDCA체계에 따라 작성한다. 평가지표별로 계획을 수립하고 계획에 따라 실행하며 그 결과에 대한 평가를 통해서 개선 또는 미흡한 사항을 찾아내 다음 연도에 다시 계획을 반영할 수 있도록 한다. 말로 이렇게 표현하기는 쉽지만, 막상 보고서를 작성하는 담당자 입장에서는 한 장의 보고서를 작성하는데 며칠 또는 몇 주의 기간이 걸리는 고통의 나날이 될 수 있다.

〈경영평가 평가지표별 세부평가내용〉

1. 경영관리 범주

① 경영전략

(1) 리더십

평가지표		세부평가내용
리더십	지표정의	• 경영계약 목표수준의 적정성 및 이행 노력·성과, 구성원 동기부여, 이사회 운영, 경영성과 달성 등 기관장 및 경영진의 리더십을 평가한다.
	적용대상 (배점)	• 공기업 및 준정부기관 : 비계량 2점
	세부평가내용	① 기관장, 경영계약 과제선정 및 중장기·연도별 목표수준의 적정성, 경영계약과 성과지표간의 연계성 제고 등 경영계약상 목표를 이행하기 위한 노력과 성과 ② 이사회 활성화와 실질적인 역할 강화 및 운영 투명성 제고를 위한 기관장과 경영진의 노력과 성과 ③ 대내외 이해관계자(조직 구성원, 고객, 주무기관, 유관기관 등)와 비전 및 전략 등을 공유하고, 조직 구성원을 효과적으로 동기부여하며, 의사소통을 하기 위한 기관장과 경영진의 노력과 성과 ④ 주요 현안과제 해결 및 경영성과 달성을 위한 기관장과 경영진의 노력과 성과

*위의 세부평가 내용은 경영평가 보고서에 반영하고 연중 성과를 관리해야 한다.

*자료: 2023년도 공공기관 경영평가편람(기획재정부, 2022. 12.)

경영평가 보고서의 시작은 연초 작성하는 업무계획이다. 업무계획에는 사업 부서별 이행계획을 반영하는데 계획 내용에 경영평가를 염두에 둔 지표관리계획이 포함되어야 한다. 비계량지표와 계량지표별 목표를 명시하고 어떻게 이행할지를 구체적으로 반영하면 된다. 실무에서는 경영평가 결과가 6월에서 7월경에 나오기 때문에 경영평가 결과에 따른 지적사항 등을 고려해 연초에 수립한 업무계획을 보완작업 할 수도 있다. 보완 및 수정은 내부 회의(경영진이나 부서장급 이상 참석)를 통해 계획 변경 작업을 해야 한다. 앞에서도 언급했듯이 모든 경영평가의 기본은 계획이다. 계획에 따라 실적이 관리되고 성과를 낼 수 있다는 것을 담당자는 이해해야 한다. 참고로 당연한 얘기지만 실적관리는 연중무휴다.

경영평가 보고서 작성은 일반적으로 평가연도 하반기부터 TF팀을 구성해 분야별 담당자가 편람에 근거해 보고서를 작성한다. 보통 10월부터 TF팀 활동을 시작하는데 12월까지는 기초적인 보고서 틀을 마련하고 다음 연도 1월부터 2월까지 본격적으로 보고서를 작성한다. 기관 대부분에서는 1월 중에 보고서 초안을 마련하고 2월에 여러 번의 수정·보완을 거쳐 보고서를 최종적으로 완성한다. 완성된 보고서는 전문 디자인 업체에 의뢰해 보기 좋게 편집하는데 보통 이 작업은 2주에서 3주 정도의 기간이 필요하다. 편집과정에서 오타 및 오류를 정정하고, 표 또는 그래프 등의 디자인을 진행한다. 편집이 완료된 보고서는 다시 한 번 가본 행태로 구성원에게 공유되어 수정사항이나 미흡 점이 없는지 확인·점검한 이후 최종 인쇄본을 출력하여 3월 20일 전후로 정부에 제출하면 보고서 작업은 완료된다.

〈경영평가 보고서 작성 절차〉

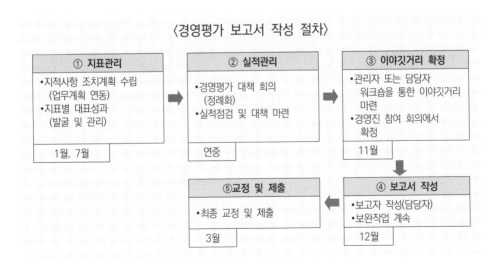

(3) 경영평가 실사 준비

경영평가 보고서를 기획재정부 또는 주무기관에 제출하면 평가위원의 요구자료에 대응해야 한다. 제출한 보고서를 평가위원이 보고 의문점이나 확인해야 할 사항이 있을 경우 기관에 자료요청을 하기도 한다. 보고서 검토가 완료되면 기관 방문 일정이 확정되는데 평가위원을 맞이할 준비를 해야 한다. 현장실사 수검은 준비단계와 실사 단계로 구분할 수 있다.

① 현장실사 준비단계

현장실사를 준비하는 과정은 보고서 제출부터 시작된다. 평가위원은 보고서를 검토하고 추가로 확인하기 위해 자료요청을 하는데 자료요청이 들어오면 신속하게 질의 취지를 이해하고 대응해야 한다. 평가위원의 요구를 제대로 해석하지 못해 엉뚱한 자료를 제출하면 평가위원으로부터 안 좋은 평가를 받을 수 있다. 요청 자료 외에도 보고서에 작성된 내용을 증빙할 수 있는 서류를 준비해야 한다. 보고서에는 각종 실적과 성과가 표현되어 있는데 이를 증명할 수 있는 서류가 있어야 한다. 허위에 의한 보고서 작성은 감점 요인이다. 하지 않은 일(실적과 성과)을 확대해서 작성하면 해당 기관의 신뢰성에 큰 문제가 생길 위험이 있다. 있는 사실(실적과 성과)을 잘 표현해 보고서를 작성하는 것이 중요하다.

증빙서류 준비가 완료되면 평가위원을 맞이할 준비를 하게 되는데 기관에서는 대응 시나리오를 작성해 현장실사를 완벽하게 준비하고자 노력한다. 대응 시나리오에는 평가위원의 약식약력과 현장실사 일정별 위원들의 이동동선, 이동 간 수행할 직원 할당 계획, 시간별 진행순서, 배치 인력, 현장별 위치 현황 등을 세부적으로 작성한다. 보통 현장실사 전날에 대응 시나리오에 따라 예행연습을 하는데 환담장과 현장실사 장소, 대기실 세팅에서부터 예상 질의에 대한 답변까지 준비하고 연습한다.

20○○년 경영평가 현장수검 준비인력 편성(안)

1. 수검준비반 편성 및 역할분담 : 기획실장

구 분	책임자	편성 인력		준비 사항

영접·안내
(주차장, 로비)
	인사부장
	(대외부장 협조)
		○○○
		○○○
		○○○
			○○○
			○○○
			○○○
			○○○
			○○○
				• 평가위원 및 주무기관(기재부) 관계자 이동 지원
				• 관차 배차 지원(○○○부 협조)
				• 현장실사 사진 촬영(대외)
				• 청소, 주차공간 확보, 차량 입차 관리 등
				• 평가위원 정문 통과 시 전파
				• 휴게실 정리
				   (평가위원 및 주무기관(기재부) 관계자 이용)
				   * '음료' 등은 기획부에서 구매 후 제공
				• 환담장(기관장실) 음료(차) 제공

수검 준비	총무부장 (기획부 협조)	○○○ ○○○	○○○ ○○○ ○○○ ○○○	• 현장실사 수검 시나리오 준비 • 명패 제작·비치, 안내문 부착(각 수검장) • DID 패널(건물 입구), LED 전광판(정문) • 현수막 제작·설치(정문 게시대) • 사무용품, 메모지, 조직도 등 비치 • 평가위원 요구자료 대응(체크리스트, 증빙자료 등) • 증빙자료 비치용 책장 설치 • 평가단 연락 및 상황체크(요구사항 대응) • 기타 현장실사 수검 진행에 관한 사항
환담장 (기관장실) 제1~3수검장 대기실	시설부장 (전산팀 협조)	○○○ ○○○ ○○○	○○○ ○○○ ○○○	• 환담장 세팅(책상, 의자) • 수검장 세팅(책상, 의자), 화분 준비 * '화분' 동원이 불가능하면, 기획부에서 구매 후 제공 • 기타 환담·수검장 준비에 관한 사항
수검자료 준비	각 부서장	각 부서원		•「증빙서류」실 or 부별 준비 후, 지정장소 비치 • 실 or 부별 대응 논리 개발 및 내용 숙지 • 기타 수검에 필요한 자료준비 및 답변에 관한 사항

2. 기타 행정사항

• 「수검준비반」은 준비완료 하고, 기획실장에게 알림
• 각 부서장은 관련 내용을 부서원에게 역할분담 및 수행점검(必)
• 수검 당일 카톡방 운영

3. 현수막, LED 전광판

• 현수막(게시대)

> 「20○○년 경영평가단」의
> **한국공공기관관리원 방문을 진심으로 환영합니다.**

※ 0/00, 12:00 이전까지 부착완료(현장실사 수검 종료까지 유지)

• **LED 전광판**(기관 입구)

> 「20○○년 경영평가단」의
> **한국공공기관관리원 방문을 진심으로 환영합니다.**

※ 0/00 09:00부터 전광판 노출 시작(현장실사 수검 종료까지 유지)

② 현장실사 수검

　　평가위원이 기관을 방문하면 주요 보직자나 일부 담당 직원들이 현관에서 평가위원을 맞이한다. 평가위원이 기관에 도착하면 직원들의 환영 속에 환담장으로 들어가는데 환담장에는 기관장과 주요 임원이 평가위원과 준비사항이나 기관 현황 등에 관해서 이야기를 나누고 경영평가에 임하는 기관의 준비 자세를 점검하게 된다. 기관장과의 환담이 종료되면 평가위원은 준비된 실사 장소로 이동하여 평가지표별 담당 부서장과 담당자들과 보고서 내용을 중심으로 질의응답을 하게 된다.

　　평가위원은 사전에 검토한 보고서 내용에서 궁금한 사항이나 확인할 사항을 질문하게 되고 담당 부서장은 이에 성실히 답변하는 형식으로 실사는 진행된다. 이때 평가위원의 질의에 담당 부서장이 과민하게 대응하는 경우가 있는데 이는 평가를 받는 기본적인 자세가 부족한 것이다. 평가위원과 언쟁하거나 하나의 주제를 토론하는 것은 마이너스 요인이다. 절대로 금해야 하는 행동이다. 평가위원과의 질의응답이 종료되면 현장실사는 완료된다.

2. 내부 성과평가

1) 직무 소개

　　공공기관에서 내부 구성원을 평가하는 방법은 기관마다 다르고 어느 방법이 옳거나 그르다고 말할 수는 없다. 기관이 추진하는 사업의 성격과 인력구성, 그동안 기관이 걸어온 역사 등에 따라 평가방법은 지속적으로 변경·보완·발전됐기 때문이다. 내부 구성원 모두를 만족시킬 수 있는 평가방법은 없다. 다만 하나의 원칙은 존재한다. 바로 공정성과 수용성이다. 평가는 모든 구성원에게 같은 시기에 같은 방법으로 동일 직급을 대상으로 평가해야 한다. 이런 기본적인 원칙이 흔들리면 평가의 공정성이 훼손되고 내부 구성원의 수용성이 낮아져 평가결과를 믿을 수 없게 된다. 평가결과에 대한 민원과 이의제기가 발생하는 악순환이 반복될 수 있다.

내부 구성원 평가는 인사부서에서 주관하고 기획부서에서는 부서 단위로 성과 평가를 시행하는 것이 일반적이다. 기관의 규모가 큰 공기업의 경우에는 동일 부서에서 평가를 전문적으로 추진하는 예도 있으나, 규모가 상대적으로 작은 기타공 공기관에서는 인사부서에 평가체계를 수립하고 기획부서(또는 혁신부서)는 부서 단위 평가를 계량화해 추진하고 있다. 기획부서에서 시행하는 부서 단위 평가는 부서 단위별로 계량지표를 만들어 정량적으로 평가하는 방법이 일반적이다. '실' 및 '부' 단위 부서에서 부서별로 수행하는 업무를 계량 지표화하여 달성 여부에 따라 점수를 부여하는 방식이다. 이때 모든 부서에 공통으로 적용되는 공통지표가 있고, 단위 부서에만 적용되는 고유지표가 있다. 공통지표와 고유지표의 점수 반영 비율은 기관이 처해있는 여건에 따라 다르고 매년 변경되는 경향이 많아서 정형 화하기는 어렵다.

〈공공기관 내부 구성원 평가체계〉

근무성적평정						
인사평가(정성평가)			성과평가(계량평가)			
역량평가		업적평가	부서평가			개인평가
공통 역량	리더십 역량	개인 업무실적	계량	공통지표		목표관리제
직무역량				고유지표		
			비계량	실적평가 (보고서)		
인사부서 영역			기획부서 영역			
최종 관리 : 인사부서 영역 (승진 및 보수 적용, 종합관리)						

□ 인사평가와 성과평가 외에도 교육평가, 가감점평가, 경력평가 등 추가적인 평가요소 반영 가능

* 인사평가는 기본적으로서 서열평가라고 이해하면 된다. 상위보직자가 개인적인 주관에 따라 각종 역량을 평가하기 때문에 평가대상자의 그간의 업무실적, 근무태도, 주변관계 등을 전반적으로 확인·점검하고 평가해 점수화한다고 이해하면 된다.

□ 평가별 점수 반영비율은 기관마다 다르며 어느 부분을 기관에서 중요하게 판단하느냐에 따라 다르다. 초기 기관은 성과지표(계량지표)를 고도화하지 않았기 때문에 인사평가 반영 비율을 높일 수 있고, 성과지표를 고도화하여 객관적인 지표 반영 비율을 높이자는 구성원의 의견이 많을 경우 성과평가 비중을 높일 수 있다.

□ 성과평가 내 개인평가는 목표관리제(MBO)로 진행하는데 개인별 성과지표를 만드는 일이 어렵기 때문에 일반적인 기관에서는 개인평가에 의한 성과지표는 만들지 않고 있으며 부서평가만 반영하여 성과평가를 진행하는 경우가 대부분이다.

□ 인사평가와 성과평가는 승진과 보수 결정에 영향을 미친다. 두 평가의 결괏값을 일정한 비율로 합산하여 승진과 보수에 적용할 수도 있고 인사평가는 승진, 성과평가는 보수에만 적용할 수도 있다. 이는 각 기관의 내규에 규정하는데 어느 방법이 합리적인지는 기관의 여건에 따라 결정하면 된다.

2) 주요 직무

구성원 평가는 서열을 강제적으로 정하는 업무다. 평가결과[62]가 어떻게 나오든 간에 평가 담당자는 구성원 누구에게도 좋은 소리를 들을 수 없다. 평가결과를 받아들이는 평가대상자의 주관적 판단에 따라 평가결과가 좋을 수도 있고 나쁠 수도 있기 때문이다. 평가결과가 좋게 나온 구성원은 문제를 제기하지 않을 것이고, 평가대상자 개인의 기준에서 결과가 나쁘게 나온 구성원은 자기 자신의 문제라고 생각하기 전에 평가방법과 같이 외부적인 변수에 의해 결과가 나쁘게 나왔다고 생각하는 경우가 대부분이다.

실무경험으로 봤을 때, 지구 상에서 모든 구성원을 만족시킬 수 있는 완벽한

---

62) 개인별 평가등급은 일반적으로 기획재정부 지침에 따라 6등급으로 나뉘는데 최고등급인 S를 시작으로 A-B-C-D-E 등급으로 구분된다.

등급	S	A	B	C	D	E
지급률	134%	115%	100%	85%	66%	0%
인원	10%	15%	50%	15%	10%	

* 6개 등급 구성, 최하위 등급(E) 지급률 0%, 최상위 등급(S) 인원 10% 이상, 최저 등급(E) 및 차하위 등급(D) 인원 합계 10% 이상, 등급별 인원 50% 초과하지 않도록 규정(자료: 2023년도 공기업·준정부기관 예산운용지침, 기획재정부)

평가제도는 없다고 단언한다. 현행과 같은 상대평가 개념에서는 1등부터 꼴찌까지 나올 수밖에 없다. 낮은 결괏값이 나온 구성원은 평가에 대한 불만이 높을 수밖에 없다. 다만, 내부 구성원의 불만을 낮추기 위한 노력은 담당자가 계속해서 추진해야 하는 부분이다.

승진이나 보수의 차등이 내규에 명시되어 있는 공공기관에서는 분별력 있는 평가체계를 마련해야 한다. 내부 구성원의 동기부여 측면에서도 조직 내 평가에 의한 서열은 존재해야 한다. 서열을 나누기 위해서 평가를 하는 것이기 때문이다. 다만 평가결과를 얼마나 수용하는지는 또 다른 문제이다. 평가결과는 상대적이기 때문에 내가 경쟁자보다 낮은 평가결과를 받으면 무조건 평가방법이나 다른 요인 등을 문제 삼는 경우가 허다하다. 이의제기는 매년 반복적으로 일어나는 일로 담당자 입장에서는 매년 발생하는 태풍과 같은 자연스러운 자연의 현상과도 같은 일이다. 평가업무가 힘들다는 것은 이런 이유에서다. 내부 구성원의 의견을 반영해서 제도를 설계해도 서열을 나눠 등급으로 구분하는 평가의 특성상 평가업무를 담당하는 담당자는 고난의 연속이라는 것을 이해하면 좋을 듯하다.

성과평가는 인사평가와 다르게 업무를 계량적으로 수치화하여 평가하기 때문에 공정하다고 할 수 있다. 그만큼 어느 성과를 지표로 만들고 다른 지표에 비해 타당하고 객관적으로 설정하는지가 관건이다. 그래서 성과지표는 외부 전문가를 통해 난이도에 대한 검증을 받는 것이 좋다. 성과평가는 계량지표(공통/고유)에 의한 평가와 함께 부서 단위 실적을 비계량으로 평가한다. 경영평가 보고서 작성법에 따라 부서별로 실적보고서를 작성하고, 그 보고서를 기준으로 성과편람[63]에 명시되어 있는 채점표에 따라 평가위원이 점수를 부여하는 방식으로 평가를 진행한다.

성과지표의 난이도와 타당성을 심의하기 위해 성과평가심의위원회를 구성하는 경우가 대부분이다. 위원회는 외부 전문가뿐만 아니라 내부 구성원도 참여하기 때문에 내부 구성원의 소속에 따라 성과지표의 평가 결과가 달라질 수도 있다. 그만큼 민감한 문제이기 때문에 성과지표를 내부 구성원이 난이도와 타당성을 검증하

---

63) 성과평가를 하기 위해서는 성과편람이라는 지침을 내부적으로 만들어 사전에 내부 구성원에게 공유해야 한다. 편람에는 평가체계와 성과지표, 지표별 반영점수를 명기하고 외부 전문가에 의한 부서평가 기준과 세부평가방법, 평가 기준을 명확하게 작성하여 모든 내부 구성원이 성과평가 기준에 대해서 인지한 후에 평가를 시행하고 결괏값을 찾아낸다.

고 지표의 서열을 나누는 일은 쉬운 일이 아니다. 내부 구성원이 참여해 성과지표의 상대적 가치를 검증한 사례는 없다고 보면 될 것이다. 그만큼 어려운 일이고 의견일치를 보지 못하는 어려운 일이다. 성과평가심의위원회는 내부 구성원과 외부전문위원을 적절하게 배분해 구성하고, 성과지표에 대한 검증보다는 성과평가체계와 방법 등에 대해 확정하고 세부 지표별 난이도와 타당성은 다른 방법으로 보완하는 방법을 찾는 것이 현실적이다.

성과평가는 1년 단위(1월 1일부터 12월 31일)로 진행하며 1년간의 부서성과를 성과지표와 부서 실적으로 평가한다. 업무는 계획수립에서부터 성과지표 설계, 성과편람 제작, 전 직원 공유, 지표 이행, 평가 진행 및 결과 도출의 순서대로 진행한다.

(1) 계획수립

모든 업무를 수행하기 위해서는 기본계획을 수립해야 한다. 성과평가는 1년 단위로 부서평가를 진행하기 때문에 연초 평가를 어떻게 진행할 것이고 무엇을 가지고 평가할 것인지를 계획에 반영해 내부 구성원에게 공유해야 한다. 담당자는 추진방향과 일정, 세부적인 평가방법 등을 계획에 반영하고 기관장에게 내부 결재를 받아 확정한다. 확정된 계획을 공문이나 내부 게시판 등을 통해 구성원에게 공지한다.

💡 **저자 생각**

기본계획을 수립할 때 내부 구성원의 의견을 수렴하는 절차를 거치는 게 중요하다. 어차피 평가는 구성원의 수용성이 중요하기 때문에 기본계획부터 내가 평가에 동참하고 있다는 인식을 주는 게 중요하다. 처음부터 기관에서 추진하고자 하는 방향을 인식하는 게 업무를 추진하는 담당자 입장에서는 내부 구성원의 이해도를 높이기에 좋기 때문이다. 확정된 기본계획은 공문으로도 공유하지만 필요하다면 전체 구성원을 대상으로 공개적인 설명회를 할 필요도 있다. 평가라는 것이 평가대상자가 제도를 제대로 이해하면 그만큼 수용성이 높아지고 좋은 결과를 얻기 위해 자신의 방법으로 노력하기 때문이다. 평가제도를 제대로 이해하지 못하면 내가 어떻게 해야 하는지도 모르는 경우도 많다. 개인이 평가제도를 이해하지 못해서 안 좋은 결과가 나오면 평가제도 탓을 하든가 아니면 평가 담당자를 뒷담화하는 일이 많아서 되도록 공개적으로 내부 구성원의 목소리를 듣고 반영하는 게 담당자 입장에서는 좋다.

기본계획에는 ①목적과 추진 근거, ②추진방향, ③성과평가체계, ④평가시기 및 대상, ⑤평가지표 체계 및 세부평가내용, ⑥평가방법(지표별, 위원회 구성 등), ⑦평가점수 산정방법, ⑧향후계획 순서로 작성한다. 계획 내용은 기관마다 다를 수 있어서 기관의 상황에 따라 작성하면 된다. 핵심적으로 포함되어야 할 사항은 평가를 어떻게 무엇을 가지고 할지에 대한 부분이 명확하게 계획에 반영되어야 한다.

한국공공기관관리원 20○○년 성과평가 추진계획(안)

□ 개요
- (목적 및 배경) 성과관리를 통해 조직과 개인의 역량을 집중하여 관리원의 미션과 비전 달성을 위한 전략과제의 실행력을 강화하고
  - 객관적이고 공정한 성과평가체계를 마련하여 성과 중심의 조직문화 정착 및 보수 책정에 활용하기 위함
  * 추진근거 : 한국공공기관관리원 「인사규정」 제00조

□ 추진방향
- 현실성 있는 성과관리 및 평가운영
- 관리원의 20○○년 경영목표 달성을 위한 과제 중심형 성과지표 설정 및 평가
- 외부 전문가 참여를 통한 평가의 공정성 확보 및 효율성 제고
- 성과평가 수용성 제고를 위한 조직 내 의사소통 활성화

□ 평가체계
가. 성과평가(부서평가+개인평가)
- (부서평가) 20○○년 경영목표에 따른 실적을 체계적이고 종합적으로 평가할 수 있도록 ①전사공통과 ②부서고유 성과지표(계량)로 평가하고 경영평가와 연계해 비계량 실적평가 병행 추진
  - 성과지표에 의한 평가는 전사공통지표와 부서고유지표로 구분하여 실시

구분	주요 평가 내용	평가단위
전사공통	관리원 모든 구성원이 전사적으로 협력해 성과를 달성해야 하는 업무평가	'본부' 또는 '실'·'처' 단위 평가
부서고유	주요 사업별 계획 및 활동, 성과를 종합적으로 평가	'부', '팀' 단위 평가

  * 성과지표(공통지표, 고유지표)는 관리원의 20○○년 경영목표와 연동하여 설정하고 20○○년 성과편람에 구체적으로 반영
  - 비계량 실적평가는 경영평가 방식으로 부서별 평가보고서 작성 후 외부 전문가 실사를 통해 평가
  * 비계량평가 방법 및 세부평가기준 등은 성과편람에 반영

- (개인평가) 개인평가는 개인별 목표관리제를 도입하여 개인별 성과지표를 설정하여 추진. 다만, 타 기관 사례를 분석한 결과실시 여부 및 시기는 재검토(20○○년은 미실시)
  * 유사기관 사례 검토 결과, 개인성과평가를 진행하는 기관은 없었으며 그 이유는 개인별 성과관리지표를 설정하는데 제한적 요소가 많아 미실시

나. 평가방법 "생략"

□ 지표구성(안)

평가지표		평가배점			비고 (평가방법 및 주체)	
구분	지표명	기획실	관리실	사업실		
합계		100	100	100	방법	주체
전사 공통	1.사업집행률	7	10	10	계량	회계부
	2.의무교육이행률	PA	PA	PA	계량	교육부
	"중략"					
	소계	30	30	30		
부서 고유	1. 부서지표	30	30	30	계량	계량평가반
	2. 업무실적	40	40	40	비계량	외부전문가
	소계	70	70	70		

* PA(penalty)는 미달성 시 감점(전체 배점 기준 –점수 부여) 세부적인 내용은 성과편람 시 성과지표에 반영
* 세부적인 지표에 대한 상세설명은 성과편람 성과지표별 내역서에 반영

□ 평가시기 및 대상
- 평가대상기간 : 20○○년 1월부터 12월까지
- 평가기간: 20○○년 1월 예정
- 평가대상 : 모든 부서(5실, 2처, 2센터, 19부)
- 평가방법 및 점수

구분	성과평가		적용방법
	부서평가	개인평가	
실장, 처장	○	×	전사공통지표+소속부서고유지표 및 소속부서평가 비계량실적평가 점수 평균
부서장	○	×	전사공통지표+부서고유지표 및 비계량실적평가 점수
부서원	○	×	전사공통지표+부서고유지표 및 비계량실적평가 점수

□ 향후일정 "생략"

※ 구체적인 내용은 기관에 따라 작성할 수 있으며 필수적으로 반영되어야 할 사항만 반영함

(2) 성과편람

성과평가를 하기 위해서는 내부 구성원이 이해하기 쉽게 평가체계를 설명할 수 있는 편람 즉 가이드라인이 있어야 한다. 편람에는 기관의 평가체계 전반에 대한 설명과 평가에 따른 배점, 평가 세부 지표 등을 반영한다. 성과편람은 내부 구성원이 성과평가를 받기 위한 기본적인 설명서로 편람을 읽어보면 내가 무슨 노력을 하고 어떻게 해야 하는지의 행동방법을 쉽고 이해하기 편하게 제작해야 한다. 성과편람은 매년 개정되는데 해당연도의 핵심적인 이슈나 기관장의 경영방침, 정부의 정책 방향 등의 영향을 받는다. 그에 따라 성과지표나 지표 내 세부적인 기준이 변경될 수 있고 내부 구성원의 요구에 따라 배점이나 체계의 변동도 발생할 수 있다. 편람을 제작하는 시기는 해당연도의 1분기 내 제작하는 것이 일반적인데 기관의 상황에 따라서는 전반기 또는 3분기에 완료하는 예도 있다.

성과편람은 담당자가 초안을 작성한다. 담당자는 들어가기 부문(개요)에서 평가 전반에 대한 개념과 목적, 관련 근거, 평가체계, 용어, 추진 일정 등을 기술한다. 들어가기 부문이 완료되면 평가제도 운용 전반에 관해서 설명해야 한다. 이 부분에서 평가방법과 절차, 점수 산정, 이의신청제도 등 평가제도 전반에 관해 설명하고 마지막으로 성과지표에 관련해 구체적으로 서술한다. 이때 기관의 경영전략체계를 기술하고 기관의 전략체계와 연계된 성과지표를 설정할 수 있도록 전략체계를 수립한 배경과 목적, 의미와 정의를 말해야 하고 그 후술로 부서별 성과지표를 구성하면 된다.

내부 구성원의 의견을 받아 성과편람 초안이 완료되면 내부 절차에 따라 결재받아야 한다. 성과편람의 완성도와 객관성을 확보하기 위해서 보통 성과평가심의위원회라는 협의제 기구를 만들어 성과편람을 심의하고 기관장 결재를 받아 성과편람을 확정한다.

성과평가심의위원회는 내부위원과 외부위원으로 구성하는데 위원장은 기관장, 내부위원은 임원급에서 참석하고 외부위원은 교수나 관련 업무 전문가로 구성한다. 위원회에서는 성과지표 하나하나에 대해 심의하지는 않고 성과평가에 대한 전반적인 체계, 반영 비율 등에 대해서 심의하고 성과지표에 대한 난이도와 타당도는 별도의 심사표에 의해 비계량적으로 판단하는 것이 일반적이다.

성과편람은 매년 작성한다. 기관의 평가체계를 내부 구성원에게 알리고 잘 적응해서 좋은 성과를 낼 수 있도록 하는 설명서로 내부 구성원의 동의나 의견수렴 없이 전년과 크게 변경하거나 수정할 수는 없다. 성과편람이 변경되는 이유는 전년도 평가결과 지표상에 문제가 있어 이를 보완하거나 기관장의 교체와 정부의 정책 방향이 변화되었을 때 이를 능동적으로 대응하기 위해 성과지표를 개정하는 것이 일반적이다. 가령 정부가 바꿔서 경영평가 지표가 변경되거나 가중치와 배점에 변화가 있으면 이에 대응하기 위해 기관의 성과지표나 평가체계가 바뀌는 것이다.

성과편람이 성과평가심의위원회에서 심의·의결되고 기관장이 최종적으로 결재하면 내부 구성원에게 관련 사실을 공지하고 성과편람을 공유해야 한다. 공문으로 각 부서에 발송하고 책자로 제작해 각 부서에 나누어 주면 성과평가를 위한 사전 작업은 완료된다.

〈한국공공기관관리원 20○○년 성과평가편람 목차 안〉

① 개요	② 성과평가제도 운영	③ 성과지표 구성
1) 성과평가의 목적 2) 관련 규정 3) 평가체계 4) 성과관리기구의 구성 5) 용어의 정의	1) 성과평가 개요 2) 평가방법 3) 평가 세부내용 4) 평가절차 5) 평가점수 산정 및 활용 6) 이의제도 7) 기타 행정사항	1) 한국공공기관관리원 　경영전략 달성체계 2) 전략과제와 성과지표의 　연계체계 3) 성과지표 구성 체계 [붙임] 관련 양식 [별첨] 지표별 정의서

◇ 성과편람은 기관에 따라 부르는 명칭이 상이 하고 내용도 다르기 때문에 기관의 여건에 따라 내용을 재구성하면 된다. 성과편람 작성의 표준적인 기준은 없지만 편람을 만들어야 하는 이유는 명확하다. 내부 구성원들에게 평가제도에 대한 이해를 구하고 평가방법 및 절차에 대한 기준을 사전에 공유하여 평가가 공정하고 객관적으로 진행될 수 있도록 하기 위함이다. 이러한 목적을 달성하기 위해서 성과편람의 내부 구성은 기관의 목적에 맞게 설계하면 된다.

〈내부성과평가 편람(안) 작성 사례〉

한국공공기관관리원
OO년도 내부성과평가 편람

0000년 내부성과평가 편람(안)

Ⅰ. 내부성과평가제도 개요

1. 성과평가의 목적

□ 성과평가의 개념
- 기관의 미션과 비전에 기초하여 전략목표와 실행계획을 수립하여 추진하도록 유도하고, 그 성과를 평가하고 환류하는 일련의 과정을 의미

□ 추진목적
- 성과관리를 통해 조직과 개인의 역량을 집중함으로써 한국공공기관관리원의 미션 및 비전 달성을 위한 전략과제의 실행력 강화

2. 관련규정

□ 「인사규정」 제00조 근무평정 , 「보수규정」 제00조 성과급

3. 평가의 구분

□ 평가주체에 따른 구분
- 외부평가(경영평가) : 공공기관의 운영에 관한 법률 제48조에 따라 기획재정부에서 시행하는 평가
- 내부평가(내부 성과평가) : 경영목표의 달성과 실행력 강화를 위해 사전에 설정된 평가지표에 의한 평가

□ 내부 성과평가(부서+개인)

- 성과평가는 당초 업무 목표 대비 성과(실적)을 평가하는 것
- 부서평가 : 전략과제 중심의 사업 성과지표에 따른 실, 부서(팀) 실적으로 각 부서에서 산출한 지표별 점수와 증빙자료를 통해 평가
- 개인평가 : 개인의 성과목표를 제시하고 달성된 성과 및 노력도를 객관적으로 평가하여 반영

4. 성과관리기구

- □ 구성 : 위원장(기관장), 위원(상임이사), 외부위원 등
- □ 역할 : ①성과관리편람 제정 및 개정에 관한 사항, ②외부평가위원 후보 검토, ③내부성과평가 결과 확정 및 이의신청에 관한 사항, ④기타 의결사항이 필요한 심의 등

```
┌─────────────────────────────────┐
│         성과평가심의위원회          │
│ • 위원장(기관장), 위원(상임이사), 외부위원 │
│ • 내부성과편람 제·개정              │
│ • 내부평가 결과 확정(위원장)         │
└─────────────────────────────────┘
┌──────────────────┐    ┌──────────────────┐
│   계량평가반(내부)   │    │   비계량평가반(외부)  │
│ • 계량지표에 관한 검토│    │ • 비계량지표에 관한 평가│
│                  │    │ * 서면 및 대면평가    │
└──────────────────┘    └──────────────────┘
```

※ 성과관리기구의 구성 및 역할은 기관에서 정하고 있는 관련 규정 또는 방침에 따라 운영하면 된다. 비계량평가의 경우, 공정성 확보를 위해 평가위원을 외부위원으로만 구성하기도 하고, 기관의 사정에 따라 기관장을 포함하여 내외부로 구성할 수 있다.

II. 내부 성과평가제도 운영

1. 성과평가 개요

□ **평가시기 및 기간**

- 평가시기 : 0000년 상반기
- 평가대상 기간 : 0000. 1. 1. ~ 12. 31.

□ **평가대상 : ○실 ○○팀**

□ **성과평가 지표체계**

구분	구성	지표의 개념
계량	전사공통	·기관의 발전을 위해 전 부서에 요구되는 업무를 평가
	부서고유	·미션 및 비전 실현을 위해 도출된 지표
비계량	업무 추진성과	·부서별 추진업무를 종합적으로 평가하기 위한 정성평가
	지표적정성	·고유지표의 대표성, 난이도, 도전성을 종합적으로 평가
	가점	·전 부서에 요구되는 협업에 대한 보상

2. 평가방법

□ 계량지표
- 지표관리부서에서 목표 수치를 제시하고, 그 달성 여부를 사전에 설정한 평가방법에 따라 절대평가
  * 평가점수(득점) = 목표대비 달성률(%) × 지표비중

□ 비계량지표
- 부서별 업무 추진성과 보고서에 따라 정성평가, 서면 및 대면평가
- PDCA의 관점에서 각각의 착안사항 및 세부성과목표를 근거로 평가표에 따라 평가

3. 평가 세부내용

평가지표		세부평가내용
① 업무 추진성과	지표정의	부서별 중점 추진과제의 수행을 위한 과제선정과 계획수립, 그리고 이를 실행하기 위한 노력과 성과를 평가
	세부 평가내용	1) 사업별 추진계획은 구체적이고 적정한가? 　a. 0000000 …………………………………… 　b. 0000000 …………………………………… 2) 사업별 추진계획이 적절하게 집행되었는가? ………………………………………………(중략)
② 계량지표 적정성	지표정의	부서별 고유지표의 대표성, 난이도 및 도전성 평가
	세부 평가내용	1) 사업의 대표성 : ………… (중략) 2) 성과 기여도 : ………… (중략)
③ 협력(가점)	세부내용	기관의 성장과 업무효율을 위해 타 부서와의 업무협업 1) 계획수립 여부, 2) 협업과제 선정 …………(중략)

※ 기관에서 정하는 평가내용에 따라 세부평가내용은 다르게 구성할 수 있다.

4. 평가절차

□ 계량평가 절차
- 부서/공통 계량지표 및 목표치 설정 → 지표별 점검 → 목표달성 실적 및 증빙 제출 → 목표달성 평가

□ 비계량평가 절차
- 보고서 작성 및 평가 준비 → 평가실시(서면/대면) → 평가의견 작성 → 평가완료

5. 최종 평가점수 산정 및 활용

□ 부서 종합점수 산출
- 부서별 점수 = 전사공통 + 부서고유

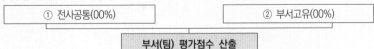

□ 평가점수의 활용
- 근무성적평정 반영비율 및 세부사항에 따라 활용(성과급)

6. 이의제도

☐ 이의신청
- 목적 : 평가결과 확정 전 확인 절차를 통한 평가 정확성 확보
- 방법 : 이의신청서를 평가주체에 제출, 재평가 요청

☐ 대상
- 계량지표 : 편람에 규정된 기준과 다르게 평가되거나, 산출에 오류가 있는 경우
- 비계량지표 : 이의신청의 사유가 발생한 경우

☐ 절차
- 지표별 평가결과 통보 → 이의신청(0일) → 평가반 검토 요청(0일) → 검토 및 조정(0일) → 결과 통보(0일)

7. 기타 행정사항

☐ 평가자료 제출
- 계량지표 : 지표관리부서는 전사공통 및 부서고유 계량지표의 부서별 점수를 산출하여 평가주관부서에 제출
- 비계량지표 : 평가대상부서는 부서 추진성과 기술서와 실적을 증빙할 수 있는 자료를 첨부하여 평가주관부서에 제출

☐ 부서이동에 관한 기준
- 부서이동자는 전 소속 및 현 소속의 부서평가 성과를 월할(15일 이상 근무 산입) 적용하여 반영

III. 성과관리지표 구성

1. 경영전략 달성체계

| 미션 | 공공기관의 효율적인 운영과 지속가능한 발전에 기여 | | | |

| 비전 | 공공기관과 함께 성장하는 한국공공기관관리원 | | | |

| 핵심가치 | 혁신 | 지속가능 | 소통 | 협력 |

| 전략목표 | 공공기관 혁신성장 | 0000 | 0000 | 0000 |

| 전략과제 | 1) 0000
2) 0000 | 3) 0000
4) 0000 | 5) 0000
6) 0000 | 7) 0000
8) 0000 |

성과지표	①기관공통지표	②부서 고유지표	③비계량지표

성과점검	성과지표 및 목표 확정	성과점검	성과평가 및 확정

결과활용	차년도 개선계획 반영	인사관리에 활용

2. 전략과제와 성과지표의 연계체계

0대 목표	00대 전략과제	조직성과지표(KPI)
공공기관 혁신성장	공공기관 운영체계 통일	1) 2)
	지속가능한 인력 조성	1) ·············(중략) 2) ·············(중략)
··········	·············(중략)	1) ·············(중략) 2) ·············(중략)
	·············(중략)	1) ·············(중략) 2) ·············(중략)

3. 성과지표 구성 체계

평가지표		평가배점						비고	
구분	지표명	00부	00부	00부	00부	00부	00부		
합 계		100	100	100	100	100	100	방법	주체
전사공통	1. 기관장 지시사항	5	5	5	5	5	5	계량	00부
	2. 의무교육 이수율	5	5	5	5	5	5	계량	00부
	3. 0000000	…	…	…	…	…	…	계량	00부
	4. 0000000	…	…	…	…	…	…	계량	00부
소 계		…	…	…	…	…	…		
부서고유	1. 부서고유 계량지표	30	30	30	30	30	30	계량	00부
	2. 업무 추진성과	…	…	…	…	…	…	비계량	외부
	3. 고유 계량지표 적정성 평가	…	…	…	…	…	…	비계량	외부
	4. 협업지수(가점)	△1	△1	△1	△1	△1	△1	비계량	외부
소 계		…	…	…	…	…	…		

붙임 지표별 정의서 각 1부씩. 끝.

<한국공공기관관리원 20○○년 성과지표(공통지표) 사례 안>

지표명	의무교육 이수율			
지표정의	법정의무교육을 이수 여부를 점검하여 관련 부서별 법령 준수 및 교육 참여에 대한 성과를 평가			
지표관리	인사부	**지표 책임자** 인사부장	**지표 관리자** 교육 담당자	
지표성격	■ 공통　　■ 계량 □ 고유　　□ 비계량	**비중 (점수)** 5	**평가 방법** 목표대비실적 (달성도)	

평가기준 · 내용	▶ 평가내용(목표치) • 법정의무교육 이수율 • 법정의무교육 대상현황 ① 성희롱·성폭력예방교육　　② 산업안전보건교육 ③ 장애인인식개선교육　　④ 퇴직연금교육 ⑤ 개인정보보호교육　　⑥ 청렴·윤리교육(인권포함) ▶ 평가산식 Σ(교육횟수 × 부서교육참석대상) $\div$ Σ부서참석자 × 100 　* 부서 인원에서 중도퇴사자는 제외하며, 중도입사자는 입사 후 교육 시행 여부를 고려하여 인원 집계 ▶ 평가점수 평가점수(득점) = ①+②+③+④+⑤

의무교육 이수율	100%	100% 미만 95% 이상	95% 미만 90% 이상	90% 미만
점수	5	4	3	1

　* 이수율이 80% 미만일 경우은는 0점 처리

▶ 평가자료 및 특이사항
• 평가자료 : 각 교육별 결과보고서(교육이수 인원 포함)
• 본 지표는 전 부서에 공통으로 적용되는 공통지표임
• 본 지표는 1월부터 12월 중에 실시 되는 법정의무교육 6개 교육을 기준으로 참석대상자와 부서 참석자 비율로 평가함
• 법정교육 이수율이 80% 미만인 부서는 부서 '경고' 조치
　* 개인별 법정교육이수율이 80% 미만인 직원은 개인 '경고' 조치하고 별도의 특별 교육 추진
• 법정의무교육은 반드시 이수해야 함(100%)

〈한국공공기관관리원 20○○년 성과지표(부서 고유지표) 사례〉

지표명	직원 정·현원차 비율				
지표정의	효율적인 인력운영(예측가능한 인력관리)을 위해 적정인력이 항시 근무할 수 있는 여건을 조성하고 결원인력을 신속히 충원히하기 위함				
지표관리	인사부	지표 책임자	인사부장	지표 관리자	채용 담당자
지표성격	☐ 공통 ☐ 계량 ■ 고유 ☐ 비계량	비중 (점수)	10	평가 방법	목표대비실적 (달성도)

평가기준 · 내용	▶ 평가내용(목표치) 연간 직원 정원대비 현원 비율(98%) * 직원 정원(일반직과 운영직을 말함) * 정원 250명(일반직 200명, 운영직 50명) ▶ 평가산식 ① Σ월말 직원 정·현원차 ÷ 12 × 100 * 월말 직원 정·현원차 : 월말 직원 현원 ÷ 직원 정원 ▶ 평가점수(득점)

정현원차 (비율)	98% 이상	98% 미만 95% 이상	95% 미만 90% 이상	90% 미만
점수	10	9	8	6

* 80% 이상 정·현원차가 발생할 경우, 0점 처리

▶ 평가자료 및 특이사항
• 평가자료 : 월별 직원 현황 자료 등
• 본 지표는 인사부서 고유지표임
• 본 지표는 1월부터 12월까지의 정·현원차를 월말을 기준으로 합산하여 작성한다.
• 본 지표는 도전적인 지표로 유사기관 정·현원차는 평균 95% 내외임
• 본 지표는 올해 처음 적용하는 지표로 다음 연도부터는 올해 결과를 바탕으로 전년 대비 목표비율을 설정예정임

(3) 평가 진행 및 결과 도출

성과평가는 1년을 주기로 진행한다. 1월부터 12월까지의 부서 실적을 성과지표를 근거로 전사적인 공통지표와 부서에만 해당하는 고유지표로 계량화하여 평가한다. 이와 더불어 부서의 실적(비계량 실적 및 성과)을 경영평가와 연계하여 보고서로 작성한 후 외부 전문가(또는 내부 위원)에게 평가받는 형식으로 비계량 평가를 진행한다.

성과지표에 의한 평가는 사전에 공지한 성과지표 산식에 따라 해당 부서에서 점수화해 기획부서 담당자에게 제출하고, 기획부서는 그 결괏값을 종합해 최종적으로 인사부서에 전달한다. 성과평가 결과는 진행 중에 사전 유출되면 내부적으로 분란이 발생할 수 있어 담당자는 특별히 보안 유지에 신경을 써야 한다.

💡 저자 생각

부서평가에서 비계량평가는 기관마다 다양한 형태로 진행한다. 부서장이 1년간의 실적을 평가위원 앞에서 발표를 통해 점수화하는 예도 있고 경영평가 시스템을 도입해 부서 실적을 경영평가보고서 형식으로 작성해 외부 전문가가 사전에 평가하고 실사를 통해 확인해 점수화하는 방법도 있다. 앞에서도 말했듯이 평가방법은 정답도 없고 있을 수도 없다. 다만 어느 방법이 더 괜찮냐의 문제이기 때문에 내부 구성원의 합의로 최선의 방법을 찾는 노력이 중요하다. 어차피 내가 평가를 받는 것이고 평가 결과에 대한 수용도 내가 하는 것이기 때문이다. 평가 결과는 승진에서부터 보수까지 연동되기 때문에 담당자뿐만 아니라 내부 구성원 모두가 평가방법에 대한 이해도를 높일 필요는 있다. 아는 만큼 좋은 결과를 얻을 수 있기 때문이다. 업무에 성과가 좋은 것과 평가를 잘 받았다는 것은 분명한 차이가 있다. 이런 점을 인지해야 평가에서 좋은 결과를 얻을 수 있다.

대관 및 법인관리

1. 대관(對官)관리

1) 직무 소개

공공기관은 설립 근거법에 따라 만들어지고 법령에 따라 운영되며 설립목적에 따른 고유목적사업을 추진한다. 정부로부터 예산을 지원받아 사업을 추진하는데 정부 예산 또는 법령에 근거한 독점적 사업을 추진한다는 것은 국민의 감시를 받는다는 것을 의미한다. 공공기관이 집행하는 예산이 적절하게 목적에 맞게 집행됐는지를 점검하고 확인하는 임무가 바로 정부와 국회에 있다는 것이다. 공공기관은 정부와 국회를 대상으로 우호적 관계를 유지하기 위해 대관업무를 수행하는데, 기획부서에서 이와 같은 업무를 수행한다.

공공기관은 중앙정부의 산하기관으로 주무기관과 기획재정부의 관리하에 있다. 정부에서는 예산을 편성하거나 기관이 투명하고 효율적으로 운영되고 있는지를 확인하고 점검할 수 있도록 법령에 근거 조항을 마련하고 있다. 즉 이사회에 주무기관 국장급이 당연직으로 참여하여 기관이 올바른 방향으로 운영되는지를 확인하고, 정기적인 감사를 통해서 공조직으로서 적절하게 기관이 운영되고 있는지 확인하게 된다. 국회에서는 예산이 올바른 방향으로 집행되는지를 확인하고 국정감사를 통해서 기관이 본래의 역할을 충실히 수행하고 있는지를 국민의 눈높이에서 확인·점검하게 된다. 이러한 과정에서 공공기관은 정부와 국회와의 원활한 소통을 위해 대관업무를 수행하는데 기관에 대한 각종 질의나 대응을 대관업무 담당자가 수행하고 있다. 세부적인 사업이나 경영과 관련해서는 해당 부서에 전달하고 답변을 받아 정부와 국회에 전달하는 역할을 수행한다.

대관업무 담당자는 정부와 국회의 이해관계자와 원만한 관계를 유지하고 기관을 알리기 위해 보고 및 설명을 지속적으로 실시해야 한다. 조직이란 사람과 사람이 모여 단일 목표를 달성하기 위해 모인 집합체이다. 조직과 관련된 이해관계자[64]와의 원활한 관계 유지를 위해 사전에 노력하는 것이 일반적이다. 사람과의 관계를 형성하는 업무이기 때문에 이해관계자와 지속적으로 만나고 찾아가 기관을 알리는 업무를 주로 하게 된다. 이해관계자와 기관 간의 윤활유 역할을 한다고 보면 된다. 그래서 대관업무 담당자는 친화적이고 대인관계가 원만한 직원들이 업무를 담당하며 기관에 대한 전반적인 상황과 여건을 잘 이해하고 있는 직원이 그 직을 수행한다.

2) 주요 직무

대관업무의 핵심은 '만남'과 '조율'이다. 대관업무는 용어에서도 알 수 있듯이 관을 상대로 업무를 수행하는 것이 기본적인 업무이다. 최근에는 이 개념이 관(官) 이외의 이해관계자까지 대관업무를 담당하는 직원들이 대응하고 있다. 관 이외의 이해관계자라 하면 기관 사업과 관련된 각종 이익집단과 언론, 시민단체 등이 이에 속한다.

(1) 對 정부업무

공공기관에서 정부 관련 업무는 주무기관과 관련된 업무를 조율하고 보고하며 설명하는 것이 주요 업무이다. 주무기관에는 기관을 관리하는 담당 공무원이 있다. 공공기관은 법인이기 때문에 법인을 관리하는 담당 공무원이라고 생각하면 된다. 기관과 관련된 전반적인 사항에 대해서 관리하고 기관 운영에 문제가 발생하지 않도록 사전 조율과 협의를 진행한다. 주무기관 내 다른 부서와 협력할 사항이 있으면 다른 부처와 연결해주거나 기관의 상황을 대변하는 역할도 법인 담당 공무원이 한다.

주무기관 외에도 공공기관은 기획재정부와 긴밀한 관계를 유지해야 한다. 기획재정부는 「공공기관의 운영에 관한 법률」에 따라 공공기관의 예산과 조직, 경영평

---

64) 공공기관의 이해관계자는 기관의 성격에 따라 다를 수 있는데 우선 주무기관과 기획재정부, 국회 소속 상임위원회 국회의원이 있다. 그 외에는 언론과 지방자치단체가 있을 수 있고 기관 사업과 관련된 각종 협회나 단체, 시민단체들도 공공기관의 이해관계자라 할 수 있다. 공공기관은 공조직의 성격이 강하고 對 국민을 대상으로 사업을 추진하기 때문에 궁극적으로 대국민 서비스를 하는 기관이라고 생각하면 된다. 국민을 직접적으로 대응할 수도 있지만, 국민을 대신해 목소리를 낼 수 있는 모든 단체나 협회, 언론기관, 시민단체, 공조직(정부와 국회 등)이 이해관계자라고 생각하면 된다.

가, 임원 선임 등 전반적인 사항을 관리하고 있다. 대관업무 담당자가 기획재정부와 관련된 업무를 모두 수행할 수는 없지만 예산과 조직(정원) 관련 업무를 수행할 때 기획재정부 담당 공무원에게 기관의 여건과 상황을 설명하고 이해를 구할 수 있는 기회를 만드는 것이 대관업무 담당자 또는 관련 업무 실무자의 역할이고 능력이라고 할 수 있다.

(2) 對 국회업무

대관업무 담당자의 가장 중요한 업무는 국회 관련 업무라 할 수 있다. 대부분 공공기관은 설립 근거법이 있고 법이 제·개정되기 위해서는 국회에서 입법이 완료되어야 한다. 그리고 국회는 기관 예산의 집행 및 결산에 대한 심의와 공공기관에 대한 감사를 할 수 있어서 국회 상임위원회에 소속된 국회의원실과의 관계는 기관 입장에서는 매우 중요하다. 대관업무 담당자는 국회에서 요구하는 각종 질의에 대한 답변을 기관 차원에서 정리하여 제출하고 국회의원실을 찾아가 설명할 기회를 만들어야 한다. 국회의원의 발언 한 마디 한 마디가 기관에는 지대한 영향을 미치기 때문에 기관에 대한 부정적인 이미지를 가지지 않도록 사전에 국회의원실과 원만한 관계를 유지할 수 있게 노력해야 한다.

> 💡 **저자 생각**
>
> - 국회는 국민을 대신해 행정부를 감시하고 국민을 위해 일을 하는지 확인하는 기능을 수행한다. 공공기관도 중앙부처 산하기관으로 국회의 감시를 받는 기관이다. 그래서 국회의 국정감사 대상에 포함되고 국회의원의 질의에 성실히 답변해야 하는 의무가 있다. 국회의 정기감사는 보통 9월 말에서 10월 말까지 진행된다. 소속 상임위원회별로 공공기관이 국정감사를 받는 일자는 모두 다르지만, 국정감사에 필요한 자료 요구는 보통 8월 말에서 9월 말까지 진행되기 때문에 대관업무 담당자는 9월 중에 의원별로 요구자료를 정리해 상임위원회 지침에 따라 의원실별로 제출 일자에 맞게 제출해야 한다.
>
> - 국정감사는 연간 1회 실시 되는 중요한 행정업무로 국민에게 기관이 감사받는 것과 같다. 기관에서는 모든 행정역량을 동원하여 국정감사를 수검 받을 준비를 하는데 기관장이 국회 상임위원회에 직접 증인으로 참석하여 기관 현황에 대해 보고하고 국회의원 질의에 대답한다. 기관장이 국회의원 질의에 성실히 답변할 수 있도록 담

당자는 사전에 질의 내용을 확보하는 노력을 해야 한다. 사전에 입수된 질의에 대해서는 적정한 답변을 준비해 기관장에게 제공하고 입수하지 못한 질의에 대해선 현장에서 즉각적으로 대응하기 위해 기관과 관련된 예상 질의를 내부적으로 준비해 만일의 상황에 대비한다. 또한, 기관 현황을 통계자료로 최신화하여 기관에 대한 세부적인 통계(숫자로 된 현황자료) 관련 질의에 능동적으로 대응할 수 있도록 준비해야 한다.

국회는 상임위원별로 국회 소속 공무원이 있다. 공공기관 예산집행과 법안 등에 관한 확인과 검토를 해당 공무원이 담당하기 때문에 국회 소속 공무원과의 관계도 중요하다. 기관의 설립 근거법을 개정할 때 상임위원회 소속 공무원의 검토보고서는 중요한 역할을 한다. 대관업무 담당자는 해당 국회 공무원에게 사전에 법 개정안에 대한 충분한 설명과 증빙서류를 제시하고 이해를 얻는 작업을 해야 한다. 예산결산도 해당 국회 공무원이 작성하는 검토보고서가 결정적인 역할을 하기 때문에 이에 대해 적절하게 대응해야 한다.

(3) 對 언론 및 각종 이익단체

언론 및 이해관계자와의 관계는 기관별로 담당자가 있기 때문에 대관업무 담당자가 직접적으로 업무를 주관해서 수행하는 일은 거의 없다. 다만, 대관업무의 특성상 다수의 사람을 만나고 이해관계를 조율하는 업무를 수행하다 보면 친분 관계가 형성된 사람이 많이 있을 수 있다. 정부와 국회 관련 업무를 수행하다 보면 정부와 국회 출입 기자와의 관계도 형성될 수 있고 기관 홍보 및 대외적 이미지 향상을 위해 언론과 친분 관계를 유지해야 할 필요성도 있다. 대부분 대외협력부서 또는 홍보부서에서 언론 관련 업무를 담당하지만, 기관 내 대관업무 실무자와 대외협력부서 담당자는 지속적인 협력을 통해서 기관이 대외적으로 좋은 이미지를 가질 수 있도록 노력해야 한다.

기관 설립목적에 따라 기관마다 직무와 관련된 이해관계자들이 발생한다. 그 형태가 협회와 단체일 수도 있고 비영리법인일 수도 있다. 이처럼 다양한 형태의 이해관계자가 있을 수 있는데 이들과의 관계를 통해 기관에서 얻을 수 있는 성과를 높이기 위해서 대관업무 담당자는 별도의 업무 리스트를 작성하여 어떻게 이들과의 관계를 형성할지를 고민해야 한다. 기관이 대내외적으로 내실 있고 성과 있게 운영될 수 있도록 이해관계자와 좋은 관계를 유지하면 사업적으로도 많은 도움을 받을 수 있고 기관의 대외적 이미지 향상에도 좋은 영향을 미친다. 그래서 대관업무 담당자는 항상 이해관계자 리스트를 최신화하여 관리해야 한다.

대관업무는 담당자만이 수행하는 업무가 아니다. 기관 차원에서 전사적인 대응을 하는 업무로 담당자는 이해관계자와의 친분 관계를 유지하고 분야별 업무 담당자가 이해관계자와 만날 때 업무가 원만하게 진행될 수 있도록 윤활유와 같은 역할을 수행해야 한다.

2. 법인관리

공공기관에서 법인관리는 이사회 및 내규관리 등이 대표적이다. 이사회는 기관의 최고 의사결정기구로 기관장, 상임이사, 비상임이사, 감사로 구성된다. 내규관리는 기관의 업무의 통일성을 유지하고 상위 법령에 근거하여 업무를 추진하기 위한 지침 또는 편람을 관리하는 업무이다. 세부적인 실무적 내용은 다음과 같다.

1) 이사회

(1) 직무 소개

공공기관은 설립 근거법 또는 정관에 '이사회'라는 기관 최고 의사결정기구를 두고 구성과 역할에 관해서 규정하고 있다. 이사회는 공공기관의 중요한 의사결정을 하는 기구로 기관장이 독단적으로 기관을 운영하지 않고 투명하고 올바르게 기관을 운영할 수 있도록 함께 고민하고 해결방안을 모색한다. 공공기관 이사회의 의장 역할은 기관장이 수행하고 구성은 상임이사와 비상임이사로 구분된다. 비상임이사는 당연직 비상임이사(주무기관 담당 국장 또는 기관의 설립지역 지방자치단체 부시장급 인사)와 임기가 있는 선출직 비상임이사가 있다. 또한, 투명한 기관의 업무수행과 예산집행을 확인·점검하기 위해 감사를 두는데 규모에 따라 상임감사(상임감사위원)

와 비상임감사를 의무적으로 두도록 관련 법에 명시되어 있다.

공공기관은 기관의 규모에 따라 기관장과 상임이사, 비상임이사·감사의 임명권이 다른데 대부분 설립 근거법이나 정관에 이를 명시하고 있다. 일반적으로 준정부기관 이상은 대통령이 임명하고 규모가 작은 기타공공기관은 주무기관 장관이 기관장을 임명한다. 상임이사는 기관장이 임명하고 비상임이사는 주무기관 장관이 임명하는 것이 일반적이다. 감사는 기획재정부 장관이 임명하며 경우에 따라서는 주무기관 장관이 임명하는 예도 있다. 공공기관 임원의 임명에 관한 사항은 「공공기관의 운영에 관한 법률」과 해당 기관 설립 근거법에 규정되어 있다.

(2) 주요 직무

공공기관 이사회는 「공공기관의 운영에 관한 법률」에 그 설치 근거가 있으며, 기관마다 설립 근거법 또는 정관에 이사회 설치와 임원에 관한 사항을 명시하고 있다.

① 이사회 구성

이사회는 임원으로 구성하고 기관장과 상임이사, 비상임이사로 구분한다.[65] 상임이사는 기관에 출근해 직원과 같은 근무 시간에 정상적인 업무를 수행하는 임원을 말한다. 즉 기관장과 상임이사를 말하며 기관장의 임기는 3년, 상임이사의 임기는 2년이 일반적이다. 비상임이사는 기관에 출근하지는 않지만, 기관의 주요 사항에 대한 의결권을 가지고 있다. 비상임이사의 임기는 2년이 일반적이다. 비상임이사 중에는 당연직 비상임이사도 있는데 당연직은 기관의 주무기관 국장급 간부가 임명되고 임기는 해당 보직자의 재임 기간과 같다. 감사도 공공기관의 규모에 따라 상임감사(상임감사위원)와 비상임감사로 구분할 수 있는데 해당 기관의 법령 또는 정관에 관련 사항을 규정하고 있다. 감사는 이사회에 참석하나 의결권을 갖지 못하며 이사회 개

---

[65] 「공기업·준정부기관의 경영에 관한 지침」을 2022. 6월 개정하여 공공기관에 노동이사제도를 도입했다. 기관의 근로자(3년 이상 재직 중인 자)를 이사로 두는 제도를 말하는데, 노동이사는 다른 비상임이사와 마찬가지로 이사로서 권한과 의무, 책임을 동일하게 가진다. 다만, 기타공공기관은 노동이사의 선임의무가 없어 기관의 판단에 따라 제도의 도입 여부를 결정하면 된다.

최를 요구하거나 의견을 개진할 수는 있다.

공공기관 임원은 '임원추천위원회'를 통해서 선발해야 한다. 임원추천위원회는 임원을 선발하기 위해 이름을 각각 붙인다. 예를 들어 비상임이사추천위원회, 감사추천위원회, 기관장추천위원회 등의 이름을 붙인다. 임원추천위원회의 역할은 해당 기관의 결원이 된 임원을 추천하는 것이 핵심이다. 임원추천위원회의 업무절차는 다음과 같다.

- **첫째, 임원추천위원회 추진계획 수립**

새롭게 임원을 선임해야 할 사유[66]가 발생하면 급박한 경우를 제외하고는 2개월 전부터 준비한다. 기관의 관련 규정에 임기종료 2개월부터 임원 선임을 위한 절차를 추진하도록 규정화되어 있다. 임원은 단순히 일반 직원을 선발하는 것이 아니라 기관을 2년에서 3년간 운영할 경영진을 선발하는 과정이기 때문에 주무기관과 일정 및 추천방법 등에 대한 사전협의가 필요하다. 임원선발 소요기간과 추진일정, 공고내용, 외부위원 후보자 선임방법 등 임원추천위원회 운영과 관련된 전반적 사항에 대한 추진계획안을 수립하여 주무기관과 협의 후 계획을 확정하고 임원추천위원회 구성 및 운영을 위한 업무를 추진한다.

- **둘째, 임원추천위원회 구성**

임원추천위원회 구성은 이사회에서 결정하는데 이사회에 임원추천위원회 구성(안)을 심의안건으로 상정하여 이사회에서 구성안이 통과해야 임원추천위원회가 구성된다. 임원추천위원회는 내부위원과 외부위원으로 구성하며 외부위원을 위원회의 과반수 이상을 한다. 내부위원은 비상임이사 위주로 구성(당연직 비상임이사 포함)하고 외부위원은 관련 분야 전문가 위주로 구성한다.

---

66) 공공기관에서 임원을 선발해야 하는 경우는 크게 두 가지이다. 하나는 결원이 발생한 경우이다. 임원의 임기는 보장되어 있으나 결격사유가 발생하면 해임 또는 중도 사퇴를 하는 경우가 발생하여 임원선발 절차를 진행해야 한다. 다른 하나는 임기가 종료되는 임원이 발생한 경우이다. 이런 경우가 일반적인 경우로 보통 임기종료 2개월 전부터 임원선발을 위한 절차가 진행된다. 「공공기관의 운영에 관한 법률」 및 해당 기관 근거법과 내규 등에 규정되어 있다.

• 셋째, 임원추천위원회 운영

이사회에서 임원추천위원회가 구성되면 위원들의 일정을 조정하여 임원추천위원회 회의를 개최한다. 위원회는 2회 또는 3회 정도 회의를 진행하는데 1차 회의는 위원장 선출과 추진계획안을 확정하고 그에 따라 후속 조치를 진행한다. 후속조치는 임원을 모집하는 공고를 하고 임원 후보자의 서류를 접수하게 된다. 2차 회의는 서류심사로 진행한다. 접수된 서류에 대해서 자격조건을 검토하고 이상 유무를 확인한 후 위원들의 점수를 종합해 면접 대상자(5배수)를 선정한다. 제3차 위원회는 면접대상자를 대상으로 면접심사를 진행한다. 위원회에서는 복수(3배수에서 5배수 이내, 3배수 이내일 경우 사유 명기)의 대상자를 임명권자에게 순위 없이 추천하게 된다.

☞1차 위원회

1차 위원회에서는 임원추천위원회를 이끌어갈 위원장을 호선으로 선출하고 추진 일정 등에 대해서 확정한다. 세부적인 사항으로는 모집 방법(공개모집, 추천방식, 병행방식 등)을 결정하고 공고 안에 대해서 심의하며 향후 회의 일정을 조율한다.

저자 생각

• 1차 위원회에서 중요한 사항은 임원 모집방법과 서류심사 방법 및 면접심사실시 여부를 결정하는 것이다. 모집방법은 공개모집이 일반적인 방법으로 일반 국민을 대상으로 자격조건이 되는 모든 사람에게 지원의 기회를 제공하는 것이다. 가장 투명하고 공정하며 객관적인 방법이다. 서류심사에서는 추천 배수를 결정하고 배수 결정을 위한 합격선을 정해야 하며 면접심사실시 여부를 결정해야 한다. 기관장이나 상임이사의 경우에는 반드시 면접 심사를 시행해야 하나 비상임 임원(비상임이사 및 비상임감사)은 면접 심사를 생략할 수 있다.

• 원서접수 종료 후 접수자가 모집인원의 3배수 이내일 경우에는 재공고한다. 1차 위원회에서 지원자가 미달일 경우 별도의 위원회 개최 없이 재공고할 수 있다고 결정해야 불필요한 위원회 개최를 사전에 예방할 수 있다. 1차 위원회에서는 임원선발 과정에서 결정해야 하는 기준을 사전에 확인해 1차 위원회에서 결정하고 진행하는 것이 중요하다.

〈임원추천위원회 1차 위원회 주요 심의 내용〉

1. 위원장 선출
2. 모집 방법 결정(공개모집, 추천방식, 혼합방식)
3. 공고내용 확인(공고문, 지원서류, 각종 양식 등)
   * 공공기관 내규에 명시되어 있는 방법에 따라 진행하며 기관 및 주무기관 누리집(홈페이지), 국가에서 운영하는 각종 채용사이트(알리오·나라일터 등), 언론사 등을 통해 알린다.
4. 서류심사 추천 배수 결정
   * 서류지원자가 모집인원의 0배수 이내일 경우 재공고를 시행하며 공고기간은 00일 이내로 한다. 이때 재공고 시에는 위원장에게 보고 후 진행하는 것으로 위원회에서 결정한다.
5. 면접심사실시 여부 및 추천 배수 결정
   * 기관의 내규상 규정에 따라 업무를 진행하며 일반적으로는 비상근임원(비상임이사 및 비상임감사)은 서류심사 이후 임명권자에게 추천하고 상근임원의 경우에는 면접심사를 진행한다.
6. 향후 일정 조율
   * 서류 및 면접심사 일정을 위원 간 조율해 결정하고 회의 내용의 공개 여 부를 결정한다.

☞ **2차 위원회**

서류에 대한 심사를 시행하는 2차 위원회는 접수된 서류 대상자의 적격 여부를 확인하고 1차 위원회에서 결정한 추천 배수에 따라 면접심사 대상자를 결정한다. 면접심사를 미시행할 때 서류심사 결과에 따라 추천자를 복수(3배수에서 5배수 이내)로 결정하여 임명권자에게 추천후보자를 제출한다.

저자 생각

비상근임원을 선출하는 임원추천위원회의 경우에는 2차 위원회에서 임명권자에게 추천대상자(3배수에서 5배수 이내)를 선정하여 제출하는 것으로 위원회의 임무는 종료된다. 추천후보자를 임명권자에게 제출할 때는 점수와 순위를 표기하지 않는다[67]. 이유는 임원추천위원회의 임무는 임원으로 선출할 수 있는 후보군을 임명권자에게 추천하는 것으로 위원회에서 순위를 결정해 추천한다면 순위에 따라 임명해야 하는 문제가 발생해 임명권자의 인사권을 침해할 우려가 있어 실무적으로는 복수 추천 시 추천후보자에 포함된 사람을 이름의 가나다순으로 추천명부를 작성해 임명권자에게 제출한다.

☞ 3차 위원회

　　서류심사를 통과한 지원자를 대상으로 면접심사를 진행한다. 모든 임원추천위원회 위원이 참석한 가운데 '1대 多' 면접을 진행하며 구조화된 면접을 위해서 사전에 위원별로 질문 내용을 조율하고 위원의 전문 분야에 따라 질문사항을 분배한다. 담당자는 사전에 질문지를 작성해 위원들에게 제공하고 위원들이 추가로 질문지를 수정할 경우 수정한 내용으로 면접을 진행한다. 면접이 종료되면 위원들의 채점표를 회수하여 최종적으로 추천할 복수의 추천후보자를 결정하는데 점수가 집계되면 최종 합계표를 위원들에게 보고하고 서명받으면 면접심사는 종료된다.

　　1차 위원회에서 복수로 추천하기로 결정됐으면 그 배수에 따라 추천명부를 작성하여 추천후보자를 추천하게 된다. 이때 추천순서는 면접심사 점수 결과에 따른 순위가 아니다. 가나다순에 의한 단순한 연번으로 임명권자에게 추천할 때 불필요한 오해를 없애기 위해 연번을 부여하지 않고 추천명부를 작성할 수도 있다. 담당자는 임원추천위원회에서 추천후보자가 결정되면 기관 내규에 따라 추천후보자 관련 인적사항과 신원조사에 필요한 서류를 받아 임명권자에게 제출해야 한다.

〈임원추천위원회 운영 간 생성·보관해야 하는 문서〉

❶ 임원추천위원회 계획
❷ 임원추천위원회 심의안건 및 회의록, 의결서(위원 서명 포함)
❸ 각종 심사 서류(위원 채점표, 합계표 등)
 * 지원자의 지원서류를 위원회 임무 종료 후 14일 이내 파기
❹ 임명권자에게 제출하는 서류 일체
 * 추천의결서(모든 위원 서명), 추천사유서, 선발경과 요약서, 후보자 이력서 등

　　임원추천위원회에서 추천한 후보자 중 임명권자는 신원조사 등 필요한 검증 절차를 실시하여 해당 공공기관에 가장 적합한 자를 임원으로 선임하게 된다. 임원추천위원회를 통해 추천한 후보자 중 임명권자가 최종적으로 적임자를 결정하면 이사회 구성은 완료된다.

---

67) 「공기업·준정부기관 경영에 관한 지침」 제42조(임원추천위원회의 후보자 추천) 제1항에서 임원추천위원회는 3배수 내지 5배수로 임원후보자를 선정하여 우선순위 없이 추천하되, 직위 특성, 대상 직위 수 등 불가피한 사유가 있는 경우, 그 사유를 명시하여 3배수 미만으로 후보자를 선정·추천할 수 있도록 규정하고 있다.

〈임원추천위원회 의결서 작성 사례〉

	한국공공기관관리원 20○○년 비상임이사추천위원회 제1차 회의 의결서
회의일시	20○○. ○○. ○○(목), 10:00~12:00
회의장소	경기도 수원시 ○○○○센터 3층 소회의실
참석자	위원 7인 중 6인 참석 ※ 이○○ 위원은 개인사유로 불참
회의안건	한국공공기관관리원 비상임이사 후보자 추천을 위한 비상임이사 모집방법 및 위원회 회의일정 등 결정(안)
의결사항	◇ **위원장 선출** • 홍길동 위원을 비상임이사추천위원회 위원장으로 선출 ◇ **비상임이사 후보자 모집방법 결정** • 한국공공기관관리원 비상임이사 후보자 모집방법은 공개모집으로 결정 • 공고문안은 원안대로 심의·의결 ◇ **면접심사 실시여부 결정** • 비상임이사는 한국공공기관관리원 「임원추천위원회 운영규정」 제○조의 규정에 의하여 서류심사 후 면접심사는 생략하고 선정된 후보자를 추천하기로 심의·의결함. ◇ **서류심사 일정 협의** • 2차 회의(서류심사)는 00월 00일(금)로 잠정 결정하고 시간 및 장소는 추후 결정 * 추진 일정은 원안대로 심의·의결 • 재공고 시에는 7일간 공개 모집을 실시하고, 별도의 위원회 개최 없이 일정 등을 간사가 위원들에게 보고 후 진행 • 재공고시에도 응모인원이 2배수 이하 또는 적격자가 없을 경우에 제2차 위원회를 개최하여 모집방법에 대해서 다시 의결하기로 함 ※ 임원추천위원회 회의록 및 의결서는 위원 동의 없이 외부 공개를 금지함
붙임	회의록 1부(별첨)

구분	소속·직위	성명	서명
위원장	○○○ 법률사무소 변호사	홍길동	
위원	○○○(중앙부처) ○○○국장	박○○	
	경영컨설팅 법인 경영지도사	최○○	
	나라 회계법인 회계사	이○○	
	한국대학교 행정학과 교수	정○○	
	한미대학교 경영학과 교수	송○○	
간사	한국공공기관관리원 기획부장	김○○	

〈임원추천위원회 심의안건 작성 사례〉

한국공공기관관리원
비상임이사추천위원회 1차 회의 안건

한국공공기관관리원 비상임이사 후보자 추천을 위한

비상임이사 모집방법 및 위원회 회의일정 등 결정(안)

제출자	한국공공기관관리원 기획부장
제출년월일	20○○년 0월 00일

---

1. 의결주문

• 한국공공기관관리원 비상임이사 모집방법 및 위원회 회의일정 등을 다음과 같이 의결한다.

2. 제안이유

• 한국공공기관관리원 비상임이사 3명의 임기가 만료됨에 따라,
  - 한국공공기관관리원 「임원추천위원회 운영규정」 제○조에 의해 비상임이사 후보자 추천을 위하여 구성된 비상임이사추천위원회 운영방법, 일정 및 모집방법 등을 결정하고자 함.

〈비상임 이사 현황〉

구분	성명	소속	임기	비고
1			20○○.10.1.~20○○.9.30.	임기만료
2			20○○.10.1.~20○○.9.30.	임기만료
3			20○○.10.1.~20○○.9.30.	임기만료
4			20○○.1.1.~20○○.12.31.	
5			20○○.8.8.~재임시	당연직

* 「한국공공기관관리원 정관」 제○○조에 따라 비상임이사의 임기는 2년으로 하고 임기가 만료된 임원은 후임자가 임명될 때까지 그 직무를 수행함.

3. 의결사항

① 비상임이사추천위원회 위원장 선출

- 비상임이사 위원 중에서 호선으로 선출(「임원추천위원회」 운영규정 제○조)

  - **위원장 역할** : 위원장은 **회의를 통할**하고 의결에 있어 **표결권을 가짐**
  - **대행** : 위원장이 부득이한 사유로 직무를 수행할 수 없는 때에는 비상임이사 중 **최연장자가** 그 **직무를 대행**

② 비상임이사 후보자 모집방법 및 공고(안) 결정

- 위원회는 해당 결원 직위에 대한 직무수행요건, 직위의 특성 및 한국공공기관관리원의 업무 상황 등을 고려하여 ①**공개모집**, ②**추천방식**, ③**공개모집·추천방식 병행**의 **3가지 방법** 중에서 비상임이사 후보자 모집방법을 결정(「임원추천위원회 운영규정」 제○조)

  ① **공개모집 결정** 시에는 [붙임1]의 공고문(안) 검토 승인
  ② **추천방식 결정** 시에는 추천받을 기관, 대상, 추천인원수 및 비상임이사추천위원회 위원의 추천방법, 인원수 등 결정
  ③ **공개모집·추천방식 병행 결정** 시에는 공고문(안) 검토 승인 및 추천받을 기관, 대상, 추천인원수 및 비상임이사추천위원회 위원의 추천방법, 인원수 등 결정

③ 서류심사 후 면접심사실시 여부에 대한 결정

- **비상임이사**의 경우 기관특성, 모집방법 등을 감안하여 **면접심사 생략 가능**(「정부 지침」 제○○조 제○항 및 「임원추천위원회 운영규정」 제○조)

④ 향후 회의일정 및 기타 위원회 운영상 필요한 사항 협의·결정

  가. 서류심사 일정
  - 비상임이사추천위원회 위원 간 협의를 통해 결정

  나. 면접심사 일정 : 생략 가능
  - 비상임이사추천위원회 위원 간 협의를 통해 결정

  다. 기타사항
  - 추진일정
    - **임원선발 계획(안) 확정**(임추위 심의·의결) → **모집공고** 및 응시원서 접수(0.00.~0.00.) → **서류심사**(0.00.~0.00. 중) → **후보자 추천**(0.00.)

  - 재모집 공고
    - 응모자가 모집 예정 직위수(3명)의 **3배수에 미달하는 때** 또는 응모자에 대한 심사결과 **적격자가 없다고 판단되는 때**에는 동일한 절차에 의거 **재공고 실시**(모집기간 단축(7일 이내) 가능) 하되, **공개모집·추천방식 병행**
      * 재공고시 「정부 지침」 제○○조 규정에 의거 진행
    - **재모집 공고에도 적격자가 없는 경우**에는 **비상임이사추천위원회**에서 직접 **임원 후보자를 발굴**하여 **추천**
      * 「정부 지침」 제○○조 제○항

붙임 비상임이사 공개모집 공고문(안) 1부. 끝.

② 이사회 운영

이사회는 공공기관 최고 의사결정기구이다. 공공기관 관련 법령 및 정관, 자체 내규에 규정되어 있는 결정사항을 심의·의결하는데 주로 중장기 운영 및 발전계획, 연간 사업계획 및 예산·결산, 예산의 이월과 예비비 사용, 기본재산의 취득과 관리 그리고 처분, 잉여분 처분 및 정관변경, 주요 규정의 제·개정 및 폐기, 임원의 보수 및 중장기인력계획 등 공공기관 운영과 관련된 전반적인 중요 사항에 대한 심의·의결을 진행한다. 이사회에서 심의·의결된 사항 중 주무기관의 승인을 받아야 하는 사항도 있는데 이에 해당하는 사항은 각 공공기관의 내규에서 규정하고 있다.

이사회 운영을 1년 주기로 설명하면 크게 정기 이사회와 수시 이사회로 구분할 수 있다. 명시적으로 정기와 수시로 구분하고 있지는 않지만, 실무적으로는 2월과 12월에 진행되는 이사회를 정기 이사회로 하고 그 외 이사회는 안건 발생 시 개최한다. 정기 이사회는 공공기관 업무의 특성상 정해진 시기에 꼭 처리해야 하는 업무가 고정되어 있어서 반드시 2월과 12월에 실시해야 하는 안건이 존재한다. 2월 이사회에는 '전년도 회계 결산'에 관한 안건을 상정해 심의·의결해야 하고, 12월 이사회에는 '다음 연도 예산안과 사업계획'을 심의·의결해야 한다. 이 두 안건은 반드시 해당 월에 진행해야 하므로 고정적으로 진행하는 정기이사회로 인식할 수 있다.

이사회를 진행하기 위해서는 일정한 절차가 필요하다. 정기이사회의 경우에는 공공기관 내규상 기한이 명시되어 있어서 그 일정에 따라 안건을 준비하고 의결을 받게 되지만 그 외 안건은 필요에 의하여 발생할 때마다 이사회를 개최하여 심의·의결을 받는다. 이사회를 담당하는 기획부서에서는 매월 이사회 안건에 대한 수요조사를 진행한다. 공문으로 이사회 안건 소요에 대해서 각 부서에 의견을 받고 상정안건이 있는 부서에서는 상정안건을 작성하여 내부 이견을 조율하고 작성된 안건을 기획부서에 제출하게 된다. 기획부서는 제출된 상정안건에 대해서 안건번호를 부여하고 심의자료를 만들어 주무기관과 1차적으로 협의한다. 협의가 완료되면 이사들에게 이사회 개최 일정을 알리고 심의안건에 대해서 사전에 설명하게 된다.

이사회 진행순서는 의장의 인사말부터 시작한다. 참석하신 이사들에게 감사의 인사를 드리고 전 회기 이사회 결과를 보고하고 이상 유무를 확인한다. 수정사항이 있으면 정정하도록 하고 특이사항이 없으면 본 회기의 이사회를 시작한다. 우선적으로 보고안건에 관해 설명한다. 심의·의결 사항은 아니지만 기관의 운영 전반에 대해서 이사들과 공유해야 할 사항을 보고하는 자리이다. 이사들의 의견을 듣고 기관 운영에 반영하게 된다.

보고안건이 종료되면 본격적으로 심의안건에 대한 논의를 진행한다. 안건에 대해서 간사[68]가 안건자료를 설명하고 참석 이사들 간 논의를 진행한다. 이 과정에서 안건에 대하여 수정사항이 있으면 수정의결로 결론을 짓고, 원안대로 심의·의결하면 원안의결로 마무리한다. 마지막으로 의장이 마무리 인사말을 하고 회의록 작성 이후 서명을 할 이사를 3명 이내로 지정하게 된다. 회의록은 녹취록을 풀어 핵심적인 사항만을 정리하기 때문에 이사회 종료 후 2~3일의 기간이 필요하고 모든 이사에게 서명받는 것이 제한되기 때문에 일부 이사들에게 위임하여 서명토록 한다. 그리고 의결서의 작성이 완료되면 참석 이사들의 전원 확인과 서명을 받고 이사회를 마무리한다.

---

68) 이사회 간사는 기관의 내규상에 규정하고 있는데 일반적으로 해당 기관의 기획총괄부서의 장인 기획조정실장 또는 전략기획실장 등이 간사의 임무를 수행한다. 1급 또는 수석급으로 직원 직급 중 최상위인 직원이 간사가 된다.

- 12월에 진행되는 이사회는 국회에서 다음 연도 예산이 확정되는 12월 2일 이후에 실시 되는 경우가 일반적이다. 하지만 정부에서 제출된 예산안이 국회에서 크게 변동될 소지가 없다고 판단하면 11월 중에 이사회를 개최하여 예산을 확정하는 예도 있다. 12월에 모든 업무를 마감해야 하기 때문에 12월에 이사회를 진행하면 후속 조치가 미진하여질 우려가 있어 11월에 정기이사회를 개최하는 예도 있다.

  * 매년 12월 15일(기관 규정에 따라 다를 수 있음)까지 다음 연도 예산안과 사업 계획을 주무기관 승인을 받아야 한다. 12월 초에 이사회를 개최할 경우, 결과보고 후 승인 요청을 해야 하기 때문에 후속조치 할 시간이 부족할 수 있다.

- 상정안건에 대한 의결은 기관마다 다르며 규정에 따라 다르지만, 일반적으로 재적위원 과반수 이상 참석에 재적위원 과반수 이상 찬성으로 안건을 의결하게 된다. 안건의 경중에 따라 재적위원 2/3 참석에 재적위원 과반수 이상 찬성으로 의결되는 안건도 있다. 이는 해당 기관의 내규에 규정되어 있어서 안건별로 사전에 담당자는 해당 사항에 관한 내규를 명확하게 숙지해야 한다.

- 담당자는 이사회 시작에서부터 마무리될 때까지 녹취한다. 이사회에서 이사들의 발언은 기관 운영과 업무추진에 반영해야 하는 중요 사항이다. 이사들의 발언 취지와 의미를 해석하고 향후 계획에 반영하기 위해 녹취를 통해 정확하게 문맥을 확인할 필요가 있다. 그리고 녹취를 확인하여 회의록을 작성해야 해서 이사회 진행 과정에서 녹취는 필수적이라고 생각하면 된다.

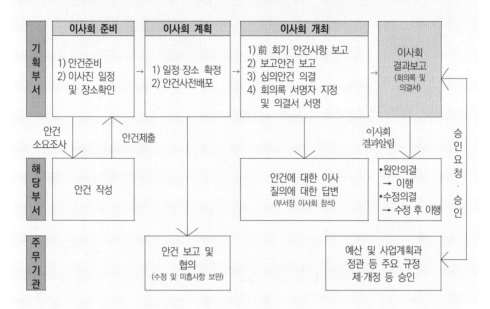

〈이사회 추진 절차〉

〈이사회 관련 준비 및 서류〉

① **회의장 준비**

＊ 간단한 필기구와 다과, 소형 인쇄기, 의사봉, 녹음기, 규정집 등

② **이사회 시나리오**

＊ 원활한 이사회 진행을 위해서 의장의 인사말부터 간사의 안건 설명 등 시작부터 끝날 때까지의 경우의 수를 고려하여 멘트를 작성해야 한다.

③ **안건 자료**(보고안건 및 심의안건)

＊ 이사회 안건자료는 제본 또는 인쇄해 보관하는 것이 좋다. 안건자료는 안건별로 인쇄하거나 동일 회기 이사회 자료를 통합해 인쇄하는 경우가 있는데 기관의 선택에 따라 다를 수 있으며 의사결정권자의 스타일에 따라 모든 기관이 상이하다.

④ **회의록 및 의결서**

＊ 회의록은 참석 이사 중 3명 정도에게 서명을 받는 것으로 이사회 말미에 의장이 지정(시나리오에 해당 내용 반영)한다. 의결서는 현장에서 결정된 사항에 대해서 작성하여 참석한 이사들의 서명을 받아 종결해야 한다.

〈이사회 심의안건 작성사례〉

안 건 번 호	제100호	심 의 안 건
심의년월일	20○○년 0월 00일 (20○○년 제0차(제0회))	

안건명	○○규정 일부 개정(안)

제안자	한국공공기관리원장
제출년월일	2000년 0월 00일

1. 의결주문

「○○규정」 일부 개정(안)을 붙임과 같이 심의·의결함

2. 제안이유

직원 ○○○○에 대한 업무 절차를 명확히 하고자 함

3. 주요내용

겸직 신청 시 관장의 사전 허가를 받도록 함(안 제00조)

4. 관련근거

「○○」제00조

5. 참고사항

• 본 안건은 이사회 심의·의결 후 시행

붙임○○규정 일부 개정(안) 1부.

| 붙 임 | ○○규정 일부 개정(안) |

규정 제00호

○○규정 일부 개정(안)

○○규정 일부를 다음과 같이 개정한다.
제00조를 다음과 같이 한다.
제00조(겸직 허가) ① ○○○○○○○○○○○○○○○○○○○○○○○○
② ○○○○○○○○○○○○○○○○○○○○○○○○○○○○○

부칙
제1조 이 규정은 20○○. 00. 00.부터 시행한다.

신·구조문대비표

현 행	개 정
제00조(겸직) ○○○○○○○○○○○○ ○○○○○○○○○○○○○. 〈신설〉	**제00조(겸직 허가)** ① 직○○○○○○ ○○○○○○○○○○○○○. ② ○○○○○○○○○○○○○○○○○ ○○○○○○○○○○○○○○○○ ○.

20○○년 제○차(제○○회) 이사회 의결서

1. 일시 : 20○○년 0월 00일(수), 14:00~18:00

2. 장소 : 수원 ○○○센터 3층 소회의실

3. 상정안건 및 결과

구분	안건명	심의결과
심의안건 제00호	20○○년 예산안 및 사업계획	원안의결
심의안건 제00호	○○규정 일부개정안	수정의결

20○○년 ○월 ○○일

한국공공기관관리원 이사회

의 장   홍 길 동   (서명)

상 임 이 사   (서명)

상 임 이 사   (서명)

비상임이사   (서명)

비상임이사   (서명)

비상임이사   (서명)

비상임이사   (서명)

비상임이사   (서명)

20○○년 제○차(제○회) 이사회 회의록

1. 일시 : 20○○년 0월 00일(수), 14:00~18:00
2. 장소 : 수원 ○○○센터 3층 소회의실
3. 출석현황 : 재적이사 0명, 출석이사 0명, 감사 1명
 가. 출석이사:
 나. 결석이사:
4. 의결사항

구분	안건명	심의결과
심의안건 제00호	20○○년 예산안 및 사업계획	원안의결
심의안건 제00호	○○규정 일부개정안	수정의결

5. 논의결과
【심의안건 제00호】 20○○년 예산안 및 사업계획
 가. 안건 주요내용
  ① 제안이유 : 한국공공기관관리원의 2000년 예산안과 사업계획을 심의의결하고
   자 함
  ② 주요내용 : 20○○년 예산안 및 편성, 20○○년 주요사업계획
 나. 참석자 발언
  • (000 이사) 관리원 설립목적을 달성할 수 있도록 구체적인 사업목표 설정
   필요
  • (000 이사) 사업예산이 많이 부족한 것 같음. 사업예산 확대를 위한 근본적인
   대책 필요
 다. 의결결과 : 원안의결

6. 특이사항 : 없음

위 결의의 명확을 기하기 위하여 기명날인 또는 서명함

20○○년 ○월 ○○일

의　　　장　　　홍 길 동　　　(서명)

비상임이사　　　(서명)

비상임이사　　　(서명)

2) 내규관리

(1) 직무 소개

공공기관은 통일되고 표준화된 기준에 따라 업무를 수행한다. 설립 근거법에 따라 조직을 구성하고 설립목적을 달성하기 위한 사업을 추진하는데 일정한 틀 속에서 효율적으로 업무를 수행하기 위해 기준을 마련해야 한다. 쉽게 말해 관료제와 동일하게 조직체계 속에서 신속한 의사결정과 업무의 효율성을 극대화하기 위한 표준 매뉴얼을 만들어야 한다. 모든 구성원이 동일한 형태로 업무를 처리하고 정해진 절차에 따라 업무를 수행해야 하기 때문이다.

공공기관의 업무는 반복적으로 진행되기 때문에 매년 다른 형태와 절차에 의해 업무를 진행한다면 일관성·연속성 있게 업무를 추진하기 어려워진다. 기관 내 통일된 하나의 기준을 마련하여 모든 업무를 통일성 있게 진행해야 하는 이유다. 기관의 통일된 기준을 '내규(內規)'라고 하는데 법령체계와 동일하게 상위법에 근거하여 하위 법령과 조직 내 규정을 만들어 통일된 일 처리를 한다.

공공기관의 내규체계는 정관을 상위 개념으로, 하위체계인 규정과 시행세칙, 지침 순으로 내규를 제정·관리한다. 내규는 목적과 업무에 따라 명칭과 역할이 다른데 정관은 기관을 대표하는 최상위 내규로 정관에 따라 기관을 운영한다고 생각하면 된다. 정관에는 기관의 설립목적과 주요사업, 임원구성, 주요 규정에 근거가 되는 조항들이 있으며 정관을 제·개정할 때에는 이사회 심의·의결과 주무기관의 승인을 받아야 되고 법원에 변경신고를 해야 한다.

정관에서 위임한 세부적인 사항은 규정으로 구체화한다. 주로 인사·복무·회계·직제·보수규정 등이 이에 속하며 주요 규정을 제·개정하기 위해서는 이사회 심의·의결 과정과 주무기관의 승인이 필요하다. 주요 규정을 시행하기 위해서 실행 규정을 만드는데 이를 '시행세칙'이라고 한다. 주요 규정에서 실질적으로 시행해야 하는 행위를 위임하여 시행세칙을 제정한다. 한 예로 「인사규정」에서 위임하는 세부적인 실행 규정을 「인사규정 시행세칙」에서 구체화하는 것이다. 시행세칙에서 위임하거나 업무 매뉴얼화 할 필요가 있는 내용은 지침으로 하여 세부적인 실행사항을 구체화하고 있다. 내규를 제정하고 개정하기 위해서는 일정한 절차가 필요한데 이러한 절차는 「내규관리규정」에 명시한다.

- 공공기관은 「정관-규정-시행세칙(규칙)-지침」의 내규체계를 가지고 있다. 명칭은 기관마다 다를 수 있으나 법률체계와 유사한 체계 속에서 통일된 기준에 의해 업무를 수행한다. 기관의 내규체계와는 별도로 노(勞)와 사(社)가 함께 합의해서 직원들의 근로조건 전반에 관해서 기준을 마련하는 규정이 있는데 이를 '단체협약'이라고 한다. 단체협약은 「노동조합 및 노동관계조정법」에 따라 노와 사가 제정하는 것으로 「근로기준법」 제96조에 따라 기관에서 만든 내규보다 우선적으로 적용을 받는다. 기관에서 만든 내규가 단체협약을 위반하게 되면 그 부분에 한해서는 단체협약을 따르게 된다.

- 「근로기준법」에서 말하는 취업규칙은 기관에서 제정한 인사·복무·보수규정과 유사한 내용으로 근로자의 근로조건과 관련된 주요 내용을 규정하도록 법에서 명시하고 있다. 기관에서 별도로 취업규칙을 제정해야 하는 것은 아니고 「근로기준법」에서 규정하고 있는 내용에 대해서 기관에서 운영하고 있는 규정상에 반영하고 있으면 그 규정들을 취업규칙으로 인정한다. 그래서 고용노동부에 신고하기 위해서 별도의 취업규칙을 제정할 필요는 없으며 기관에서 제정한 근로조건과 관련된 규정을 신고하면 된다.

(2) 주요 직무

기관의 내규를 제정 및 개정하기 위해서는 정해진 절차에 따라 업무를 진행해야 한다. 이러한 사항을 명시한 규정이 「내규관리규정」이다. 기관에 따라 명칭은 다를 수 있으나, 공공기관에서 내규는 일반적으로 모든 규정을 포괄하는 상위 개념으로 본다. 내규를 제·개정하기 위해서는 표준화된 절차에 따라 업무를 추진해야 한다. 우선 내규의 제·개정권은 기관장에게 있다. 하지만 기관장 마음대로 고치고 만드는 것이 아니라 정해진 절차를 준수해 구성원에게 적용된 내규를 제·개정해야 한다. 다만 정관 및 주요 규정은 이사회의 심의·의결을 거쳐 주무기관의 승인을 받아 시행한다.

내규의 제·개정 절차는 다음과 같다.

①내규를 새로 제정하거나 개정하고자 하는 부서에서는 초안을 만들고 이해관계 부서와 협의를 하여 수정 및 보완사항에 대해 검토를 한다.

②검토가 완료되면 기관장 또는 상임이사(본부장)에게 초안을 보고하고 내부 의견 수렴 절차를 거친다. 내부 의견수렴과정에서 수정·보완사항이 있는 경우 수용 여부에 대해 검토하고 해당 의견을 낸 부서에 공문으로 전달한다.

③내부 의견수렴 절차가 완료되면 감사부서에 부패영향평가를 의뢰하고 의뢰결 과 이상이 없을 경우

④기관 내 내규심의위원회에 안건으로 상정하여 심의를 받는다.

내규심의위원회는 기획부서 총괄 부서장(직원 1급, 수석급)을 위원장으로 5명 이내 의 부서장(2급, 책임급)을 위원으로 구성한다. 주요 기능은 내규의 제·개정의 적정성 을 검토하고 다른 내규와의 상충, 용어와 문구의 순화 등 내규의 전반적인 사항을 심의하게 된다. 내규의 제·개정(안)을 제출한 부서장은 위원회에 참석하여 위원들 에게 안건에 대해서 설명할 수 있다. 내규심의위원회 결과 원안의결일 경우에는 후속조치(기관장 결재 또는 이사회 안건 상정)를 취하고, 수정의결일 경우에는 수정사항 을 반영하여 후속조치(수정보완 후 기관장 결재 또는 이사회 안건 상정, 별도로 위원회 안건 재 상정은 하지 않아도 됨)를 취하면 된다. 보류 및 재검토 결과가 나올 경우 해당 부서 에서는 위원회의 의견을 검토하여 제·개정안을 재상정할지 결정하고 위원회 의견 을 반영한 새로운 제·개정안을 제출할 수 있다.

⑤내규심의위원회 결과에 따른 후속조치(내부 결재 및 이사회, 주무기관 승인)를 실시하 고 제·개정이 완료되면 ⑥해당 부서는 모든 부서에 내규의 제·개정 사실을 공 지하고 기획부서에 내규관리 요청을 한다. 기획부서는 내규관리대장에 등록·관 리하고 공공기관 경영정보 공개시스템(알리오)에 제·개정 내규를 등록하면 내규 의 제·개정 업무는 마무리된다.

- 내규관리 업무를 수행할 때 면밀히 검토해야 하는 부분은 기관장 승인으로 제·개정을 할 수 있는 내규인지 아니면 이사회까지 안건을 상정해 심의·의결해야 하는지를 구분하는 것이다. 정관상에는 일반적으로 주요 규정으로 인사·복무·회계·보수·직제규정 등을 이사회에서 심의·의결하게 되어 있는데 규정이란 이름으로 만들어진 일반 내규도 이사회에서 심의해야 하는지가 문제가 될 수 있다. 그래서 규정이란 용어를 사용하지 않고 시행세칙으로 내규 명칭을 변경하는 경우도 있으나 주요 규정은 임직원의 신분 또는 근로조건과 관련된 사항이기 때문에 「감사규정」이나 「위임전결규정」 등과 같이 통상적으로 사용하는 규정은 기관장 승인으로 제·개정을 하는 것이 일반적이다.

- 시행세칙이나 지침은 상위규정에서 위임한 범위 내에서 내규를 제·개정해야 한다. 상위규정을 위반하거나 업무 범위를 넘어서 시행세칙이나 지침을 제·개정할 수는 없다. 그럴 경우 그 부분에 한해서 무효가 될 수 있다. 내규체계와 별도로 업무를 수행함에 있어 기관 모든 구성원에게 적용해야 할 사항이 발생할 수 있는데 이때에는 업무 매뉴얼이나 가이드라인으로 만들어 기관장 승인을 받고 시행할 수도 있다.

- 근로자의 근로조건과 관련된 사항을 개정하기 위해서는 「근로기준법」 제94조에 따라 근로자 의견 및 동의 절차를 받아야 한다. 규정 개정으로 인해 근로자의 근로조건이 불이익하게 변경되는 경우에는 반드시 근로자 과반수의 동의를 받아야 하는데 일반적으로 근로자 개개인의 서명을 받아 개정한다.

한국공공기관관리원 내규 제·개정 및 폐지 절차

□ **개요**

- 관리원 내규의 제·개정 절차를 표준화하여 업무 효율성을 높이고 구성원 의견수렴을 통해 내규에 대한 이해도를 향상시키고자 함

□ **관련근거 : 내규관리규정 제○조**

□ **내규 제정 및 개폐 절차**

- 관리원 내규를 제·개정하고자 할 경우, 초안 작성·관계부서 협의 및 의견수렴·내부 검토·심의·승인·등록·관리 및 시행의 절차 적용

① (초안작성) 운영부서는 제·개정하고자 하는 내규의 초안을 작성하여 해당 부서 본부장까지 초안 검토

　　* 두 개 이상 본부와 관련된 규정의 제·개정은 기관장에게 사전 보고

　→ 내규 제·개정의 초안은 기관의 규정에 따라 관장 또는 상임이사(본부장)에 보고

② (관계부서 협의 및 의견수렴) 관계부서와 협의 후 모든 부서 또는 구성원의 의견을 수렴하여 수정·보완 사항을 확인하고 반영 여부 검토

　* 부서(구성원) 의견수렴은 7일 이내(의견수렴 방법은 협조공문 형식으로 모든 부서에 발신)

　** 의견수렴 종료 후 감사팀에 부패영향평가 의뢰

③ (내규검토) 주관부서에서 내규의 중요성 및 적용 범위, 이해관계자, 타 내규와의 관계 등을 검토하여 심의위원회 상정 여부 결정

　* 내규의 경중에 따라, 위원회 상정 없이 내규검토만으로 종결할 수 있고 심의위원회 서면심의도 가능

④ (심의) 내규심의위원회를 개최하여 내규 제·개정의 타당성과 타 내규와의 관계(이해충돌 등), 조문의 형식 등에 대한 심의

　* 다른 위원회에서 내규 제·개정 심의를 받을 경우 내규심의위원회 심의 절차는 생략 가능
　　(예: 인사위원회 심의 대상 규정(인사/직제규정 등))

⑤ (확정) 내규심의위원회 심의 결과를 반영하여 운영부서는 이사회 안건 상정 또는 기관장 승인을 받아 내규 제·개정 확정

　* 기획부서는 내규심의위원회 결과를 공문으로 운영부서에 알림하고 운영부서는 결과를 바탕으로 관장 승인 후 전 부서 제·개정 알림 실시

⑥ (등록관리) 운영부서는 이사회 또는 관장 승인을 받은 후 주관부서에 승인 여부를 통지하고 주관부서는 내규관리대장에 등록하여 관리

　* 내규 제·개정 사항은 알리오에 등록(주관부서에서 등록관리)

붙임 내규 제·개정 세부 절차 1부. 끝.

| 붙임 | 내규 제·개정 세부 절차 |

구분	시행 주체	주요내용	비 고
① 초안작성	운영 부서	• 규정 제·개정 필요성 발생 시, 사유와 신구대조 등을 　작성하여 운영부서 차원의 내부 검토 • 해당 본부 본부장까지 보고(기관장 보고 가능)	
② 관련부서 　협의 및 　의견수렴	운영 부서	• 이해관계부서와 사전 협의 • 모든 부서(구성원) 의견수렴 절차 시행(7일 이내) 　* 의견수렴은 협조공문으로 진행하며 수신자는 관리원 모든 　　부서로 함 • 이해관계부서와 의견수렴 과정에서 나온 수정 및 　보완사항이 있을 경우 반영 여부는 운영부서에서 판단 　　→ 감사팀에 부패영향평가 의뢰	
③ 내규검토	주관 부서	• 주관부서는 운영부서에서 제출한 내규 제·개정(안) 검토 　– 내규의 중요성, 타 규정과의 관계 등을 고려하여 　　심의위원회 상정 여부 결정 　* 간단한 사항 (문구 수정, 쟁점 無 등)은 주관부서 검토로 　　종결하고 경중에 따라 서면심의도 가능	
④ 심의	주관 부서	• 내규심의위원회에 안건을 상정하여 심의 　– 제·개정(안)에 대한 위원회 차원의 심의 이해충돌, 　　쟁점사항, 문구수정 및 조항 개정 등 • 심의결과, 운영부서에 알림 ※ 다른 위원회에서 심의하는 규정은 내규심의위원회 심의 대 　상에서 제외	
⑤ 확정	운영 부서	• 심의위원회 결과를 반영하여 운영부서에서는 내규 　제·개정(안) 확정 　– 이사회 상정안건은 이사회 최종 심의 결과를 반영·확정, 　　기관장 승인 사항은 기관장에게 보고 후 확정 　*「정관」에서 규정한 중요 규정은 이사회 심의 후 주무기관 　　승인 이후 확정	
⑥ 등록·관리	주관 부서	• 운영부서는 최종 확정된 규정을 모든 부서에 협조공문으로 　알림 • 주관부서는 확정된 규정을 관리대장에 등록 관리하고 　알리오에 등록	

투명경영

공공기관은 정부의 예산이나 법령에 따른 독점적 사업권을 바탕으로 기관을 운영하고 사업을 수행하는 기관이다. 기관운영과 사업 수행 간 이뤄지는 모든 절차와 추진 성과는 사업 대상자 즉 국민의 생활 편의와 공익 실현을 위해 공정하고 투명하게 진행해야 한다. 투명경영은 공공기관의 주인인 국민에게 기관에 대한 모든 정보를 공유하고 투명하게 사업을 추진하고 있다는 사실을 공개하는 것이다. 정보의 공유 및 공개뿐만 아니라 기관 내외부 구성원, 이해관계자는 물론 제3자에 대해서도 반부패 및 청렴, 갑질 등의 반인륜적 행위를 방지하기 위해 투명경영을 제도화하고, 헌법적 가치인 인권에 대한 의무를 제도적으로 추진하고 있다.

우리나라는 2002년 「부패방지법」이 시행되고 부패방지위원회와 국가청렴위원회가 통합해 국민권익위원회가 설치되면서부터 본격적으로 공공기관의 청렴 및 부패방지 등의 활동이 본격화되었다. 특히 「부패방지법」 제정에도 불구하고 공공부문에서 각종 사회적 이슈가 발생함에 따라 2015년 「부정청탁 및 금품 등 수수의 금지에 관한 법률」[69]을 제정하여 부정청탁 및 금품수수 등에 대한 기준을 정하고 공공부문의 청렴 및 반부패 교육을 의무화했다. 해당 법령에 반영되지 않았던 직무상 이해충돌과 관련해서 2020년 「공직자의 이해충돌 방지법」이 제정되면서 공공부문의 투명경영과 청렴의식 강화를 위한 법적 체계는 갖추어졌다.

기관의 투명경영을 위한 제도로는 ①공시제도와 ②사업실명제, ③인권 및 윤리경영, ④정보공개제도가 대표적이다. 이 외에도 기관 차원에서 투명경영을 위한 다양한 퍼포먼스를 추진하고 기관의 특성을 고려한 다양한 제도[70]를 시행하고 있다. 투명경영에 관련된 직무는 대략적으로 직무경험이 3년 이내의 주임급에서 담당하고 있으며 공시 및 사업실명제는 기획부서, 인권 및 윤리경영은 감사부서, 정보공개제도운영은 총무부서에서 담당하는 것이 일반적이다.

---

69) 제정 : 2015. 3. 27. 시행 : 2016. 9. 28.

70) 내부 제보시스템, 사회적 책임경영 실천 전담부서 신설, 내부회계 통제 제도(재무 건전성 확보) 등

• 첫째, 공시제도

기관에서 수행하는 모든 현황을 제3자에게 공개하는 제도이다. 공시의 목적은 공공기관의 경영정보를 투명하고 신속하게 전달하여 국민감시를 강화하고 공공기관 운영의 효율성을 제고하기 위해서이다. 공시는 경영공시와 통합공시로 구분되는데 경영공시는 기관 차원에서 자체 누리집(홈페이지)에 공개하는 공시를 말하고 통합공시는 정부 차원에서 운영하는 공공기관 경영정보 공개시스템(알리오)에 기관에서 등록하는 공개를 말한다. 두 개의 공시는 「공공기관의 운영에 관한 법률」 제11조 및 제12조에 근거하고 있다. 다만, 경영공시 내용과 통합공시 내용이 유사하고 실무에서는 구분해서 사용하지 않으며 일반적으로 '경영공시' 이름으로 통합해 부르고 있다.

• 둘째, 사업실명제

정부에서 시행하는 정책실명제를 공공기관에서는 사업실명제란 이름으로 진행한다. 기관에서 추진하는 각종 사업의 투명성을 강화하기 위해 관리체계를 만들어 실명을 공개할 기준을 마련하고 공개 대상사업을 선정하게 된다. 기관에서 선정한 기준에 따라 공개가 필요한 사업의 제목과 내용, 예산과 담당자를 명시하여 매년 기관 누리집(홈페이지)에 사업 현황을 공개하고 있다.

• 셋째, 인권 및 윤리경영

투명하고 청렴하며 인간의 기본권 준수를 위한 경영을 추진하기 위해 인권 및 윤리경영을 공공기관에서는 추진하고 있다. 인권경영은 국가인권위원회 주관으로 「인권경영 가이드라인 및 체크리스트(2014)」와 「공공기관 인권경영 매뉴얼(2018)」에 근거하여 2018년부터 공공기관에 본격 적용하고 있으며, 윤리경영은 공공기관 경영평가에서 2003년부터 평가요소로 반영됨에 따라 공공기관에서 도입, 운영하고 있다. 인권경영과 윤리경영이 추구하는 목표는 투명하고 청렴한 기관을 만들고 그 구성원이 인간의 기본적 가치와 인권을 누리며 활동할 수 있도록 하기 위함이다. 물론 기관과 관련된 이해관계자들에게 반부패 및 청렴한 업무추진을 하는 것도 반영된다.

• 넷째, 정보공개제도

공공기관은 기관 운영 및 사업 추진과정에서 다양한 문서를 생산·접수하고 보유·관리하면서 다양한 형태의 정보를 만들어 낸다. 기관에서 보유하고 있는 정보를 일반인 또는 이해관계자에게 공개해 국민의 알 권리를 충족시키고 사업추진의 투명성과 책임성을 확보하고 「공공기관의 정보공개에 관한 법률」에 근거하여 정보공개제도를 운영하고 있다. 요청자의 요청이 들어오면 공개 여부를 검토해 가능한 범위 내에서 정보를 제공해 주고 내부 기준에 따라 공개 범위를 설정한다. 보안이나 관련 법령 등을 검토해 공개하기 어려운 부분을 제외한 정보 및 자료를 요청자에게 제공하고 있다.

1. 공시제도

1) 직무 소개

공공기관은 설립 근거법에 따라 정부의 출연금 또는 보조금, 자체 수입금 등으로 운영한다. 법령에 따른 공적인 업무를 수행하는 공조직의 성격이 강하기 때문에 예산을 적정하게 사용하고 있는지, 기관의 운영은 투명하게 진행하고 있는지를 對 국민을 대상으로 공개하도록 「공공기관의 운영에 관한 법률」에서 규정하고 있다. 공개 대상이나 범위, 항목 등은 매년 증가하는 추세이다. 자세한 공개내용은 공공기관 경영정보 공개시스템인 '알리오'에서 확인할 수 있다.

공공기관 경영정보 공개시스템(알리오)은 2005년 5월 공공기관 CEO 혁신토론회에 구축계획이 발표되고 최초 20개 항목을 공시하는 것에서부터 출발했다. 2023년 현재는 ①새로운 공시환경 변화를 반영하고 ②국정과제 등 정책과제 추진을 뒷받침하며 ③통합공시 점검기준 구체화 및 정책점검기능을 강화하는 방향으로 통합공시 기준을 전면 개편하여 시행 중이다. 투명하고 효율적인 공공기관 운영을 위해 시대의 흐름과 변화에 부합하기 위해 ESG[71]를 고려한 항목이 신규로 반영됐다.

---

71) ESG란 환경(Environment), 사회(Social), 지배구조(Governance)의 약자로 기업이나 기관의 지

<표 제목 없음>

〈공시 개편 현황〉

기존	개편
대항목(5개)-항목(41개)-세항목(99개)-세세항목(126개)	대분류(4개)-중분류(15개)-항목(46개)-세항목(98개)-세세항목(118개)

*자료 : 공공기관 통합공시(알리오) 전면 개편(기획재정부 보도자료, 2023. 2. 3.)

공시 관련 법령은 「공공기관의 운영에 관한 법률」 제11조 및 제12조, 「공공기관의 운영에 관한 법률 시행령」 제16조, 「공공기관의 혁신에 관한 지침」 제12조~제16조, 「공공기관의 통합공시에 관한 기준」을 근거로 공공기관 경영정보 공개시스템(알리오)을 통해 對 국민을 대상으로 공개하고 있다. 공시는 「공공기관의 운영에 관한 법률」 제4조에 따라 공공기관으로 지정된 기관 및 그 부설기관[72])을 대상으로 한다. 2023년 현재 경영공시 대상 공공기관은 347개(공기업 32개, 준정부기관 55개, 기타공공기관 260개)이다. 경영공시의 목적은 공공기관 경영정보를 투명하고 신속하게 전달하여 국민감시를 강화하고 공공기관 운영의 효율성을 향상하기 위해서다.

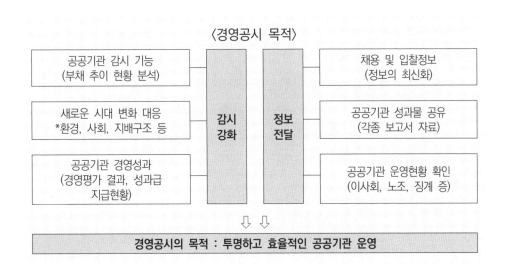

〈경영공시 목적〉

속가능성과 장기적인 가치 – 환경, 사회, 지배구조와 같은 비재무적 측면을 말한다.(검색: 네이버 지식백과를 재구성함, 2024. 1. 14.)

72) 부설기관은 모(母) 기관의 정관 등에 의해 예산 및 정원 등 별도 운영 관리되는 기관을 의미함

공시는 관련 법령에 따라 경영공시와 통합공시로 구분될 수 있는데 경영공시는 공공기관이 인력, 보수, 재무 등 경영 관련 정보를 「공공기관의 운영에 관한 법률」 제11조에 따라 공시하는 것을 말하며 공공기관 누리집(홈페이지)에 자체 공시하는 것을 의미한다. 통합공시는 기획재정부가 공공기관의 경영공시 사항 중 주요 사항을 표준화하고 통합하여 공시하는 것으로 정부에서 운영하는 공공기관 경영정보 공개시스템(알리오)에 공시하는 것을 말한다. 실무에서는 경영공시를 통합공시와 큰 차이 없이 말하고 있으며 공공기관 자체 누리집(홈페이지)에 경영공시가 공공기관 경영정보 공개시스템(알리오)과 연동될 수 있게 구현하고 있다. 경영공시 관련 법령에 따라 최근 5년간의 자료를 게시하는 것을 원칙으로 하고 있다.

2) 주요 직무

(1) 공시주기

공시는 정기공시와 수시공시로 구분한다.

- **첫째, 정기공시[73]**

연간을 기준으로 분기별로 진행하는데 분기별로 공시해야 하는 항목이 별도로 지정되어 있다. 임직원 수, 보수, 부채정보, 복리후생비 등 연간 경영성과를 확인할 수 있는 주요 정보를 정기공시에 진행한다. 간단한 예로 기관의 일반현황은 연간 1회 1분기에 공시하고 임직원 수는 분기별로 공시[74]한다. 정기공시 제출일을 기준으로 약 2주일 전에 기획재정부에서 모든 공공기관의 정보를 전달하는 '업무 연락방'을 통해 작성요청을 하면 2주 내에 관련 공시 내용을 작성·검토·결재·제출 순으로 업무를 처리한다.

---

73) 정기공시 시기는 1분기는 4월 말, 2분기는 7월 말, 3분기는 10월 말, 4분기는 다음 연도 1월 말에 진행한다.

74) 공시항목마다 갱신주기(연간, 반기, 분기별)가 달라서 기획재정부에서 편찬한 「공공기관의 통합공시에 관한 기준」 〈별표 1〉 통합공시 항목별 세부 공시기준 확인 필요

〈공시 절차〉

① 공시기준 수립 및 통보 (기획재정부)	• 당해년도 공시 항목 등 매뉴얼 배포 및 담당자 교육(3월 경)
② 공개자료입력 (공공기관)	• 공공기관 경영정보 공개시스템(알리오)에 자료 작성·입력·제출 * 입력자료는 내부 검토 및 결재 이후 실시
③ 대국민공개 (기획재정부)	• 기관에서 제출한 자료 검토 후 공공기관 경영정보 공개시스템(알리오)에 게시
④ 사후조치	• 연 3회 공시점검 추진(기획재정부) * 점검결과에 따른 소명자료 제출(공공기관) → 점검결과 통보(기획재정부) → 수정공시 추진(공공기관)

• 둘째, 수시공시

주요 사유 발생일을 기준으로 14일 이내에 공시해야 한다. 채용정보, 입찰정보, 이사회 회의록, 내규의 제·개정 등 활용성과 적시성이 높고, 정보제공이 중요한 항목은 수시로 공시를 진행한다. 수시공시는 적시성이 중요하기 때문에 채용정보는 공고 당일까지 공시하고, 전형 단계별 결과 업데이트는 결과 확정 후 14일 이내 공시해야 한다. 입찰 정보도 원칙적으로는 당일까지이며, 나라장터 연계 입찰공고는 다음날까지이다.

(2) 공시항목

통합공시 항목은 2023년 현재 46개이다. 분야별로 구분하면 기관 운영 16개 항목, 경영성과 13개 항목, ESG 운영 12개 항목, 대내외 평가 등 5개 항목이 있다. 기관 운영은 일반현황, 인력, 보수, 복리후생, 노조, 소송, 자문 등이 있으며 ESG 운영은 ESG 경영현황, 환경(온실가스 감축 실적, 녹색제품 구매 실적 등), 사회(안전관리, 인권경영, 장애인 고용률 등), 지배구조 등이 있다. 경영성과는 재무성과, 사업 및 투자, 중장기 재무관리계획 등이 있고, 대내·외 평가는 대내·외 평가(주무기관 감사, 경영평가, 국회 등), 정보공개가 여기에 속한다. 기존과 2023년 개편의 큰 차이는 통합공시 분류체계가 변경됐다는 것이다. 기존은 대항목이 5개였으나, 이번 개편에서는 대분류 및 중분류체계로 구분하여 구체화한 것이 큰 특징이다.

〈2023년 통합공시 분류체계 및 공시항목〉

◇ (현행) 대항목(5개)-항목(41개)-세항목(99개)-세세항목(126개)
◇ (개편) 대분류(4개)-중분류(15개)-항목(46개)-세항목(98개)-세세항목(118개)

22년		23년 개편		
대항목 (5개)	항목 (41개)	대분류 (4개)	중분류 (15개)	항목 (46개)
I. 일반현황	일반현황 1개	I. 기관운영	일반현황	일반현황, 내부규정 2개
II. 기관운영	임직원수, 신규채용, 직원평균보수, 복리후생, 환경보호, 인권경영 등 20개		인력관리	임직원수, 임원현황, 신규채용 등 7개
			보수관리	임원연봉, 직원 평균보수, 업무추진비 등 3개
			복리후생	복리후생비 등 2개
			노동조합	노동조합 현황 1개
			소송 및 자문	소송 현황 1개
III. 주요사업 및 경영성과	재무상태표, 손익계산서, 감사보고서 등 13개	II. ESG 운영	ESG현황	ESG 경영현황 1개
			E(환경)	환경보호 1개
			S(사회)	안전관리, 인권경영, 장애인 고용현황 등 7개
			G (지배구조)	이사회, 자체 감사부서 현황 등 3개
IV. 대내외 평가	경영평가, 청렴도 평가, 국회 등 외부지적사항 등 5개	III. 경영성과	재무성과	재무상태표, 손익계산서 등 7개
			사업 및 투자	주요사업, 투자집행내역 등 3개
			중장기 재무관리	중장기 재무 관리계획 등 3개
V. 정보공개	계약정보, 연구보고서 2개	IV. 대내외 평가 등	대내외평가	경영평가, 국회 등 외부지적사항 등 3개
			정보공개	계약정보, 연구보고서 2개

*자료 : 「공공기관 통합공시(알리오) 전면 개편(기획재정부 보도자료, 2023. 2. 3.)」을 재구성함

(3) 공시관리

공시는 기관에 대한 신뢰와 직결되기 때문에 책임자를 지정해야 한다. 불성실·허위 공시에 대한 책임소재를 명확하게 하도록 공시항목별 작성자, 감독자 및 확인자를 지정하고 이를 함께 공시해야 한다. 일반적으로 감독자는 감사부서의 책임자가 그 역할을 수행[75]한다.

• 첫째, 공시 변경

공시 내용 중 오류, 오탈자, 일정 변경, 내용 업데이트 등 공시된 보고서에 수정이 필요한 경우 수정된 보고서를 작성 후 권한을 받아 재공시(수정공시)를 한다. 업무 담당자가 기관 내부 결재를 받아 기획재정부에 수정 권한을 요청하고 기획재정부에서 검토 후 승인 또는 반려 처리하는 것이 절차이다.

수정하고자 하면 내부적으로 수정항목과 수정 사유, 수정 전·후 내용 등을 명확하게 작성하여 보고하고 결재를 얻은 후 기획재정부에 공문으로 제출해야 한다. 기획재정부에서는 수정공시가 타당한지를 검토하여 반영 여부를 결정하는데 이러한 절차가 없도록 사전에 공시 내용을 정확하고 꼼꼼하게 확인하는 것이 중요하다. 기획재정부에서 승인 시에는 공시보고서를 재작성하여 다시 제출하거나 게시판 내용을 수정하여서 저장하면 된다. 이때 공공기관 경영정보 공개시스템(알리오)에는 정오표, 수정 사유, 수정 전후 내용이 포함하여 공개한다.

> 💡 **저자 생각**
>
> 실무업무를 하다 보면 공시 내용에 오류가 발생하는 경우가 자주 있다. 작성 담당자들이 작성 기준을 이해하지 못하거나 작성 과정에서 누락 또는 단순 오기 등을 범하는 경우가 발생한다. 이는 기관의 신뢰와 직결되는 문제이기 때문에 경영공시 담당자는 각 부서에서 제출되는 공시항목별 작성 내용을 기획재정부에 제출하기 전에 반드시 재확인해야 한다. 기관에서는 공시 오류 및 누락 등을 사전에 예방하기 위해 자체적으로 확인·점검 체계를 마련하는데 가장 대표적인 사례가 학습조직 구성이다. 공시항목에 대해 공부와 내용, 누락 및 오류 사항 등을 상호 점검하고 자료를 공유함으로써 벌점으로 이어질 수 있는 사항을 실무자 단계에서 확인하는 체계를 마련해 운영하고 있다.

---

75) 「공공기관의 혁신에 관한 지침」 제13조

• 둘째, 공시점검

공시는 투명하고 효율적인 기관의 운영을 위하여 중요하다. 공시 내용에 오류가 발생하거나 불성실하게 공시하면 기관의 신뢰성과 도덕성에 큰 문제가 발생한다. 불성실 공시의 경우 벌점이 부과되고 경영평가에도 감점 요인으로 반영된다. 불성실 공시에 대한 벌점 부과 기준은 정기공시와 수시공시를 나눠 적용하는데 공시별로 적용기준이 다르다.

미공시·허위 공시·공시오류는 정기 1.5점~5점, 수시 0.75점~3점의 벌점이 부여되고 지연공시는 1점~2.5점, 공시 변경은 0.01점~0.1점의 벌점이 부여된다. 벌점이 연간 20점을 초과하면 '기관주의' 조치가 취해지고 연간 벌점이 40점을 초과하면 '불성실 공시기관'으로 지정된다. '기관주의' 기관은 개선계획서 제출과 불성실공시 예방 교육을 받아야 하고, '불성실 공시기관'으로 지정되면 개선계획서 제출, 불성실 공시 예방 교육, 공공기관 경영정보 공개시스템(알리오)나 기관 누리집(홈페이지) 게시, 관련자 인사 조처 등의 불이익이 발생한다.

공시업무를 성실하게 무(無)오류로 업무를 수행했을 때는 인센티브가 주어지는데 우수공시기관(무벌점 기관(공기업·준정부기관 3년, 기타공공기관 2년)) 또는 공시향상기관(2년 연속 벌점 전년 대비 50% 이상 감소)으로 지정된다. 우수공시기관은 다음 연도 공시점검 면제와 공공기관 경영정보 공개시스템(알리오)·기관 누리집(홈페이지)에 우수공시기관으로 게시할 수 있다. 공시향상기관은 공공기관 경영정보 공개시스템(알리오)나 기관 누리집(홈페이지)에 지정게시를 할 수 있다. 공시업무는 기획재정부에서 작성하는 '통합공시 매뉴얼의 작성지침'을 정확하게 이해하고 적용하는 것이 중요하다. 공공기관 경영정보 공개시스템(알리오)상에 입력하거나 공시보고서를 제출할 때 관련 지침을 정확하게 숙지하고 업무를 수행해야 한다.

⟨불성실 공시에 대한 벌점기준⟩

1. 정기공시

불성실 유형	위반내용	벌점
미공시	• 주요항목[1])을 고의 또는 중과실[2])로 미공시하는 경우 세항목별[3]) 과점	5점
	• 주요항목을 경과실로 미공시하는 경우 세항목별 과점	3점
	• 기타항목을 고의 또는 중과실로 미공시하는 경우 세항목별 과점	3점
	• 기타항목을 경과실로 미공시하는 경우 세항목별 과점	1.5점
2. 허위공시	• 고의 또는 중과실로 주요항목에서 사실과 다른 내용을 공시하여 외부기관으로부터 적발된 경우 세항목별 과점	5점
	• 고의 또는 중과실로 기타항목에서 사실과 다른 내용을 공시하여 외부기관으로부터 적발된 경우 세항목별 과점	3점
3. 공시오류	• 경과실로 주요항목에서 사실과 다른 내용을 공시하여 외부기관으로부터 적발된 경우 세항목별 과점	3점
	• 경과실로 기타항목에서 사실과 다른 내용을 고시하여 괴부기관으로부터 적발된 경우 세항목별 과점	1.5점
4. 공시변경	• 사실과 다른 경영정보를 공시하여 이를 기관에서 수정한 경우 세항목별 수정횟수당 과점	0.5점

1) 주요항목 및 기타항목의 분류는 기획재정부 장관이 통합공시 매뉴얼 작성 시 정하여 통보한다.
2) 중과실은 공시담당자가 쉽게 예견할 수 있는 오류(수치오류, 중요사항 누락·오기 등)로 해당 항목의 내용 및 의미가 달라지는 경우(연계항목의 내용 변경, 기초 사실의 왜곡 등), 경과실은 공시항목의 내용에 실질적인 변화를 주지 않는 기재 오류를 의미한다.
3) 정기공시에서 세세항목이 있는 경우는 세세항목별로 과점한다. 세항목 및 세세 항목의 분류는 기획재정부 장관이 통합공시 매뉴얼 작성 시 정하여 통보한다.

2. 수시공시

불성실 유형	위반내용	벌점
미공시	• 공시사항을 미공시한 경우 사유 발생 횟수별 과점	3점
지연공시	• 공시사항의 공시시한일부터 6개월 경과 이후 공시한 경우 공시 횟수별 과점	2.5점
	• 공시사항의 공시시한일부터 1개월 경과 이후 공시한 경우 공시 횟수별 과점	2점

	• 공시사항의 공시시한일부터 1주일 경과 이후 공시한 경우 공시 횟수별 과점	1.5점
	• 공시사항의 공시시한일부터 1주일 이내 공시한 경우 공시 횟수별 과점	1점
3. 허위공시	• 「임직원 채용정보」 이외의 항목에서 고의 또는 중과실로 사실과 다른 내용을 공시하여 외부기관으로부터 적발된 경우 공시 횟수별 과점	3점
	• 「임직원 채용정보」 항목에서 고의 또는 중과실로 사실과 다른 내용을 공시하여 외부기관으로부터 적발된 경우 공시 횟수별 과점	1.5점
4. 공시오류	• 「임직원 채용정보」 이외의 항목에서 경과실로 사실과 다른 내용을 공시하여 외부기관으로부터 적발된 경우 공시 횟수별 과점	1.5점
	• 「임직원 채용정보」 항목에서 경과실로 사실과 다른 내용을 공시하여 외부기관으로부터 적발된 경우 공시 횟수별 과점	0.75점
5. 공시변경	• 「입찰정보」, 「임직원 채용정보」 이외의 항목에서 사실과 다른 경영정보를 공시하여 이를 기관에서 수정한 경우 세항목별 수정횟수당 과점	0.1점
	• 「입찰정보」, 「임직원 채용정보」 항목에서 사실과 다른 경영정보를 공시하여 이를 기관에서 수정한 경우 세항목별 수정횟수당 과점 〈조정계수〉 - 상기 2개 항목 공시 건수의 합계가 100건 이하인 경우 1 - 상기 2개 항목 공시 건수의 합계가 100건 초과 1,000건 이하인 경우 2 - 상기 2개 항목 공시 건수의 합계가 1,000건 초과 5,000건 이하인 경우 4 - 상기 2개 항목 공시 건수의 합계가 5,000건 초과인 경우 10	0.1점*1/ 조정계수

*자료 : 「공공기관 통합공시 매뉴얼, 전자문서 작성지침(기획재정부, 2023.)」을 재구성함

2. 사업실명제

1) 직무 소개

공공기관은 사업추진의 투명성과 신뢰성을 담보하기 위해 「공공기관의 혁신에 관한 지침」에 따라 사업실명제를 시행하고 있다(의무사항). 적용 대상은 「공공기관의 운영에 관한 법률」 제4조 및 제6조에 따른 공공기관이 해당한다. 공개사항은 대상사업 사업명, 사업기간, 사업비, 사업관계자(입안자, 관련자, 결재자), 사업추진 실적 및 대상사업 내역서이다.

사업실명제는 정부가 운영 중인 정책실명제[76]를 공공기관에 도입하여 추진하는 제도이다. 사업실명제를 추진하는 이유는 ①정부의 국정과제 이행을 위해 기관에서 추진하는 사업을 확인하고 ②일정 규모 이상의 단위 사업에 대한 점검을 통해 예산집행의 투명성과 사업추진의 신뢰성 확보, ③사업추진 주체를 명확하게 실명으로 기록·관리하여 사업 책임성을 강화하기 위해서다.

〈사업실명제 이해하기〉

구분	내용
관리체계	① 업무 담당자('정'·'부') 지정 ② 심의위원회 구성·운영(위원회 구성, 대상사업 심의·의결)
사업실명 공개	사업명, 사업목적, 사업기간, 예산, 추진계획, 담당자 실명 등을 기관 누리집(홈페이지)에 공지

2) 주요 직무

사업실명제를 실무에서 추진하기 위해서는 업무 담당자를 지정하고 실명제 대상 사업을 선정하기 위한 심의위원회[77]를 구성해 심의 결과에 따라 대상을 선정하여 기관의 누리집(홈페이지)에 공지하게 된다. 대부분의 기관에서는 사업실명제를

---

76) 「행정업무의 운영 및 혁신에 관한 규정」 제63조~제62의 5조
77) 위원회 명칭은 기관마다 상이 하나 일반적으로 '사업실명제 심의위원회'로 부른다.

추진하기 위한 내부 계획을 수립하여 추진하게 되는데 별도의 계획 없이 규정화해 추진하는 경우도 있다. 업무 담당자는 정·부로 지정하는데 기획부서 부서장(책임급, 부장 또는 팀장급)을 '정'으로 하고 실무업무를 수행하는 담당자를 '부'로 지정해 업무체계를 마련한다. 사업실명제 심의위원회 구성 및 운영은. 기획 업무를 총괄하는 부서장(실장급, 1급)을 위원장으로 5인 이상으로 구성하며, 외부위원은 위원의 과반수 이상으로 구성한다.

위원회에서는 ①주요 국정현안에 관한 사항, ②재무적 영향이 큰 대규모 사업, ③국민생활과 밀접한 주요 서비스 제공사업 등을 선정하여 관리한다. 위원회 개최 방법은 기관에 따라 다르지만, 일반적으로 대면회의를 통해서 올해의 사업실명제 대상사업을 선정하고 선정기준에 따른 실적을 관리하게 된다. 위원회 운영은 기관별로 내규 또는 별도 계획에 의해 결정해 시행하고 있다. 사업실명제 심의위원회는 인사위원회 또는 이사회와 같이 업무의 중요도가 높은 위원회는 아니기 때문에 위원회를 서면 회의로 진행하는 경우도 있다.

새로 설립된 신설기관은 사업실명제 대상사업 선정기준을 위원회에서 심의·의결해야 한다. 그 선정기준에 따라 사업실명제 대상사업이 결정되기 때문이다. 일반적으로 관련 지침에서 규정한 사항을 세부적으로 기관의 여건에 따라 세부적으로 구분하는데 주요 국정현안(국정과제)에 관한 사항은 혁신성장, 일자리 창출 관련 사업, 사회적 책임 실현 강화 관련 사업, 탄소중립, ESG 경영 실현 사업 등으로 구분할 수 있고, 재무적 영향이 큰 주요 사업은 일정 규모 이상의 사업(액수는 기관의 재정적 여건과 규모 등을 고려하여 결정하는데 기타공공기관의 경우에는 2억 이상에서 5억 미만으로 함), 기관의 재무구조에 영향을 미칠 것으로 예상되는 사업 등으로 구분하여 사업실명제 대상사업을 선정한다.

사업실명제 추진 절차는 내부적으로 대상사업 공모를 통해 대상 사업을 선정하고 부서별로 선정된 대상 사업의 사업내역서를 작성하여 심의위원회에 안건을 상정한다. 위원회에서는 상정된 안건에 대한 심의·의결을 하고 확정된 대상 사업을 기관 누리집(홈페이지)에 공고하게 된다. 매년 2월에서 3월에 사업실명제 대상 사업을 기관 누리집(홈페이지)에 공개하고, 완료 사업 또한 기관 누리집(홈페이지)에 공개한다.

사업실명제 관련 업무는 업무의 난이도 및 중요도가 높은 업무는 아니다. 보통 입사한 지 2년 차 정도의 경력과 경험이 있는 직원이 업무를 담당하며 업무추진 절차 및 진행은 이사회 운영과 유사하여서 업무를 배우기 좋은 직무이다. 외부위원을 섭외하고 자료를 만들고 회의를 준비하면서 이해관계자와의 협의 과정을 익힐 수 있고 이해관계를 풀어가면서 업무를 배울 수 있는 좋은 사례가 될 수 있다. 사업실명제는 연초에 업무를 추진하여 1분기 이내에 기관 누리집(홈페이지)에 관련 자료를 공개하고 각 사업부서에서 관련 사업을 추진하여 그 결과를 기획부서에 알려주면 기획부서에서는 완료 사업과 계속 진행사업을 확인한다. 업무의 난이도와 중요도를 일률적으로 판단하기는 어렵지만 경력이 적은 주임급 직원이 업무를 담당해도 이상 없이 소화할 수 있는 수준의 업무이다. 한 단계 한 단계 난이도가 있는 업무를 배워가며 자신만의 행정업무 스킬을 키우는 것이 중요한데 사업실명제 업무가 내가 업무를 배워갈 수 있는 좋은 직무라는 생각이 든다.

〈사업실명제 심의위원회 안건 사례〉

안 건 번 호	제00호	심 의 안 건
심의년월일	20○○년 0월 00일 (20○○년 제0차(제0회))	

안건명	사업실명제 대상사업 선정기준

제안자	기획부서장
제출년월일	20○○년 0월 00일

〈사업실명제 심의위원회 안건 사례〉

1. 의결주문
20〇〇년 사업실명제 대상사업 선정기준을 붙임과 같이 심의·의결함

2. 제안이유
한국공공기관관리원의 투명한 경영과 책임성을 제고하기 위해 사업실명제 대상사업 선정기준을 확정하고자 함

3. 주요내용 : 대상사업 선정기준
 1) 주요 국정현안(국정과제)에 관한 사항
  - 혁신성장, 일자리 창출 관련 사업
  - 사회적 책임 실현 강화 관련 사업
  - 탄소중립 및 ESG 경영 실현 관련 사업 등
 2) 국민생활과 밀접한 주요사업
  - 서비스 제공범위, 관련 이해관계자 수, 예산 규모의 측면에서 국민생활과 밀접한 관련이 있다고 판단되는 사업
 3) 재무적 영향이 큰 주요사업
  - 일정 규모 이상의 사업(2억 이상)
  - 기관의 재무구조에 영향을 미칠 것으로 예상되는 사업 등

4. 관련근거

• 「공공기관의 운영에 관한 법률」 제0조 및 제0조
• 「〇〇규정」 제〇〇조

5. 참고사항

• 본 안건은 위원회 심의·의결 이후 시행

붙임 1. 사업실명제 대상사업 선정기준 1부.
　　 2. 유사기관 사업실명제 대상사업 선정기준 비교 1부. 끝.

붙임 1	사업실명제 대상사업 선정기준

1. 주요○○○○에 관한 사항
2. 대규모 예산이 투입되는 사업
3. 일정 ○○○○○○○ 용역
4. 법령 또는 자치법규의 제·개정 및 폐지
5. ○○○○ 장관이 정한 절차에 따라 국민이 신청한 사업
6. 그 밖에 ○○○○가 필요한 사업

붙임 2	유사기관 사업실명제 대상사업 선정기준 비교

	○○○○○○관리원	○○○○연구원	○○○○협회
1	주요 국정 현안(국정과제)에 관한 사항 - 혁신성장, 사회적가치 실현 - 그린·디지털 뉴딜정책 관련 사업	주요 국정현안에 관한 사항	주요 국정현안(국정과제)에 관한 사항 - 정부 국정과제 관련 사업 - 관련 법률에 따른 주요 사업
2	재무적 영향이 큰 사업	재무적 영향이 큰 대규모 사업 - 예산에서 차지하는 비중이 10% 이상인 사업	재무적 영향이 큰 사업 - 총사업비 2억 원 이상의 사업 - 기관 재무구조에 영향을 미칠 것으로 예상되는 사업
3	기관의 임무와 역할을 대표하는 사업 - 기관의 대표성을 띠는 사업	기관의 임무와 역할을 대표하는 서비스 사업 - 법 및 정관에서 정한 기관 고유사업은 원칙적으로 실명제 대상사업에 포함	국민생활에 미치는 영향이 큰 주요 서비스 제공 사업 - 협회의 임무와 역할을 대표하는 서비스 제공 사업
4	국민생활과 밀접한 관계가 있거나 대국민 홍보가 집중적으로 필요한 사업	국민생활과 밀접히 관련이 있다고 판단되는 사업	대국민 홍보가 집중적으로 필요한 사업 등
5	기타 심의위원회에서 필요하다고 인정한 사업	그 밖에 중점관리가 필요한 기관의 핵심사업 - 공공기관 정상화 관련 과제 - 국회, 감사원 등 외부기관 지적사항 등	-

사업실명제 사업내역서

사업실명제 등록번호	20○○-00	담당부서 작성자	기획부 (홍길동/연락처/메일주소)
사 업 명	중장기 발전계획 수립		

사업개요 및 추진경과	• **추진배경**
	  - 기관의 전략체계를 진단하여 기관이 나아가야 하는 중장기 발전계획 수립 및 방향성 재정립 필요
	• **추진기간** : 20○○. ○. ~ 20○○. ○○.
	• **사업비** : ○○억 원
	• **주요내용**
	  - 대내·외 경영환경 분석 및 사업별 세부 실행과제 도출, 기관 중장기계획('00.~00.) 및 미래 경영전략('00.~00.) 연계 등
	  - 관리원의 가치체계와 경영전략 도출(단계별 이행과제 포함)
	• **추진경과 및 일정**
	  - 20○○. ○. : 일상감사 의뢰, 사전규격 및 입찰 공고
	  - 20○○. ○. : 제안서 접수 및 평가
	  - 20○○. ○.~ : 연구용역 추진
	  - 20○○. ○○. : 이사회 심의의결
	  - 20○○. ○○. : 내부결재 및 공개(기관 누리집(홈페이지))

사업수행자 (관련자 및 업무분담 내용)	• **최초 입안자 및 최종 결재자**
	  - 최초 입안자 : 직책 홍길동
	  - 최종 결재자 : 한국공공기관관리원 김관장
	
	• **사업 관련자**

구분	성명	직급	수행기간	담당업무 (업무분담 내용)
경영본부	박본부	본부장	'20.0.~00.	사업 총괄
기획실	이둘샘	1급	'20.0.~00.	사업 총괄
기획부	김하나	2급	'20.0.~00.	사업실무 총괄
기획부	홍길동	3급	'20.0.~00.	사업 수행

추진실적	- 신규 사업으로 해당 없음

3. 인권·윤리경영

공공기관은 관련 법령에 따라 투명하고 책임감 있게 기관을 운영해야 하며 기관의 내외 이해관계자의 인권보호 및 증진을 위해 앞장서야 할 의무가 있다. 이를 이행하기 위해 모든 공공기관에서는 인권경영과 윤리경영[78]을 함께 추진하고 있다.

〈인권경영과 윤리경영 비교〉

구분	인권경영	윤리경영
정의	인권보호 및 증진을 위한 기관의 역할과 책임을 경영 전반에 적용하여 인권친화적인 경영활동을 수행하는 것	공공기관 경영을 수행하는 데 있어 법과 규정의 준수는 물론 기관의 사회적·도덕적 책임을 다하는 경영방식
	인권침해 발생 예방 및 인권존중 문화 확립	**경영 투명성 제고 및 대내외 기관 청렴문화 확산**
관련 근거	국가인권위원회 「공공기관 인권경영 매뉴얼」, 「인권경영 가이드라인 및 체크리스트」	「부패방지 및 국민권익위의 설치와 운영에 관한 법률」, 기획재정부 '윤리경영 표준모델' 발표 및 자체계획 수립 지시('21.9.)
시행 주체	국가인권위원회	국민권익위원회
추진 목적	임직원 및 외부 이해관계자 인권 보호를 통한 사회적 책임 의무 준수	청렴, 갑질 행위 차단, 반부패 등 사회적 책임 의무 준수
	경영·운영평가 항목 및 사회적 책임 이행요소 포함	
추진 내용	**체계구축**	**윤리의식 확립**
	기관의 비전과 의지를 대내외 공표, 시스템 구축	윤리강령 선포 및 임직원 윤리의식 확립을 위한 시스템 구축
	인권영향평가의 실시	**관리체계 구축**
	잠재적 인권 리스크 파악 및 평가	전담조직 구축으로 전문성 확보, 추진력 강화

---

78) 윤리경영은 회사경영 및 기업활동에 있어 '기업윤리'를 최우선 가치로 생각하며, 투명하고 공정하며 합리적인 업무수행을 추구하는 경영정신을 의미한다. 최근에는 윤리경영과 사회적 책임, 지속가능경영을 연계된 개념으로 이해하고 있다. 윤리경영의 범위를 어디까지 설정할 것인지는 문제에 대해서는 크게 경제, 사회, 환경적 측면의 접근과 이해관계자별 접근으로 구분된다. (참고 : 국민권익위원회(2013), 「기업윤리경영 지원 활성화 방안」)

구분	인권경영	윤리경영
추진 내용	**실행 및 공개** 실행 등 과정을 대내외로 알려 기업 투명성 및 책임성 제고	**윤리위험 파악** 기관 내외부 위험요인 식별 및 계량화
	구제절차의 제공 법적 권리를 침해당하고 분쟁이 발생한 경우, 피해자의 권리를 원상회복 시키는 절차	**윤리위험 통제** 식별된 위험을 분류하여 변화요인에 대응한 통제방안 마련
	-	**내외부 신고제도** 내외부 관계자와 소통할 수 있는 익명 신고채널 구축
	-	**윤리경영시스템 모니터링** 자체적인 모니터링과 평가를 통해 시스템 개선

1) 인권경영

인권경영은 기업을 경영하는 과정에 있어 사람을 중시하는 경영, 즉 인간으로서의 존엄과 가치를 중시하고 보호하는 경영이라고 말할 수 있다. 공공기관은 직무수행 과정에서 내외 이해관계자는 물론 일반 국민의 인권을 직접 침해하거나, 인권 침해 문제에 연루될 경우에는 국가의 책임 문제가 발생할 수 있어 일반기업보다 높은 인권보호 및 존중의무를 요구하고 있다(공공기관 인권경영 매뉴얼, 2018년). 공공기관은 인권경영을 추진하기 위해 인권경영 추진계획을 수립하여 장기적인 계획 속에서 기관과 연관된 모든 이해관계자의 인권을 보호하고 존중하기 위해 노력하고 있다.

- **첫째, 인권경영 추진 체계 구축**

인권경영 담당부서와 담당자를 지정하는데 일반적으로 감사부서 또는 기획부서에서 관련 업무를 담당한다. 업무 담당자는 가장 먼저 인권경영 실행 규정을 제정해야 한다. 해당 규정에는 인권경영 실행 목적, 인권경영위원회 구성 및 운영, 인권 영향평가, 인권실태조사, 이행사항 및 구제에 대한 조치 등이 반영되어야 한다. 규정이 제정되면 이행을 해야 하는데 우선 인권경영위원회를 구성해야 한다. 위원회는 인권경영과 관련된 모든 사항에 대한 심의·의결을 하는 합의제 조직으로 인권경영선언, 인권영향평가, 인권실태조사, 피해자 구제 등 기관의 인권경영 정책 실행 전반의 의사결정기구[79]의 역할을 수행한다. 인권경영을 구성원에게 내재화하기 위해서는 모든 임직원을 대상으로 정기적인 인권경영 관련 교육을 추진해야 한다(의무). 인권경영 관련 체계구축이 완료되면 선언식을 개최하여 대내·외에 공표하는 행사를 추진하는 것이 좋다. 일반적으로 이때 인권경영 선언문을 모든 구성원들이 낭독하고 기관장에게 제출하는 형식의 퍼포먼스를 한다. 선언식을 할 때 기관과 관련된 이해관계자를 초청하여 함께 선언문을 낭독하는 것도 인권경영의 취지에 부합하기 때문에 다양한 이해관계자가 참석하는 행사를 개최할 수도 있다.

- **둘째, 인권영향평가**

인권영향평가는 인권리스크를 평가하기 위해 기관이 사업 관계의 결과로 또는 기업 활동으로 인해 인권에 미칠 수 있는 실제적 인권리스크를 파악하고 평가하는 절차를 말한다. 공공기관에서는 기관운영 인권영향평가와 주요사업 인권영향평가를 실시하는데 국가인권위원회가 제공하는 체크리스트를 기준으로 기관에 맞는 체크리스트를 확정해 추진한다. 평가 항목에 따라 각 사업부서별로 점검결과를 확인해 위원회에 제출하고 위원회에서 평가한 결과를 업무 담당자에게 제출하게 된다. 그 결과는 기관장에게 보고하여 차후 계획에 반영하고 지속적인 모니터링을 통해서 기관의 인권경영이 정착할 수 있도록 하고 있다. 인권영향평가 결과는 기관 누리집(홈페이지)에 공개하고 있다.

- **셋째, 세부과제 이행 및 구제**

기관에서는 매년 인권경영 추진계획을 수립한다. 인권영향평가 결과를 바탕으로 미흡사항에 대한 보완계획을 수립하여 추진하고 있고 잘된 사항은 지속적으로 임직원들에게 교육 등을 통해 내재화하고 있다. 이를 통해 기관과 관련된 내외부 이해관계자의 인권보호 및 존중문화를 실현한다. 또한 인권침해 피해가 발생할 경우

---

79) 위원회는 경영진(경영총괄 임원), 노동조합 추천자, 이해관계자(협력업체 및 지역주민 등)로 구성한다. 일반적으로 10명 이내, 외부위원을 과반 이상으로 구성하고 위원장은 외부위원 중에 호선으로 정한다.

를 대비해 구제대책도 마련해야 한다. 신고자 보호, 처리절차, 조사방법 등 신고
에서부터 처리까지의 모든 과정을 구축해야 한다.

인권경영은 기관의 경영평가에 반영되기 때문에 모든 공공기관에서 매년 체계
구축 및 이행계획 수립 및 이행, 평가를 수행하고 있으며 기관의 인권경영을 대외
에 홍보하기 위해 별도의 책자로 제작해 배포하는 등 다양한 노력을 하고 있다.

20○○년 한국공공기관관리원 인권경영 추진계획(안)

1. 환경분석 및 추진전략
□ 관리원 내외부 환경분석
• (외부환경) 공공기관 사회적 책임과 역할 및 전 사업에 대한 인권보호 강조
　- 윤리, 갑질, 기회균등, 직장 내 괴롭힘 등 공공기관 기본 인권 이슈 대응
　- 전 사업에 걸쳐 인권경영 요소를 점검하는 등 중장기적 인권경영체계 구축
• (내부환경) 조직과 사업규모가 확대 + 여성직원 비율 증가 추세
　- 내부 모니터링 시스템 도입으로 인권침해 문제를 사전 예방
　- 주기적 제도개선과 임직원 교육 추진으로 인권경영 내재화 노력
□ 추진전략

중장기 비전	XXXXXXXXXXXXXXXXXXXXXXX
'00년 목표	XXXXXXXXXXXXXXXXXXXXXXX

추진전략	추진과제	비고
인권경영체계 고도화	- XXXXXXXXXXXX	신규
	- 인권경영헌장 개정	강화
	- XXXXXXXXXXXX	계속
조직문화 개선 노력	- 내부 갑질실태 조사 실시	강화
	- XXXXXXXXXXXX	신규
	- XXXXXXXXXXXX	계속

2. 세부 추진계획
□ 인권경영체계 고도화
• (과제 1) XXXXXXXXXXXX
　- XXXXXXXXXXXXXXXXXXXXXXXXXXXXXXXXX

- (과제 2) 인권경영헌장 개정
  - 내용: 관리원 핵심 이해관계자 및 인권 관련 이슈를 명확히 하여 헌장 개정 추진
    * '00년 기관 경영평가 지적 사항 및 인권영향평가 결과 권고사항 반영
  - 개정 절차: 이해관계자 조사 및 면담('00. 00. ~ '00. 00.) →쟁점 도출 내부 회의
    ('00. 00. ~ '00. 00.) → 경영진 희외('00. 00.) → 헌장 개정 및 선언('00. 00.)
- (과제 3) XXXXXXXXXXXX
  - XXXXXXXXXXXXXXXXXXXXXXXXXXXXXXXXXXX
  - XXXXXXXXXXXXXXXXXXXXXXXXXXXXXXXXXXX
□ **이해관계자 인권 보호 강화**
- (과제 1) 내부 갑질 실태 조사 실시
  - 내용: 관리원 내부 갑질 실태 파악을 위한 조사 실시 및 답변자료 분석
    * 온라인 설문 조사 실시 및 데이터 분석, 문제점 및 개선방안 도출
    * 내부직원의 갑질 경험 여부 및 원인, 대처방안 등 인식조사 병행
  - 일정: '00. 00. ~ '00. 00.
- (과제 2) XXXXXXXXXXXX
  - XXXXXXXXXXXXXXXXXXXXXXXXXXXXXXXXXXX
- (과제 3) XXXXXXXXXXXX
  - XXXXXXXXXXXXXXXXXXXXXXXXXXXXXXXXXXX

3. 모니터링 및 개선
□ **정기적 모니터링 추진 및 개선**
- 월별 모니터링 추진 및 이슈 도출하여 개선방안 마련
- 인권영향평가 개선 권고사항 이행 점검 추진
□ **인권경영 자문단 운영**
- 외부 전문가로 자문단 구성하여 업무 고도화 추진

4. 행정사항
□ 인권경영 신규헌장 대국민 공개(관리원 누리집(홈페이지)): '00. 00.
□ '00년 인권경영 실적보고서 작성: '00. 00.
□ 0000팀 협조사항: 계약 업무 시 인권침해 체크리스트 및 이행서약서 작성
□ 0000팀 협조사항: 인권교육 수료자에 대한 개인 교육시간 인정(2h)

붙임 XXXXXXXXXXXX 1부. 끝.

2) 윤리경영

윤리의 사전적 의미는 '사람이 지켜야 할 도리, 곧 실제의 도덕규범이라는 원리 인륜'을 말하며 여기서 인륜은 사람 사이에 질서가 잘 잡힌 인간관계를 의미하고 있다. 윤리는 무리를 지어 살아가는 사람들 사이에 보편적으로 받아들여지고 실천하는 행동에 대한 기준 또는 표준을 말한다. 이를 공공기관에 대입하여 청렴, 반부패 및 갑질 행위 등을 사전에 차단하고 공공기관의 사회적 의무(책임)을 이행하기 위해 「부패방지 및 국민권익위의 설치와 운영에 관한 법률」에 따라 모든 공공기관은 윤리경영[80]을 추진한다.

'21년 12월 기재부 공공정책국에서는 LH사태를 계기로 국민들의 높아진 공공기관 윤리경영에 대한 기대에 효과적으로 대응하기 위해 「공공기관 윤리경영 표준모델」을 마련했다. 윤리경영 표준모델은 잠재적 윤리위험의 사전적·체계적 파악, 위험요인별 사전 예방적 통제장치 마련, 현재화된 위험에 대한 신속 대응 등 6대 핵심 요소로 구성되어 있다. 이에 따라 개별 공공기관에서는 윤리경영 표준모델을 바탕으로 기관별 특성과 미션에 맞는 윤리경영 시스템을 구축해야 한다.

표준모델에 기반한 윤리경영 추진계획을 수립했다면 기관의 윤리강령(윤리헌장 포함)을 제정한다. 기관 구성원 모두에게 적용되는 강령으로 임직원이 윤리헌장을 준수하기 위한 올바른 의사결정과 판단기준을 말한다. 강령 제정이 완료되면 일반적으로 기관장과 노동조합 또는 근로자 대표가 함께 윤리경영 선포식을 개최해 대내·외적으로 기관의 윤리경영 선포(보도자료 배포)를 알리게 된다. 이때 임원의 청렴의무와 위반에 대한 책임을 규정한 임원 직무청렴계약을 시행하여 고위직이 윤리경영 정착에 기여하는 퍼포먼스도 함께 시행한다. 윤리경영을 지속적으로 추진하기 위해서 윤리경영 추진 조직을 구축한다. 전담조직은 윤리경영 업무를 담당하는 부서에서 실무를 담당하고, 감사나 윤리업무를 담당하는 부서의 장을 행동강령책임관으로 임명해 기관의 윤리경영을 총괄하게 한다. 그리고 윤리경영위원회[81]라는

---

80) 공공기관 윤리경영은 OECD, UN 및 국제투명성기구 등 국제기구를 중심으로 제정된 뇌물방지협력인 부패라운드의 영향을 받았다. OECD는 외국 공무원에 대한 뇌물공여 행위를 억제하고 범죄로 규정하는 국제합의인 '국제상거래 뇌물방지 권고'를 채택하였고, 부패방지 관련 대표적인 NGO인 국제투명성기구(TI)는 매년 부패지수(CPI)를 발표하고 있다.

81) 위원장은 행동강령책임관으로 하고 위원은 주로 직원 중 최고 직급으로 부서의 장으로 보직된 직원으로 구성한다. 안건에 따라 외부 전문가를 외부위원으로 초빙할 수도 있다.

합의제 조직을 만들어 윤리경영과 관련된 안건에 대해 심의·의결하고 실질적인 청렴·반부패·갑질근절, 내부소통 등을 위한 활동을 한다.

기관 임직원이 윤리경영을 위반한 사항이 발생했을 때 신고할 수 있는 신고 체계도 구축하는데 감사부서에 익명으로 신고할 수 있는 신고센터를 개설해 운영하고 있다. 또한 윤리경영이 구성원에게 내재화될 수 있도록 정기적인 청렴·윤리 교육을 실시하고 있으며, 매년 윤리경영 추진실적을 확인하고 점검(평가)해 다음 연도 추진계획에 반영할 수 있는 윤리경영시스템도 구축하고 있다. 또한 매년 관련 법령에 따라 '공공기관 청렴도 측정'을 하며, 윤리경영과 관련된 추진계획이나 윤리강령, 헌장 등은 기관 누리집(홈페이지) 공개해야 한다.

〈윤리경영 표준모델 6가지 핵심 요소〉

구분	내용
윤리의식 확립	최고경영진의 의사를 반영한 구체적인 윤리강령을 모든 임직원이 지속적으로 숙지하도록 하는 것
관리체계 구축	윤리경영을 전담하는 관리체계를 구축하고 적절한 권한과 책임 및 예산 등을 부여하는 것
윤리위험 파악	윤리경영 목적달성을 저해하는 윤리위험을 식별·분석하고, 파악된 위험의 중요도(심각성) 평가에 따라 지속 관리하는 것
윤리위험 통제활동	윤리위험에 대한 대응방안을 설계하고, 통제활동이 효과적으로 작동할 수 있도록 절차를 마련하고 유효성 평가를 하는 것
내외부 의사소통	최고경영진을 포함한 모든 조직구성원이 윤리경영을 수행할 수 있도록 신뢰성 있는 정보를 공유·활용할 수 있도록 하는 체계
윤리경영 모니터링	윤리경영시스템을 상시적으로 모니터링하고 독립적인 평가에서 발견된 문제점을 적시에 개선하는 활동

*자료: 공공기관 윤리경영 표준모델(기획재정부, 2021.)

〈윤리경영 표준모델 체계도〉

목표	공공기관 지속가능 윤리경영 문화조성

	6대 핵심요소	10대 추진원칙
표준모델	윤리의식 확립	① 윤리의식 확립: 최고경영진 주도 윤리경영시스템 구축
	관리체계 구축	② 관리체계 구축: 적절한 권한위임과 감독책임 강화
	윤리위험 파악	③ 윤리위험 식별: 위험요인을 식별하고 위험도를 계량화 ④ 환경변화 대응: 외부변화에 민감, 리더십 변화에 안정
	윤리위험 통제활동	⑤ 통제활동 수립: 윤리위험별로 적절한 대응방안 설계 ⑥ 통제절차 선택: 통제활동 선택과 주기적 유효성 평가
	내·외부 신고제도	⑦ 내부 의사소통: 비밀이 보장된 내부고발제도 정비 ⑧ 외부 의사소통: 외부관계자에 의사소통채널 개방
	윤리경영 모니터링	⑨ 윤리경영 모니터링: 객관적이고 독립적인 모니터링 ⑩ 윤리경영 개선활동: 적시에 윤리경영상 문제점 개선

지원체계	공공기관 윤리경영 시스템 운영/개선	⇨	공공기관 윤리경영 실적보고서 작성/제출	⇨	주무부처/기재부 보고서 검토, 외부지적 등 고려 합동감사 실시	⇨	감사원 등 감사의뢰 수사의뢰

*자료: 공공기관 윤리경영 표준모델 확정(기획재정부 보도자료, 2021.12.13.)

4. 정보공개제도

1) 직무 소개

정보공개는 공공기관이 업무수행 간 생산·접수·보관·관리하는 모든 정보를 국민(이해관계자)에게 공개하여 국민의 알 권리를 보장하고, 기관의 사업추진 투명성과 책임성·신뢰성을 강화하기 위한 제도이다. 1996년 12월 31일 제정되고 1998년부터 시행된 「공공기관의 정보공개에 관한 법률」에 근거하여 모든 공공기관에서 적용·시행하고 있다. 기관에서는 관련 법령에 따라 자체 규정을 만들어 정보공개 운영에 관한 사항을 규정화하고 있는데 규정이 없는 기관에서는 운영계획을 수립해 업무수행 절차와 공개 여부, 공개범위 등에 대해서 기준을 정해 시행하고 있다. 정보공개제도에 대한 절차와 방법 등에 대한 세부적인 내용은 각 기관의 누리집(홈페이지)에 공개하고 있으며 원하는 정보를 얻지 못했을 경우 불복절차에 대해서도 누리집(홈페이지)에 공개하여 법령에 근거한 국민의 알 권리를 충족시킬 수 있도록 제도를 운영하고 있다.

정보공개 청구인은 대한민국 국민 모두가 될 수 있고, 대리인을 통해서 공공기관에 정보공개를 청구할 수 있다. 물론 법인과 단체도 대표자 명의로 정보공개 청구의 권리를 가진다. 외국인도 법령에서 정한 일정 기준[82]의 조건을 갖추고 있으면 정보공개청구의 자격을 가지게 된다. 「공공기관의 정보공개에 관한 법률」상 정보공개는 국가기관(국회·법원·헌법재판소·중앙선거관리위원회·중앙행정기관 등) 지방자치단체(광역시·도, 시군구 등)가 있으며 「공공기관의 운영에 관한 법률」 제2조에 따른 공공기관도 대상기관이다.

정보공개제도는 「공공기관의 정보공개에 관한 법률」에 근거하여 업무를 추진하기 때문에 실무에서는 법령에 대한 이해가 필요하다. 법령에서 대상자와 적용 범위, 공개 여부, 추진절차, 불복에 대한 진행방법 등 세부적인 사항을 규정하고 있고 구체적인 업무 매뉴얼은 해당 기관에서 자체적으로 내규화하여 실무에 적용할 수 있도록 해야 한다.

---

82) 1. 국내에 일정한 주소를 두고 거주하는 자, 2. 학술·연구를 위하여 일시적으로 체류하는 자, 3. 국내에 사무소를 두고 있는 법인 또는 단체

2) 주요 직무

「공공기관의 정보공개에 관한 법률」에 따라 청구인이 정보공개청구가 접수되면 실무자는 관련 법령에 따라 공개가 가능한지와 비공개 또는 부분공개 여부를 판단하여 공개 여부를 결정하고 기관의 최고 의사결정자에게 승인을 받은 후 청구인에게 답변해야 한다. 기관에서 청구인에게 답변한 내용에 대한 이의가 있을 경우에는 불복 절차를 진행하는데 행정심판이나 소송을 진행할 수 있다. 실무자 입장에서는 청구인이 이의신청을 하지 않도록 법령에서 허용하는 정보는 공개할 수 있도록 조치하고 비공개 및 부분 공개에 대한 내용은 청구인이 납득할 수 있도록 설명해야 하는 의무도 있다.

(1) 사전공표

사전공표는 국민들이 정보공개를 청구하기 전에 국민이나 이해관계자가 필요할 것으로 예상되는 정보를 사전에 기관의 누리집(홈페이지)에 선제적으로 공개하는 제도이다. 기관 차원에서 비공개 대상 정보[83] 외에는 대부분의 정보를 누리집(홈페이지)에 공개하고 있다.

〈사전공표 주요 내용〉

담당부서	정보명	방법	주기
감사 담당 부서	윤리·인권경영 선언문	기관 누리집 (홈페이지)	사유 발생 시
	부패행위 신고 및 처리결과		
기획 담당 부서	중장기 전략 및 경영목표		
	업무계획		
	임원 구성		
	이사회 개최 결과(회의록)		
경영관리 담당 부서	기관장 업무추진비 및 상품권 구매/사용 내역		분기/반기
	일반계약공고		사유 발생 시
	1천만원 이상 계약현황(공사, 용역, 물품)		분기
	500만원 이상 수의계약 현황(공사, 용역, 물품)		

---

83) 「개인정보 보호법」에 따른 개인정보가 있는 자료, 국민 생활에 중대한 영향을 미치는 정책정보, 이해관계가 충돌할 수 있는 자료 등은 관련 법령에 근거하여 비공개할 수 있다.

담당부서	정보명	방법	주기
경영관리 담당 부서	녹색제품 구매실적	기관 누리집 (홈페이지)	매년 2월
	기관장 해외출장 내역		사유 발생 시
	정보공개 청구 및 처리 현황		반기
	성희롱 예방교육 현황		매년 2월
	사회공헌활동 현황		사유 발생 시
전산 담당 부서	개인정보처리방침		
	개인정보파일 보유 및 위탁 현황		
	개인정보 제3자 제공 현황		
사업 담당 부서	사업 협의체 현황		

(2) 업무절차

정보공개청구는 청구인이 정보공개시스템(www.open.go.kr)에서 정보가 필요한 기관에 정보공개청구서[84]를 기재하여 제출하면 해당 내용을 기관의 담당자가 접수하여 담당 부서 또는 소관부서에 이송하여 업무를 처리하게 된다. 공공기관은 청구를 받은 날로부터 "10일" 이내에 공개 여부를 결정하며 부득이하거나 특별한 사유가 있을 경우에는 "10일"의 범위 내에서 연장할 수 있다.

기관의 업무담당자는 정보공개청구를 운영하는 담당자로서 정보공개처리대장에 청구인의 내용을 기록하고 청구인에게 접수증을 교부 한다. 업무 담당자는 접수된 내용을 담당 부서 또는 소관부서에 이송하여 처리하게 하고 그 결과를 청구인에게 송부 하면 업무담당자의 역할은 마무리된다. 소관부서는 업무담당자로부터 이송받은 내용에 대한 공개 여부를 결정[85]하고 공개일시와 공개장소 등을 명시하여 청구인에게 알려주어야 하며 공개결정한 날로부터 10일 이내에 공개해야 한다. 다만, 공개 대상에 제3자에 관련된 정보가 있을 경우에는 제3자에게 통보하여 의견을 청취[86]해야 하며 제3자의 비공개 요청이 있는 경우 해당 사항을 반영하여

---

84) 청구인은 이름·주민등록번호 및 주소, 청구하는 내용, 정보공개의 형태, 공개방법 등을 기입

85) 공개 여부 결정의 하기 위해 별도의 심의위원회를 구성하는데 법령에서는 '정보공개심의회'를 설치하도록 하고 있다. 공공기관에 따라 심의회의 명칭은 다를 수 있으나 기능은 청구인의 요청 자료에 대한 공개 여부를 심의하기 위함이다.

86) 공개 청구된 사실을 통보받은 제3자는 의견이 있는 경우 통지받은 날로부터 "3일" 이내에 공공기관에 공개하지 아니할 것을 요청할 수 있다.

청구인에게 알려줘야 한다. 공공기관은 청구인이 공개 청구한 내용에 대해서 비공개할 경우, 그 사유와 불복방법 등을 명시하여 청구인에게 지체없이 문서로 알려야 한다.

정보공개 방법은 청구인이 요청한 자료의 형태에 따라 다른데 문서 및 도서 등은 열람 또는 사본의 교부, 필름이나 녹음 등은 시청 또는 인화물·복제물로 교부 한다. 슬라이드 및 마이크로필름은 시청·열람 또는 사본·복제본을 교부 하고 있으며 전자적 형태로 보유·관리하는 정보는 파일을 복제하여 정보통신망을 활용한 정보공개시스템으로 송부하거나 매체에 저장하여 제공, 열람, 시청 또는 사본·출력물로 제공하고 있다. 청구인에게 제공하는 자료로 발생하는 비용에 대해서는 관련 법령에 따라 별도의 수수료가 발생할 수 있다. 이점도 청구인에게 설명해야 한다.

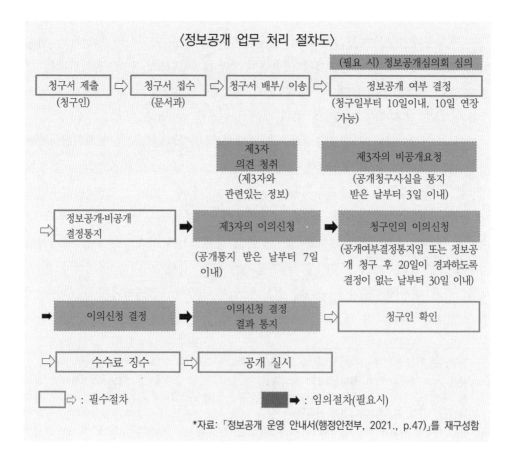

〈정보공개 업무 처리 절차도〉

*자료: 「정보공개 운영 안내서(행정안전부, 2021., p.47)」를 재구성함

비공개 및 부분 공개에 대해서 청구인이 불복할 경우에는 ①이의신청 절차와 ②행정심판, ③행정소송의 절차가 있다.

• 첫째, 이의신청

청구인은 기관의 비공개 또는 부분공개 결정에 대하여 불복이 있을 때에는 공개 여부의 결정통지를 받은 날 또는 비공개의 결정이 있는 것으로 보는 날부터 "30일" 이내에 기관에 이의신청을 할 수 있다. 기관은 이의신청을 받은 날부터 "7일" 이내에 결정해야 하며 "7일" 이내의 범위에서 결정기간을 연장할 수 있다. 이의신청 결과가 각하 또는 기각결정이 있을 경우에 청구인은 행정심판 또는 행정소송을 할 수 있다. 제3자의 권리보호를 위해 제3자로부터 비공개요청을 받은 기관이 정보공개 결정을 하는 경우 제3자는 공개통지를 받은 날부터 "7일" 이내에 기관에 이의신청[87]을 할 수 있다.

• 둘째, 행정심판

청구인이 정보공개와 관련하여 기관의 결정에 불복이 있을 때에는 이의신청절차 없이 바로 행정심판을 청구할 수 있다. 심판청구서는 공공기관의 감독행정기관인 중앙행정기관(주무기관)의 장에게 제출하게 되며 피청구인은 해당 공공기관이 된다. 심판청구 기간은 정보공개와 관련한 기관의 결정이 있음을 안 날부터 "90일" 이내에 제기하여야 하며 정당한 사유가 없는 한 기관의 결정이 있는 날부터 "180일"을 넘겨서는 안 된다. 재결은 심판청구서를 받은 날부터 "60일" 이내에 결정해야 하며, 부득이한 사유가 있을 경우에는 1차에 한하여 "30일"의 범위 내에서 기간을 연장할 수 있다.

• 셋째, 행정소송

청구인은 정보공개와 관련하여 기관의 결정에 불복이 있을 경우에는 이의신청이나 행정심판절차를 거치지 않고 바로 「행정소송법」이 정하는 절차에 따라 행정소송을 제기할 수 있다. 제소기간은 기관의 결정이 있는 날 또는 행정심판을 거친

---

87) 청구인의 정보공개자료에 제3자의 자료가 있을 경우, 제3자의 의견을 청취해야 하며 제3자가 비공개 요청했음에도 불구하고 기관에서 공개할 경우에는 제3자는 집행정치 및 행정심판, 소송제기 등의 대항력을 가진다.

경우 재결서 정본의 송달을 받은 날부터 "90일" 이내에 제기하여야 한다.

공공기관에서는 정보의 공개 여부에 대한 이의제기가 대부분이며 행정심판 및 행정소송까지 확대되는 경우는 드물다. 행정심판 및 행정소송까지 청구인이 불복할 경우 기관에서는 변호사를 선임하여 대응한다. 규모가 큰 기관에서는 별도의 법무 담당자가 대응하게 되고, 규모가 작은 기관에서는 업무 담당자가 선임한 변호사와 함께 대응하고 있다. 정보공개 업무 담당자는 청구인이 불복절차를 진행하지 않도록 충분한 설명과 관련 법령에서 허용하는 최대한의 정보를 제공하는 게 최우선이라 할 수 있다.

〈정보공개 불복 절차〉

이의신청 사유 발생	• 비공개 또는 부분공개 결정에 대한 불복 • 정보공개 청구 후 20일이 경과 하도록 정보공개 결정이 없는 때 * 결정 통지를 받은 날 또는 청구 후 20일이 경과 한 날부터 30일 이내 신청
↓	
정보공개심의회 심의	• 정보공개심의회 심의를 통해 공개 여부 결정 * 이의신청을 받은 날부터 7일 이내 처리(부득이한 사유가 있는 경우 처리 기간이 끝나는 날의 다음 날부터 기산하여 7일 범위에서 연장 가능)
↓	
결정통지	• 각하 또는 기각 결정 시 행정심판 또는 행정소송을 제기할 수 있다는 사실을 통지
↓	
행정심판·소송	• 결정통지에 대한 불복 시 청구인이 절차 진행

*자료: 「정보공개 운영 안내서(행정안전부, 2021., p.47)」를 재구성함

제9절 감사

1. 직무 소개

공공기관은 정부로부터 예산을 받거나 관련 법령에 따라 독점적 사업을 추진하기 때문에 국가기관(감사원·주무기관 등) 또는 기관 자체적으로 상시적인 확인 및 점검을 받고 있다. 「공공기관의 운영에 관한 법률」과 「공공감사에 관한 법률」 등에 따라 공공기관은 매년 또는 정기적인 감사를 진행한다. 물론 국회로부터 국정감사를 받기도 한다.

감사(勘査)는 감사 대상이 되는 조직 또는 조직 구성원의 업무나 행위가 일정한 기준에 부합되는지를 증거 자료에 입각하여 조사·점검·확인·분석·검증하고 그 결과에 따라 시정·개선요구 또는 권고 등을 하는 체계적 과정으로 정의[88]하고 있다. 사전적으로는 '감독(監督)하고 검사(檢査)한다'는 뜻으로 공공기관 감사는 일반적으로 회계검사와 직무감찰을 수행하는 행위를 의미[89]한다. 회계검사는 어떤 조직체의 재정 활동과 그 수지(수입과 지출)에 관하여 회계담당자 이외의 제3자가 공권을 가지고 확인·검증하고 그 결과를 이해관계자에게 보고하기 위하여 장부 기타 기록을 체계적으로 검사하는 행위를 말하고, 직무감찰은 피감기관의 사무와 소속 직원이 직무를 적절히 수행하고 있는지를 조사·검토하는 행위를 말한다. 다만, 일반적으로는 회계검사와 직무감찰을 개념상으로 구분하고 있으나 실무적으로 회계검사와 직무감찰 모두 같은 업무에 대한 감사를 수행하는 것으로 보고 있다.

공공부문의 감사체계는 「헌법」과 「감사원법」에 의한 감사원 감사가 있고, 「공공감사에 관한 법률」에 따른 자체감사[90]가 있다. 자체감사는 실시 주체에 따라서 내부감사와 외부감사로 구분할 수 있는데 내부감사는 해당 기관 차원에서 '자기

---

[88] 자체감사 통합매뉴얼(감사원)

[89] 헌법 제97조

[90] 「공공감사에 관한 법률」 제2조에 따른 자체감사에 대한 정의는 다음과 같다.
"중앙행정기관, 지방자치단체 및 공공기관의 감사기구의 장이 그 소속되어 있는 기관 및 그 기관에 속한 자의 모든 업무와 활동 등을 조사·점검·확인·분석·검증하고 그 결과를 처리하는 것"

조직을 감사하는 것'을 말하고 외부감사는 상급기관(주무기관 또는 국민권익위원회와 같은 조사 및 감찰권한이 있는 기관)에서 실시하는 감사를 말하고 있다. 감사원 감사는 논외로 하고 공공기관에서는 자체감사가 중요하다. 내가 하는 지출행위나 행정 활동이 관련 법령 및 내규에 따른 절차를 준수하고 있는지를 확인·점검하고, 혹시 모를 위험 요소를 사전에 확인하여 조치할 기회를 제공하기 때문이다. 이러한 활동을 통해서 기관의 경영목표 달성이나 사업의 효율성과 책임성, 투명성을 높일 수도 있다.

〈감사와 유사 개념〉

구분	대상	특징	내용
검사	구성원 행위	비판적 의견 '無'	• 검사는 사실의 옳고 그름을 확인하고 비판적 의견은 제시하지 않음(일반적 견해) * 검사는 비판적 검증(검사인은 비판적 의견 표명)
감리	계획 실천 여부	건설 관련	• 설계도대로 실시되었는지 여부 확인하고 시공방법을 지도하는 것을 말함 • 주로 건설공사에 대한 감리로 사용되고 있으나 전산감리 등으로 그 범위 확대
평가	경영실적	사후측정	• 과거 실적과 비교하여 경영실적의 정도를 판단하는 과정(어떤 활동이 이루어진 후에 그것의 가치를 측정하는 사후활동) * 분석은 어떤 활동이 이루어지기 전에 그것의 가치를 사전에 예측하는 것을 말함
조사	특정사안	사실규명	• 특정목적을 위하여 특별한 사항이나 특수문제에 대하여 그 사실이나 불명확한 점을 밝히는 것을 말함 • 특정목적을 가지고 제한된 범위 내 특정사항에 대해 이루어진다는 점에서 감사와 구별
진단	특정사안	개선안 권고	• 특정사항의 어려움을 타개하고 보다 나은 업무처리를 하기 위하여 다른 사람의 의견을 구하는 것을 말함 • 조사·분석의 결과에 대하여 개선권고를 한다는 점에서 다른 활동과 구분

* 자료: 「공기업·준정부기관 감사매뉴얼(기획재정부, 2011., p.20~21)」을 재구성함

「공공감사에 관한 법률」및「공기업·준정부기관 감사 운영규정」(기획재정부 지침)에 따른 공공기관 감사의 종류는 총 6개로 종합감사·재무감사·성과감사·특정감사·복무감사(기강)·일상감사로 구분할 수 있고 복무감사와 기강감사는 같은 의미로 이해하면 된다. 실무적으로는 종합감사와 특정감사, 복무감사, 일상감사가 정기적·일상적으로 진행되고, 재무감사와 성과감사는 종합감사를 실시할 때 같이 진행되는 경우가 많이 있다. 또한 특정한 사유에 따라 감사가 진행될 때 재무감사와 병행해 추진할 수도 있다.

〈감사 종류 및 방법〉

구분		주요내용
종류	종합감사	자체감사 대상기관의 주기능·주임무 및 조직·인사·예산 등 업무 전반의 적법성·타당성 등을 점검하기 위하여 실시하는 감사
	특정감사	특정한 업무·사업·자금 등에 대하여 문제점을 파악하여 원인과 책임 소재를 규명하고 개선대책을 마련하기 위하여 실시하는 감사
	재무감사	예산의 운용실태 및 회계처리의 적정성 여부 등에 대한 검토와 확인을 위주로 실시하는 감사
	성과감사	특정한 정책·사업·조직·기능 등에 대한 경제성·능률성·효과성의 분석과 평가를 위주로 실시하는 감사
	복무감사	자체감사 대상기관에 속한 사람의 복무의무 위반, 비위 사실, 근무실태 점검 등을 목적으로 실시하는 검사
	일상감사	주요 업무 집행에 앞서 그 업무의 적법성·타당성 등을 점검·심사하는 감사
방법	서면감사	감사에 필요한 여러 가지 서류를 제출받아 그 서류를 살펴 검사하는 방법
	실지감사	감사 주체가 피감사인을 직접 만나 현장에서 여러 가지 서류와 물품 등을 직접 조사하고 검사하는 방법

* 자료:「공공감사에 관한 법률」을 재구성함

공공기관 감사조직은 기관의 지정유형(공기업/준정부기관, 기타공공기관)과 규모에 따라 다를 수 있다. 감사는 상임감사와 비상임감사로 구분한다. 상임감사는 기관의 구성원과 마찬가지로 상시 출근해 직무를 수행하는 감사를 말하고, 비상임감사는 다른 회사 또는 기관 등에 소속된 사람으로 비정기적으로 기관에 대한 감사 활동을 하는 감사를 말한다. 상임감사와 비상임감사는 출근 형태와 소속 여부가 차이가 있을 뿐 그 권한과 의무, 책임 등에 있어서 실질적인 차이는 없다.

공기업·준정부기관의 감사(또는 감사위원회 위원)는 상임감사로 기관장 및 다른 이사와 함께 임원진에 포함되어 이사회에 참석할 수 있다. 다만, 의결권은 없으며 배석하여 의견을 개진할 수는 있고 이사회 소집권을 가지고 있다[91]. 상임감사의 임명은 임원추천위원회에서 복수로 추천하여 기획재정부 장관의 제청으로 대통령이 임명한다. 일부 기관은 관련 법령에 따라서 기획재정부 장관이 임명하는 경우도 있다. 기타공공기관은 비상임감사를 임명하게 되고 관련 법령에 따라서 해당 기관의 주무기관의 장이 임명할 수도 있고 기획재정부 장관이 임명할 수도 있다.

공공기관은 기존의 감사제도를 개선하기 위해 감사기구의 전문성 제고 및 경영진 견제 기능 강화를 위해 「공공기관의 운영에 관한 법률」에 감사위원회 제도를 도입[92]하고 있다. 감사위원회는 이사회 내의 위원회로서 이사로 구성된 감사기구이다. 감사위원은 이사회의 지명으로 이사 중에 선임되며 이사와 감사위원의 직책을 겸직하게 된다. 위원은 이사회에 참여하여 의결권을 행사할 수 있어 위법행위등에 대해서 사전적 예방기능이 가능하다는 장점이 있으나, 이사와 감사위원의 겸직으로 인해 독립성이 부족하다는 단점이 있다.

「공공기관의 운영에 관한 법률」 제20조에서는 기관의 특성을 감안하여 감사제도와 감사위원회제도를 병행할 수 있도록 규정하고 있다. 시장형 공기업과 자산규모 2조 이상인 준시장형 공기업은 감사위원회 채택을 의무화하고 있고(법 제20조 제2항), 자산규모 2조 원 미만인 준시장형 공기업과 준정부기관은 다른 법률의 규정에 따라 감사위원회를 설치할 수 있도록 하고 있다(법 제20조 제3항). 모든 공공기관은 감사제도 또는 감사위원회 제도 중 하나는 반드시 운영해야 하며, 두 제도를 모두 도입하거나 양자를 혼합한 형태로 운영할 수는 없다.

---

91) 「공공기관의 운영에 관한 법률」 제32조
92) 「공공기관의 운영에 관한 법률」 제20조

〈감사제도 비교〉

구분	감사제도	감사위원회 제도
이사회와의 관계	• 이사회와 분리 → 이사회에 대한 중립적 비판 가능 • 의견 진술권	• 이사회의 하위기구 → 이사회 의사결정에 적극 개입가능 • 의결권
의사결정 형태	• 독임제 → 업무수행의 책임소재 명확	• 합의제 → 다수에 의한 합리적 결정
업무수행의 특징	• 안정적인 내부견제 기능 수행	• 전문성 보장에 유리
감사(위원)의 신분	• 단일신분(감사)	• 이중신분(이사, 감사위원)

*자료: 공기업·준정부기관 감사매뉴얼(기획재정부, 2011., p.14)

2. 주요 직무

1) 업무 추진 절차

공공기관의 모든 업무는 계획부터 시작한다. 감사업무도 예외는 아니다. ①연간 감사계획을 수립하고 ②감사 준비를 하게 된다. 연간 감사계획은 연간 진행되는 감사에 대한 개괄적인 계획을 반영하게 되고 실질적으로 세부적인 감사를 추진하기 위해서는 ③세부감사계획을 수립해야 한다. 모든 계획 수립이 완료되면 ④감사를 실시하고 ⑤감사 결과 보고 후 통보(사후관리)를 하면 일반적인 감사업무 추진 절차는 마무리된다. 자체감사의 내부감사를 기준으로 업무 절차를 설명하면 다음과 같다.

• 첫째, 연간 감사계획 수립

연간 계획은 해당연도(Y)가 시작되기 전년도(Y-1) 또는 연초(1월)에 수립하게 된다. 계획에는 감사의 목적 및 필요성, 감사범위, 감사의 종류 등을 반영하게 된다.

기관장의 해당연도 경영목표와 경영 방침을 반영하여 감사계획을 수립하게 된다.

• 둘째, 감사준비

해당 기관의 주요업무계획 및 예산편성, 전년도 감사결과 등을 종합해 연간계획에 반영된 감사 범위 내의 감사자료(회계/예산 등의 결산자료, 경영평가 내용 등)를 수립·분석하고 언론이나 국회, 상급기관에서 이슈가 되었던 관심사항을 파악한다. 필요 시에는 예비조사를 통해서 감사의 방향과 중점 등을 구체화할 수 있다.

• 셋째, 세부계획 수립

연간 계획을 기준으로 감사의 종류에 따라 세부계획을 수립하게 된다. 감사의 목표를 제시하고 감사 중점과 세부 감사사항을 선정하여 계획에 반영하게 된다. 내부감사의 경우에는 주로 특정감사 및 복무감사 위주로 세부 일정과 범위, 시기 등을 계획에 반영하게 된다.

• 넷째, 감사실시

내부감사를 실시할 경우에는 감사부서에서 전문성이 필요한 부분은 외부 전문 인력을 보강해 감사반을 편성해 감사를 실시하고, 그렇지 않을 경우에는 자체 인력으로 특정한 사항(재무, 계약, 출장 등 기타)이나 임직원의 복무 등에 대해서 감사를 실시한다. 감사진행 시에는 일일감사 상황을 정리하여 징계권자(기관의 장)에게 보고하고 특이사항(주요 위반·부당사항, 계획 변경, 감사 수행 간 어려움 사항 등)에 대해서 수시 보고 체계를 마련하고 있다. 감사가 종료 시에는 감사 대상자에 대한 문답서, 확인서, 관련 서류 사본 등 감사증거자료를 확인하고 감사회의를 실시하여 마무리하게 된다.

• 다섯째, 감사결과 보고 및 통보

감사가 완료되면 결과보고서를 작성한다. 결과보고서 작성원칙[93]은 완전성, 간결성, 논리성, 정확성, 공정성, 이해 가능성이 있어야 한다. 보고서에 반영되여어야 할 주요 내용은 ①감사 실시 개요, ②감사업무 현황 및 실태, ③감사결과, ④현

---

93) 「공공기관 관리제도의 이해」 3권, 한국조세재정연구원, 2016., p42

지조치사항 현황 및 참고사항 등이다.

감사결과 통보는 결과보고가 완료된 이후 진행한다. 사안에 따라 당사자에게 직접 통보할 수도 있고 관련 부서에 통보하여 조치결과를 통보받을 수도 있다. 감사부서는 감사결과에 대한 사실과 처분의 범위를 관련 부서 및 대상자에게 통보하고 처분권한이나 징계권한이 있는 자의 조치 결과를 확인하는 것까지가 감사부서의 역할이다.

감사결과에 대한 이의신청(재심의신청)은 기관의 내규에 따라 다르지만 일반적으로 자체감사(내부감사)의 경우에는 결과 통보를 받은 날로부터 15일 이내(상급기관 감사결과에 대한 이의신청은 1개월 이내) 신청하고 감사부서는 한 달 이내 처리하여 통보해야 한다(상급기관 감사의 경우에는 2개월 내 처리). 최종적으로 확정된 감사결과는 기관 누리집(홈페이지) 또는 공공기관 경영정보 공개시스템에 공지하여 對 국민에 공개하고 있다.

〈감사 결과 처분의 종류〉

구분	내용
징계	관련 법률과 기관 내규에 규정된 징계사유에 해당하는 경우 중징계(해고, 강등, 정직) 및 경징계(감봉, 견책) 처분
시정	위법 또는 부당하다고 인정되는 사실로 인해 추징, 회수, 보전, 환급, 추급 또는 원상 복구 등이 필요하다고 인정되는 경우
주의	위법 또는 부당하다고 인정되는 사실이 있으나 그 정도가 징계 또는 문책사유에 이르지 않는 경미 한 경우
개선	법령상, 제도상 또는 행정상 모순이 있거나 개선할 사항이 있다고 인정되는 경우
권고	문제점이 인정되는 사실이 있어 대안을 제시하고 개선방안을 마련토록 할 필요가 있는 경우
통보	비위 사실이나 위법한 사항을 각 부서에서 자율적으로 처리할 필요가 있다고 인정되는 경우
고발	범죄혐의가 있다고 인정되는 경우

* 자료:「자체감사 통합매뉴얼(감사원, 2018.)」을 재구성함

〈감사 업무 추진 절차〉

연간 감사계획 수립	• 전년도 말 또는 연초 연간 감사계획 수립 • 계획내용: 감사사항, 목적, 필요성, 감사종류, 수감대상, 감사범위, 실시기간, 인원 등

⇩

감사준비	• 감사자료 수집
	  – 감사대상 현황 및 실태 파악
	  – 계약체결 현황, 처분 사례, 진정, 민원 등 자료 수집 및 분석
	  – 재무제표 등 결산자료, 경영평가 등 현황 파악
	• 필요 시 예비조사를 통해 감사방향 및 감사중점 등 구체화

⇩

감사계획 수립	• 세부 감사계획 수립
	  – 실현가능성 있는 감사 목표 제시, 감사 중점 및 세부 감사사항 선정
	  – 대상자에 감사 실시 통보

⇩

감사 실시	• 감사 실시 전 감사반 대상 교육 실시 • 질문서, 문답서, 조사개시 통보문, 일일감사 실시상황 등 서식 준비 • 주요 위법사항, 부당사항, 현지조치, 고발사항 등 중간보고 진행 • 문답서, 확인서, 관계 서류 사본 등 증거 수집 및 마감 회의 진행

⇩

감사결과 보고 및 통보	• 감사결과보고서 작성 및 보고 • 감사결과 통보 (해당 기관 내규에서 정한 기간 내 결과 통보)

⇩

감사결과 사후관리	• 감사결과 공개 • 재심의신청 및 처리(해당 기관 내규에서 정한 기간 내) • 이행결과 관리

* 자료: 「자체감사 통합매뉴얼(감사원, 2018.)」을 재구성함

2) 감사 종류

「감사원법」제26조에 따라 감사는 서면감사와 실지감사로 구분하고 기관운영감사, 재무감사, 성과감사, 특정감사로 나눠 감사를 진행한다. 「공공감사에 관한 법률」은 종합감사, 재무감사, 성과감사, 특정감사, 복무감사, 일상감사로 감사의 종류를 총 6개로 구분하고 있다. 공공기관은 상급기관 감사의 대상기관이며 관련 법령에 따른 감사를 수검 받을 의무가 있다. 다만, 상급기관에서 하급기관(소속/산하)을 대상으로 추진하는 감사(종합감사, 재무감사, 성과감사) 외에 공공기관 자체적으로 추진하는 내부감사(특정감사, 복무감사, 일상감사)를 기준으로 설명하도록 하겠다.

(1) 종합감사

연도별 감사계획에 의하여 정기적으로 실시 되는 감사로 주무기관 및 상급기관이 공공기관을 감사대상 기관으로 선정하여 추진한다. 종합감사는 감사 대상기관의 기능과 임무, 업무 전반에 걸쳐 업무처리의 적법성·타당성, 합목적성 등을 점검하고 부정 및 오류를 시정 또는 예방, 개선안 등을 제시하여 기관 운영의 건전성과 효율성을 확보하고자 실시한다. 종합감사는 특정 정책이나 사업을 감사하는 것이 아니라 기관 전체의 업무 전반을 감사 대상으로 하고 있어 기관 운영의 투명성과 책임성 제고에 더 중점을 두고 있다고 말할 수 있다. 물론 재무감사도 종합감사에 포함되어 진행한다. 종합감사의 절차는 ①계획수립, ②사전준비, ③감사실시, ④결과보고 및 후속조치 순으로 업무를 실시한다.

(2) 특정감사

기관장이나 이사회가 요청하거나 감사가 필요하다고 인정되는 특정사안에 대해서 실시하는 감사로 부정기적으로 실시한다. 특정감사는 ①특정업무에 대한 감사와 ②특정 이슈가 있는 사안에 대한 감사로 구분하고 있다. 특정업무에 대한 감사는 문제 발생의 소지가 예상되는 업무를 대상으로 업무처리 절차와 현황, 문제점 등을 세부적으로 감사하게 된다. 재무·성과·복무감사 등이 이에 속할 수 있다. 특정사안에 대한 감사는 언론이나 국회·주무기관, 기관장이나 이사회의 요청 등 감사 필요성이 있는 특정 사안을 감사 대상으로 하고 있으며 해당 사안에 대한 원인과 결과, 확인과 규명이 필요한 사항에 대한 조치를 하는 감사이다. 일반적으로 민원이 제기된 사안이나 임직원의 비리 등 인지사건에 대한 감사가 이에 속한다. 업무 처리 절차는 필요성인지[94](기관장/이사회 요청, 사건 접수/인지 등), 감사사전준비, 감사 실시, 증거 확보, 결과보고 및 통보의 순으로 업무를 실시한다.

(3) 복무감사

기관에 소속된 구성원을 대상으로 복무의무 위반, 비위사실, 근무실태 점검 등을 목적으로 실시하는 감사이다. 종합감사 및 특정감사 등이 주로 업무 수행의 적절성·타당성 등을 규명하고 제도개선을 하는 데 비하여 복무감사는 구성원 개인의 복무규율 위반이나 비위를 중점을 두고 감사하는게 특징이다. 일반적인 감사가 일정 계획에 의거해 감사 기간이나 범위 등을 사전 공지하게 되나 복무감사는 불시에 수시로 진행될 수 있다. 감사의 실효성을 높이기 위해서 사전 감사계획 통보를 하는 절차를 생략할 수도 있다.

복무감사는 공공기관에서 자주 실시되는 감사로 복무점검의 형태로 진행되기도 한다. 감사부서와 복무담당 부서가 같이 점검할 수도 있는데 복무감사의 주요 내용은 크게 출·퇴근, 근무시간 중 근무지 이탈, 당직 및 비상근무태세 등의 직원 근태, 공공기관 직원으로서의 품위손상, 직무태만 등이 포함될 수 있고 취약시기 및 취약분야에 대한 복무기강 확립에 관한 사항이 반영될 수 있다. 일반적으로 근무기강이 해이해질 수 있는 시기에 중점적으로 감사 및 점검을 진행하는데 주로 명절(추석·설) 전후, 여름휴가철, 연말연시에 실시한다.

20○○ 복무관리 계획(안)

□ **추진배경**
- '○○년은 한국공공기관관리원이 설립되고 1년이 되는 중요한 시기로 안정적 발전과 구체적 성과가 나타나도록 하여야 하는바,

---

94) 특정사안에 대한 감사 실시 계기
　①자체 인지(진정/민원 제기, 언론이나 외부기관 지적 등), ②사정기관의 사건이첩(특정업무/특정인에 대한 사건 이첩), ③수사기관 및 감사원의 비위 통보(수사기관 수사개시나 기소여부, 감사원의 비위통보 등), ④기관장 및 이사회 요청 등이 있을 때 감사의 실시 계기가 된다.
　＊ 자료 : 「공공기관 관리제도의 이해」 3권, 한국조세재정연구원, 2016., p47

- 직원의 엄정한 근무기강을 확립하는 가운데 일하는 분위기가 조성될 수 있도록 복무관리 강화가 필요

☐ **관련근거**
- 「복무규정」 제○조(복무 실태의 확인·점검)
- '○○년 공직복무관리 추진계획(상급기관 하달문서)

☐ **주요 추진 내용**
- (상시 복무관리 점검) 매월 1회 이상 불시 복무관리 점검 실시
  - (출근점검) 매월 2회 정문을 기준으로 직원의 출근상태 점검
  - (이석관리) 매월 1회 직원들의 근무 상태를 확인하기 위해 개인별 근무위치에 근무하고 있는지 여부를 정기적으로 점검
  - (시간외근무점검) 「초과근무지침」 제○조(지급대상 및 지급원칙)에 따라 실시 여부 확인·점검
    * 시간외근무 시간 중 TV 시청, 운동 등 초과업무와 연관 없는 행위 위주 점검
- (불시 보안점검 추진) 분기별로 1회 이상 불시에 중요문서 방치 및 유출 등 보안점검 실시
  - 중요문서 방치 행위, 사무실 시건장치 상태, 열쇠 관리 등 중점 점검

☐ **점검결과 조치**
- 상급기관 점검 시 지적을 받은 자
  - 상급기관 처분요구에 따라 징계위원회 등을 개최하여 징계 여부 및 수위 결정
  - 상급기관에서 기관 자체 조치를 하는 경우에는 경고(경고장 발부), 주의 통보(징계위원회 미개최, 내부보고로 조치사항 보고·개인별 통보)
- 자체 점검 시 지적을 받은 자

구분	1~2회 지적	3회 지적	4회 지적	5회 지적	비고
조치 사항	시정조치 및 현장교육	주의	경고 (경고장 발부)	징계위원회 회부	(연간누적)

  * 지적사항은 해당 부서장에게 통보

☐ **행정사항**
- 복무점검은 복무관리 부서와 함께 추진. 끝.

(4) 일상감사

기관에서 일상적으로 추진되는 업무가 집행부서와 독립된 감사부서에서 의사결정권자가 결재하기 전에 사업의 적법성·타당성 등을 점검·심사하는 사전·예방적 감사이다. 일반적으로 사후감사로는 시정이나 치유가 곤란한 사항에 대해서 행정적 낭비요인과 시행착오를 예방하여 감사의 실효성을 확보하기 위해 일상감사를 실시

하고 있다. 다만, 일상감사를 거쳤다고 해도 차후 사업 추진 과정에서 발생한 문제에 대해서 면책되지는 않는다. 일상감사 대상은 각 기관에서 상위 법령을 근거로 자체 내규에 명시하고 있으며, 일상감사의 실질적인 효능을 얻기 위해서 각 기관에서는 실시원칙95)을 규정화하고 있다.

　일상감사 업무 절차는 집행부서의 의뢰, 접수 및 검토, 서면 감사, 결과 통보, 이행실태 확인의 순으로 업무를 추진한다.

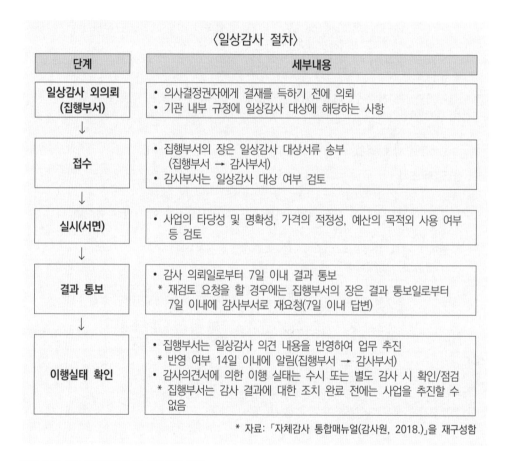

〈일상감사 절차〉

단계	세부내용
일상감사 외의뢰 (집행부서)	• 의사결정권자에게 결재를 득하기 전에 의뢰 • 기관 내부 규정에 일상감사 대상에 해당하는 사항
접수	• 집행부서의 장은 일상감사 대상서류 송부 　(집행부서 → 감사부서) • 감사부서는 일상감사 대상 여부 검토
실시(서면)	• 사업의 타당성 및 명확성, 가격의 적정성, 예산의 목적외 사용 여부 등 검토
결과 통보	• 감사 의뢰일로부터 7일 이내 결과 통보 　* 재검토 요청을 할 경우에는 집행부서의 장은 결과 통보일로부터 7일 이내에 감사부서로 재요청(7일 이내 답변)
이행실태 확인	• 집행부서는 일상감사 의견 내용을 반영하여 업무 추진 　* 반영 여부 14일 이내에 알림(집행부서 → 감사부서) • 감사의견서에 의한 이행 실태는 수시 또는 별도 감사 시 확인/점검 　* 집행부서는 감사 결과에 대한 조치 완료 전에는 사업을 추진할 수 없음

* 자료: 「자체감사 통합매뉴얼(감사원, 2018.)」을 재구성함

---

95) ① 집행부서의 장은 일상감사 실시기간을 고려하여 충분한 시간을 두고 요청
　② 감사는 집행부서의 의견을 최대한 존중하고 집행부서에 일상감사 의견을 납득할 수 있도록 충분히 설명
　③ 일상감사 결과 의견을 제시하고자 할때에는 위법·부당사항 또는 예상되는 문제점을 적시하고, 가능한 한 개선 대안 또는 시정방안 제시
　④ 일상감사를 거친 업무에 대하여는 그 내용에 주요 변경사항이 발생하지 않으면 일상감사는 미실시

제3장

인 사 관 리

1. 직무 소개

직무란 '담당자에게 부여된 일(Jop), 또는 맡겨진 일'을 의미한다. 직무는 '업무', '임무', '일' 등과 동일한 표현이며 내가 할 수 있는 행위의 범위를 말한다. 즉 책임과 권한의 범위다. 나의 위치(직급, 직책)에 따라 직무의 범위와 권한, 책임이 다를 수 있기 때문에 직무관리를 통해 명확하게 해야 한다.

직무관리는 인사관리의 처음이자 끝이다. '직무'가 있어야 사람을 선발할 수 있고, '직무'의 변화에 따라 교육훈련을 통해 새로운 지식과 기술을 습득하고 역량을 갖춘 사람을 양성할 수 있다. 사람이 '직무'를 수행해야 조직이 이윤을 창출하여 더 나은 보수와 복리후생 등을 도입할 수 있다. 시대의 흐름과 산업 구조의 변화, 내부 구성원들의 인식 등을 고려해 직무관리는 지속적으로 개선·보완해야 한다.

대부분 공공기관은 직무관리를 외부 전문업체에 위탁해 추진하는데 그 이유는 기관 내 직무관리를 할 수 있는 ①전문 인력이 부족하고, ②구성원 간 이해관계가 얽혀 있기 때문이다. 직무관리는 새로운 인사관리(조직 개편, 보수 및 평가체계 개선 등)를 추진할 때 반드시 선행적으로 진행하지만 직무관리(분석, 평가, 설계)만을 위해 추진하지는 않는다. 직무관리는 인사·조직 제도 설계의 한 과정[96]으로 직무관리를 통해 얻어진 결과물로 인사 및 조직 제도를 새롭게 설계할 수 있는 기초 자료로 활용한다. 직무관리가 제대로 진행되어야 기관에서 추구하는 인사·조직 운영 방향과 목적을 달성할 수 있다.

공공기관에서 직무관리의 필요성이나 중요성 등에 대해서 정확하게 인식하고 직무를 수행하는 업무 담당자나 상위 직급자는 많지 않다. 왜냐면 첫째, 직무를

---

96) 직무를 분석하고 평가하고 설계하는 직무관리는 인사 및 조직관리를 하기 위한 하나의 과정이다. 보수설계를 위한 직무관리를 할 수도 있고 조직 재설계를 위한 직무관리를 할 수도 있다. 목적에 따라 직무관리 즉 직무분석을 어떻게 할지에 대한 방법론이 달라질 수 있기 때문에 직무관리를 하기 위한 목적이 중요하다.

분석하고 평가해 설계하는 것은 전문가의 영역으로 업무 전문성이 없는 사람이 쉽게 접근하기 어렵고, 둘째, 결과를 도출하기 위한 하나의 과정이라는 인식이 강하며, 셋째, 이해관계자(부서 및 개인) 간의 대립이 발생할 수 있기 때문이다. 그래서 직무관리를 조직 내에서 자체적으로 추진하게 되면 분란의 소지가 있어 대부분의 기관에서 외부 전문업체에 위탁해 객관적이고 중립적인 입장에서 전문적으로 접근하려는 경향이 강하다.

저자 생각

직무 중심의 채용을 공공기관에서 추진하면서 직무관리를 통해 개발된 직무기술서 또는 직무설명서를 인력 채용에 활용하고 있다. 채용하고자 하는 해당 직무를 지식·기술·태도의 관점에서 설명하고, 경력에 따른 직무의 범위를 설정해 응모 예정자에게 공개한다. 채용 공고를 할 때 직무기술서도 함께 공고하여 취업 준비생이나 이직을 고려하고 있는 응모 예정자에게 채용 기관의 선발 직무에 대한 이해도를 높이고, 자신의 조건과 능력에 맞게 지원할 수 있도록 해 사전 안내의 역할을 하고 있다. 직무 수행에 필요한 자격과 능력을 겸비한 적합한 인재를 채용해야 기관 입장에서도 성공적인 채용이 될 수 있다.

직무관리는 직무에 대한 분석, 직무에 대한 평가, 평가를 바탕으로 직무를 설계하게 되는데 이를 ①직무분석, ②직무평가, ③직무설계로 구분하고 있다.

2. 주요 직무

1) 직무분석

직무분석은 직무 수행을 위해 필요한 모든 정보(지식·기술·경험·능력·태도 등)를 수집하고 관리 목적에 적합하게 정리하는 과정이다. 즉 일을 분류하고 정리하여 그 일을 성공적으로 수행할 수 있는 요건을 정리하는 것이다. 직무분석을 하는 목적은 인사관리의 시작이기 때문이다. 일이 있어야 사람을 선발할 수 있고, 일의 변화에 따라 사람도 변해야 하며, 일을 해야 수익을 창출하고 목표를 달성할 수 있다.

공공기관에서는 직무분석만을 위한 컨설팅을 실시하지는 않는다. 조직 개편이나 보수·인사 관련 개선을 위해서 컨설팅을 할 때, 하나의 과정으로 직무분석을 실시한다. 조직의 직무가 분석되어야 조직 개편이나 보수, 인사 관련 개선 사항을 확인할 수 있다. 업무 담당자는 최종적인 컨설팅의 목적을 달성하기 위해 가장 중요한 직무분석에 대한 개념적 정의와 방법 등을 알고 있어야 하고, 그래야 용역을 수행하는 컨설턴트와 실무적 대화가 가능하다.

직무분석을 하기 위해서는 관련 용어에 대한 정의를 알아야 한다.

- ☞ **과업(task):** 특정 목적을 달성하기 위해 수행되는 하나의 작업 활동을 말하며, 가장 낮은 수준의 분석 단위이다. 쉽게 말해 인사직무 내 급여 지급, 평가계획 수립 등과 같은 작업 활동의 단위를 과업이라 한다.

- ☞ **직위(position):** 한 사람에게 부여된 과업의 집합이다. 직원의 수만큼 직위의 수가 존재하고, 유사성을 가지고 있는 직위가 통합되어 직무를 형성한다. 예를 들어 인사팀에 평가 담당 업무를 수행하는 직원이 4명이 있다면 4개의 평가 담당 직위가 있는 것이며, '평가'라는 하나의 직무가 있는 것이다.

- ☞ **직무(job):** 조직 내 유사한 직위들의 집합을 말한다. 어떤 경우에는 유사한 직위가 없어 한 직위만으로도 직무가 구성되기도 한다. 따라서 직무의 수는 직위 수와 같거나 적을 수밖에 없다. 직무는 '인사', '기획' 등과 같이 큼직

하게 분류할 수도 있고, '평가', '교육', '예산', '기획' 등과 같이 조금 더 세분화해 분류할 수도 있다. 분류의 기준은 기관의 규모나 특성에 따라 정립하면 된다.

☞ **직군(job family):** 유사하고 공통적인 특성이 있는 직무의 집합이다. 일명 직업이라고도 말할 수 있는데 변호사, 노무사, 의사를 직군이라고 말할 수 있다. 조직 내에서는 업무의 성격과 역할을 분류하여 연구직, 관리직, 일반직, 공무직, 무기계약직 등으로 직군을 구분할 수 있다.

〈직군 및 직무, 과업 분류 사례〉

직군	직무	과업
관리직	기획, 인사, 총무, 노무, 재무, 회계, 교육, 대외협력, 계약/구매, 홍보, 산업안전보건	예산 편성, 자금 관리, 비용 지출, 채용, 배치, 인사 발령, 근로계약 체결, 인건비 지급
연구직	표본 관리, 특허 관리, 수장고 관리	수장고 품목 관리 및 운영, 표본 조사 및 확보, 보존 추출물 관리, 미생물 배양

직무를 분석하는 방법은 ①면접법, ②관찰법, ③중요사건법, ④워크샘플링법, ⑤질문지법 등이 있는데 제대로 된 직무분석을 하기 위해서는 직무분석 방법을 혼용해서 활용해야 좋은 결과를 얻을 수 있다.

☞ **면접법:** 대면 인터뷰를 통해 직접적으로 정보를 획득하는 방법으로 사전에 직무 분석자가 그 직무에 대해서 잘 이해하고 있어야 좋은 결과물을 얻을 수 있다.

☞ **관찰법:** 직무 분석자가 직무 수행자를 집중적으로 관찰해서 정보를 획득하는 방법으로 직접 대화나 체크리스트 활용, 작업표 기록 등의 방법을 활용한다. 관찰법은 표준화된 사업장이나 수작업 등 생산직이나 기능직에 활용하는 것이 적합하다.

☞ **중요사건법:** 직무 활동 중에서 중요한 가치가 있는 면에 대한 정보를 수집하는 것을 말한다. 이를 통해서 직무에 대한 난이도, 빈도, 중요성, 기여도 등을 판단할 수 있다.

☞ **질문지법:** 표준화된 질문지를 사용하여 직무와 관련된 항목을 체크하면서 정보를 수집하는 방법이다. 시간과 비용이 절약되며 다양한 형태의 정보를 획득할 수 있고 계량화된 직무 정보를 분석할 수 있다.

☞ **워크샘플링법:** 관찰법의 발전된 형태로 전체 작업 과정 동안 무작위적인 간격으로 많은 관찰을 통해서 직무 행동에 관한 정보를 수집하는 것이다.

실무에서는 주로 면접법과 질문지법을 통해서 구성원의 직무와 생각을 분석하고 관찰법을 통해서 미흡한 점을 보완하는 방법으로 직무분석을 실시하고 있다. 직무분석을 하는 목적은 직무에 대한 분석을 통해 인사관리의 기초 자료로 활용[97]하기 위해서다. 그렇기 때문에 직무분석의 결과물이 중요한데 그 결과물은 직무기술서와 직무명세서의 형태로 도출된다. 공공기관에서는 직무기술서와 직무명세서를 구분하기보다는 직무기술서 형태로 통합해서 활용하고 있으며, 직무 중심의 인력 운영이 공공기관 인사관리의 핵심이 되면서 직무기술서의 중요성은 높아지고 있다. 직무기술서는 직무 수행과 관련된 과업 및 직무 행동을 일정한 양식에 기술한 문서를 말하는 것으로 직무설명서라고 말하기도 한다.

앞에서 언급했듯이 기관 차원에서 직무분석을 직접 수행하기에는 어려움이 있다. 전문적 인력도 부족하거니와 내가 수행하고 있는 직무가 분석되고 내가 하는 일의 양이 공개되기 때문에 구성원 누구도 반갑게, 그리고 적극적으로 직무분석에 나서지 않는다. 결정적으로 조직 구성원 간 이해 상충이 발생하기 때문에 더욱더 어렵다. 그래서 외부 전문기관[98]에 위탁해서 진행하는 것이다. 직무분석이 성공하

---

97) 직무분석을 하는 이유는 조직을 재구성할 때 인력 및 직무를 확인하거나 부서별 잉여 인력 등을 파악하는 방법으로 활용할 수 있고 평가제도나 보수제도 등을 설계할 때도 적용할 수 있다. 그래서 직무분석을 하는 목적이 명확해야 그 목적에 맞는 직무분석을 할 수 있다.

98) 외부 전문기관에 의뢰해 직무분석을 할 경우, 용역회사가 가지고 있는 직무분석 방법론에 대해서 사전 확인을 반드시 해야 한다. 직무분석에 대한 방법론은 용역업체마다 상이 하기 때문에 직무분석을 실시하는 목적에 적합한 방법론을 적용하고 있는지를 업무 담당자는 확인하고 점검할 수 있는 기본적인 업무역량을 갖추고 있어야 한다.

기 위해서는 기관장의 의지가 가장 중요하다. 왜 직무분석을 해야 하는지, 목적과 취지가 무엇인지를 명확하게 정립하고 구성원을 설득시킬 수 있는 기관장이 있을 때만이 제대로 된 직무분석을 할 수 있다.

💡 저자 생각

직무분석을 통해서 개개인의 업무량을 판단한다는 것은 실무적으로 굉장히 어렵다. 이론적으로도 개개인의 업무량을 정확하게 판단해 잉여 인력 규모 등을 산출할 수 있는 적정한 방법론은 없는 것으로 알고 있다. 앞에서 언급한 방법들은 현상을 분석하고 현재 근무하고 있는 근로자를 통해 직무와 인력을 산출하는 방법으로 계량화된 표준인력을 산출하는 데는 한계가 분명히 존재한다. 그래서 이를 보완하기 위해 유사기능을 수행하는 기관과의 비교분석을 많이 하는데 이 또한 해당 기관의 직무 특성을 고려하지 못하는 문제점이 있어 직무분석을 실시할 때 현실적으로 많은 어려움이 발생한다. '직무분석을 왜 하는지'에 대한 목적을 명확하게 정하고, 목적에 맞는 분석방법을 적용하는 것이 중요하다. 물론 기관장의 의지와 구성원의 참여 및 동의가 필수적인 것은 당연한 일이다.

2) 직무평가

직무에 서열이 있을까? 있다면 어떻게 그 서열을 판단할 수 있을까? 인사업무를 하면서 궁금했던 의문 사항이다. 직무평가는 직무 간 서열을 평가하는 업무이다. 직무의 서열을 나누고 직무별 가치를 평가하는 업무가 직무평가이다. 직무분석이 끝나면 그 조직에서 수행하는 모든 직무가 나열되고, 나열된 직무는 난이도와 중요도, 직무별 상대적 가치 등에 따라 어떤 직무가 다른 직무보다 우선하는지가 판단된다.

직무평가가 중요한 것은 보수 체계와 연동되기 때문이다. 직무의 상대적 가치를 평가해 서열화하고 직무의 난이도와 중요도, 위험도 등을 평가해 보수를 지급하는 것이다. 이것이 직무급제이다. 어떤 직무를 수행하느냐에 따라 보수가 결정되고 그 성과로 등급이 결정된다. 최근 공공기관에서는 직무급제가 핵심 이슈가 되고 있다. 직무급제에 대해서는 후술하도록 하겠다.

직무평가가 보수와 연동되다 보니 직무분석과 같이 조직 내부에서 직접적으로 업무를 수행하기는 곤란하다. 업무를 수행하는 인사부서도 직무평가의 대상자이기 때문이다. 그래서 직무평가도 대부분의 공공기관에서 외부 전문기관에 위탁해 추진한다. 직무평가를 하는 방법은 비계량적 평가 방법인 서열법과 분류법, 계량적인 평가 방법인 점수법과 요소비교법이 있는데, 공공기관 업무 담당자가 직접적으로 직무평가 컨설팅을 수행하는 일은 거의 없기 때문에 방법의 종류와 개념만 이해하면 된다.

〈직무평가 방법〉

구분		내용
비계량적 평가방법	서열법	• 평가자가 여러 직무를 놓고 각 직무의 상대적 가치에 기초하여 중요도와 장점 등에 따라 서열을 정하는 평가 방법
	분류법	• 직무를 여러 가지 수준이나 등급으로 분류하여 표현하는 것으로 일정 기준에 따라 사전에 직무등급 구분표를 만들어 평가해야 할 대상 직무가 어떤 등급에 속할지 적절히 판정하여 맞춰 넣는 평가 방법
계량적 평가방법	점수법	• 직무 평가를 위한 기준이 되는 평가요소를 선정하고, 평가요소별 점수 및 가중치를 부여하여 총점수를 구하는 평가 방법
	요소 비교법	• 직무 간 서열을 평가 요소별로 매기는 방식으로 여러 직무를 전체적으로 비교해 순위를 매기는 평가 방법

*자료 : 네이버 지식백과를 재구성함(2023. 10. 14. 검색)

3) 직무설계

직무설계는 직무분석과 직무평가에서 얻어진 자료를 바탕으로 합리적인 작업 방법의 변화를 추구하는 과정이다. 모든 구성원에게 동기부여와 생산성 향상과 더불어 직무 만족을 증대시킬 목적으로 추진한다. 그 방법은 직무순환, 직무확대, 직무충실화, 직무특성이론 등이 있다.

공공기관에서는 직무설계라는 용어 자체가 낯설다. 왜냐면 공공기관에서는 직무 순환의 방법으로 순환 보직을 정기적으로 실시하고 있고, 직무 전문성보다는 보편적 업무 능력을 습득하는 것을 우선시하기 때문에 일부 특수 직능을 제외하고 대부분의 직무 영역에서 순환 보직을 원칙으로 하고 있다. 직무설계를 하는 목적은 개개인의 직무 역량을 강화하고 직무 만족을 극대화해 조직 생활의 활력을 도모하고자 하는 것이다. 공공기관에서는 근무 연차와 직무 능력 등을 고려해 직무순환을 실시하고 있다. 개인별 의견 수렴 절차를 통해 개개인이 원하는 자리에 순차적으로 순환 보직함으로써 개개인이 느끼는 직무 만족을 개선해 업무 능률을 높이는 방향으로 직무를 설계한다. 딱히 '직무설계'라는 용어를 사용하고 있지는 않지만 조직의 활력을 불어넣기 위해 '직무순환', '직무확대', '직무충실화' 등 다양한 형태의 직무설계를 실시하고 있다.

한 직무에서 오랜 기간 근무를 하게 되면 나태함이라는 나도 모르는 불치병이 찾아오게 된다. 기존에 하던 업무대로 '그냥'이라는 말을 달고 살면서 업무 개선은 하지 않는 경우가 나타난다. 권태기라고 하는데 공공기관에서는 일부 특수한 직능(감사, 회계 등)을 제외하고는 2년에서 3년에 한 번씩 주기적으로 순환 보직을 통해 이러한 문제를 극복하고자 노력한다. 구성원 개개인에게도 새로운 업무를 배울 수 있는 기회이고 개개인의 업무 영역을 확장하는 데도 도움이 될 수 있기 때문에 공공기관에서는 직무순환 즉 순환 보직을 선호한다. 영역이 완전히 다른 직무로 보직을 변경하는 경우는 드물고 유사 직무 내에서 경력 관리를 하면서 순환 보직(직무순환)하고 있다.

〈직무설계 방법〉

구분	내용
직무순환	• 근로자가 다양한 직무를 경험하게 하는 것으로 여러 직무 수행으로 능력과 자질을 높이는 방법
직무확대	• 근로자에게 중심 과업의 수행은 물론 기타 관련 과업을 동시에 수행하도록 하여 개인의 직무를 중심 과업으로부터 보다 넓게 확대하는 방법
직무충실화	• 근로자가 자아 성취감과 일의 보람을 느낄 수 있도록 계획에서부터 실행, 통제까지의 업무를 위임하는 방법
직무특성이론	• 특정한 직무 특성(기술 다양성, 과업 정체성, 과업 중요성, 자율성, 피드백)이 특정한 심리 상태를 유발하여 직무 성과와 연관되게 하는 방법

*자료 : 네이버 지식백과를 재구성함(2023. 10. 14. 검색)

직무관리는 인사관리 업무의 시작이다. 하지만 직무관리는 실무적인 영역에서 벗어나는 전문적인 영역이라고 말할 수 있다. 업무 담당자는 직무관리 컨설팅을 통해 얻은 결과물을 검토해 조직에 적합하게 반영할 수 있도록 계획을 수립하고 실행하는 역할을 수행하게 된다. 직무관리가 무엇이고 왜 하는지, 직무관리를 기관 차원에서 직접 할 수 없는 이유는 무엇인지를 명확하게 이해할 때 실무적으로 제대로 된 직무관리를 할 수 있다.

저자 생각

공공기관에서 인사 및 조직 관리 업무를 수행하면서 수많은 직무 분석을 실시했다. 조직 재설계를 위한 직무분석에서 직무별 적정 근무시간을 산출하기 위해 부단히 노력했던 기억이 있다. 개개인의 근무시간을 분석도 해보고 직무별 우선순위에 대한 정성적인 평가도 해봤었다. 어떻게 하면 부서별 잉여 인력을 수치적으로 산출할 수 있을까를 고민도 해봤고, 용역을 통해서도 적정 인력산출을 해보고자 했지만 결과는 실망스러웠다.

사람이 없는 상태에서 조직 관점에서 인력을 산출하는 것은 가능하지만 사람이 있는 상태에서 적정 인력과 잉여 인력을 산출하는 것은 불가능에 가깝다는 것을 알았다. 이론적으로도 적정 인력을 산출하는 방식은 정확하게 없다. 그냥 비교법에 의해서 타 기관 사례와 개개인이 답변하는 근무시간과 시간외근무 시간 등을 종합적으로 고려해 적정 인력을 산출하는 것뿐이다. 업무 담당자는 이러한 현실적 제한사항을 인지하고 목적에 부합하는 직무관리를 하는 것이 좋겠다는 생각이다.

1. 직무 소개

채용은 인사관리의 시작이자 꽃이다. 직무관리가 사람을 채용하기 위해 할 일을 사전에 정리하는 준비 과정이라면, 채용관리는 실질적으로 일할 수 있는 사람을 뽑는 직무이기 때문에 인사관리의 시작을 의미한다. 공공기관에서는 조직에 적합한 핵심 인재를 채용하기 위해 적합한 선발 도구를 개발해 인재를 뽑고 있다.

채용관리는 인사관리의 중요한 핵심 직무이다. 채용이란 직무가 인사관리의 시작이기도 하지만 이해관계가 전혀 없는 사람들을 대상으로 업무를 수행하기 때문에 중요하다. 대부분의 인사관리(보상 및 평가, 유지 관리, 노무 등)는 기관과 근로계약이 체결된 내부 구성원이 대상인 업무지만, 채용관리는 조직 구성원이 아닌 불특정 다수인 제3자를 대상으로 하기 때문에 한 번의 실수도 기관에 좋지 않은 영향을 미칠 수 있다. 그래서 전문적이고 공정하며 객관적인 방법으로 투명하게 채용을 진행하고 관리해야 한다.

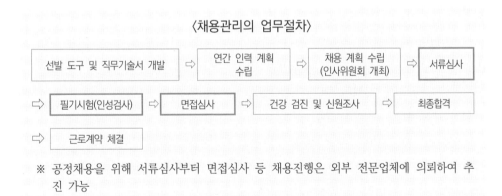

〈채용관리의 업무절차〉

※ 공정채용을 위해 서류심사부터 면접심사 등 채용진행은 외부 전문업체에 의뢰하여 추진 가능

공공기관의 모든 행정행위는 제3자의 관리·감독을 받는다. 인사관리도 마찬가지로 3년에 한 번씩 주무기관에서 실행하는 정기적인 종합감사를 받고, 채용의 경우에는 채용비리·비위 근절을 위해서 특별 감사를 수시(1년 단위, 불시)로 받고 있다. 공공기관 업무 담당자는 내가 한 행위가 불법이 아닌지 잘못된 행정이 아닌지를 항상 확인하고 차후 이상이 없도록 점검에 점검을 지속해야 한다. 공공기관의 모든 행정은 투명하고 간결하게 추진하는 습관을 길러야 한다. 내가 한 행위는 반드시 제3자가 확인하고 점검한다는 점을 명확하게 인식해야 성공적으로 인사관리를 수행할 수 있다.

2. 주요 직무

1) 인력 계획

인력 계획은 기업에서 필요로 하는 인원의 수를 일정한 시점을 기준으로 미리 예측해 인력 수급을 조정하는 계획을 말한다. 과거 통계 자료나 매출 규모, 인사부서의 축적된 자료 등을 통해 적정 정원을 산출하고 인력의 수요 예측, 공급 계획, 인력의 과부족을 종합적으로 고려해 계획을 수립하게 된다. 하지만 공공기관은 일반기업과는 인력 계획을 수립하는 과정이 다르다. 공공기관의 인력 계획은 정원을 기준으로 수립하는데 공공기관 정원은 기관 자체적인 판단으로 증감할 수 있는 것은 아니다. 정부 관련 부처(주무기관 및 기획재정부)와 협의를 통해 정원이 확정되기 때문이다.

일반기업들은 국내와 경제 상황, 시장의 특성, 시장 여건, 소비자의 행동 패턴, 정부의 정책 방향 등에 따라 자체적인 판단으로 인력 계획을 수립할 수 있는 데 반해 공공기관에서는 인건비를 정부에서 출연금이나 지원금, 보조금의 형태로 지원받기 때문에 정원을 증원하기 위해서는 반드시 정부 관련 부처와의 협의와 승인의 절차를 거쳐야 한다. 공공기관에서는 정원에 따라 중장기 인력 운영 계획과 해당연도 인력 계획을 수립할 수 있기 때문에 업무 담당자는 정원관리에 관심을 두고 있어야 한다.

정원을 증원하기 위해서는 매년 상반기에 익년도 정원 증원 요구서를 작성해 주무기관과 협의를 하고, 7월에서 8월경 기획재정부와 협의를 통해 정원 증원 여부가 확정된다. 공공기관 업무 담당자는 정원 증원을 할 때 다음의 사항을 고려해서 증원 논리를 개발해야 한다.

• 첫째, 정원 증원의 정당성을 확보해야 한다

'정원이 증원된다'는 의미는 정부에서 지출해야 하는 예산(돈)이 증원되는 인원만큼 늘어난다는 것을 의미한다. 정부 예산이 늘어나는 만큼 정원 증원의 정당한 사유가 명확해야 증원은 가능하다. 그래서 증원 이유와 필요성을 정량적 데이터를 바탕으로 타당한 설득 논리를 만들어야 한다. 이때 가장 효과적이고 확실한 방법은 법령 개정을 통해 정원을 증원하는 방법이다. 가장 어려운 방법이기도 한데 국회에서 새로운 사업을 법령에 명기하게 되면 그 사업을 수행하기 위한 정원은 증원될 수밖에 없다. 2020년 초반에 새로 설립된 공공기관(국립항공박물관, 국립해양과학관 등)은 정원의 증원은 아니지만 법률로 기관이 설립되고, 해당 사업이 법률에 명시되어 있기 때문에 그 사업을 추진할 정원을 기획재정부에서 인정한 것이다.

• 둘째, 국정 방향과 연계될 수 있는 사업을 찾아야 한다

공공기관은 정부의 정책을 집행하는 기관이다. 정부가 추진하는 정책 방향(국정과제)에 따라 기관의 사업이 확대될 수도 있고 축소될 수도 있다. 업무 담당자가 정원을 증원하고자 할 때에는 정부의 국정 방향에 근거를 두고 논리를 개발해야 한다. 특히 대통령께서 연설이나 회의 등에서 하시는 말씀을 근거로 정원을 증원할 수 있는 논리로 활용할 수 있다. 대통령이 말씀하시는 사항은 정부의 중점 추진 사항이 되기 때문에 이를 사업화하여 정원을 증원하는 논리로 활용하면 효과적이다.

• 셋째, 법령에 지정된 필수 인력을 적극 활용해야 한다

기관을 운영하기 위해서는 각 분야의 전문 인력이 필요한 직무들이 있다. 일반적으로 관련 법령에서 그 기준을 정하고 있는데 대표적인 직무가 「산업안전보건법」 상 안전관리자와 보건관리자이다. 상시 근로 인원을 기준으로 300명 이상인 경우에는 산업안전 관련 업무만을 전담하는 직원을 채용해야 한다. 이러한 법령상의 근거는 정원 증원 논리를 보다 설득력 있게 한다.

정원을 증원하고 유지 관리하는 일은 기관의 역량에 따라 큰 차이를 보일 수 있다. 인사와 관련된 업무는 사람이 하는 일이기 때문에 잘 만들어진 보고서와 명확한 설득 논리 외에도 관련자와 적극적인 대면을 통해 기관의 입장을 설명하고 설득하며 이해를 구하는 노력이 있어야 한다. 기관장에서부터 업무 담당자까지 주어진 역할의 범위 내에서 좋은 결과를 얻기 위해 올바른 방법을 꾸준히 고민해야 한다.

2) 채용

채용은 근로자가 사용자에게 근로를 제공하고 사용자는 근로자에게 근로의 대가로 임금을 지급하는 것을 내용으로 하는 근로계약을 체결하는 행위를 말한다. 즉 인력을 확보하기 위한 모든 과정(모집/선발/근로계약)을 포함하는 의미이다. 앞에서도 언급했듯이 채용은 조직 구성원을 대상으로 하는 업무 행위가 아니기 때문에 계획 수립부터 근로계약 체결까지 모든 과정이 투명하고 공정하게 진행되어야 한다. 특히 공공기관은 공적인 목적에 의해 설립된 기관이기 때문에 채용 과정에서 불미스러운 일이 발생하게 되면 사회적 지탄과 비판은 물론, 업무 담당자에게는 내부 징계 또는 민형사상의 법적 문제도 발생할 수 있다.

채용은 모집과 선발로 구분한다. ①모집은 선발을 전제로 직무 수행에 적합한 능력이 있는 인력을 유인하는 행위로 모집공고를 통해 채용하고자 하는 조건이나 인원 등을 표현한다. ②선발은 모집에 응모한 취업 예비자 중에서 기관이 필요로 하는 자질과 능력을 갖춘 인력을 선별하는 활동이다. 모집은 다양한 방법으로 공고 사실을 내·외부에 알려야 하는 것이고, 선발은 모집된 모집단 중에서 기관에 필요한 사람을 선택하는 것이라고 생각하면 된다.

채용을 하기 위해서는 채용 계획을 수립하고, 모집공고를 통해 많은 인원이 응모하게 해야 한다. 지원자가 적을 경우 기관 입장에서는 우수한 인재를 확보할 수 있는 선택의 폭이 좁아지기 때문에 온라인 및 오프라인 등 가용할 수 있는 홍보

수단을 동원해서 최대한 많은 지원자가 지원할 수 있도록 노력해야 한다.

　공공기관에서 하나의 단위 사업을 추진하기 위해서 계획을 수립하는데, 계획은 사업을 추진하는 기준이나 지침이 되기 때문에 세부적이고 구체적으로 수립해야 한다. 채용 계획을 수립하기 위해서는 기관 내 「인사규정」이나 「채용 시행세칙」 등 관련 제규정을 근거로 수립해야 한다. 또한 국가에서 법령으로 규정한 사항을 우선적으로 고려해 채용 계획에 반영해야 한다. 국가에서는 취업 취약층을 배려하고, 공정하며 객관적인 채용이 될 수 있도록 의무사항을 법령으로 정하고 있다. 예를 들어 합리적 이유 없이 성별, 신앙, 연령, 신체조건, 사회적 신분, 출신 지역, 학력 등을 사유로 응시자를 차별하는 것을 금지하고 있고, 이를 위반 시 처벌할 수 있도록 하고 있다.

〈사용자 채용의 자유를 제한하는 관련 법령 사례〉

관련 법령	주요 내용
「고용정책기본법」	• 취업 기회의 균등한 보장(합리적인 이유 없이 성별, 신앙, 연령, 신체조건, 사회적 신분, 출신 지역, 학력, 출신학교, 혼인·임신 또는 병력 등을 이유로 차별 금지)
「근로기준법」	• 15세 미만 자(「초중등교육법」에 따른 중학교에 재학 중인 18세 미만자 포함) 채용 금지 • 여성 및 연소자의 유해 위험 사업에 채용 금지
「직업안정법」	• 균등 처우(성별, 연령, 종교, 신체적 조건, 사회적 신분 또는 혼인 여부 등)
「남녀고용평등과 일 가정 양립 지원에 관한 법률」	• 남녀차별 금지 • 근로자 채용 시 직무 수행에 불필요한 용모·키·체중 등의 신체조건, 미혼 조건 등 요구 금지
「고용상 연령 차별 금지 및 고령자고용촉진에 관한 법률」	• 합리적인 이유 없이 연령으로 인한 차별 금지 • 고령자 고용 노력(기업 규모에 따라 업태별 기준 고용률 적용) • 고령자와 준고령자 우선 채용(국가 및 공공기관) • 정년 60세 이상 기준 적용
「장애인고용촉진 및 직업재활법」	• 직장 내 장애인 차별 대우 금지 • 장애인의 의무 고용
「국가유공자 등 예우 및 지원에 관한 법률」	• 취업지원 대상자에 대한 처우 차별 금지 • 업체별 취업지원 대상자 우선 고용 의무

*자료 : 각 법령을 재구성함

채용 계획에는 추진 배경, 모집 방법, 선발 규모(직무별 채용 인원 및 직급) 및 방법, 고용 형태, 근로조건 등이 누구나 보면 알 수 있도록 세부적이고 구체적으로 작성되어야 한다. 채용 과정에서 필요한 직무기술서, 응시원서, 자기소개서 등의 자료도 포함해야 한다. 채용 계획은 계획을 확정하기 전에 반드시 제3자의 입장에서 계획의 이상 유무, 적절성 등을 확인하고 협의할 수 있는 단계를 거쳐야 한다. 계획을 시행하기 위한 내부 절차를 말하는 것으로 공공기관에서는 인사위원회에서 그 기능을 수행한다. 또, 직무 관련 자격증이나 학력, 경력 등을 응시요건에 명시한 제한경쟁채용을 추진하는 경우에는 주무기관과 사전에 공문을 통해 협의하는 절차도 반드시 필요하다.[99]

저자 생각

채용 계획을 수립할 때 직무 중심 채용 체계가 확립되면서 직무기술서 작성이 중요하게 됐다. 직무 중심 채용 이전에는 직무 설명에 대한 자료가 없거나 간단한 업무 소개 정도였으나, 채용 체계가 직무 중심으로 변경되면서 직무기술서는 채용 공고 시 반드시 포함되어야 하는 필수 사항이 됐다. 직무기술서는 채용하고자 하는 직무에 대한 상세 설명서로 일반적으로 직무 수행에 필요한 지식, 태도, 기술을 설명한 자료이다. 직무기술서는 업무 담당자가 자체적으로 개발하기는 어려움이 있고 직무분석이나 조직 진단 컨설팅 시 결과물로 얻는 방법이 가장 효과적이다. 불가피한 경우에는 업무 담당자가 채용 직무에 한해 자체 직무기술서를 개발해 사용하기도 한다. 인사·총무·기획·재무 등 관리 분야 직무기술서는 개발된 자료가 많기 때문에 타 기관의 자료를 참고해서 기관에 적합하게 변경해 사용할 수도 있다. 국가직무능력표준 누리집(홈페이지)(www.ncs.go.kr)에서 블라인드 채용 및 직무 단위별 기술서 샘플 등을 활용하면 기관에 적합한 직무설명서를 만드는 데 도움이 될 것이다.

---

99) 공공기관 공정채용 가이드북(기획재정부·고용노동부·인사혁신처, 2023. 5.)

<NCS 기반 인사노무총무 직무기술서 사례>

채용 분야	인사 노무 총무	분류 체계	대분류	02. 경영·회계·사무		
			중분류	02. 총무·인사		
			소분류	02. 인사·조직		01. 총무
			세분류	01. 인사	02. 노무관리	01. 총무
주요 사업		"해당 기관" 소개 및 사업 내용 작성				
능력 단위		**(인사)** 01. 인사기획, 03. 인력채용, 04. 인력이동관리 **(노무)** 01. 노사관계계획, 04. 단체교섭, 07. 노사협의회 운영 **(총무)** 03. 부동산관리, 04. 비품관리, 07. 업무				
직무 수행 내용		인사	조직의 목표달성을 위해 인적자원을 효율적으로 활용하고 육성하기 위하여 직무조사 및 직무분석을 통해 채용, 육성, 평가, 보상, 승진, 퇴직 등의 제반 사항을 담당하며, 조직의 인사제도를 개선 및 운영하는 업무			
		노무	사용자와 노동조합(근로자) 간의 협력적 노사관계 구축을 위한 경영활동으로 노사관계 계획, 단체교섭, 노동쟁의 대응, 노사협의회 운영, 근로자 고충처리, 노사관계 개선 등 수행			
		총무	기관의 경영목표를 달성하기 위하여 자산의 효율적 관리, 임직원에 대한 원활한 업무지원 및 기관의 제반 업무 수행			
전형방법		서류심사 → 필기시험 → 인성검사 → 면접심사(1차/2차) → 신체검사 및 신원 조회 → 최종 임용				
직무 수행 지식		인사	전략적 인적자원관리, 인사전략 환경분석, 관리회계, 직무분석, 포괄적 사고, 거시적 시각, 인사규정, 근로기준법, 채용기법, 노동관계법, 조직의 이해, 인력운영계획수립, 인건비 분석			
		노무	노동관계법, 조직심리, 조직개발론, 조직행동론			
		총무	부동산 관련 법령, 등기 업무 처리 절차, 구매계약실무, 자산관리 규정, 업체 정보 분석방법, 비품관리규정, 인장관리규정			
직무 수행 기술		인사	환경분석, 인력운영의 효율성 분석, 커뮤니케이션 기술, 통계처리능력, 직무분석 및 조직인력운영 기술			
		노무	의사소통기술, 분석 및 종합능력, 협상기술, 의사소통기술, 법률적 해석기술, 회의운영기술, 설득력			
		총무	협상기술, 법률해석능력, 조사능력, 대인관계기술, 시장조사분석기술, 정보수집능력, 정보처리능력, 문제해결능력			
직무 수행 태도		인사	전략적 사고, 포괄적 시각, 거시적 시각, 분석적 태도, 객관적 태도, 조정능력, 개방적 의사소통, 전략적 사고, 공정하고 객관적인 자세, 개방적 의사소통, 기획력, 설득력			
		노무	전략적 사고, 적극적 경청, 협업에 대한 자세, 주의 깊은 관찰, 조직 구성원의 다양한 의견 수용 자세, 조정과 타협에 대한 태도, 유연한 사고, 긍정적 사고, 준법성			
		총무	분석적 자세, 주인의식, 투명성, 임차관리 전문성, 윤리의식 준수, 공평한 원칙 준수, 부서 간 형평성 준수			
직업 기초능력		자원관리능력, 의사소통능력, 문제해결능력, 조직이해능력, 정보능력				
참고사이트		www.ncs.go.kr 누리집(홈페이지)→ NCS 학습모듈 검색				

공공기관에서 이루어지는 모든 행정은 최종 의사결정권자의 결재를 득한 후 시행한다. 채용도 이와 동일하지만 일반적인 계획과 다르게 중간에 인사위원회란 합의제 기구를 거쳐야 한다. 인사위원회는 공공기관에서 의무적으로 설치·운영하는 심의·의결 기구로 해당 기관의 인사와 보수, 복무 등과 관련된 주요 사항을 심의·의결하기 위한 독립된 기구이다. 위원장은 기관장이 아닌 임원급(경영 부문 담당임원)이 당연직을 맡고 위원은 직원 직급에서 최상위 보직자 위주로 기관장이 임명하는 것이 통상적이다. 기관의 규모에 따라 인사위원회를 복수로 운영할 수도 있다. 만약 인사위원회를 거치지 않고 기관장의 승인하에 채용 계획을 확정하여 시행하게 되면 차후 상급 기관의 감사나 국회의 국정감사 등에서 절차상 하자로 인한 문제를 제기할 수 있다.

〈공공기관 인사위원회 소개〉

☐ **(정의)** 인사 관련 사항을 다루기 위해 설치하는 합의제 기구로 기관장 및 외부의 영향을 배제하고, 인사의 공정성과 신중성을 기하기 위하여 독립된 지위를 갖는 합의제 기구임

☐ **(구성)** 7명 이내로 구성하고 위원장은 상임임원, 위원은 2급 이상 보직자로 기관장이 임명(안건에 따라서 외부 위원 임명)
 • 직원 징계를 위한 인사위원회(일명 징계위원회)는 외부 위원을 전체 인원의 과반 이상으로 하는 등 구성
 • 기관의 규모에 따라서 인사위원회를 2개 이상으로 구분해서 구성할 수 있음

☐ **(역할 및 기능)** 인사위원회에서는 다음과 같은 사항에 대해서 심의·의결함
 • 인사 운용의 기본 방침에 관한 사항
 • 직원의 채용, 승진, 강임, 직위 해제 및 해고에 관한 사항
 • 직원의 포상 및 징계에 관한 사항
 • 인사·보수 관련 규정의 제·개정에 관한 사항
 • 기타 기관장이 필요하다고 인정하는 사항

☐ **(행정 서류)** 인사위원회에 필요한 서류는 회의 진행을 위한 안건 자료가 있어야 하고 회의 종료 후 회의 결과를 정리한 의결서(참석위원 서명)와 회의록을 갖춰야 함(필수 서류).

□ (인사위원회 관련 서류 양식)

1. 인사위원회 회의 자료 양식

안 건 번 호	제○○○호	심
심의 년월일	2○○○년 ○월 ○일 (2○○○년 제○차(○○회) 인사위원회)	의 안 건

안건명	'○○년 신규 직원 채용 계획(안)

"안건 표지 양식"

제안자	인사부장
제출년월일	2○○○년 ○월 ○○일

---

1. 의결 주문
• "20○○년 신규 직원 채용 계획(안)"을 붙임과 같이 의결한다.

2. 제안 이유
• 「인사규정」에 따라, 결원 인력에 대한 채용 계획을 수립하여 추진하고자 함

3. 주요 내용

□ **채용 규모**: 총 ○○명
- 행정직군: ○명
- 기술직군: ○명

〈직군별 정원/현원 및 채용 계획 인원 현황〉

(단위 : 명)

구분	합계	임원	행정직군					기술직군			
			소계	1급	2급	3급	4~5급	1급	2급	3급	4~5급
정원											
현원											
결원											
채용인원											

□ **채용 절차**
- (채용 전문 업체 위탁) 채용의 공정성과 객관성 확보를 위해 채용 절차 일체를 외부 전문 기관에 위탁
- (채용 전형) 채용 전형은 5단계에 걸쳐 추진
  ① (서류심사) 「인사규정」에 따른 심사(자체 심사 기준 적용)
  ② (필기시험) 직업기초능력 및 직무수행능력평가 각각 실시
  ③ (인·적성 검사) 면접 심사 대상자에 한해 실시(면접 참고자료)
  ④ (면접 심사) 면접 위원 3명으로 구성하고 면접자는 1명으로 진행
  * 공정성 확보를 위해 블라인드 면접, 상피제 적용
  ⑤ (신원 조사 등) 신원 조사 및 결격 사유 조회, 신체검사 등 결과 확인 후 최종 합격자 결정

□ **위탁업체 및 소요 예산**
- (위탁업체) 0000000 컨설팅
  * 입찰을 통해서 결정 예정(협상에 의한 계약)
- (소요 예산) 00,000,000원 이내(부가세 포함, 모든 금액)
  * 예산 과목: 기관 운영 내 일반용역비(122-0000-000-00)

□ **향후 일정**
- ('○○.00.00.) 채용 계획 확정
- ('○○.00.00.~00.00.) 입찰 공고 및 업체 선정
- ('○○.00.00.~00.00.) 채용 공고 및 원서접수
- ('○○.00.00.~00.00.) 서류심사* 결과 발표: 00.00.(금)
- ('○○.00.00.) 필기시험* 결과 발표: 00.00.(금)

- ('○○.00.00.~00.00.) 인성 검사(온라인)
- ('○○.00.00.~00.00.) 면접 심사 * 결과 발표: 00.00.(금)
- ('○○.00.00.~00.00.) 임용 서류 접수 * 최종 합격 발표: 00.00.(금)
  * 신원조사 및 결격사유 조회, 신체검사서 접수
- (00.00.) 임용 예정 (신규 임용자 교육은 00.00.~00.00. 실시)
☞ 채용 일정은 변경될 수 있음.

4. 관련 근거
- 「정관」 제○○조 및 제○○조
- 「인사규정」 제○○조 제○○호

5. 참고사항
- 인사위원회 심의·의결하고 기관장 결재 후 시행

붙임 20○○년 신규 직원 채용 계획(안) 1부. 끝.

☞ 인사위원회 안건 자료에는 핵심적인 주요 내용(채용 규모, 전형 절차, 일정, 위탁 업체 및 소요 예산 등) 위주로 작성하고 세부적인 계획은 붙임으로 한다. 세부적인 채용 계획은 인사위원회 개최 전에 위원들에게 사전 보고하고 위원회에서는 위원들 간 토론을 통해 최종적으로 계획을 심의·의결할 수 있도록 준비 및 진행해야 한다.

2. 의결서 및 회의록 양식

보고	기관장

<u>20○○년 제○차(○○회) 인사위원회 의결서</u>

□ **심의 안건**
- 제○○○호 20○○년 신규 직원 채용 계획(안)

□ **의결 주문**
- (심의 안건 제○○○호 심의결과) 원안대로 심의·의결

- (부대 의견)
  - 채용 모집 기간을 공고일과 접수일을 구분하여 추진

「인사규정」 제0조에 따라 위와 같이 의결함.

2000. 00. 00.

붙임 회의록 1부. 끝.

위원장	:	기획본부장	김 00	(서 명)
위원	:	○○○○ 실장	홍 00	불참
위원	:	○○○○ 실장	이 00	(서 명)
위원	:	○○○○ 실장	박 00	(서 명)
간사	:	인사부장	장 00	(서 명)

☞ 인사위원회 의결은 보통 세 가지로 결정되는데 안건 자료에 있는 내용대로 계획이 추진될 경우에는 '원안대로' 심의·의결하고 일부 내용을 수정하여 진행할 경우 '수정하여' 심의·의결하고 수정 사항을 계획에 반영하여 추진한다. 마지막으로 안건에 대해서 '보류'할 수 있는데 계획에 중대한 하자가 발생할 경우 이를 중단 시키고 다시 안건을 검토 후 상정하도록 하고 있다.

20○○년 제○차(○○회) 인사위원회 회의록

1. 회의 개요
- 일시/장소: 20○○년 ○월 ○○일(화) 16:00~17:00 기획본부장실

2. 출석 현황: 6명
- 위원장: 기획본부장
- 위원: ○○○○ 실장, ○○○○ 실장, ○○○○ 실장
  * ○○○○ 실장 출장으로 인해 불참
- 간사: 인사부장

3. 상정 안건

구분	번호	안 건 명
심의·의결 안건	제○○○호	20○○년 신규 직원 채용 계획(안)

채용 계획을 수립하고 인사위원회 심의·의결 후 기관장의 승인을 득해 채용을 진행한다. 불가피하게 채용 계획을 수정해야 할 상황이 발생할 수 있다. 이때도 반드시 인사위원회를 거쳐서 계획을 수정해야 한다. 아무리 급박한 상황이 발생했다고 해도 행정 절차를 무시할 경우에는 그 책임은 전적으로 업무 담당자가 질 수밖에 없다. 그렇기 때문에 규정에 따른 절차는 반드시 준수해야 한다. 실무 업무를 하다 보면 채용 공고 이후 내부적인 사정으로 채용 기준이나 방법, 채용 규모 등을 변경하는 경우가 발생할 수 있는데 이럴 경우에는 더욱더 철저하게 절차를 준수해야 한다.(① 변경 계획 수립 ② 인사위원회 심의·의결 ③ 기관장의 결재 ④ 변경 계획 재공고) 모집공고상 변경 사항은 없으나 내부 기준이 변경될 때에도 동일한 변경 절차를 준수해 업무를 추진해야 한다. 채용 계획에 문제가 발생하면 채용 전체 과정이 잘못되기 때문에 그 피해는 기관 채용에 응시한 지원자 전체가 될 수 있어 채용 계획 수립 시부터 정확하게 계획을 수립하고 절차적 정당성을 확보하도록 노력해야 한다.

채용 계획 수립 시 업무 담당자가 신경을 써야 할 부분은 절차의 정당성을 확보하는 것과 계획 변경 시 그 사유를 정확하게 기록하는 것이다. 채용이 잘못 진행되어 피해가 발생하면 업무 담당자 개인의 신상뿐만 아니라 기관 차원으로 책임 문제가 확대될 수 있다. 업무 담당자는 채용만큼은 반드시 내부 절차를 철저히 준수해야 책임에서 자유로울 수 있다.

3) 채용 절차

내부 절차에 따라 채용 계획이 확정되면 본격적으로 채용 절차를 진행한다. 모집과 선발 과정을 시작하는데 모집은 지원자를 많이 모으기 위해 채용을 홍보하는 과정이고, 선발은 지원자 중에서 기관에 적합한 인재를 뽑는 과정이다.

공공기관의 모집과 선발에 대한 가이드라인은 정부의 「공기업·준정부기관의 경영에 관한 지침」과 「공공기관 공정채용 가이드북」을 기준으로 기관별 상황과 특성을 고려하여 추진하면 된다. 모집은 대략적으로 많은 지원자가 여유를 가지고 준비할 수 있도록 최소 15일 이상 공고 기간을 두고, 접수 기간은 공고 기간과 같이 주어질 수도 있으나 일반적으로 공고 기간과 접수 기간을 구분해서 적용하고 있다. 접수 기간은 공고 기간 중 10일 이내의 기간으로 한다. 모집공고는 온라인 공고를 많이 하는데 해당 기관 누리집(홈페이지)에 채용 공고를 기본적으로 실시하고, 의무적으로 기획재정부에서 운영하는 공공기관 경영정보 공개시스템(알리오) 또는 '잡알리오'와 인사혁신처에서 운영하는 '나라일터' 등 사이트에 채용 공고를 등록해야 한다. 그 외에 채용의 규모, 특수 직무 등에 따라 유료 채용 공고 사이트 등을 활용하기도 한다. 물론 포털사이트의 취업 카페나 블로그를 이용할 수 있다.

오프라인 모집 활동은 신문 광고를 활용하는 방법과 각 대학 취업지원센터에 공문 발송을 통해 대학별로 홍보하는 방법이 일반적이다. 신문 광고는 비용이 발생하고 다수의 취업 대상자가 접근하기에는 제한될 수 있어 많이 사용하는 방법은 아니다. 다만 기관별로 채용 관련 규정에 신문을 활용해 채용 공고를 하도록 규정한 기관은 신문 지면 광고를 활용해서 채용 공고를 해야 한다. 각 대학은 학생들의 취업률이 대학의 중요한 성과 지표이기 때문에 학생들의 취업을 지원하는 취업지원센터를 설립해 운용하고 있다. 신입 직원을 채용할 때에는 각 대학의 취업지원센터에 공문을 발송해 대학 자체 내에서 모집 홍보를 할 수 있도록 협조를 구하면 좋은 효과를 얻을 수 있다.

모집공고를 할 때 업무 담당자는 지원자에게 최대한의 정보를 제공해야 할 의무가 있다.[100] 모집공고는 지원자와 기관이 서로를 알 수 있는 첫 단계이기 때문이다. 누구나 첫인상이 중요한 것과 같이 모집공고 내용이 지원자에게는 기관을 알 수 있는 첫 번째 관계 형성이다. 공고 내용이 지원자 입장에서 불편하면 기관의 이미지가 나빠질 수 있어 지원자가 이해하기 쉽게 최대한의 정보를 제공해야 한다. 모집공고는 기본적으로 채용 규모와 자격 조건(결격사유 포함)을 설명하고, 채용하고자 하는 직무에 대한 직무기술서(직무설명서)를 붙임 자료로 표시해야 한다. 그다음에 채용 단계별 합격 인원수와 채점 기준을 명확하게 표시해야 오해의 소지가 없다. 가점이 있을 경우에는 어떤 가점이 얼마의 점수를 추가적으로 얻을 수 있는지 공개해야 하며, 적용 방법도 명시적으로 설명해야 한다.

직급별 보수와 복리후생제도 등을 설명하는 것도 최근 추세이다. 최종 합격 후 생각했던 것과 보수나 복리후생 등이 다를 경우 1년 이내에 이직하는 경우가 많이 있기 때문에 지원자가 기관에 대해 사전 인지를 할 수 있도록 대략적인 보수 산출 방법이나 보수의 범위 등을 표시해 두는 것이 좋다. 마지막으로 공고문 유의사항에 채용 서류 관련 반환 절차와 방법, 적용 기간, 담당자 연락처 등을 설명해야 한다. 그렇지 않을 경우 「채용절차의 공정화에 관한 법률」에 따라 기관이 불이익을 받을 수 있다.

채용 공고 기간이 종료되고 접수가 완료되면 본격적인 선발 과정을 진행한다. 선발 과정은 공정성과 객관성이 중요하다. 각 전형 단계별로 합격자와 탈락자가 결정되기 때문에 채용 계획에 수립한 각 단계별 합격 기준을 공정하게 적용해야

---

100) 고용노동부에서는 구직자와 구인 기관이 모두 공감할 수 있는 채용문화를 확산하기 위해 「공감채용 가이드북(2023)」을 발간했는데 주요 내용은 ① 투명한 채용정보의 제공, ② 능력중심의 선발절차 운영, ③ 채용결과에 대한 공감이다. 특히, 모집공고에 충실한 정보를 담는 것은 구직자와 구인 기관 모두에게 이득이 될 수 있다. 구직자는 기관이 더 많은 정보를 제공해주기를 기대하고 구인 기관은 충실한 정보 제공으로 기관에 보다 적합한 인재를 뽑을 수 있기 때문이다.

한다. 선발 과정은 서류심사, 필기시험(또는 실기시험), 인적성검사, 면접 심사, 신체검사 및 신원 조사 등의 과정을 통해 최종 합격 인원을 선발하는데, 기관의 상황에 따라 전형 단계를 축소 또는 확대할 수 있지만 통상적으로 4단계 전형(서류-필기-면접-신체검사 등)을 통해 최종 합격자를 결정한다.

저자 생각

공공기관의 선발 과정은 우수한 인재를 선발하기 위한 과정이라고 말하기보다는 수많은 지원자를 가장 효과적이고 공정하게 떨어트리기 위한 과정이라고 생각하면 된다. 보통 경쟁률이 100대 1이 넘는 경우가 비일비재하기 때문에 지원자의 우열을 가려서 기관에 적합한 인재를 선발한다는 것은 시간적·비용적으로 어렵다. 그래서 지원자를 가장 효과적으로 떨어트리기 위한 방법으로 서류와 필기는 정성평가보다는 수치로 점수화할 수 있는 시험의 방법으로 당락을 결정한다. 다만, 면접 심사에서는 지원자가 기본적인 채용 조건과 능력, 자격 등을 갖추고 있다고 보고 기관과 함께 오랜 기간 근무할 식구를 찾는 과정이므로 정성평가 위주로 평가를 한다.

선발 과정에서 공공기관 업무 담당자가 고려해야 할 것은,

- **첫째, 선발 과정은 간결하게 진행해야 한다**

접수된 응시원서는 서류심사와 필기시험(또는 실기시험), 면접 심사의 단계를 거쳐 전형별 합격자를 결정하고, 최종적으로 결격 사유 조회 및 채용 신체검사를 통해 최종 합격자를 결정한다. 각 전형 단계별로 일정 수의 합격 배수를 결정해 합격자에 한해 다음 단계를 진행하는데 합격과 탈락을 결정할 때 적용 기준을 어떻게 정하느냐가 당락을 결정한다.

당락을 결정하는 점수의 산출 기준은 제3자가 보더라도 이해하기 쉽고 간결하게 만들어야 오해의 소지가 없고 차후 감사에도 문제가 발생하지 않는다. 가장 간결하면서 효율적인 방법은 각 전형별 점수가 다음 단계에 영향을 미치지 않게 하는 방법이다. 서류심사에서 획득한 점수는 필기시험 대상자 선정에만 활용하고, 필기시험 점수는 면접 심사 대상자를 확정하는 데만 활용하는 것이 가장 간결하다. 필기시험 점수와 면접 심사 점수를 일정 비율로 합산해서 최종 합격자를 결정

하는 기관도 있는데 이럴 경우 합산 비율과 가점 처리 방법 등이 복잡하게 될 수 있어 지양하는 것이 좋다.

다만 기관의 전통과 기관장의 인사 방침에 따라 차이는 있을 수 있는데, 필기시험과 면접 심사의 결괏값을 합산해 최종 합격자를 결정할 경우 그 비율과 반영 가중치, 가점 부여 방법 등의 기준을 채용 계획에 정확히 마련해야 하고 관련 규정에도 근거 조항이 반드시 있어야 한다. 또한, 채용 공고에 이를 명시해야 한다.

• **둘째, 가점을 어떻게 적용할 것인지를 결정해야 한다**

가점은 채용 과정에서 취업 취약층을 배려하기 위해 관련 법령에 근거해 적용하고 있고, 지역적 특성과 전문성 확보 차원에서 기관별로 내부 규정에 근거해 가점을 부여하고 있다. 소수점에 따라 당락이 결정되는 치열한 채용 단계에서 100점 만점 기준으로 최소 0.1점에서 최대 10점까지 가점이 주어지는 것은 기관이 어떠한 인재를 뽑겠다는 의지이기도 하고, 취업 취약층에 대한 국가 및 기관 차원의 배려이기도 하다. 하지만 적용 단계에서 어떻게 적용하느냐에 따라 당락이 결정되기 때문에 그 적용 기준을 채용 계획이나 관련 규정에 명시적으로 제시해야 하고, 채용 공고에도 지원자가 이해할 수 있도록 공고해야 오해가 발생하지 않는다. 가령 필기시험 과락 기준이 있을 경우, 심사위원이 부여한 점수를 기준으로 과락을 결정하고 과락 점수 이상을 획득한 지원자에 한해 가점을 부여할지 아니면 심사위원이 부여한 점수에 가점을 적용하고 과락 기준을 적용할지를 사전에 규정과 채용 계획에 반영해야 한다. 다만, 「국가유공자 등 예우 및 지원에 관한 법률」과 같이 원점수가 만점의 40% 미만인 과목이 있는 경우 가점을 적용하지 않는 법적 기준은 반드시 고려해야 한다.[101]

합격 기준을 정하는 문제는 기관의 고유 권한이기 때문에 어떤 것이 옳고 그르냐의 문제는 아니다. 다만 적용 기준이 명확하게 자체 규정에 근거하고 채용 계획에 반영되어 있는지가 중요하다. 그렇지 않을 경우에는 절차상 하자가 발생하여 당락이 바뀔 수 있어 업무 담당자는 이 부분을 사전에 철저하게 점검하고 확인해야 한다.

---

101) 「국가유공자 등 채용시험 가점제도 관련 가이드라인」, 고용노동부(2022. 9. 19.)

• 셋째, 채용 대행업체 관리가 채용의 성패를 결정한다

공공기관의 채용 비리·비위 문제가 사회적 이슈가 되면서 공공기관 자체에서 채용을 진행하는 경우는 거의 없다. 대부분 외부의 전문업체에 위탁해 채용을 진행한다. 혹시 있을 수 있는 내·외부의 압력과 업무 담당자의 행정 실수 등을 사전에 방지하기 위해서다. 하지만 모든 행위에는 장단점이 존재하는 것과 같이 전문업체에 위탁해 채용을 진행한다고 해서 모든 문제가 해결되는 것은 아니다. 업체의 전문 인력 확보 수준이나 채용 시스템 등에 따라 기관에서 원하는 인력을 채용하지 못하는 경우도 있고 채용 진행 과정에서 불가피한 실수가 발생할 수도 있다.

업무 담당자는 채용 대행업체가 선정되면 지속적으로 관심을 갖고 절차마다 철저히 확인해야 한다. 기준에 따라 채용 절차가 진행되고 있는지 확인하고 점검하며 지원자에게 적용된 점수가 타당한지를 지속적으로 확인해야 한다. 그래야 기관에서 원하는 채용의 성과를 달성할 수 있다. 평균적으로 1명을 채용하는데 적게는 200만 원에서 많게는 800만 원까지 예산이 소요되기 때문에 많은 비용이 투입되는 만큼 기관에서 원하는 인재를 선발하기 위해 업무 담당자는 확인·점검을 꾸준히 해야 한다.

• 넷째, 선발 과정 중 계획 변경은 자제해야 한다

업무를 수행하다 보면 계획을 변경할 수도 있다. 하지만 그럴 경우 계획 변경에 따라 이득과 손해를 보는 사람 또는 집단이 발생할 수 있기 때문에 긴급하고 특수한 상황이 발생하기 전에는 계획을 변경하지 않는 것이 좋다. 특히 채용에서는 특정인에 대해 유리한 조건을 만들기 위해 계획을 변경했다는 오해가 발생할 수 있기 때문에 더욱 신중해야 한다. 다만 불가피한 상황이 발생해 채용 계획을 변경해야 할 경우에는 반드시 그 변경 사유를 구체적으로 기록해야 하고, 내부 절차에 따라 인사위원회 심의·의결과 기관장 결재를 받아야 한다. 그렇지 않고 임의로 채용 계획을 변경할 경우에는 업무 담당자는 물론 기관 전체 관련자에게 문제가 발생할 수 있다.

• 다섯째, 절차의 공정성을 확보해야 한다

채용의 공정성을 확보하기 위해 채용 과정 전반에 걸쳐 감사부서장이나 직원(또는 감사부서에서 지정하는 자)을 입회시켜야 한다. 채용 과정 전반이라 함은 채용 대행업체 계약, 필기시험 문제지 인쇄, 전형 진행 절차 등 채용에서 발생하는 일련의 상황들을 말한다. 또, 외부위원 선정 시 기관과 이해관계가 있거나 공정한 심사를 기대하기 어려운 자 등은 제외해야 하고, 감사인 입회하에 무작위(랜덤)로 위원을 선정하는 것도 공정성을 확보하기 위해 고려해야 한다.

(1) 채용 대행업체 선정부터가 채용이다

공공기관은 채용 투명성과 공정성을 확보하기 위해 대부분의 공공기관에서 일부 또는 전부를 채용 전문기관에 위탁해 실시한다. 채용 대행을 전문적으로 수행하고 있는 업체는 대규모 업체에서부터 직원이 10명 내외인 소규모 업체까지 공공기관 채용 대행 시장에 진입해 활동하고 있다. 기업의 규모와 상관없이 어떤 대행업체와 함께 채용을 진행하느냐에 따라 채용의 성패가 좌우된다고 해도 과언이 아니다.

채용 관련 용역 대금이 1억 이상인 경우 규모 있는 채용 대행업체에서 입찰이 들어올 수 있으나 1억 미만인 경우에는 「국가를 당사자로 하는 계약에 관한 법률」에 따라 소규모 업체, 비영리 목적의 단체나 기업밖에 입찰을 할 수 없다. 유찰될 경우에는 대규모 업체가 참여할 수 있지만 그렇게 할 경우에는 채용에 소요되는 기간이 너무 오래 걸린다는 단점이 있다.

업체를 선정할 때는 두 가지를 중점적으로 확인해야 한다. 하나는 채용 시스템이고 다른 하나는 실적이다. 업체의 규모와 관계없이 기관의 채용을 대행함에 있어 어떤 채용 시스템을 갖추고 있고, 용역업체 자체 내부 확인·점검 체계는 잘 이뤄졌는지를 확인해야 한다. 용역업체 선정 시 제안서 설명회를 하는데 이 부분은 반드시 확인해야 한다. 두 번째는 채용 용역 실적이다. 실적이 많다는 것은 그 많은 채용에 대한 자체 노하우가 있다는 의미이다. 채용은 한 번의 실수가 대형 사고로 연결될 수 있기 때문에 신중에 신중을 기해야 한다. 각 단계별로 확인하고 점검하는 시스템이 완벽해야 불상사를 사전에 예방할 수 있다. 채용 실적이 많다는 것은 내부 채용 시스템이 안정화됐다는 것을 방증하기 때문에 업체를 선정할 때에는 실적을 중요하게 볼 필요가 있다. 또한 채용 대행을 의뢰한 기관의 입장도 확인하는 것이 좋다.

채용 대행업체가 선정되면 업무 담당자는 업체를 100% 신뢰하지 말아야 한다. 업체와 함께 채용한다고 생각하고 각 단계별로 확인하고 점검해야 한다. 업무 담당자보다 기관의 채용 기준과 방법을 잘 아는 업체 및 업체 관계자는 없다. 관리 감독을 소홀히 할 때는 심사 점수 기입 오류나 서류 미확인으로 인한 점수 미반영 등으로 합격자가 뒤바뀌는 오류가 발생할 수 있다.

다만 업무 담당자가 외부 채용 업체에 위탁할 때 주의해야 할 사항이 있다. 각 전형 단계별로 확인하고 관리 감독하는 과정에서 채용 대행업체가 부당한 외압으로 느낄 수 있다. 채용을 외부 전문기관에 위탁해 진행하는 이유는 공정하고 객관적이며 외부의 압력 등을 방지하기 위해서다. 채용 대행업체는 중립적인 입장에서 채용 절차를 추진해야 한다. 업체가 그 누구에게 압력을 느낀다면 그게 의뢰 기관의 업무 담당자라 할지라도 해당 채용은 그 자체로 공정성을 상실하게 된다. 이런 문제를 사전에 예방하기 위해서 업무 담당자는 채용 절차가 진행되기 전에 업체와의 치밀한 기술 협상을 해야 한다. 업무 담당자의 역할과 관리 감독의 범위를 명확하게 규정하고, 채용 전반에 대한 계획과 각 단계별 심사 기준 등을 업체가 정확하게 이해할 수 있도록 설명해야 한다. 협의 결과는 반드시 문서로 작성해 각 주체가 서명하고 기관장에게 보고 후 각각 보관해야 한다.

채용 절차의 공정성을 확보하고 혹시 모르게 발생할 수 있는 실수를 최소화하기 위해 업무 담당자는 공개된 장소에서 업체의 결괏값을 검증할 수 있는 시스템을 마련해야 한다. 단계별로 합격자를 발표하기 전에 심사 기준과 합격자 현황(합격과 불합격 경계에 있는 지원자 중심), 부여 점수 등을 채용 대행업체 담당자가 인사위원회 위원과 감사부서의 장에게 사전 보고하는 것이 좋다. 이는 혹시 모르게 발생할 수 있는 오류를 확인하고 점검하는 마지막 기회이다. 채용과 관련된 확인과 점검은 관련자가 모두 있는 곳에서 공개적으로 진행되어야 오해를 해소할 수 있고, 실수를 사전에 예방할 수 있다.

💡 저자 생각

채용 대행업체를 선정할 때 가장 중요한 기준이 바로 채용 대행업체 담당자의 역량이다. 서류심사 위원 섭외, 점수 정리, 행정 서류 관리 등 채용의 모든 과정에서 필요한 서류와 데이터값 정리 등을 담당자가 직접 하기 때문에 담당자의 역량이 채용 과정의 성패를 결정한다고 봐도 무방하다. 제안서 평가를 할 때 업체 담당자의 역량에 대한 질문과 확인을 반드시 해야 하며 담당자가 직접 제안서 평가를 발표할 수 있게 하는 게 담당자의 역량을 확인할 수 있는 가장 효과적인 방법이다.

채용의 모든 과정을 완료하고 결과 보고를 할 때 어떤 결과물을 받는지도 중요하다. 채용 과정에서 생성된 모든 문서는 임의로 폐기할 수 없는 중요 문서로 영구적으로 보존해야 한다. 그래서 채용 관련 문서를 편리하고 효과적으로 관리하기 위해서는 결과물을 가급적 하나의 책자 파일로 결과보고서, 각종 결괏값과 심사위원 평가지, 보안 서약서, 종합 집계표 등을 받는 것이 좋다. 낱장으로 결과물을 받으면 분실의 우려가 높고 관리하기도 어렵다. 실무적으로 이 부분은 중요하기 때문에 과업 지시서에 결과 보고 시 제출해야 하는 서류의 목록을 구체적으로 명시하고 제출 방법도 기입해야 한다.

〈채용 대행업체로부터 받아야 하는 자료〉

구분	결과 산출물 내용
과업 전	• 대행업무 참여 직원 모두에 대한 보안 서약서
서류 심사	• 응모자별 심사표(위원 서명), 결과 집계표(위원 서명) • 서류심사 엑셀 데이터값 자료 • 심사 위원 보안 서약서 • 심사 위원 교육 결과보고서(공정채용 등) • 서류심사 결과 보고 공문(서류심사 종료 후)
필기시험	• 응모자 필기시험 답안지 원본, 위원별 시험 심사표(위원 서명) • OMR 카드 원본, 결과 집계표값(심사 위원 서명) • 필기시험 엑셀 데이터값 자료 • 인적성 검사 결과지 • 심사 위원 감독관 보안 서약서 • 인쇄 위탁 시 참여 관련자에 대한 보안 서약서 • 필기시험 결과 보고 공문(필기시험 종료 후)
면접 심사	• 응모자별 심사표(위원 서명), 결과 집계표(위원 서명) • 면접 심사 엑셀 데이터값 자료 • 응모자 증빙 서류 및 제출 확인서(응모자 서명) • 심사 위원 보안 서약서 • 심사 위원 교육 결과보고서(공정채용, 성희롱 예방 등) • 면접 비용 지급 내역서(응모자 서명) • 면접 심사 결과 보고 공문(면접심사 종료 후)

구분	결과 산출물 내용
최종	• 최종 결과 보고서 • 합격자 이력서 및 제출 서류 일체 • 과업 종료 후 채용 관련 서류 등의 파쇄증명서

(2) 서류심사부터 당락이 결정된다

서류심사는 선발 과정에서 처음으로 탈락하는 지원자가 발생하는 단계이다. 필기시험 단계로 올라가기 위해서는 모집 인원의 50배수를 통상적으로 서류심사에서 합격시키는데, 블라인드 채용을 진행하는 공공기관에서는 서류심사를 위해 경력과 경험, 교육, 자격증 등을 점수화해서 심사한다. 평가 항목별로 일정한 등급으로 구분하고 점수를 부여하는데 예를 들어 경력 항목의 경우, 해당 직무와 연관된 경력에 따라 5점에서 0점까지 점수 적용 기준을 마련한다. 경험이나 교육, 자격증 등도 이와 같은 기준을 적용해 점수화한다.

💡 저자 생각

경력과 경험을 구분하는 기준은 근로의 대가로 보수를 받았는지 여부이다. '보수(금전)를 받는다'는 것은 사용자에게 근로를 제공한 행위로 경력으로 보고, '보수(금전)을 받지 않았다'는 것은 근로를 제공하지 않고 개인의 취미나 자기개발 등을 위한 행위로 판단해 경험이라 한다. 따라서 업무 담당자는 경력과 경험을 작성하는 공란을 다르게 구분 지어 이력서(응시원서)를 설계해야 하고, 지원자에게 경력과 경험의 차이를 명확하게 제시해야 한다. 경력은 재직증명서 또는 경력증명서와 동시에 4대보험자격득실 확인서상의 증빙이 가능한 사항만 입력하도록 해야 하고, 경험은 활동증명서 등 증빙이 가능한 사항만 입력하도록 해야 한다. 그렇지 않으면, 막상 서류 검증 절차에서 합격자에 대해 인정한 경력 또는 경험점수가 달라져 합격순위를 조정해야 하는 상황이 발생할 수 있다. 민원 방지 차원에서도 해당 사안을 명확히 안내하는 것이 좋다.

한편, 실무 경험상 경험 사항을 정량점수로 평가하는 경우 증빙자료 인정 여부에 대한 논란이 많다. 따라서 경험 사항을 정량점수로 평가하려면 당초부터 어떤 증명서를 증빙자료로 인정할 것인지에 대한 명확한 기준을 수립해야 하고, 그럼에도 논란의 여지가 있는 경우에는 업무 담당자의 임의판단으로 인정 여부를 결정할 것이 아니라, 정량평가위원이나 인사위원회를 통해 결정해야 한다.

서류심사에서 많은 점수 비중을 차지하는 것은 자기소개서와 직무수행계획서이다. 경력과 경험, 교육 등은 개인의 점수가 계량적으로 수치화되어 정확하게 도출할 수 있으나, 자기소개서와 직무수행계획서는 질문에서 요구하는 핵심 키워드에 따라 점수가 다를 수 있고 내용의 진실성과 직무의 이해도 등을 평가할 수도 있다. 업무 담당자는 자기소개와 직무수행계획서의 질문이 타당한지 평가 기준이 적절한지를 사전에 확인하고, 업체에서 심사 기준을 정확하게 이해하고 적용하는지 점검해야 한다.

🔅 저자 생각

계량적인 수치로 평가할 수 있는 경력이나 경험 등은 사실관계만을 확인하면 되기 때문에 1명의 심사위원이 확인하고 평가할 수 있으나, 자기소개서나 직무수행계획서는 심사하는 위원의 관점에 따라 평가 결과가 다르게 나타날 수 있기 때문에 3명 이상의 위원이 평가한 결과를 평균해서 최종 결괏값을 도출해야 공정성을 확보할 수 있다. 3명을 초과한 다수 위원이 평가해 결괏값을 도출하는 것이 변별력 확보에 좋을 수 있으나 시간이나 소요 비용의 문제로 적정 심사위원 수를 유지하는 것이 좋다.

서류심사에 있어서 항목별 평가 비중은 기관이 추구하는 가치에 따라 다를 수 있으나, 객관적인 평가를 위해 계량화할 수 있는 점수 비중이 높아지고 있다. 정량평가인 자기소개서 및 직무수행계획서는 대행해서 작성해주는 업체도 많이 있고 거짓으로 작성 시 판별할 방법이 없기 때문에 객관적으로 증명할 수 있는 평가 비중을 높이는 것이 좋다.

서류심사를 채용 대행업체에 위탁하지 않고 기관 자체에서 업무를 직접 수행할 때 최우선으로 고려해야 할 사항은 서류심사위원 구성이다. 외부 위원은 위원의 과반수로 구성해야 하고 위원장은 외부 위원으로 선임해야 채용의 공정성을 확보할 수 있다. 외부 위원은 가급적 인사 업무를 담당하는 전문가 위주로 편성해야 한다. 서류심사위원 섭외에서부터 결과보고, 서류심사 평가표 및 집계표, 위원 보안 서약서 등 관련 서류는 누락 없이 보관하고 서류심사가 완료되면 기관장의 결재를 받아야 한다.

정부에서 제시한 블라인드 채용을 위한 표준 이력서에는 사진이나 주민등록번호, 생년월일 등 직무와 관련 없는 내용은 사라졌으며 학교명이나 전공 등 평가하는 위원이 편견을 가질 수 있는 요소들도 제외됐다. 직무와 관련된 교육 사항과 자격 사항, 경험과 경력 사항 중심으로 작성되도록 표준 이력서 양식이 만들어졌다. 업무 담당자는 정부에서 제시한 표준 이력서를 기준으로 기관의 특성과 여건 등을 고려해 이력서를 개발해 적용할 수 있다. 연구 기관의 경우에는 논문, 저서, 특허 등을 심사하기 위한 실적을 게재할 수 있도록 양식을 개발해 적용해야 한다.

〈공공기관 이력서 양식-블라인드 채용 관련〉

1. 인적사항					
지원구분	신입( ) 경력( )		지원직무	응시번호	
성명					
주소 (거주지)					
연락처	(본인휴대폰폰)		전자우편 (이메일)	학교를 알 수 있는 이메일 주소 사용 금지	
	비상연락처				
취업보호 등 해당 여부	☐ 장애대상 ☐ 보훈대상 ☐ 지역인재(해당 시 최종학교 소재지:)				

2. 교육사항		
* 지원직무 관련 교육 및 교육과정을 이수한 경우에 한해 그 내용을 기입하시기 바랍니다.		
교육구분	과목명 및 교육과정	교육시간
☐학교교육☐직업훈련☐기타		
직무관련 주요내용		

* 직무 관련 교육사항이 많이 있을 경우에는 추가 작성 가능

3. 자격 사항

* 지원 직무와 관련된 국가(기술/전문)자격증 및 민간자격증을 기입하시기 바랍니다.

자격증명	발급기관	취득일자

4. 경력과 경험

* 지원 직무 관련 경력과 경험에 한해 그 내용을 기입하시기 바랍니다.
* '경력'은 금전적 보수를 받고 근로를 제공한 경우이며, 재직증명서 또는 경력증명서와 동시에 4대보험자격득실 확인서상으로 증빙이 가능해야 합니다.
* '경험' 사항은 동아리, 동호회, 연구회, 재능기부 등 직무와 관련한 활동을 말하며 이 경우에도 증빙서류를 제출 가능한 사항만 입력해야 합니다.
* 향후 서류 검증 시 경력과 경험에 대한 증빙이 불가한 경우 최종 불합격 처리 등 불이익이 있을 수 있음

구분	소속/직책	역할/내용	기간
□경력□경험			
□경력□경험			
□경력□경험			
직무 관련 주요 내용			

위 사항은 사실과 다름이 없음을 확인합니다.

지원날짜:

지원자:　　　　(인)

(3) 필기시험은 면접 심사 대상자를 선정하기 위한 단계이다

공공기관에서 필기시험은 면접 심사로 가기 위한 중간 단계이다. 필기시험은 직업기초능력평가와 직무수행능력평가, 논술 및 보고서 작성, 인적성검사 등으로 실시한다. 직업기초능력평가와 직무수행능력평가는 직무 중심으로 채용 체계가 전환되면서 도입된 평가 방법으로 기존에 있었던 상식 시험과 전공 시험을 채용하고자 하는 직무와 연계해 수능 형식으로 문제를 만든 것이다.

① 직업기초능력평가와 직무수행능력평가

직업기초능력평가는 수학능력평가 형식으로 변경된 상식 시험으로 생각하면 된다. 지원자의 직업기초능력(10가지 능력)을 확인하는 평가로 공공기관에서 문제를 직접 개발해 평가를 보는 기관은 극히 드물다. 왜냐면 문제를 출제할 수 있는 자체 인력풀이 많지 않고, 평가 문제의 전문성을 담보할 수 없기 때문이다. 대부분의 기관에서는 외부 전문업체에 위탁해 문제를 개발하고 평가한다. 다만 공기업이나 1,000명 이상의 대규모 공공기관의 경우에는 출제 위원을 직접 선정해 기관에 적합한 문제를 개발하고 평가를 실시하는 기관도 있다.

직무수행능력평가는 예전의 전공 시험을 직무와 연계해서 문제를 개발한 것으로 상황에 따른 판단과 직무수행능력 등을 평가하는 시험이다. 직무기초능력시험과 마찬가지로 기관 차원에서 문제 도출은 어렵기 때문에 외부 전문업체에 위탁해 문제를 출제하고 시험을 본다.

② 논술 및 보고서 작성

직업기초능력평가 및 직무수행능력평가가 직무와 관련된 지식과 능력을 평가하는 방법이라면, 논술이나 보고서 작성 평가는 실무에 바로 적용할 수 있는 실무 능력을 갖추고 있는지를 평가하는 방법이다. 논술 및 보고서 작성 평가는 일정한 주제와 지문을 지원자에게 제시하고, 그 주제와 지문에 적합한 내용을 논술하거나 보고서 형식으로 답안을 작성하게 한다. 공공기관은 업무를 구두보고가 아닌 문서(보고서)로 진행하기 때문에 보고서 작성 능력은 개인의 능력을 평가하는 중요한 기준이 된다. 이를 필기시험 단계에서 평가하고자 하는 것이다.

③ 인적성검사

인적성검사는 개개인의 인성과 적성을 수치로 검사한 자료이다. 다만 인적성검사를 근거로 당락을 결정하는 것은 다소 무리가 있다. 개개인의 인성과 적성을 옳고 그름의 문제로 평가한다는 것 자체가 문제이기 때문이다. 지원자가 사회 통념상 일반적인 상식에 부합하지 않는 검사 결과가 나왔을 경우에는 면접 심사 시 지원자와 면접 위원 간의 질의응답을 통해서 지원자의 인성과 적성 등을 확인할 수 있도록 하면 된다. 인적성검사 결과로 당락을 결정하는 것은 가급적 지양해야 한다.

(4) 필기시험은 간결하고 공정한 방법을 선택해야 한다

공공기관에서는 필기시험을 보는 지원자가 많기 때문에 필기시험 방법을 결정할 때 우선적으로 간결하면서도 공정성 문제가 발생하지 않는 방법을 선택한다. 직업기초능력평가나 직무수행능력평가는 시험 후 바로 결괏값을 알 수 있는 평가로 1등부터 마지막 등수까지 결괏값을 바로 확인할 수 있는 장점이 있어 많은 기관에서 이 방법을 활용하고 있다. 다만 평가 문제를 출제할 수 있는 업체가 한정되어 있고, 사전에 개발된 평가 문제 중에서 선별해 사용할 수 있기 때문에 타 공공기관과 동일하거나 유사하게 문제가 출제될 확률도 높다. 따라서 업무 담당자는 애초에 필기시험 문제를 타 공공기관에 출제된 적 없는 새로운 것을 개발하도록 용역 과업에 명확히 제시해야 한다.

논술 또는 보고서 작성 평가는 많은 지원자가 있을 때에는 적용하기 어렵다. 비용과 시간이 많이 필요하기 때문이다. 논술 또는 보고서 작성 평가는 정성적 평가이기 때문에 심사위원이 최소한 3명 이상이 필요하고, 필기시험 대상자 전원을 평가하기 때문에 시간과 비용이 그만큼 발생한다. 그래서 필기시험 대상자가 많은 공기업이나 대규모 기관에서 적용하기에는 적합하지 않다. 다만 채용된 인력이 바로 실무에 투입되어야 하는 신생 기관이나 지원자가 적은 기관에서는 논술 또는 보고서 작성 평가를 적용하는 것도 좋다. 최근에는 다양한 필기시험 방법들을 접목해 평가하는 추세다. 직업기초능력평가 또는 직무수행능력평가를 본 후 일정 배수를 추려서 논술 또는 보고서 작성 평가를 보는 방법이다. 필기시험 단계에서 직무와 관련된 지식과 능력을 갖춘 인재를 확보하기 위해 다양한 평가 방법을 동원하는 것이 좋다.

필기시험을 어떠한 방법으로 진행할지를 선택하는 것은 기관의 고유 권한이다. 관련 법령에서 필기시험을 어떤 방법으로 실시하라고 규정된 것도 없고 정부의 지침이 구체적으로 명시되어있는 것도 없다. 기관에서 판단해 기관에 적합한 우수 인재를 선발하기 위해서 면접 심사 대상자를 선정할 수 있는 최선의 방법을 선택하면 된다.

업무 담당자가 필기시험 단계에서 주의해야 할 사항은 시험 출제 문제의 보안과 인쇄 상태, 문제의 난이도, 시험 장소의 적절성 등이며 이러한 것은 사전 확인이 필요하다. 출제 문제의 인쇄 불량이나 보안 사고가 발생하면 필기시험을 제대로 치를 수가 없다. 업무 담당자는 출제 문제를 인쇄하는 현장을 감사인[102]과 같이 방문해 인쇄 상태와 필기시험 관련 제반사항을 사전 확인하고, 관련자들(인사 담당, 감사인, 인쇄업체 인력 등)에게 보안 서약서를 반드시 징구해서 보안 유지를 철저히 해야 한다. 인쇄 후에는 시험지를 박스에 봉인 및 감사인이 날인 하게 하고 보관 장소까지 이동을 확인하여 유출되는 사고가 없도록 해야 한다(필기시험 당일 봉인된 형태와 날인지에 손상이 없는지 감사인과 같이 확인한 뒤 박스를 오픈해 시험지를 배부해야 한다).

출제 문제의 난이도는 채용 계획 수립 시 필기시험 대상자의 평균 점수를 설정해 난이도를 조정해야 한다. 필기시험의 평균값을 설정해야 심사 위원들의 평가가 공정하고 객관적으로 이루어질 수 있고 과거 채용 응시자와의 상대 비교가 가능해 통계 자료로 활용할 수 있다. 시험 장소는 지원자의 규모에 따라 다른데 교통 여건이 좋고 이정표가 잘 갖춰진 학교를 많이 활용하고 있다.

마지막으로 시험 장소 입실 시간을 철저히 관리해야 한다. 필기시험 대상자에게 입실 시간을 정확하게 통지하고, 그 시간을 1초라도 초과하게 되면 과감하게 입실을 제한해야 한다. 개개인의 사정을 듣고 이를 받아들여 입실 시간 초과자에게 시험 기회를 제공하게 되면 다른 지원자가 피해를 볼 수 있기 때문에 기회의 공

---

102) 공공기관의 공정한 채용을 위해서 해당 기관 감사부서 직원을 감사인으로 선임하여 채용의 모든 과정에 감사인을 배석시키고 있다. 감사인은 채용 과정에서 발생할 수 있는 비리 및 부조리를 확인·점검하고 혹시 모를 오류를 바로잡는 역할을 수행한다.

정성에 문제가 생길 수 있다. 업무 담당자는 이럴 경우 인정에 얽매이지 말고 단호해야 한다. 규정과 계획에 따라 시험 관리를 해야 어려운 상황이 발생하지 않는다. 채용은 발생할 수 있는 모든 위험요소(리스크)를 최대한 줄이는 것이 핵심이고, 위험요소(리스크)가 없도록 관리해야 성공적으로 채용을 마무리할 수 있다.

(5) 면접 심사는 기관과 함께할 인재를 선발하는 마지막 과정이다

면접은 선발 과정에서 처음이자 마지막으로 지원자를 직접 확인할 수 있는 기회이다. 면접 위원과 지원자 간의 대면을 통해 최종적으로 지원자의 자격과 능력을 확인하는 가장 중요한 단계라고 할 수 있다. 어떠한 방법으로 면접 심사를 진행하느냐에 따라 면접 심사의 한계(오류)를 극복하고 기관에 적합한 인재를 선발할 수 있다.

저자 생각

면접 심사는 사람이 사람을 평가하는 것으로 일정한 오류가 발생할 수 있다. 일반적으로 가장 흔한 오류가 후광 효과와 첫인상 효과, 대비 효과가 있다. 후광 효과는 지원자의 일부 정보를 전체로 해석하는 것이다. 예로 학력이 좋은 지원자에 대해 다른 조건도 좋을 것이라고 착각하는 경우가 있다. 첫인상 효과는 면접 초기 지원자의 인상착의를 보고 그 사람의 모든 것을 평가하는 것이다. 처음의 평가가 최종적인 의사결정에 영향을 미치는 것을 말한다. 대비 효과는 부적격한 지원자가 연속해서 면접을 볼 경우 평균적인 지원자에 대해서 높은 평가를 할 수 있다는 것이다. 이외에도 여러 가지 오류가 있으나 이를 극복하기 위해서 업무 담당자는 면접 위원들이 올바른 판단을 할 수 있는 면접 심사 방법을 강구해야 한다.

① 면접 심사는 기관에 적합한 방법을 택하면 된다

면접 심사는 사람이 사람을 평가하는 과정이다. 한 사람을 제대로 평가하기 위해서는 동일한 기준에 따라 다수의 사람이 점검하는 것이 가장 좋은 방법이나, 비용 문제 및 시간적인 제한으로 그렇게 하지 못하는 한계가 있다. 이를 극복하기 위해서 실무 면접으로 지원자의 기본적인 업무 능력과 지식 등을 점검하고 최종적으로 임원 면접을 통해서 지원자의 인성과 조직 적응도 등을 확인하는 방법으로 면접을 진행한다.

면접 심사의 형태는 구조화 면접, 상황 면접, 토론 면접, 서류함 기법, 평가 센터법 등이 있다. 구조화 면접은 모든 지원자에게 동일한 질문을 함으로써 객관적인 평가를 진행할 수 있게 하는 것으로, 공공기관에서 일반적으로 적용하는 면접 심사이다. 상황 면접은 실무 면접에서 주로 실시하는 면접 형태로 직무에서 발생 가능한 상황에 대한 예상 반응을 확인하는 면접이다. 스트레스 면접도 이에 속하는데 지원자의 순발력이나 의사 결정 능력, 분석 능력 등을 확인할 수 있다. 다만 스트레스 면접을 직접적으로 활용하는 기관은 거의 없다. 토론 면접은 지원자들 간에 일정한 주제를 가지고 자유롭게 토론을 하게 해 지원자의 성격과 태도에서부터 순발력과 논리력 등을 평가할 수 있는 면접이다. 면접 심사를 두 차례 실시하는 기관에서 실무 면접 시 많이 활용하고 있다. 서류함 기법은 다양한 정보를 지원자에게 제공하고 적절하게 대응하는지를 문서로 작성해 면접 위원과 지원자 간에 상호 질의응답을 통해 지원자를 평가하는 형태이다. 최근에는 서류함 기법을 활용해서 면접 심사를 진행하는 사례가 많아지고 있다. 평가 센터법은 일정 시간이나 기간 동안 지원자에게 다수의 평가자가 다양한 과제(집단토의, 서류함 기법, 상황 면접, 프레젠테이션, 사례 분석 등)를 부여하고 지원자의 실제 행동과 과정을 관찰해 평가하는 형태이다.

💡 저자 생각

서류함 기법(In-Basket Technique)은 관리자의 의사결정을 개발하고 훈련하기 위한 방법으로 개발됐다. 해당 기관에 대한 특정한 경영 상황을 제시하고 그 상황을 해결하기 위한 의사결정을 하게 하는 것이다. 직무 중심으로 채용이 진행되면서 해당 직무에 대한 전문 지식과 경험, 경력을 지원자가 갖추고 있는지 확인하는 단계가 필요하게 됐다. 이를 판단하기 위해서 서류함 기법을 면접 심사에 자주 활용하는데, 지원자가 일정한 조건의 상황 속에서 어떻게 의사결정을 하고 상황을 풀어나가는지 지원자의 업무 수행 능력을 서류함 기법을 통해서 평가한다.

면접 심사 방법은 집단 면접과 위원회 면접 등이 있다. 집단 면접은 면접 위원이 다수의 지원자를 면접하는 경우이다. 시간이 절약되고 지원자 간의 상대평가가 가능하다는 장점이 있으나, 다른 면접조와의 상대평가는 제한되는 문제가 있다. 대비 효과 오류도 나타날 수 있다. 위원회 면접은 다수의 면접 위원이 지원자 한 명을 평가하는 것으로 지원자에 대해서 세부적으로 확인할 수 있는 장점이 있으나, 집단 면접에 비해 시간이 많이 소요되고 지원자가 심리적으로 위축될 수 있다.

② 면접 위원의 구성 및 진행

면접 위원은 많은 수로 편성하는 것이 가장 좋으나, 비용 및 면접 심사 시간의 제한으로 5명 이내로 편성하는 것이 일반적이다. 면접 심사의 공정성을 위해 외부 위원을 전체 위원의 과반수 이상으로 편성하고 위원장은 외부 위원이 맡는 것이 좋다. 기관의 채용 관련 규정에 면접 위원 구성 등에 관한 조항이 있어야 하고 채용 계획에도 이를 반영해야 한다.

면접 심사는 집단 면접을 기준으로 한 조당 20분에서 30분 이내로 편성하고, 면접 심사가 종료되면 5분에서 10분의 휴게시간을 주는 것이 좋다. 왜냐면 면접 위원 간 상호 의견조율의 시간이 필요하기 때문이다. 이는 평가상의 위원 상호 간 편차를 줄이기 위해서 반드시 필요한 절차이다. 물론, 여기에서 말하는 의견조율은 평가 점수의 조정 또는 특정인 평가에 영향을 미치는 직간접적인 발언 등과 관련된 것이 아니라, 심사 진행 과정상의 문제나 모호한 평가 기준 등이 있는 경우 이에 대해 의논하는 것을 말한다.

블라인드 채용으로 지원자의 각종 증빙 서류(졸업증명서, 경력증명서, 자격증 등)를 서류 단계에서 확인할 수 없게 됐다. 이로 인해 지원자를 대면할 수 있는 면접 심사 단계에서 지원자가 이력서에 작성한 학력, 경력이나 자격증 등에 대한 증빙 서류를 제출하는 절차가 필요하다. 지원자가 면접 심사 접수를 할 때 이력서상에 기재한 사항을 증빙할 수 있는 서류를 제출하게 하고, 제출 목록에 서명을 받은 후 면접 심사 접수대에서 제출받은 서류는 봉인 처리한다. 지원자가 제출한 증빙 서류는 면접 심사 이후 최종 합격자에 한해 사실관계 확인용으로 활용한다.

(6) 최종 합격을 위해서는 신체검사 및 신원조사가 필요하다

각 전형 단계를 최종적으로 통과하면 마지막에는 신체검사와 신원조사 및 결격 사유 조회를 실시한다. 지금까지 공공기관은 합격자에게 공무원에 준하는 신체검 사 제출을 요구했다. 하지만 국민권익위원회의 제도 개선방안[103])에 따라 공무원 채용 신체검사서를 일반 채용 신체검사서나 건강검진 결과서로 대체하는 것을 권 고해서 많은 기관에서는 이를 반영하여 신체검사를 처리하고 있다.

신원조사 및 결격사유 조회는 경찰서와 등록 기준지 주민센터에서 확인해주는 절차이다. 공공기관 임직원은 업무의 특성에 따라 정부와 협력하는 보안 업무를 할 수도 있어 보안 등급을 받아야 하고, 범죄 사실이 있으면 기관 내 결격사유에 해당이 되어 임용이 되지 못하는 경우가 있어 신원조사를 통해 확인하는 절차를 거쳐야 한다. 그런데 「공공기관의 운영에 관한 법률」에 따라 임원은 조회 근거가 명백하나, 직원은 기관 내규에서 정할 뿐 법적 조회 근거가 없어 결격사유 확인서 (결격사유 발견 시 당연퇴직 서약) 징구로 대체하고 있는 실정이다. 다만, 교육기관, 박 물관 등은 결격사유 중 성희롱 및 아동학대 범죄 조회에 대한 근거가 있어 이를 합격자의 동의를 받아 별도로 실시하게 된다.

저자 생각

채용 절차가 모두 마무리되면 지원자가 제출한 서류를 반환할 수 있도록 제도를 마 련해야 한다. 「채용절차의 공정화에 관한 법률」에 따라 사유 발생일로부터 14일 이내 에 지원자가 서류 반환 신청을 하면 기관에서는 즉시 응모 서류 일체를 반환해야 하고 그 비용은 기관에서 부담하도록 하고 있다. 다만 온라인으로 접수받거나 전자메일로 받 은 서류는 반환 의무가 면제된다.

---

103) '불합리한 채용 신체검사 개선방안'(제2021-440호), 국민권익위원회(2021. 7. 19.)

4) 근로계약

지원자의 신분이 최종 합격자가 되면 기관의 한 식구가 됐다는 의미이다. 최종 합격자 발표가 되고 신규 직원 임용 교육을 수료하면 최종적으로 임용되는데, 일반적으로 바로 정규직으로 채용하는 것이 아니라 수습이란 기간을 두고 내부적으로 다시 평가한다. 보통 수습은 3개월 정도의 기간 동안 부서장 위주로 평가하는데, 어렵게 선발한 인재이기 때문에 특별한 하자가 없는 한 정규직으로 임용한다. 수습기간 동안 보수는 기관에 따라 차이가 있는데 정상적인 보수의 80%에서 100%를 지급한다. 최근에는 대부분 100%를 지급하는 게 추세이다. 함께 근무할 한 식구이고 어려운 선발 과정을 거쳐서 임용됐기 때문에 기본적인 자질과 능력을 갖췄다고 보기 때문이다.

기관에 신규 직원이 임용되면 업무 담당자는 가장 먼저 신규 직원에 대한 근로계약을 체결해야 한다. 근로계약서 체결은 「근로기준법」에서 강제하는 규정으로 근로자와 사용자 간에 체결해야 하고, 2부를 작성해 1부를 근로자에게 교부 해야 한다. 신규 직원이 기관에 임용된 후 처음으로 서명하는 것이 바로 근로계약이다. 근로계약은 근로자가 사용자에게 근로를 제공하고, 사용자는 이에 대하여 임금을 지급하는 것을 목적으로 체결하는 계약을 말한다. 「근로기준법」에서는 근로계약서 상에 포함되어야 하는 계약 내용을 규정하고 있는데 계약기간과 근로조건을 명시하도록 하고 있다.

(1) 계약기간

'계약기간'이란 신규 직원이 얼마만큼 해당 기관에서 근무를 할 수 있는지를 문서로 명시한 것이다. 일반적으로 정규직과 비정규직을 구분하는데, 정규직과 비정규직이라는 용어는 법적 용어가 아니고 편의상 통용되는 용어이다. 정규직은 근로계약상 기간의 정함이 없는 근로자로 정년까지 근로계약하고, 비정규직은 「기간제 및 단시간근로자 보호 등에 관한 법률」에 따라 2년 범위에서 근로계약 한다. 만약, 2년을 초과할 경우에는 무기계약으로 자동 전환된다.

정규직은 '계약기간이 기간의 정함이 없음' 또는 '임용일로부터 정년까지로 한다' 등으로 근로계약서에 작성하고, 비정규직은 언제부터 언제까지로 계약기간을 정확하게 기록해야 한다. 대부분 공공기관은 연 단위로 회계연도를 적용하기 때문에 연중에 비정규직이 임용되면 임용일로부터 해당연도 말일(12월 31일)까지 근로계약을 하고, 내부 평가를 통해서 연 단위 계약을 실시한다.

(2) 근로조건

근로조건은 근로자가 사용자에게 고용되어 근로를 제공하는 모든 조건을 말한다. 즉 임금 구성 및 지급 방법, 근로시간, 휴게, 휴일, 승진, 복리후생 등 전반적인 인사·복무 관련 사항을 의미한다.

근로자가 사용자에게 근로를 제공하는 이유는 임금을 받기 위해서다. 사용자는 「근로기준법」에서 규정하고 있는 최소 기준 이상의 근로조건을 충족시켜야 한다. 근로계약은 사용자와 근로자 간에 계약기간과 근로조건 등을 상호 약정하여 계약서에 반영하고 서명한 것이다. 「근로기준법」에 명시되어있는 규정들은 최소 기준이기 때문에 그 이하로 계약할 경우에는 그 부분에 한해서 무효로 하며, 이에 따라 무효로 된 부분은 「근로기준법」에서 정한 기준에 따르게 되어 있다. 이 점을 업무 담당자는 잘 알아둬야 한다. 「근로기준법」을 위반할 경우에는 벌칙 조항이 있기 때문에 인사관리를 하면서 「근로기준법」을 비롯해 노동관계 법령은 기본적으로 숙지하고 업무를 수행해야 한다.

🔅 저자 생각

- 근로조건을 이해하기 위해서는 「근로기준법」에서 사용되는 용어에 대한 개념을 정확하게 알아야 한다. 용어의 정의 속에 인사·노무 업무를 수월하게 추진할 수 있는 의미가 내포되어 있기 때문이다. 공공기관에서 근무하고 있는 모든 직원들은 근로자이다. 왜냐면 근로자의 정의가 직업의 종류와 관계없이 임금을 목적으로 사업이나 사업장에 근로를 제공하는 자이기 때문이다. 그리고 업무 담당자는 이중적 성격을 가지고 있는데 임금을 목적으로 근로를 제공하는 근로자이면서 사용자의 지위를 가지고 있기 때문이다. 사용자의 정의가 사업주 또는 사업 경영 담당자, 그 밖에 근로자에 관한 사항에 대하여 사업주를 위하여 행위 하는 자이다. 이러한 관계를 이해하기 위해서 「근로기준법」상 용어의 정의를 잘 알고 있어야 한다.

- 「근로기준법」 제17조에서는 임금(구성항목, 계산방법, 지급방법), 소정근로시간, 휴일, 연차유급휴가, 근무 장소 및 직무 등을 근로계약서에 반드시 명시하도록 규정하고 있다. 실무에서는 호봉제를 적용하고 있는 기관에서는 근로계약서에 임금 관련 사항을 모두 명시하는 경우가 있으나 연봉제인 경우에는 근로계약서 이외에 연봉 계약서를 별도로 작성하게 된다. 연봉 계약서를 체결하는 경우에는 근로계약서 상에 임금 관련 항목은 '연봉 계약서로 갈음한다'라고 표현한다.

〈근로계약서 양식〉

(이하 "사용자"라 함)과(와)(이하 "근로자"라 함)은 다음과 같이 근로 계약을 체결한다.

1. 근로계약 기간: 2000년 0월 00일부터 정년까지로 한다.
 - 수습 기간: 2000년 0월 00일부터 2000년 0월 00일까지로 한다.(3개월)
　※ 근로계약 기간을 정하는 경우(계약직)에는 "근로 개시일과 종료일" 기재

2. 근무 장소:

3. 업무의 내용:

4. 소정근로시간: ___시___분부터 ___시___분까지 (휴게시간 : 시 분~ 시 분)

5. 근무일/휴일: 매주__일(또는 매일 단위)근무, 주휴일 매주__요일

6. 임금
 - 월(일, 시간)급:원
 - 상여금: 있음 ( )_____원, 없음 ( )
 - 기타 급여(제수당 등): 있음 ( )_____원, 없음 ( )
 - 임금 지급일: 매월(매주 또는 매일)_일(휴일의 경우는 전일 지급)
 - 지급 방법: 근로자에게 직접 지급( ), 근로자 명의 예금통장에 입금()
 - 근로자 계좌번호:
　* 수습 기간은 임금의 100% 지급

7. 연차유급휴가
 - 연차유급휴가는 근로기준법에서 정하는 바에 따라 부여함.

8. 근로계약서 교부
 - 사업주는 근로 계약을 체결함과 동시에 본 계약서를 사본하여 근로자의 교부
   요구와 관계없이 근로자에게 교부함(근로자 서명)

9. 기타
 - 기타 근로계약서에 없는 사항은 근로기준법 등 노동관계 법령과 기관 내규에
   따른다.

년   월   일

(사용자) 사업체명 :   (전화 :   )
        주   소 :
        대 표 자 :   (서명)

(근로자) 주   소 :
        연 락 처 :
        성   명 :   (서명)

〈연봉제 동의서〉

본인은 연봉제 적용에 동의하면서 아래와 같이 서약합니다.

 1. 연봉 산정 방식 및 평가 방법을 숙지하고 있습니다.
 2. 타인의 연봉 금액을 알려고 하지 않고, 본인의 연봉 금액을 절대 공개하지 않
    겠습니다.
 3. 연봉에 대하여 이의가 있는 경우에는 인사위원회의 연봉 조정 결정에 따르겠
    습니다.
 4. 기타 연봉제 시행에 관련한 사항은 기관에서 정한 바를 준수하겠습니다.

년   월   일

        • 소 속 :
        • 직 급 :
        • 성 명 :   (서명)

한국공공기관관리원 원장 귀하

☞ 연봉제 동의서는 한 부만 작성하고 최초 신규 직원 임용 시 근로계약서 작성 시
   같이 서명을 받는다.

<연 봉 계 약 서>

기관장과 아래 연봉제 적용 대상자 간에 연봉 계약을 다음과 같이 체결한다.

1. 연봉제 대상자
• 소속 :   직급 :   성명 :

2. 연봉 계약 기간 :
•   년 월 일부터   년 월 일까지

3. 연봉액

구분	금액	비고
기본 연봉		연봉월액:
자체 성과급		※ 지급 금액과 지급 방법은 추후 결정
경영평가 성과급		
계		

4. 기타 수당 등
• 연봉액에 포함되지 않은 수당 등은 기관의 관련 규정 및 지침 등에서 정한 바에 따라 지급한다.

5. 기타 사항
  가. 연봉은 매년 평가 결과를 통하여 결정되며, 2차년도 이후의 연봉 계약은 연봉 통보서로 대체한다.
  나. 연봉 산정 및 인사위원회에서 정한 연봉 인상률이 임금 협상 결과와 차이가 있거나, 기관의 방침에 따라 연봉 감액 등의 사유가 있는 경우에는 연봉 산정 및 인사위원회의 연봉 조정 결과에 따라 조정할 수 있다.
  다. 개인의 연봉에 관한 보안 유지 의무를 준수한다.
  라. 기타 연봉제 운영에 대해서는 기관의 제 규정 및 지침에 따른다.

본 계약의 성립을 인정하기 위하여 계약서 2부를 작성하여 계약 당사자 양측이 서명 날인 후 각 1부씩 보관한다.

년   월   일

• 기관장 :   (인 또는 서명)
• 소 속 :   직급(위) :   성명 :   (인 또는 서명)

〈연봉통보서〉

소속		직급		성명	

연봉계약기간	년 월 일부터 년 월 일까지

구분	금액	비고
기본연봉		연봉월액 :
자체성과급	-	※ 지급 금액과 지급 방법은 추후 결정
경영평가성과급	-	
계		

1. 연봉액에 포함되지 않은 수당 등은 기관의 관련 규정 및 지침 등에서 정한 바에 따라 지급한다.
2. 통보된 연봉에 이의가 있는 경우에는 연봉 통보일로부터 7일 이내에 인사 담당 부서를 경유하여 인사위원회에 이의 신청할 수 있다.
3. 기타 연봉제 운영에 관하여는 기관의 제 규정을 따른다.

년   월   일

기관장

☞ 연봉 통보서는 임용된 이후 2년 차부터 적용하는 양식으로, 기관 평가 종료 후 평가 결과에 따라 해당 연도 최종 연봉이 확정되면 별도의 계약서 작성 행위 없이 기관의 규정에 따라 연봉 통보서로 대체한다.

〈연봉 계약 변경 통지서〉

□ 대상자 인적 사항

소속	직급	성명

□ 연봉 계약 변경 내역

• 계약 기간

변경 전	~	변경 후	~

• 연봉액(단위: 원)

구분	변경 전	변경 후	비 고
기본연봉			
자체성과급			
경영평가성과급			
계			

□ 기타 사항

• 기타 사항은 "연봉계약서" 내용과 동일함

　　연봉 계약이 위와 같이 변경 결정되었기에 알려드립니다.

년　　월　　일

기관장

☞ 연봉 관련 이의 신청이 인용되거나, 해당 연도 연봉이 조정될 경우에는 별도의
연봉계약서를 작성하지 않고 변경통지서로 대체한다.

〈연봉 이의 신청서〉

기관에서 본인에게 통보한 '○○년도 연봉에 대하여 아래와 같이 이의를 제기하오니, 귀 위원회에서 재심하여 주시기 바랍니다.

통보내역	이의신청

년   월   일

소속 :
직급 :
성명 : (인)

인사위원회 위원장 귀하

〈심사 결정 통보서〉

수신 :

귀하께서 이의 신청하신 사항에 대하여 본 위원회의 심사결과를 아래와 같이 통보합니다.

이의 신청 내용	심사 결과

년   월   일

인사위원회 위원장

☞ 연봉에 대해 이의를 신청하고자 할 경우 '연봉 이의 신청서'를 인사위원회에 제출하고 재심을 받아야 한다. 인사위원회 재심 결과는 심사 결정 통보서로 신청인에게 통보한다.

5) 채용 관련 문서

 공공기관에서 '업무를 한다'는 것은 문서를 생성하고 의사결정권자의 결재를 받았다는 것을 의미한다. 계획을 수립하고 사업을 추진하면서 생성한 문서는 상황보고, 중간보고, 결과보고 등이 있고, 이렇게 생성한 문서는 중요도에 따라 보존연한이 결정된다. 채용은 중요한 업무이기 때문에 이와 관련해 생성한 문서는 대부분 영구 보존해야 한다. 또, 인사부서와 감사부서가 동시에 관리해야 하며, 감사부서는 감사 권한 범위 내에서만 열람해야 한다.

 채용과 관련해서 생성되는 문서는 다음과 같다.

☞ **계획 수립 단계**

가. 인사위원회(인사위원회 개최 계획 및 결과 보고 기안문 포함) 회의 자료, 의결서, 회의록
나. 기관장의 결재를 득한 채용 계획서
　* 노사협의회에서 인력 운영을 협의할 수 있기 때문에 관련 협의 서류 포함

☞ **모집 및 선발 단계**

가. 서류심사 관련 서류 일체(심사위원 보안 각서 및 평가표, 심사위원 점수 집계표, 엑셀 데이터 자료, 심사위원 보안 각서), 서류심사 결과 보고(합격자 현황 포함, 채용 대행업체 결과 보고 공문, 내부 결과 보고 문서)
나. 필기시험 관련 서류 일체(심사위원 보안 각서 및 평가표, 심사위원 점수 집계표, 지원자 필기시험 자료(OMR카드 또는 보고서 작성 답안지 등)), 감독관 보안 각서, 인적성 검사 결과, 필기시험 결과 보고(합격자 현황 포함, 채용 대행업체 결과 보고 공문, 내부 결과 보고 문서)
다. 면접 심사 관련 서류 일체(심사위원 보안 각서 및 평가표, 심사위원 점수 집계표, 지원자 증빙 서류 제출 서류 서명 명부), 면접 심사 결과 보고(합격자 현황 포함, 채용 대행업체 결과 보고 공문, 내부 결과 보고 문서)

☞ **최종 합격 단계**

가. 최종 합격자 관련 서류 일체(응시 원서, 합격자 제출 증빙서류, 신체검사 서류, 신원조사·결격사유 조회 동의서(합격자 날인) 및 조사·조회 결과, 최종 결과 보고서 등)

나. 근로계약 및 연봉계약서

다. 최종적으로 불합격한 지원자 관련 서류(응시원서, 제출서류 등 일체)는 채용 결과가 확정된 날로부터 180일 이후에는 파기. 다만 지원자가 관련 서류의 반환을 요구할 경우 14일 이내에 반환해야 함.

이와 같은 문서는 원본으로 가지고 있어야 하며 파일 본도 함께 보관하고 있어야 한다. 기관 자체적으로 채용을 진행할 경우에는 내부 전산 시스템에 관련 서류가 저장되기 때문에 큰 어려움은 없으나, 외부 전문업체에서 채용을 대행할 경우에는 관련 서류를 잘 챙겨야 한다. 어느 업체에 채용 대행을 맡기느냐에 따라 결과물의 수준이 현저하게 차이가 날 수 있어 단계별로 생성된 문서를 철저하게 확인해야 한다. 만에 하나 채용 대행 완료 후 채용 관련 서류가 누락 되거나 없어지게 되면 업무 담당자 책임이 된다(외주 업체는 용역 완료 보고 후에는 책임이 없음). 채용과 관련된 서류를 분실하거나 파손될 경우에는 채용 감사에서 채용 비리로 오해를 받을 수 있어 채용 관련 서류를 철저히 관리해야 한다. 채용 관련 서류를 제외한 인사 관련 서류는 3년의 보존연한(「근로기준법」제42조)을 가지지만, 기관의 규정에 따라 보존연한은 더 길어질 수 있다.

<중요 서류의 보존 기간 기산일>

◆ 계약서류 보존: **3년**

대상 서류	기산일
근로자 명부	근로자가 해고·퇴직 또는 사망한 날
근로계약서	근로관계가 끝나는 날
임금대장	마지막으로 임금 내역을 기재한 날
임금의 결정·지급 방법과 임금 계산의 기초에 관한 서류	완결한 날
고용·해고·퇴직에 관한 서류	근로가 해고되거나 퇴직한 날
승급·감급에 관한 서류	완결한 날
휴가에 관한 서류	승인 또는 인가를 받은 날
연장 근로, 감시단속적 근로 및 임산부 야간휴일근로에 따른 승인 인가 관련 서류	승인 또는 인가를 받은 날
3개월 단위 탄력적·선택적 근로시간제, 근로시간 계산의 특례, 근로 및 휴게 시간 특례에 따른 서면 합의 서류	서면 합의한 날
연소자 증명서에 관한 서류	18세가 되는 날(18세 도달 이전 해고, 퇴직 또는 사망한 경우 해당하는 날)
그 밖의 인사 중요 서류	완결한 날

☞ 「근로기준법」상 인사 관련 서류의 보존연한은 3년이지만, 대부분의 기관에서 인사 관련 서류는 반영구적으로 보관하고 있으며 특히 채용 관련 서류를 영구 보존해야 한다. (기관에 내규에 따라 반영구일 경우도 있음)

* 자료 : 「근로기준법」 내용을 재구성함

유지관리

1. 직무 소개

신규 직원이 임용되면 그때부터 기존 구성원과의 새로운 관계가 형성된다. 사람과의 관계이기 때문에 어느 부서에 배치되고 누구와 함께 근무하는지에 따라 적응도와 조직에 대한 애착심 등이 다를 수 있다. 업무는 정해진 절차와 규정대로 내가 아는 범위에서 최선을 다하면 되지만 구성원 간의 관계 형성은 업무와는 다른 차원의 문제이다. 개개인마다 성향과 조직 내 위치가 다르고 직급에 따른 권한과 책임이 차이가 있어 신규 직원이 이에 적응하기에는 오랜 시간이 필요하다.

업무 담당자는 신규 직원이 조기에 조직에 적응할 수 있도록 지원해야 하고, 그런 업무가 바로 유지관리의 시작이다. 신규 직원을 부서에 배치하고 인력계획에 근거해 전보시키고, 역량 개발을 통해 성과를 내도록 해 승진을 할 수 있도록 제도화하는 일이 바로 유지관리 업무이다. 물론 잘못이 있으면 그에 상응하는 징계 처분을 해야 하고 성과가 있으면 포상을 줘야 한다. 이 또한 유지관리 업무이다.

조직은 업무의 효율성과 성과를 높이기 위해 표준화된 규정을 제정해 운영한다. 조직의 규정은 모든 구성원에게 동일하게 적용되는데 규정을 준수하지 않으면 징계를 받고, 규정을 잘 준수하면 포상을 받을 수 있다. 공공기관에 소속되어 있는 구성원의 의무이자 책임이다.

유지관리 업무의 핵심은 일정한 틀 속에서 구성원을 효율적으로 관리하고 모든 구성원이 최대한 만족할 수 있도록 제도와 규정을 마련하는 것이다. 동기부여를 통해 업무 효율성을 높이고 이를 통해 조직의 설립목적을 추구하여 경영목표를 달성하고자 하는 것이다. 이때 기준이 되는 것이 표준화된 업무 매뉴얼이고, 이를 제도화한 것이 내부 규정이다. 「취업규칙」이라고도 하는 데 용어는 중요하지 않다. 구성원 모두가 준수해야 하는 기준을 관리하고 제·개정하는 것이 유지관리 업무이고, 이를 적용하는 업무도 유지관리 업무이다. 일반적으로 인사이동, 평가, 교육훈련, 경력 개발 등이 이에 해당한다.

2. 주요 직무

1) 인사이동

인사이동[104]은 조직의 새로운 활력(동기부여 및 직무 만족도 향상, 매너리즘 타파 등)을 불어넣기 위해 구성원을 배치하고 전환하며 승진시키는 등의 활동을 말한다. 동일 직무를 장기간 수행하다 보면 업무 전문성은 향상할 수 있으나, 매너리즘에 빠지거나 관행적 업무 처리, 동기부여 결여로 저성과를 나타내거나 근무 태만 등의 문제가 나타날 수 있다. 이를 개선하고자 새로운 부서로 2년에서 3년 주기로 재배치(전환)할 수도 있고, 더 많은 권한과 책임이 부여되는 직무로 승진할 수도 있다.

인사이동은 연간 정기적으로 진행되거나, 기관장의 방침에 따라 수시로 운영할 수 있다. 통상적으로 상·하반기로 구분해 연간 2회, 또는 연간 1회의 정기 인사이동을 실시한다. 수시 인사이동을 하는 이유는 갑작스런 퇴사, 징계 처분 등의 사유로 보직에 공석이 발생했거나, 기관장이 새로 부임해 조직 장악력을 높이기 위해 실시하는 경우가 대부분이다.

인사발령(人事發令)

- 공공기관의 모든 행정행위는 문서로 이루어지고 문서로 종결된다. 인사발령은 구성원 개개인의 신분과 관련해 실시하는 행정행위로 보통 부서 이동, 보직 부여, 휴직, 인사이동 등이 이루어질 때 실시한다. 인사명령이란 용어도 사용하는데 인사발령과 인사명령을 구분해서 사용하지 않으며, 기관에 따라 용어를 선택해 사용한다.

- 인사발령을 위해서는 원인행위가 있어야 한다. 의사결정권자가 인사와 관련된 지시나 명령이 있어야 하고, 그 지시나 명령에 근거하여 발령을 통해 구성원에게 공지하게 된다. 인사명령은 원인행위, 인사발령은 결괏값으로 보면 된다.

- 인사발령은 사유 발생 시 실시하는데 작성은 다음과 같이 하면 된다. ①인사발령 대상자의 소속과 직책, 성명(한자)을 기록 ②인사발령 내용 작성 ③발령 일자와 기관장 명을 작성한다.

---

104) 구성원이 새로운 부서로 이동(인사발령)하게 되면 맞이하는 부서에서는 준비해야 할 사항이 있다. 이동하는 구성원의 직책에 따라 차이는 있을 수 있으나, 기본적으로는 이동 전에 업무 인수인계서(업무분장) 작성, 자리 배치, 명함 제작(연락처, 직책, 명함디자인 및 재질 등 확인) 등을 실시하고 새로운 구성원이 부서에 빨리 적응할 수 있도록 배려해야 한다.

- 인사발령 내용을 작성할 땐 자세한 내용을 기입하는 것이 아니라 핵심적인 사항을 함축적으로 작성하고 내용의 끝을 '임함', '보함', '면함', '처함', '명함' 등으로 사유에 따라 마무리하면 된다.

- '임함'은 직급 상승을 했을 때, '보함'은 새로운 보직을 부여받을 때, '면함'은 업무가 종료됐을 때, '처함'은 처분을 받았을 때, '명함'은 신규 직원을 임용할 때나 휴직 등을 허가할 때 주로 사용한다. 이 외에도 상황에 따라 함축적으로 줄임말을 사용하면 된다.

작성 예)

1. 신규 직원 임용 인사발령

인사발령(신규 직원 임용)

임용 예정자 이세종(李世宗)

기획경영본부 경영관리실 인사부 근무를 명함
행정직 6급 수습에 임함(20○○.01.01.~03.31.)

20○○.01.01.

한국공공기관관리원장. 끝.

2. 신규 직원 수습 종료 인사발령

인사발령(수습 종료)

기획경영본부 경영관리실 인사부
행정직 6급 이세종(李世宗)

「인사규정」 제20조에 따른 수습을 면함

20○○.01.01.

한국공공기관관리원장. 끝.

3. 승진 인사발령

인사발령(승진)

기획경영본부 경영관리실 인사부
행정직 3급 이세종(李世宗)

행정직 2급에 임함

20○○.01.01.

한국공공기관관리원장. 끝.

4. 보직 전보 인사발령

인사발령(보직 전보)

기획경영본부 경영관리실 인사부
행정직 3급 이세종(李世宗)

전략경영실 기획부 근무를 명함
기획부장에 보함

20○○.01.01.

한국공공기관관리원장. 끝.

5. 징계 처분 인사발령

인사발령(징계)

기획경영본부 경영관리실 인사부
행정직 6급 이세종(李世宗)

「인사규정」 제30조 제1호에 따라 정직(중징계) 3개월에 처함
(20○○.01.01.~03.31.)

20○○.01.01.

한국공공기관관리원장. 끝.

6. 전보 인사발령

인사발령(전보)

기획경영본부 경영관리실 인사부
행정직 6급 이세종(李世宗)

전략경영실 기획부 근무를 명함

20○○.01.01.

한국공공기관관리원장. 끝.

7. 휴직 인사발령

인사발령(육아휴직)

기획경영본부 경영관리실 인사부
행정직 6급 이세종(李世宗)

「인사규정」 제25조 제2항 제4호에 따라 육아휴직을 명함
(20○○.01.01.~03.31.)

20○○.01.01.

한국공공기관관리원장. 끝.

8. 퇴직 인사발령

인사발령(퇴직)

기획경영본부 경영관리실 인사부
행정직 6급 이세종(李世宗)

원에 의하여 그 직을 면함

20○○.01.01.

한국공공기관관리원장. 끝.

(1) 배치전환(전보)

공공기관은 조직 분위기 쇄신, 직무 변화, 교육훈련, 인원 관리 등의 목적으로 배치전환을 실시한다. 배치전환은 수평적 이동(동일 직급에서 동일 직급으로)을 말하며, 근무 장소나 직무 등이 변경되는 것으로 직급 이동(승진)을 의미하지는 않는다. 배치전환을 실시하기 위해서는 원칙과 기준이 있어야 한다. 그 원칙과 기준에 따라 대상자 선정과 시행 시기, 적용 범위가 사전에 예측 가능해야 한다. 배치전환은 구성원 입장에서는 근로조건이 변경되는 것이기 때문에 민감할 수 있다. 예측 가능성이 있어야 수용성을 높일 수 있고, 불안정성을 해소할 수 있다.

조직의 구성원이 100명 내외인 기관에서는 배치전환이 직무 중심으로 이루어진다. 직무 변경에 따라 부서가 바뀌는 경우가 대부분이다. 동일한 공간에서 근무하는 경우가 많기 때문에 근무지가 변경되는 일은 거의 없다. 하지만 전국 단위로 본부나 지사가 있는 대규모 기관은 상황이 다르다. 대도시에서 근무하다가 근무 여건이 열악한 격오지나 기피 지역으로 배치전환을 할 수도 있다. 그래서 배치전환을 하기 위해서는 원칙과 기준이 명확해야 하고, 구성원이 사전에 예측 가능할 수 있는 배치전환 제도가 있어야 한다. 일반적으로 많이 활용하는 방법이 '배치전환 마일리지 제도'이다.

이 제도는 기피 및 격오지에 대한 근무 원칙을 수립하고, 예측 가능한 배치전환을 하기 위해 도입한다. 기관마다 점수를 부여하는 방법과 기준 등은 다를 수 있으나 제도의 도입 취지는 동일하다. 공정하고 계량화한 기준을 바탕으로 구성원이 수용할 수 있는 제도를 운영하기 위해서다. 통상 일정한 점수(100점 만점에 70점에서 80점 사이)에 도달하는 대상자를 우선적으로 배치전환을 고려하는데 적용 기준은 ①근무 지역, ②현 부서 근무 기간을 종합적으로 평가해 마일리지 점수를 부여한다.

① 근무 지역 점수는 일반적으로 3개 권역으로 구분하나 그 이상으로 권역을 나눠 점수화할 수도 있다. 거주지 내 본사 또는 지역본부/지사를 제1생활권역, 거주지 외 본사 또는 지역본부/지사를 제2생활권역, 기피 및 격오지 지역본부/지사를 제3생활권역으로 하고 매월 적용하는 점수를 차등 적용한다.

〈권역별 마일리지 부여 사례〉

구분	제1생활권역	제2생활권역	제3생활권역
매월	0.1점	0.3점	1점

② 한 부서에서 보통 3년 이상 근무하거나 동일 권역에서 9년 이상 근무하는 직원은 배치전환 대상자로 우선 선정한다. 근무 기간을 고려하여 연도에 따라 점수를 차등 부여한다. 다만 직무 특성을 고려하여 예외 적용도 가능하다.

〈근무 기간별 마일리지 부여 사례〉

구분	3년 미만	5년 미만	7년 미만	7년 이상
배치전환 시점 기준	15점	20점	30점	50점

배치전환은 기관장의 경영방침에 따라 실시할 수 있으며 기관에 새로운 활력을 불어넣을 수 있는 윤활유 역할을 한다. 새로운 부서에서 새로운 업무를 수행하며 다양한 분야의 직무를 경험할 수 있고, 그에 따른 보람을 느낄 수 있다. 이는 직무에 대한 동기부여는 물론 업무 매너리즘을 극복하는 데도 도움이 된다. 하지만

배치전환이 예측 불가능하거나, 직원의 의견이 반영되지 않을 경우에는 직원들의 불만과 근로의욕 상실, 조직에 대한 신뢰 추락 등 부작용이 발생할 수 있다. 이를 방지하기 위해 직원의 의견 또는 수요 조사를 할 수 있는 절차를 마련하는 것이 좋다.

<배치전환 수요 조사 양식>

☐ 소속 :
☐ 직급 :
☐ 성명 :
☐ 희망 부서 및 근무지

희망순위	희망 부서	희망 근무지	사유
1	00본부 00부		
2			
3			
기타 인사고충사항			

※ 비고
• 작성 대상자는 전 직원
• 희망 부서가 1개일 경우 1순위만 작성
• 인사 고충 사항은 해당자에 한하여 작성
• 제출 기한: 20○○년 월 일까지 인사담당자에게 제출

(2) 승진

근로자가 근로를 하는 목적은 임금을 받기 위함이고 임금은 근로자 생계유지의 원천이며 사회적 지위와 신분을 나타낸다. 승진은 임금과 직접적인 연관이 있으며 근로자가 조직 내에서 열심히 일하는 목적이기도 하다.

승진은 직급 단계가 한 단계 올라가는 것으로 조직 내 직위나 직급이 오른다는 것을 의미한다. 공공기관에서는 「인사규정」이나 「인사규정 시행세칙(규칙)」 등에서 승진하는 방법이나 절차 등을 표준화해 공통적으로 적용하고 있다. 공공기관의 승진 절차는 대부분 동일하다. 근무성적평정 또는 승진 시험을 통해 점수를 도출하

고, 그 점수를 바탕으로 고득점자순으로 결원 인원의 일정 배수(3배수에서 5배수 이내)로 승진 후보자 명부를 작성한다. 승진 후보자 명부가 완성되면 인사위원회에서 승진 심사를 하는데, 인사위원회 구성 및 진행 절차 등은 기관의 「인사규정」에 의한다.

인사위원회는 승진 후보자를 심의·의결하고 기관장에게 승진 후보자를 추천하게 되는데, 승진 후보자로 추천된 직원이 적정하다고 판단되면 승진 임용한다. 그렇지 않다고 하면 기관장은 재심의를 요구할 수 있다. 기관의 규모나 내부 규정 등에 따라 승진 절차와 방법은 상이 할 수 있으나, ①근무성적평정 또는 승진 시험 ②승진 후보자 명부 작성 ③인사위원회 심의 ④승진 후보자 추천 ⑤기관장 승인 및 승진 임용의 절차는 동일하게 적용하고 있다.

저자 생각

기관의 규모가 클 경우에는 직급별로 인사위원회를 다르게 구성해 심의할 수도 있으며 승진 방법과 절차도 직급별로 다를 수 있다. 일반적으로 직급에 따라 승진 후보자 명부를 작성하는 방법이 다른데 간부 직급으로의 승진은 근무성적평정에 다면평가를 실시하는 경우가 있고, 차장급 이하 승진에는 다면평가 대신 승진 시험(보고서, 직무 관련 전공 시험 및 사내 내규 시험 등)을 적용하는 경우도 있다. 승진의 방법과 절차를 결정하는 것은 기관의 고유 권한으로 내부 경쟁을 통해서 우수한 인재를 선별해 승진하는 것이기 때문에 기관에 적합한 방법을 규정화해 공정하게 운영하면 된다. 이러한 관계를 이해하기 위해서 「근로기준법」 상 용어의 정의를 잘 알고 있어야 한다.

① 승진이 가능한 기간을 확인하라

승진하기 위해서는 해당 직급에 일정 기간 동안 근무를 해야 하는데 이것을 '승진소요 최저연수'라고 한다. 5직급 체계를 기준으로 했을 때 승진소요 최저연수는 일반적으로 다음 표와 같다. 조직 구성원의 직급별 나이와 직무 경력 등을 고려해 해당 직급에서 근무해야 하는 최소 기간을 결정한다. 승진소요 최저연수를 두는 이유는 해당자에게 직무 역량을 갖출 수 있는 시간을 주고 상급자에게는 평가의 기간을 주기 위해서이다. 하지만 승진소요 최저연수가 도래했다고 승진을 하는 것은 아니다. 이 기간은 승진을 위한 최소 요건일 뿐이다.

〈직급별 승진소요 최저연수 사례〉

직급	2급(부장)	3급(차장)	4급(과장)	5급(대리)
승진소요 최저연수	5년	4년~5년	3년~4년	2년~3년

② 승진할 수 있는 공석(T/O)이 있어야 한다

공공기관은 정원에 의해 인력관리를 한다. '승진을 한다'는 것은 상위 직급에 결원(퇴사 및 미채용, 공석 등)이 발생했다는 의미로 새롭게 인력을 충원한다는 말과 같다. 새로 신설된 조직의 경우에는 경력직을 채용해 직급별 적임자를 외부에서 확보하는데, 설립된 지 5년 이상 되는 기관에서는 경력직을 외부에서 선발하지 않고 내부 승진으로 결원을 해결하고, 승진으로 인해 발생한 결원(하위 직급)을 외부에서 신입 직원 채용의 형태로 선발한다.

조직을 설립하고 일정 기간이 경과 되면 각 직급별로 필요한 인력은 외부 충원으로 조직 구성이 완료된다. 그 이후부터는 결원 소요가 발생하면 내부 구성원 중에서 승진의 형태로 내부 경쟁을 통해 인력을 확보하게 된다. 그 이유는 내부 구성원에게 승진의 기회를 부여하여 동기부여와 조직 안정 등을 이루기 위해서다.

💡 저자 생각

기관이 설립된 지 5년 이상 된 기관들은 신규 인력을 대부분 신입 직원 위주로 채용한다. 조직 구성이 완료된 이후에 간부급 또는 중간 관리자급에서 개인 사유로 퇴사(이직)하는 경우와 자격을 갖춘 인재가 없어 미충원해 결원이 발생할 경우 등은 경력직 직원을 선발하지 않고 공석으로 두는 경우가 많다. 그리고 기존 구성원이 승진할 수 있는 기간이 도래할 때 승진의 방법으로 그 결원 자리를 채우게 된다. 외부에서 경력직을 선발하지 않는 이유는 내부 직원들의 불만이 존재할 수 있기 때문이다. 외부에서 경력직으로 간부급이나 중간 간부급을 선발할 경우, 그 자리를 염두에 두고 열심히 업무를 수행했던 구성원들은 승진 기회를 상실하기 때문에 내부 반발이 있을 수 있다. 그래서 대부분 기관에서는 특수한 직무에 한해서만 경력직으로 신규 직원을 채용하고 그 외에는 대부분 내부 승진의 절차를 통해서 상위 직급 결원을 충원하고 있다.

③ 승진 절차를 준수해야 한다

승진이란 행정행위는 공정성과 객관성이 담보되어야 조직 구성원이 동의를 할 수 있고 뒷말이 나오지 않는다. 사전에 정해진 규정에 따라 평가하고 그 평가 결과를 바탕으로 인사위원회에서 심의·의결해 기관장이 최종적으로 승진 임용해야 한다. 특히 승진은 절차적 하자가 발생하면 내부 구성원의 불만이 발생할 수 있는데, 승진 관련 업무를 추진하기 전에 관련 규정과 절차, 방법 등에 대해서 세밀한 검토와 협의 과정이 필요하다.

업무 담당자가 승진 업무를 할 때 가장 먼저 확인해야 할 사항은 승진 관련 규정을 정확하게 숙지하는 것이다. 기관마다 규정에 명시되어있는 사항이 다를 수 있으나, 공공기관은 국가공무원 조직에서 시행하는 승진 절차를 준용하는 경우가 많기 때문에 국가공무원의 승진 제도를 사전에 공부해 두는 것도 하나의 방법이다.

승진 심사를 하기 위해서는 승진 후보자 명부를 작성해야 하는데 그 명칭은 기관마다 상이 할 수 있다(승진 대상자 심사 명부, 승진 후보자 서열 명부 등). 승진 후보자 명부를 작성하기 위해서는 전제 조건이 있는데, 명부에 올라가는 인원을 어떠한 방법으로 선정할지를 확인해야 한다. 보통은 결원 인원의 3배수에서 5배수를 명부에 작성하는데 한 예로 1명의 승진 결원이 발생할 경우에는 5배수, 5명의 승진 결원이 발생할 경우에는 3배수로 결정하는 방식이다. 이는 규정으로 표준화되는 경우가 많으며 그렇지 않을 경우 기관 차원의 계획에 반영해 추진해도 무방하다.

승진 후보자 명부에 일정 배수의 명단을 올리기 위해서는 평가라는 행위를 통해서 그 결괏값을 반영해 후보자를 선정해야 한다. 평가 방법은 근무성적평정이나 시험의 방식 등이 있다. 시험의 종류와 방법 등에 따라 각각 적용 비율이 결정되고 그 비율에서 도출한 값을 기준으로 고득점자순으로 일정 배수에 해당하는 직원을 승진 후보자 명부에 작성한다. 평가 방법에 대해서는 근무성적평정에서 자세하게 설명하도록 하겠다.

승진 후보자 명부가 작성되면 인사위원회에서 심의한다. 인사위원회에서 어떻게 심의하는지는 기관마다 다르지만 통상적으로 승진 후보자 명부에 등록된 고득점자에 대해서 근무 성적 외의 평가 요소(음주, 징계, 출퇴근 현황, 주변 평판 등)를 반영해 내부 토론을 통해 승진 후보자를 결정한다. 이때 승진 명부상 서열은 바뀔 수 있으며 2순위자가 1순위자를 대신해 최종 승진 후보자가 될 수 있다. 승진 후보자 명부상 서열은 그간의 평가 결과를 종합한 결괏값이기 때문에 그 순위가 바로 승진을 의미하는 것은 아니다. 다만 서열 순위가 변경될 때에는 그에 합당한 이유가 있어야 하고 인사위원회 회의록이나 의결서에 그 이유를 작성해야 한다.

인사위원회에서 최종 승진 후보자를 기관장에게 추천하면 기관장은 최종 승진자를 결정한다. 일반적으로 특별한 하자가 없으면 대부분 승진 임용한다. 다만 기관장이 추천된 승진 후보자를 적임자로 인정하지 않을 경우 그 사유를 명시적으로 작성해 인사위원회에 재심의를 요청할 수 있다. 기관장의 재심 요구가 있을 경우 인사위원회는 해당 안건에 대해서 심의·의결해야 한다.

🔅 저자 생각

인사위원회에서 최종적으로 승진 후보자를 추천할 때 기관장이 반려하고 재심의를 요청하는 경우는 극히 드물다. 왜냐면 승진 후보자 명부에 필요한 각종 평가를 기관장이 주관해서 진행하고, 각 단계별 평가 과정에서 기관장에게 그 결과가 보고되기 때문이다. 인사위원회의 독립적 운영을 위해서 기관장이 인사위원회에 개입하여 의견을 개진할 수는 없지만, 기관 차원에서 필요한 인력이 누구이고 조직 내 평판이나 분위기 등을 인사위원들과 공유하기 때문에 기관장이 인사위원회의 추천자를 거부하는 경우는 극히 드물다. 다만 심사 과정에서 발생하지 않았던 사항이 차후에 확인되는 경우는 예외로 하겠다. 예로 음주운전을 했다거나 형사 고소나 기타 상위 기관에서 감사로 인한 징계 처분이 내려오게 되면 기관장은 승진 후보자에 결격 사유가 있다고 판단해서 재심의를 요구할 수 있다.

20○○년 한국공공기관관리원 승진 심사 추진계획

□ **추진 배경**

• 기관 설립 이후 임용된 직원 중 승진소요 최저연수를 초과한 직원에 한해 승진 심사
를 추진하고자 함
  * 관련 근거: 「인사규정」, 「인사규정 시행세칙」, 「근무성적평정 시행세칙」

□ **승진 원칙**

• 결원에 대한 공석은 내부 승진을 원칙으로 함
• 승진은 승진소요 최저연수 기간이 도달한 자 중에서 근무성적평정, 경력 등 능력과 실
  적에 의하여 작성한 승진 후보자 명부 작성
• 승진 심사는 승진 정원의 3배수 범위내에 있는 자를 근무성적평정 결과, 당해 직급에서
  의 근무 연수, 승진 후보자 명부상의 순위 등을 고려하여 인사위원회에서 적격성 심사

□ **승진 정원**

구분	합계	간부직(2급)	중간관리직(4급)	실무직(5급)
행정직	00명	0명	0명	0명
기술직	00명	0명	0명	0명
총계	**00명**	**0명**	**00명**	**0명**

□ **승진 심사 추진 계획**

① 승진 후보자 명부

• 승진 후보자 명부 작성 기준
  - 직급별 승진소요 최저연수를 초과한 직원 중 해당 직급에서 평가받은 근무성적평정
    점수를 세칙에 따라 연도별 비율을 적용해 작성
• 직급별 승진 후보자 명부

구분		승진정원	직급별 승진소요 최저연수 초과자	승진후보자 명부 포함자
행정직	2급	0	00	0
	4급	0	00	00
	5급	0	00	00
기술직	2급	0	00	0
	4급	0	00	00
	5급	0	00	0

  * 서열 명부 작성 대상자별 세부 현황은 붙임 참조

② 인사위원회 심의
- 직급별 승진 후보자 명부에 포함된 대상자 적격성 심사
  - 근무성적평정결과의 평정 결과
  - 당해 직급에서의 근무 연수, 승진 후보 명부상의 순위
- 심의 결과, 승진 정원에 따라 직급별 승진 후보자를 기관장께 추천

③ 승진 후보자 승인
- 기관장은 인사위원회에서 추천한 승진 후보자 승진 임용
  * 인사위원회에서 승진 후보자로 추천한 대상자가 부적합하다고 판단되면 재심의를 요청할 수 있음.

□ **추진 일정**
- ('○○.00.00.) 승진 후보자 명부 작성
- ('○○.00.00.) 인사위원회(승진) 개최 및 승진 후보자 발표
- ('○○.00.00.) 인사발령

붙임 승진 후보자 명부(안) 1부. 끝.

(3) 징계

공공기관에서는 모든 업무를 정해진 표준 매뉴얼로 정형화된 행정 절차에 따라 추진한다. 정해진 규정대로 업무를 수행하지 않고 임의대로 개개인의 판단과 편의로 업무를 추진하다 기관에 손해가 발생하거나 다수의 피해자가 생기면 피해의 경중과 과실 여부 등을 고려해 징계 처분을 하게 된다. 또한 업무 외적으로 공공기관 직원은 품위를 지켜야 하는 규정이 있기 때문에 '성' 관련 문제나 음주 사고 등이 발생하면 내부 규정에 따라 징계 처분을 받을 수 있다. 기관 이미지에 손상을 가하는 행동을 할 경우에 그에 상응하는 처분을 받는다.

① 징계는 사유가 있어야 한다

'징계하는 것'은 구성원의 신분상 제재를 가하는 것이기 때문에 징계 사유가 명확해야 한다. 개인적인 감정에 따라 징계를 적용할 수 없기 때문에 「인사규정」이나 기타 규정의 징계 사유(양정기준)에 해당하는 경우에 한하여 징계할 수 있다. 그래야 징계받는 당사자도 징계 처분에 대해 이해하고 수긍할 수 있다. 명확한 기준 없이 상황에 따라 징계 처분 결과가 달라질 경

우에는 징계 대상자 입장에서는 쉽게 수용하기 어렵고, 이에 불복해 법적 문제로도 확대될 수 있다.

② 징계는 절차가 중요하다

징계는 규정에 따라 절차대로 진행해야 한다. 절차대로 징계하지 않을 경우에는 절차상 하자로 인해 징계 처분이 무효가 될 수 있다. 징계의 일반적인 절차는 1)징계 대상자의 비위 또는 징계 사유 발생 시 2)징계 요청권자인 기관장이 징계위원회 개최를 요청(징계 사유 사실 확인)하고 이에 따라 3)징계위원회를 구성해 대상자에 대한 4)징계 여부 심의 후 징계 수위를 결정하고 기관장에게 결과를 통보한다. 5)기관장은 징계위원회 결과 통보를 받으면 징계 처분을 집행한다. 기관장은 징계 처분에 대해서 대상자에게 처분 사실을 통지하고, 대상자는 그 사실을 인지한 날로부터 일정 기간 안에 새로운 사실의 발견이 있을 경우 재심을 신청할 수 있다. 재심하지 않을 경우 징계 처분은 확정된다.

③ 징계위원회는 외부 위원을 과반수 이상으로 구성한다

기관장의 징계 처분 요구가 있을 때 징계 대상자에 대한 징계 심의와 처분 결정은 징계위원회에서 한다. 징계위원회는 인사위원회와 같은데 다만 징계를 위한 인사위원회는 그 구성을 일반적인 인사위원회와는 다르게 한다. 징계위원회의 공정성 확보를 위해서 위원회 구성의 과반수 이상을 외부 위원으로 한다. 내부 위원으로만 징계위원회를 구성할 경우 전문성이 떨어지거나 동정적 징계 처분이 있을 수 있어, 이를 방지하기 위해 외부 위원의 수를 내부 위원보다 많게 구성한다.

징계위원회 위원은 보통 7명 이내로 하여 내부 위원 3명, 외부 위원 4명으로 구성한다. 내부 위원은 행정 업무를 총괄하는 임원급과 실장급(1급), 그리고 직원의 입장을 대변할 수 있는 내부 직원(노동조합 위원장이나 간부, 노동조합이 없을 경우에는 근로자 대표)으로 하고, 외부 위원은 변호사 또는 노무사, 인사 전문가 위주로 선정한다. 징계위원회 위원은 2년 임기로 위촉되고 개인적 사유로 위원 임무 수행이 제한될 경우에는 다른 위원으로 위촉한다. 다만 징계 처분 이후 재심이 있는 경우 징계위원회는 위원 구성은 기존 위원회와 다르게 해야 한다.

④ 해임과 파면, 정직 등 용어 정의를 이해해야 한다

　공공기관의 징계 종류는 국가공무원과 동일하다. 기관에 따라 '강등' 처분이 있는 기관도 있고 없는 기관도 있는데, 일반적으로 징계의 종류는 비위의 경중에 따라 경징계인 견책, 감봉과 중징계인 정직, 강등, 해임, 파면이 있다. 경징계인 '견책'은 과오에 대하여 훈계하고 회개하는 것이고 '감봉'은 3개월 이하의 기간 동안 급여를 감하는 징계이다. 중징계인 '정직'은 3개월 이내에서 직원 신분은 유지하면서 직무에 종사하지 못하며 보수의 전부 또는 일부를 감하는 징계이고, '강등'은 직원의 신분을 유지하면서 한 등급 이하로 낮추는 처분이다. '파면'과 '해임'은 직원의 신분을 박탈하는 징계이다.

　징계와 관련해서 업무 담당자가 고민해야 할 사항은 다음과 같다.

　첫째, 국가공무원과 공공기관 직원은 적용받는 법령이 다르기 때문에 발생하는 문제가 있다. 공무원은 「국가공무원법」을 적용받지만, 공공기관 직원은 「근로기준법」 적용을 받는다. 우선 '감봉'의 경우 국가공무원은 보수의 1/3을 감하게 되어 있고, 일부 공공기관에서도 이와 동일하게 규정하고 있다. 이는 「근로기준법」 제95조 위반 소지가 있다. 「근로기준법」에서는 1회의 금액이 평균임금의 1일분의 2분의 1을, 총액이 1임금 지급기의 임금 총액의 10분의 1을 초과하지 못하도록 규정되어 있고, 이를 위반했을 경우 500만 원 이하의 벌금을 줄 수 있도록 규정하고 있다. 기관의 내부 규정이 국가공무원과 동일하게 되어 있어 보수의 1/3을 감하고 보수를 지급했을 경우에는 징계 대상자가 부당함을 제기(노동위원회 등)할 수 있다. 그럴 경우 해당 부분은 무효가 될 가능성이 높고 「근로기준법」에 따라 감액분을 정산해 지급해야 한다.

　두 번째, 파면·해임과 해고의 관계이다. 국가공무원의 경우에는 파면과 해임을 구분해 징계하는데 그 이유는 파면 처분을 받으면 5년간 공무원 임용이 제한되며 퇴직 급여의 1/2이 감액되고, 해임 처분 시에는 3년간 공무원 임용이 제한되고, 금전 비리로 해임된 경우에는 퇴직 급여의 1/4을 감액하도록 되어 있다. 하지만 공공기관에서는 이와 같은 징계를 할 수 없다. 우선 파면과 해임은 근로 관계를 해지하는 의미로 「근로기준법」의 해고와 같아 파면과 해임을 공공기관에서 구분하는 것은 큰 의미가 없다. 근로자의 과실로 인해 해고 사유가 발생하여 정상적인 징계 절차에 따라 해고 처분을 해도 근로자가 받아야 하는 퇴직금에는 영향을 미치지 못한다. 근로자가 직무상 고의로 기관에 손해를 입혔다면 퇴직금 전액을 근로자에게 지급한 이후에 손해배상청구 등의 절차로 문제를 해결해야 한다.

업무 담당자는 징계와 관련해서 국가공무원과 공공기관과의 차이를 정확하게 이해하고 업무를 해야 차후 발생할 수 있는 문제를 사전에 예방하고 대응할 수 있다.

⑤ 징계 처분이 공공기관 개인의 신상에 주는 영향

징계 처분은 그에 따른 직접적인 영향도 있지만 간접적인 영향도 크다. 징계 처분의 수위에 따라 승진이나 평가, 포상 등에 일정 기간 영향을 주기 때문이다. 승진의 경우 징계 처분의 집행이 종료된 날로부터 징계 처분의 종류에 따라 일정 기간 동안 승진이 제한된다. 예로 정직 처분을 받으면 정직 처분 기간이 종료된 날로부터 1년 6개월간은 승진 후보자가 될 수 없다. 그리고 징계 처분의 말소라는 것이 있는데 일정 기간이 지난 후에야 개인 인사기록카드에서 징계 처분을 받은 기록이 삭제된다. 일반적으로 정직은 7년, 감봉은 5년, 견책은 3년 정도이다. 기관에 따라 다르지만 징계 처분이 말소되어도 승진을 위한 인사위원회에서 참고자료로 인사 위원에게 제공될 수 있어 징계 처분은 승진에 상당한 영향을 줄 수 있다.

이 외에도 평가를 받을 때 징계 여부는 정성평가 시 평가자에게 영향을 줄 수 있고, 포상 추천도 징계 처분의 종류에 따라 일정 기간 동안 포상 추천이 제한된다. 징계 처분은 공공기관 직원에게는 인사상 불이익이 많기 때문에 업무 수행에 주의를 기울여야 한다.

⑥ 징계 감경이 되는 경우와 그렇지 못한 경우

　　징계 심의 과정에서 징계대상이 공적이 있는 경우에는 징계의결 요구 사안에 대해 징계 수위의 감경이 이뤄질 수 있다. 훈장, 내외부 표창, 모범직원으로 인정받을 만한 사유 등의 공적이 징계 심의에서 종합적으로 고려되는 것이다. 또 해당 비위가 소위 적극 행정으로 불리는 능동적인 업무처리 과정에서 발생하거나 상급자의 부당한 지시를 거부하기 어려운 것으로 인정되는 경우 등 특수한 상황에 따라서도 감경 조치가 가능하다. 결과적으로 징계 수위는 비위의 정도와 공적, 종합적인 상황에 따라 최종 결정된다. 다만, 공공기관에서는 징계 감경을 할 수 없는 비위가 있는데, 무관용 원칙에 따라 처리해야 할 음주운전, 성폭력 범죄, 성매매, 금품 및 향응수수와 공금의 횡령·유용, 채용 비위가 그러하다. 감경 제한 사유는 국민권익위원회 등 국가기관의 권고에 따라 「공기업·준정부기관의 경영에 관한 지침」에 명시되어 있고 기관별로도 내규에 별도 명시되어 있다. 따라서 징계업무를 담당하는 인사담당자나 간사는 해당 비위가 감경이 불가한 경우라면 징계심의위원들에게 사안을 설명하고 명확히 사무처리를 해야 한다.

⑦ 주의와 경고[105]

　　징계 처분을 할 정도의 사항은 아니지만 규정 위반을 했고 일정 수준의 제재를 해야 할 필요가 있을 때 주의 또는 경고하게 된다. 주의와 경고 중에서 어느 처분이 중하고 경한지를 말하기 어려우나 경고를 2년간 3회를 받을 경우에는 징계위원회에 회부하여 징계 처분하게 된다. 주의와 경고는 기관장이 별도의 징계위원회 심의 없이 재량권의 범위 내에서 행할 수 있는 처분으로 주의장 또는 경고장 발부를 통해 경각심을 갖도록 하는 것이다. 부서장이 업무가 미숙하거나 지시 불이행을 한 직원에게 시말서 또는 경위

---

105) 주의는 비위의 정도가 경미하다고 판단되어 그 잘못을 반성하게 하고 앞으로 그런 행위를 다시 하지 않도록 지도할 필요가 있는 경우를 말하고 경고는 징계책임을 물을 정도로 이르지 아니한 사항이나 비위의 정도가 주의보다 중하여 과오를 반성하도록 경고할 필요가 있는 경우의 처분을 말한다.

서를 받는 경우가 있는데 이 또한 권한과 책임이 있는 부서장이 해당 직원에게 주의를 주는 행위로 볼 수 있다. 시말서 또는 경위서를 작성하는 빈도가 많아질수록 징계 사유가 축적되는 것이다.

2) 근무성적평정

공공기관 직원은 직무수행 실적이나 성과에 대한 평가를 정기적으로 받는다. 평가 결과에 따라 등급이 결정되고 결정된 등급은 보수나 승진 등에 활용한다. 공공기관에서는 근무성적평정이란 용어로 많이 사용하는데 평가체계를 부르는 용어는 기관마다 상이 하다. 인사고과, 인사평가, 근무평가 등 다양하게 부르고 있다. 일반적으로 근무성적평정은 여러 방법의 평가를 종합적으로 부르는 말로 이해하면 된다.

근무성적평정은 규정에 근거하여 추진 계획을 수립해야 한다. 추진 계획은 인사위원회에서 심의·의결하고 기관장의 결재를 득한 후 시행하게 된다. 계획에는 평가 원칙, 평가 기간, 피평가자(직급 및 직군별), 평가자, 평가 방법 및 종류, 피평가자 배분표, 평가별 반영 비율 등을 반영한다.

근무성적평정에는 정성평가, 정량평가, 교육훈련평가, 다면평가, 경력평가, 가감점 평가 등이 있다. 이외에도 기관에 따라 다양한 평가 방법을 적용하는 데 일반적으로 활용하는 평가 방법에 대해서 설명하도록 하겠다.

(1) 정성평가(인사평가, 하향식 평가)[106]

평가의 기본은 나를 기준으로 상위 보직자가 평가하는 것이다. 이를 하향식 평가라고 하는데 정성평가는 상급자가 나를 평가하는 것으로 평가 항목에 대해서 평가자가 주관적인 관점에서 평가하는 방법이다. 직급과 직군에 따라 평가 항목에 차이가 있고 평가 항목별 설명서 또는 정의서가 있다. 하나의 평가 항목은 5

---

106) 공공기관에서 시행하고 있는 대부분이 정성평가 즉 인사평가는 역량평가를 기본으로 하고 그 속에 서열법과 점수법을 반영해 제도를 설계해 시행하고 있다. 평가자가 평가대상자에 대해서 직급별(간부급, 비간부급) 필요한 역량을 추출해 역량별 정의를 하고 그 역량에 따라 일정한 점수를 분포해 점수를 줘 서열을 구분하는 방식이다.

점~10점 척도로 되어 있어 평가자가 항목별로 정의서를 보고 피평가자를 평가한다. 피평가자는 자기기술서 또는 업적기술서 등을 통해 평가 기간 동안 업무했던 성과나 실적 등을 상급자에게 알릴 수 있는 자료를 작성해 평가자가 올바르게 판단하고 평가할 수 있도록 해야 한다.

평가자는 1차 평가자에서부터 3차, 또는 4차까지 이루어지는데 공공기관에서는 3차 평가자까지 진행하는 것이 일반적이다. 즉 차·과장급 이하의 1차 평가자는 해당 부서의 장, 2차 평가자는 해당 '실' 단위의 장, 3차 평가자는 임원 평가자가 된다. 기관의 규모가 작고 신설 기관인 경우에는 최종 평가자가 기관장이 되는 경우도 있다. 이는 기관에서 결정할 사항으로 평가자가 많아질수록 평가 점수의 왜곡을 방지하는 효과는 있다. 다만 기관장이 직원에 대해서 충분한 사전 지식이나 대인 관계가 형성되지 않으면 평가를 제대로 하지 못하는 문제도 있다.

〈평가 단계별 반영 비율표 사례〉

구분	1차(직속 상급자)	2차(차상위 상급자)	3차(차차 상위 상급자)
1급(실장)	임원급 본부장(60%)	기관장(40%)	
2급(부장)	해당 '실' 단위(40%)	임원급 본부장(30%)	기관장(30%)
3급(차장) 이하	해당 부서의 장(40%)	해당 '실'의 장(30%)	임원급 본부장(30%)

* 조직은 '본부-실-부' 체계이고 직급 체계는 5직급일 때 정성평가 사례

평가 방법은 상대평가를 원칙으로 한다. 절대평가를 할 경우 점수가 높은 점수에 분포되어 변별력이 떨어질 수 있어, 상대평가를 통해 점수 분포를 강제 배분해야 점수의 집중 현상을 방지할 수 있다. 평가자가 점수를 부여할 때는 '수-우-미-양-가'로 5단계 점수를 줄 수 있도록 범위를 설정하고 피평가자의 수에 따라 단계별로 점수를 줄 수 있는 배분표를 작성해야 한다. 그리고 평가자가 피평가자들에게 줄 수 있는 평균값(기준값)을 부여하여 평가의 오류(집중화, 관대화 등)를 예방해야 한다.

〈각종 사례 예〉

□ 평가자가 피평가자에게 줄 수 있는 점수의 범위

구분	수	우	미	양	가
점수	100점~93점	92점~85점	84점~78점	77점~70점	69점~62점

□ 평가자의 평균 점수 적용 방법

- 평가자: 평가 대상자가 2명일 경우
  - 피평가자 2명의 **총점은 162점**이고 **평균값이 81점**이어야 함.

구분	점수	피평가자 수	우	미	양	가	총점	평균값
평가자	평가점수	–	88	–	74	–	162	81
		–	–	83	79	–	–		

* 평가 대상자 2명에게 동일 점수(81점)를 부여할 수 없음.

□ 피평가자 인원별 배분표

평가등급	1명	2명*	3명	4명	5명	6명	7명	8명	9명	10명	11명	12명	13명	14명
수	–	– –	– 1	– 1	– 1	– 1	– 1	– 1	– 1	– 1	– 1	– 1		
우	–	1 –	1 –	1 1	1 1	2 1	2 1	2 2	3 2	3 2	3 3	4 3	4 3	4 4
미	1	– 2	1 1	2 –	3 1	2 2	3 3	4 2	3 3	4 5	3 4	4 5	5 6	4
양	–	1 –	1 –	1 1	1 1	2 1	2 1	2 2	3 2	3 2	3 3	4 3	4 3	4 4
가	–	– –	– 1	– 1	– 1	– 1	– 1	– 1	– 1	– 1	– 1	– 1		

☞ 피평가자의 수에 따라 발생할 수 있는 경우의 수는 많으나 2~3개 정도의 배부표를 적용하는 것이 합리적임.

(2) 정량평가(성과평가)

평가는 평가자가 주관에 의해 점수를 부여할 수 있는 정성평가와 수치로 평가하는 방법인 정량평가가 대표적이다. 정량평가는 바로 수치로 점수를 부여하는 평가로 사전에 일정한 기준을 마련하고 그 기준 달성 여부에 따라 점수를 산정하는 평가이다. 정량평가는 개인과 부서 단위로 평가할 수 있는데 가장 많이 활용하는 평가 기법은 목표관리제(Management By Objectives)이다.

목표관리제는 성과 있는 직무를 수행하기 위해 다양한 형태로 활용되고 있으며, 공공기관에서도 개인 평가 또는 부서 평가할 때 유용하게 활용하고 있다. 기관의 설립목적과 비전을 고려하여 부서별·개인별 핵심성과지표(Key Performance Indicator)를 마련하고 평가위원회에서 지표별 가중치를 부여해 지표 설명서를 완성한 후 평가 기간 동안 달성 여부를 확인해 점수를 부여하면 된다.

목표관리제를 시행할 때 가장 힘든 과정이 지표 선정과 가중치를 부여하는 방법이다. 지표를 선정하기 위해서는 기관 전체에 영향을 주는 지표 즉 공통지표와 해당 부서 또는 개인에게만 적용될 수 있는 고유지표를 따로 만들어야 하고, 그 지표별로 난이도에 따라 가중치를 부여하게 된다. 가중치를 부여할 때는 평가위원회를 구성해 심의·의결 절차를 거쳐야 지표에 대한 공신력이 생겨 평가의 공정성과 객관성을 확보할 수 있다.

평가위원회의 이름은 기관에서 정량평가를 어떤 명칭으로 사용하는지에 따라 다양하지만 일반적으로 성과평가위원회라고 한다. 정량평가를 성과 평가로 인식하는 경향이 강하기 때문이다. 평가위원회는 기관 규모에 따라 위원 구성이 차이가 있는데 100명 전후의 기관에서는 기관장을 위원장으로 하고 위원은 각 사업 총괄 임원들과 외부 위원 등으로 5명 이내에서 구성한다.

〈일반적으로 적용하는 핵심 성과지표 사례〉

□ 공통지표

KPI	예산 전용	지표 유형	■공통 □고유
지표 정의	효율적 예산관리	목표측정주기	■연간 □반기 □분기
		가중치	0.8
산식	100-Σ(예산전용건×5점)		
내역	• 전용 건수 '0'을 기준 • 100점 만점을 기준으로 예산 전용 발생 시 −5점 감점		

KPI	제안 건수 및 채택률	지표 유형	■공통 □고유
지표 정의	기관 및 개인 역량 강화를 통한 기관 비전 달성	목표측정주기	■연간 □반기 □분기
		가중치	1
산식	〔(제안실적/부서원수)×30〕+〔(채택건수/제안건수)×70〕		
내역	• 구성원 모두 연간 1회 이상 제안 실적 제출 의무화 • 부서 단위 성과 측정(산식은 부서 평가에 반영)		

□ 고유지표

KPI	정보시스템 정상운영률	지표 유형	□공통 ■고유
지표 정의	정보시스템 오류율을 낮추고 정보이용의 효율성을 높이기 위함	목표 측정주기	■연간 □반기 □분기
		가중치	0.7
산식	〔(365일×24시간-오류시간/365일×24시간)×100		
내역	• 정보시스템 오류 제로화 추진 • 정보시스템 오류에 따른 업무 지연 최소화		

(3) 교육훈련평가

공공기관은 직원의 역량 강화를 통해 기관의 발전을 추구하기 때문에 매년 일정한 예산을 직원 교육훈련비로 배정하고 있다. 그 예산을 바탕으로 연간 교육훈련 계획을 수립하는데 교육훈련의 성과를 높이기 위해서 '교육이수제'라는 제도를 운영한다. 직급별로 일정 수준 이상의 교육 시간을 이수하도록 하고 그 이수 시간을 평가와 연동시키는 것이다.

'교육이수제'는 직급별 의무 교육 시간을 교육훈련 계획에 반영하고 100점 만점을 기준으로 미달했을 경우에 이수 시간만큼 비례하여 점수를 차감한다. 예로 4급은 연간 80점 이상의 교육 시간을 이수해야 하는데 피평가자가 연간 77시간을 이수했을 때 피평가자의 점수는 96.25점이다.(계산산식: 77점/80점×100= 96.25점)

〈직급별 의무 교육 이수 시간〉

구분	1급	2급	3급	4급	5급
이수 시간	50시간 이상	70시간 이상	80시간 이상	80시간 이상	100시간 이상

☞ 직급별 의무 교육 이수 시간은 전 직급을 동일하게 적용할 수도 있고 업무의 책임과 권한, 업무량 등을 고려해 직급별로 차등 적용할 수 있다.

(4) 경력평가

경력평가는 근속연수에 대한 배려에서 생긴 평가 방법으로 승진을 위한 평가에만 적용하고 있다. 경력평가는 해당 직급에 근무한 기간을 점수화하여 오랜 기간 근무한 직원에게 그 기간만큼 점수를 부여한다. 점수 부여 방법은 기관마다 차이가 있는데 해당 직급 승진소요 최저연수를 기준으로 그 기준을 도달하면 50점이고, 이 이상의 재직 기간은 월(15일 기준)별로 1점씩 점수를 부여한다. 예로 5급에서 4급으로 승진할 수 있는 승진소요 최저연수가 3년이고 피평가자가 4년을 해당 직급(5급)에서 재직했다고 가정하면 피평가자의 경력평가 점수는 62점이 된다.

〔50점(승진소요 최저년수 3년 도달)+12점(매월 1점 추가)=62점〕

경력평가는 연공서열을 고려한 평가 방법이다. 하지만 최근에는 직무 중심의 능력과 성과가 중요한 평가의 기준으로 자리 잡아가고 있기 때문에 점차적으로 그 반영 비중은 낮아지고 있는 것이 현실이다.

(5) 다면평가

평가 방법 중에서 가장 말도 많고 탈도 많은 평가가 다면평가[107]이다. 장단점이 분명하게 나타나기 때문이다. 다면평가는 360도 평가라고도 하는데 나를 기준으로 상하좌우에서 평가한다는 의미이다. 앞에서 언급했듯이 기존의 평가는 상급자가 피평가자를 평가하는 것이었다. 하향식 평가는 상급자만을 바라보고 업무를 하게 되고 상급자의 주관적 편향에 따라 피평가자의 능력과 자질이 평가되어 객관적인 평가라고 말하기는 어렵다. 이를 보완하기 위해서 다면평가 방법을 많은 기관에서 도입해 적용하고 있다.

다면평가는 보통 3개의 평가단을 구성하게 된다. 상위평가단, 동료평가단, 하위평가단이다. 상위평가단은 직상급자들로 구성되며 동료평가단은 동일 직급의 동료로만 구성한다. 마지막으로 하위평가단은 내 직급보다 낮은 후임 직원들로 구성한다. 여기서 핵심은 평가단의 범위를 어떻게 설정하느냐는 것이다. 조직 구성원의 수에 따라 평가단의 범위가 설정되는데 200명 이내를 기준으로 범위를 한정하는 것이 좋다. 무한정으로 평가자 대상을 확대하면 피평가자를 모르는 입장에서 '묻지마' 식 평가를 할 확률이 높아질 우려가 있다. 정확하게 피평가자를 알지는 못하지만 곁에서 얼굴은 볼 수 있는 사이까지는 평가단의 범위에 포함시키는 것이 바람직하다.

평가단의 규모는 대략 12명에서 18명 정도로 각 평가단마다 4명에서 6명으로 구성하는 게 적당하다. 다면평가 항목은 평가자가 한 번 정도 생각하고 피평가자를 평가할 수 있도록 질문 형식으로 항목 설정을 하는 것이 좋다. 다면평가는 정성평가이기 때문에 개개인의 인간관계에 따라 점수를 부여할 우려가 있어 평가자가 피평가자에 대해서 한 번 더 생각하고 평가할 수 있도록 유도하기 위함이다.

---

107) 다면평가는 어떤 목적으로 활용할지에 따라서 제도의 설계가 달라질 수 있다. 일반적인 방법인 상하좌우의 모든 구성원을 포함한 평가를 할 수도 있고, 특정 대상군을 기준으로 제도를 설계할 수도 있다. 이는 직무의 특성과 조직의 구성 등을 고려하여 제도를 설계해 운영하는 것이 좋다. 특히 전문직(국가 자격증 소지 또는 박사급)으로 구성된 조직이나 직무 연계성을 중시하는 기관에서는 다른 정성적 평가 대신에 다면평가 위주로 인사평가를 설계할 수도 있다.

다면평가 양식은 여러 형태로 나타날 수 있다. 질문을 5개만 하고 한 항목당 배점을 20점씩 줄 수도 있고 10개의 평가 항목에 10점씩 배점을 부여할 수도 있다. 물론 그 이상의 방법도 많다. 실무적인 경험에 따르면 평가 항목의 적정 수준은 10개 정도이고 배점도 각 항목당 10점을 부여하는 게 적당하다. 이렇게 판단한 정확한 근거는 없지만 평가 항목이 적거나 많으면 질문도 보지 않고 피평가자에 대한 개인적 감정에 따라 평가할 가능성이 높아진다. 적당한 질문이면 평가자가 읽어보고 피평가자에 대해서 생각할 수 있는 여유가 생긴다. 평가 항목의 질문은 목표 제시 능력을 평가할 때 '제시한 목표가 조직의 비전과 일치한다고 생각하십니까?'라는 식으로 질문을 하게 된다. 피평가자가 제시한 목표를 한 번이라도 확인하고 평가할 수 있도록 하기 위해서다.

평가단은 임의 추출 방식을 통해서 구성한다. 각 평가단의 평가자에 포함된 인원을 나열한 후 임의로 평가자를 추출해 평가자를 선정하는 방식이다. 피평가자가 누가 나를 평가할지 인지하게 되면 다면평가의 공정성 문제가 발생하기 때문에 비밀 유지가 필수이다.

대부분 공공기관은 다면평가를 외부 전문업체에 위탁해 실시하는데 그 이유는 첫째, 평가단을 구성하는 프로그램(임의 추출)을 자체적으로 만드는 데 한계가 있다. 임의 추출 방식으로 평가단을 구성하기 위해서는 다면평가 평가단 구축을 위한 프로그램을 개발해야 하는데 이 영역이 전문가의 영역이라 업무 담당자가 설계하기에는 어려움이 있다. 그래서 전산 분야 전문가의 도움을 받아 프로그램을 만드는데 이럴 경우 비용이 발생하기 때문에 다면평가 자체를 외부 전문업체에 위탁하는 것이 더 효율적이다.

둘째, 자체적으로 다면평가를 진행하면 평가자가 부여한 점수에 대한 비밀 보장이 어렵다. 평가자는 피평가자에게 부여한 점수가 비밀 보장을 받을 때 개인적 소신에 따라 점수를 부여할 수 있다. 하지만 자체적으로 다면평가를 진행할 경우에는 업무 담당자에서부터 결재 라인에 있는 상급자까지 평가자가 피평가자에게 준 점수를 알 수 있다. 아는 사람이 많아지면 그만큼 비밀 보장은 어렵게 된다. 이러한 이유로 평가자는 자체적으로 다면평가를 하면 관대한 점수를 주는 경향이 있어 평가의 의미가 퇴색하는 경우가 발생한다.

그래서 다면평가는 외부 전문 기관에 위탁해 최종 결괏값만 받고 각 평가단별 평가자의 점숫값은 암호화해야 구성원으로부터 다면평가의 신뢰성을 얻을 수 있다. 예로 평가자가 5명이 있으면 임의 번호를 부여하여 평가자 1, 평가자 2, 평가자 3, 등으로 표기하는 것이다. 이렇게 하면 평가자가 피평가자에게 어떤 점수를 부여했는지 알 수가 없기 때문에 비밀이 보장되는 효과가 있다.

〈다면평가 평가단 구성 방법〉

□ 3급(차장급) 피평가자의 평가단 구성

구분	평가단 구성
상위평가	• **(평가 단위)** 전 부서 • **(평가단 구성)** 1급 및 2급 중 5명 구성 – 해당 부서장은 제외하고, '실' 단위 1급·2급 중 2명, '실'을 제외한 해당 '본부' 단위 1급·2급 중 2명, 타 본부 1급·2급 중 1명으로 구성
동료평가	• **(평가 단위)** 전 부서 • **(평가단 구성)** 동일 직급 동료 5명 구성 – 해당 부서 동일 직급을 제외하고, 해당 '실' 동일 직급 중 2명, 해당 '실'을 제외한 해당 '본부' 동일 직급 중 2명, 타 '본부' 동일 직급 중 1명'으로 구성
하위평가	• **(평가 단위)** 전 부서 • **(평가단 구성)** 4급 이하 직원 중 5명 구성 – 해당 부서 4급 이하 직원을 제외하고, 해당 '실' 4급 이하 직원 중 2명, 해당 '실'을 제외한 해당 '본부' 4급 이하 직원 중 2명, 타 '본부' 4급 이하 직원 중 1명'으로 구성

□ 임의 추출로 평가단 구성 방법(예)

구분	상위평가단 대상자			평가단 구성
소속 '실' 단위 1급 및 2급	• 홍길동	• 박수처	임 의 추 출	박수처, 배칠수
	• 김가동	• 배칠수		
소속 실을 제외한 '본부' 단위 1급 및 2급	• 사랑해	• 심사대		심사대, 정의랑
	• 정의랑	• 이국적		
타 '본부' 단위 1급 및 2급	• 웅이랑	• 고구려		가야국
	• 옹미랑	• 가야국		
	• 조선해	• 백제국		
	• 고려해	• 신라국		

* 평가 대상자가 규모에 따라서 몇십 명도 될 수 있고, 몇백 명도 될 수 있음.

□ 임의 추출 방법

기관에서 자체적으로 다면평가를 실시한다면 평가단 구성을 어떻게 하는느냐가 가장 중요하다. 임의 추출 방법은 다양하게 있으나, 실무적으로 많이 사용하는 엑셀 활용법에 대해서 간단하게 설명하도록 하겠다.

① 평가단 대상자에게 임의 번호를 부여한다(개인별 1개 번호).

	A	B	C	D	E	F	G	H	I	J
1	다면평가 평가단 구성 번호표									
2		구분	직위	성명	부여번호		구분	직위	성명	부여번호
3	기획조정실	기획부	1급	김00	1	개발사업실	개발사업실	1급	이00	32
4			2급	홍00	2			2급	박00	33
5			3급	박00	3			3급	조00	34
6			3급	조00	4		사업1부	3급	장00	35
7			4급	김00	5			4급	장00	36
8			4급	장00	6			4급	김00	37
9			5급	김00	7			5급	홍00	38
10			5급	홍00	8			공무직	김00	39
11			5급	박00	9		사업2부	2급	홍00	40
12			무기직	조00	10			4급	박00	41
13			무기직	장00	11			5급	조00	42
14		인사부	2급	김00	12			5급	장0	43
15			3급	홍00	13			공무직	김00	44
16			3급	박00	14		사업3부	2급	홍00	45
17			4급	조00	15			4급	김00	46
18			5급	박00	16			4급	차00	47
19			5급	장00	17			5급	홍00	48
20			공무직	성00	18			5급	유00	49
21			공무직	김00	19			5급	박00	50
22			공무직	홍00	20			공무직	조00	51
23		재무부	2급	김00	21			공무직	장00	52
24			3급	홍00	22			공무직	김00	53
25			3급	박00	23		사업4부	2급	홍00	54
26			4급	조00	24			3급	유00	55
27			5급	장00	25			3급	박00	56
28		대외협력부	2급	김00	26			4급	조00	57
29			4급	홍00	27			5급	장00	58
30			4급	옹00	28			공무직	김00	59
31			5급	사00	29			공무직	공00	60
32			5급	김00	30	감사실		2급	홍00	61
33			5급	홍00	31			4급	위00	62

☞ 임의 번호는 직제 순이나 직급순으로 부여하지 않고 일정한 형식 없이 적용하는 것이 좋다. 앞에서 설명한 예는 이해하기 편하게 순서대로 번호를 붙인 것으로 통상적으로 세 자리(111, 201, 321 등) 숫자를 활용하고 있다.

② 피평가자별로 평가단 예상 대상자 임의 번호표를 작성한다.

	A	B	C	D	E	F	G
1	피평가자별 평가단 풀 현황						
2	소속		직급	성명	상위평가단	동료평가단	하위평가단
3	기획조정실	기획부	4급	장00	1	5	7
4					2	6	8
5					3	15	9
6					4	24	10
7					12	27	11
8					13	28	16
9					14	36	17
10					21	37	18
11					22	41	19
12					23	46	20
13					26	47	25
14					32	57	29
15					33	62	30
16					34		31
17					35		38
18					40		39
19					45		42
20					54		43
21					55		44
22					56		48
23					61		49
24							50
25							51
26							52
27							53
28							58
29							59
30							60

③ 엑셀 함수를 이용해 랜덤함수를 부여한다.
- 함수식: =INDIRECT("E"&RANDBETWEEN(3,23))
- 'F9'를 누르면 임의 번호가 추출되고 중복 번호가 없으면 확정

	A	B	C	D	E	F	G	H	I	J
1	피평가자별 평가단 풀 현황									
2	소속		직급	성명	상위평가단	동료평가단	하위평가단	상위평가단	동료평가단	하위평가단
3	기획조정실	기획부	4급	장00	1	5	7	1		
4					2	6	8			
5					3	15	9			
6					4	24	10			
7					12	27	11			
8					13	28	16			
9					14	36	17			
10					21	37	18			
11					22	41	19			
12					23	46	20			
13					26	47	25			
14					32	57	29			
15					33	62	30			
16					34		31			
17					35		38			
18					40		39			
19					45		42			
20					54		43			
21					55		44			
22					56		48			
23					61		49			
24							50			
25							51			
26							52			
27							53			
28							58			
29							59			
30							60			

(행 8~11 우측 영역)
2000년 ○월○일

확인자 : 기획조정실장 김00 (서명)
　　　　노동조합 부위원장 강00 (서명)

☞ 임의 번호 추출을 할 때, 공정성 및 객관성을 확보하기 위해서 기관 대표 1명과 노동조합 대표 1명이 입회하에 임의 번호를 추출하는 것이 가장 좋다.

④ 사용자 측과 노동조합 측 각 1명씩 입회하에 임의 추출하고 상호 서명한다.

	A	B	C	D	E	F	G	H	I	J
1	**피평가자별 평가단 풀 현황**									
2	소속		직급	성명	상위 평가단	동료 평가단	하위 평가단	상위 평가단	동료 평가단	하위 평가단
3	기획조정실	기획부	4급	장00	1	5	7	2	15	49
4					2	6	8	1	6	58
5					3	15	9	3	57	51
6					4	24	10	22	62	52
7					12	27	11	23	28	10
8					13	28	16			
9					14	36	17			
10					21	37	18			
11					22	41	19			
12					23	46	20			
13					26	47	25			
14					32	57	29			
15					33	62	30			
16					34		31			
17					35		38			
18					40		39			
19					45		42			
20					54		43			
21					55		44			
22					56		48			
23					61		49			
24							50			
25							51			
26							52			
27							53			
28							58			
29							59			
30							60			

20○○년 ○월○일

확인자 : 기획조정실장 김00 (서명)
　　　　노동조합 부위원장 강00 (서명)

⑤ 도출된 임의 번호를 해당자 이름으로 확인해 평가단을 확정한다.

	A	B	C	D	E	F	G	H	I	J	K	L	M	N	O	P	Q	R
1	피평가자 평가단 현황																	
2	소속	직급	성명	상위평가단					동료평가단					하위평가단				
3	기획부	4급	김OO	홍OO	김OO	박OO	홍OO	박OO	조OO	장OO	조OO	위OO	옹OO	유OO	장OO	조OO	장OO	조OO
4	인사부	4급	조OO															
5	사업1부	4급	장OO															
6	사업2부	4급	박OO															
7	사업3부	4급	차OO															
8	기획부	5급	홍OO															
9	인사부	5급	장OO															
10	재무부	5급	장OO															
11	대외협력부	5급	김OO															
12	사업1부	5급	유OO															
13	사업2부	5급	홍OO															
14	사업3부	5급	유OO															

평가단이 부여한 점수를 합산하는 방법도 다양하다. 일반적인 방법은 최고점과 최저점을 제외하고 반영하는 방식과 표준 편차를 이용한 방식 등을 사용하는데 이러한 방식을 사용하는 이유는 피평가자에 대한 평가자의 평가에서 발생할 수 있는 오류를 최소화하기 위해서다.

가령 'A' 평가자는 엄격하게 평가해 평가자에게 최하 점수를 부여할 수도 있고, 관대한 평가를 하는 'B'는 높은 점수를 줄 수 있다. 보는 평가자의 관점에 따라 점수를 부여하는 것은 당연한 일이지만 극단적인 평가를 할 경우 피평가자에 대한 평가가 정당한 것이냐는 문제 제기가 가능하다. 그래서 평가단 점수 중 최고 점수와 최저 점수를 제외한 나머지 점수를 합산한 것을 결괏값으로 결정하거나 표준 편차를 활용하는 방법을 사용하는 것이다.

〈다면평가 점수 산출 방법 사례〉

구분	합계	평가자 1		평가자 2		평가자 3		평가자 4		평가자 5	
		점수	반영 점수	점수	반영 점수	점수	반영 점수	점수	반영 점수	점수	반영 점수
상위평가	25.3	85	8.5	92	최고 점수 제외	87	8.7	81	8.1	72	최저 점수 제외
동료평가	23.7	84	8.4	75	7.5	100	최고 점수 제외	78	7.8	68	최저 점수 제외
하위평가	21.9	60	최저 점수 제외	71	7.1	78	7.8	84	최고 점수 제외	70	7.0
합산점수	70.9										
다면평가 결괏값	78.77	최종 결괏값은 합산점수(90점 만점 기준)에서 100점 만점 기준 점숫값으로 환산해 적용									

마지막으로 다면평가는 장단점이 명확하다. 그래서 최근에는 평가의 한 요소가 아닌 참고 자료로 활용하는 추세이다. 다면평가가 정성평가이다 보니 평가의 객관성이 결여된다. 가령 피평가자 'A'를 모르는 평가자가 'A'에게 주는 점수가 과연 타당한 것인지에 대한 근본적인 의문이 생길 수 있다. 평가자는 이럴 때 대체적으로 중간값을 주게 되는데 평가단이 어떻게 구성되느냐에 따라 피평가자의 결괏값에 영향을 미친다. 이러한 점 때문에 최근에는 평가단의 범위를 좁게 하고 피평가자가 잘하는 점이나 부족한 점 등에 대해서 주변 구성원이 생각하는 사항을 알려 주는 인사 참고 자료로 많이 활용하고 있다. 다만 간부급(부장이나 팀장) 승진 시에는 주변 구성원의 평판도 중요하기 때문에 승진을 위한 평정에는 아직 많은 기관에서 반영하고 있다.

(6) 근무성적평정의 활용

각 평가가 완료되면 그다음은 근무성적평정 값을 최종적으로 산출하여 승진이나 보수에 적용할 수 있다. 근무성적평정 최종값을 승진에 적용할 경우에는 다양한 평가(정성평가, 정량평가, 다면평가, 경력평가, 교육훈련평가, 가감점 평가 등)를 반영하는 것이 좋다. 평가라는 것이 평가적 요소에 따라 결괏값을 얻는 것이기 때문에 그 사람의 능력과 평판을 종합적으로 확인할 수 있다. 그래서 승진을 위해 근무성적평정 결괏값을 활용할 때에는 정성·정량평가와 교육훈련평가, 다면평가와 경력평가까지 기관에서 적용하는 모든 평갓값을 반영하는 것이 좋다. 다만 그 반영 비율을 구성원들의 의견을 수렴해 인사위원회에서 심의하고 기관장의 최종 결정에 따라 시행하면 된다.

보수 책정을 위해 근무성적평정 결괏값을 적용하는 경우에는 다면평가와 경력평가 값은 미반영하는 것이 좋다. 왜냐면 다면평가는 피평가자에 대한 주변 구성원의 평판을 수치로 나타낸 것인데 그것을 피평가자의 업무적 성과와 결부시키는 것은 무리가 있기 때문이다. 경력 평가도 마찬가지이다. 오랜 기간 근무했다는 것이 업무 성과와 연관이 있다는 것을 의미하지는 않기 때문에 일반적으로 경력 평가는 승진에만 반영하고 있다.

근무성적평정은 사용 목적에 따라 각 평가별 결괏값의 반영 비율을 어떻게 적용하는지도 중요하다. 정량평가(성과평가) 체계가 잘 갖춰진 기관에서는 정량평가의 비율을 많이 반영하는 것이 좋고, 그렇지 않은 기관에서는 정성평가의 비율이 높을 수 있다. 신설기관일수록 정성평가의 반영 비율이 높다. 대략적으로 근무성적평정 결괏값을 100으로 봤을 때 정성평가 50, 정량평가 40, 그 외 평가 10 정도의 비율을 반영하는 것이 일반적이며, 이 비율은 기관의 여건과 구성원의 의견, 평가체계의 고도화 등을 고려하여 매년 변경해 적용할 수 있다.

〈근무성적평정의 목적별 반영 비율 사례〉

구분	합계	인사평가	성과평가	교육훈련 평가	다면평가	경력평가	가감점 평가
승진 시 반영 비율	100% (95%~105%)	50%	30%	5%	10%	5%	±5%
보수 책정 시 반영 비율	100% (95%~105%)	60%	35%	5%	-	-	±5%

* 각 평가별 반영 비율은 매년 변경될 수 있으며 평정 결괏값을 어느 목적에 활용하느냐에 따라 반영 비율이 바뀔 수 있다. 반영 비율 결정은 인사위원회 심의 의결을 하고 기관장의 최종 승인하에 적용한다(일부 규정에 반영하는 기관도 있으나, 반영 비율은 매년 바뀔 수 있기 때문에 계획에 의해 변경하는 것이 효율적이다.).

보수 결정 시 근무성적평정 결괏값을 기준으로 등급을 결정하는데 이 등급으로 개인별 성과급이 결정된다. 등급은 6등급(S-A-B-C-D-E)으로 구분하는데 공공기관에서는 정부의 지침(예산편성 및 집행 지침)을 근거로 개인별 등급을 결정한다. S등급은 해당 직군 및 직급의 10%, A등급은 15%, B등급은 50%, C등급은 15%, D~E등급은 10%로 적용하고 있다. 다만 해당 등급에 몇 명을 포함할지는 인사위원회에서 그 등급별 인원 배분표를 심의하고 기관장의 최종 승인하에 적용하게 된다.

〈직급 및 직군별 인원 배분표 사례〉

구분	인원	S등급(10%)	A등급(15%)	B등급(50%)	C등급(15%)	D~E등급(10%)
총원	100	10명 or 11명 (10명)	15명 or 16명 (15명)	50명(50명)	14명 or 15명 (15명)	9명 or 10명 (10명)
1급	5	-(0.5명)	1명(0.75명)	3명(2.5명)	1명(0.75명)	-(0.5명)
		1명(0.5명)	-(0.75명)	3명(2.5명)	-(0.75명)	1명(0.5명)
2급	8	1명(0.8명)	1명(1.5명)	4명(4명)	1명(1.5명)	1명(0.8명)
3급	12	1명(1.2명)	2명(1.8명)	6명(6명)	2명(1.8명)	1명(1.2명)
4급	30	3명(3명)	5명(4.5명)	15명(15명)	4명(4.5명)	3명(3명)
5급	45	5명(4.5명)	7명(6.75명)	22명(22.5명)	7명(6.75명)	4명(4.5명)

* 각 등급의 비율에 따라서 인원을 배분하다 보면 소수점이 나오는 경우가 있다. 이때 반올림을 하거나 절사하는 것은 기관의 인력 구조를 검토하여 결정하면 된다. 가급적 전 등급에 골고루 인력 배분이 분포되는 것이 바람직하다.

〈등급별 성과급 지급 비율 사례〉

구분 \ 등급 및 인원 비율	S (10%)	A (15%)	B (50%)	C (15%)	D / E (10%)
자체 성과급	$\alpha \times 33\%$	$\alpha \times 29\%$	$\alpha \times 25\%$	$\alpha \times 21\%$	$\alpha \times 17\%$
경영평가 성과급	$\beta \times 140\%$	$\beta \times 120\%$	$\beta \times 100\%$	$\beta \times 80\%$	$\beta \times 70\%$

※ 비고
① α = 전년도 기본 연봉
② β = 전년도 기준 월봉 = 기본 연봉 × 1/12 × 60%
③ 개인별 실지급액
 - 개인성과급 = α × 등급별 지급률 × 조정지수(예산편성액 ÷ 소요액)
 - 경평성과급 = β × 경영평가결과 지급률 × 등급별 지급률
 → E등급이 있을 경우(직급 구분 없음) 자체성과급은 ① × 10% 적용하고, 경영평가 성과급은 ② × 50% 적용

☞ 성과급의 지급률은 기관의 인건비 예산을 고려하여 편성할 수 있으며, 지급률은 변경될 수 있다.

근무성적평정 결괏값 도출과 개인별 등급이 확정되면 대상자에게 그 결과를 통보해야 한다. 평가라는 것이 낮은 등급이 나오게 되면 기분이 좋지 않고 내가 왜 이런 등급을 받았는지 확인하고 싶은 욕구가 생긴다. 그리고 평가체계에 대해서 부정하게 되고 평가가 잘못됐다고 문제를 제기하는 사례들도 있다. 이를 제도화하고 내부적으로 해결하려고 노력하는데 그것이 바로 이의신청 제도이다. 근무성적평정 결괏값과 등급을 받은 대상자는 받은 날로부터 7일 이내에 이의신청할 수 있다. 단순히 왜 내가 이런 등급을 받았는지 확인하기 위해서가 아니라, 자신은 이러한 노력을 통해서 이만큼의 실적과 성과를 냈는데 낮은 등급을 받은 이유를 이해할 수 없다는 논리적 근거를 바탕으로 이의신청해야 인용 가능성이 있다. 단순한 푸념에 의한 이의신청은 받아들여지기 어렵기 때문에 이의신청할 때에는 신중에 신중을 기해야 한다.

정식으로 이의신청이 접수되면 인사위원회에서 심의하게 되는데 이의신청 사유의 타당성을 검토하게 된다. 평가 단계에서의 실수가 없었는지부터 올바르게 평가가 진행됐는지도 다시 한 번 확인한다. 이때 평가자의 점수가 지나치게 낮게 부여됐다고 판단이 되면 평가자를 대상으로 위원회 출석을 통해 평가자가 부여한 점수의 적정성에 대해서 심의할 수도 있다. 이의신청 사유가 타당하다고 심의하게 되면 구제 절차를 거치게 된다. 구제는 일반적으로 등급 상향인데 이게 쉽지는 않다. 왜냐면 기존에 평가 등급을 받은 구성원이 있기 때문에 그 구성원의 등급을 낮추는 문제는 또 다른 차원의 문제가 된다. 그래서 이의신청자를 등급별 인원 배분표와 상관없이 등급 상향을 하는 사례도 있다. 이 또한 인사위원회에서 심의·의결하고 최종 의사결정권자가 승인해야 가능한 일이다. 하지만 일반적으로 이의신청이 받아들여지는 사례는 극히 드물다. 평가자의 주관적 판단에 의해 부여된 점수를 제3자가 그 적절성을 논한다는 것 자체가 논란의 소지가 있기 때문이다. 그래서 평가 과정상 하자가 없다면 이의신청은 받아들여지기 어렵다고 생각하면 된다.

이의신청을 최소화하기 위해서 피평가자에게 피드백을 잘해줘야 한다. 평가자가 왜 이렇게 점수를 줄 수밖에 없는지를 구체적으로 설명하고 피평가자를 최대한 납득시킬 수 있어야 평가의 공정성이 확보되고 구성원의 수용성이 높아진다. 근무성적평정의 성공 여부는 구성원들의 수용성 여부이다. 평가 결과가 낮게 나오면 당연히 평가체계에 불만을 표출하지만 왜 내가 그렇게 결과를 받을 수밖에 없었는지 설명을 듣게 되면 이해하고 수긍하는 경우도 많이 있다. 물론 낮은 등급을 받은 구성원을 이해시키고 설득하는 일은 굉장히 어렵고 힘들다. 업무 담당자가 한 것도 아닌데 그 화나 원성은 온전히 업무 담당자가 감수해야 한다. 그것은 근무성적평정 업무를 담당하는 업무 담당자의 숙명이다. 평가 등급이 높은 구성원은 평가가 잘됐다고 말하지 않는다. 평가 등급이 낮은 30% 이내의 구성원만이 불만을 말하고 원망을 제도와 업무 담당자에게 하는 것이다.

업무 담당자는 평가 결과에 불만이 있는 구성원의 하소연을 들어주는 것까지가 업무라고 생각하면 된다. 그 하소연이 해소될 때까지 듣고 또 들어야 근무성적평정을 마무리할 수 있다.

3) 교육훈련

공공기관은 매년 교육훈련을 실시한다. 그 목적은 직원의 업무 능력 향상과 동기부여, 구성원 간의 원활한 의사소통 및 관계 형성 등을 위해서다. 기관장을 포함해 전 임직원이 교육훈련의 대상이 된다. 기관에서 매년 예산을 투자해 임직원을 대상으로 교육훈련을 실시하는 이유는 첫째, 새로운 직무 변화에 능동적으로 대응하기 위해서다. 직무는 정부의 새로운 정책과 고객의 수요에 따라 변한다. 과거의 지식이나 기술·기능이 현재를 대변하지 못하기 때문에 새롭게 변화되는 직무에 적응하기 위해서는 지속적이고 반복적인 교육훈련을 실시해야 한다. 시대의 흐름에 발맞춰 나아가야 도태되지 않고 적응할 수 있다. 둘째, 조직원 간의 유기적인 관계 형성을 위해서다. 설립 초기 기관은 구성원 간의 의사소통을 중점적으로 조직 역량 교육을 실시하고, 안정화된 기관의 경우에는 조직문화 형성에 중점을 두게 된다.

규모가 크고 구성원이 많은 공기업에서는 기관 자체적인 연수원을 갖추고 독립된 교육 부서가 편성되어 있어, 자체 교육 프로그램을 개발하고 전문 인력을 확보해 전문화된 교육훈련을 실시한다. 하지만 대부분의 공공기관에서는 교육훈련 업무 외에도 다른 업무를 겸직하는 경우가 많다. 교육훈련 업무만 집중할 수 없기 때문에 업무 담당자가 전문성을 갖추기는 어려운게 현실이다. 통상적으로 전임자가 했던 업무를 그대로 답습하거나 업체에서 제안하는 교육을 따라 하는 경우가 많은데 업무 담당자가 실무를 수행하면서 알아야 할 사항이 몇 가지 있다.

(1) 직원 의견수렴을 통한 수요 분석이 필요하다

교육훈련 계획을 수립하기 위해서는 '왜' 하는지, '누구'를 대상으로 하는지 업무 담당자는 고민해야 한다. 목적과 대상이 정확해야 올바른 계획을 수립할 수 있다. 일반적으로 공공기관에서는 직원 역량 개발과 조직 역량 강화 차원에서 교육훈련을 추진하는데, 그 방향성을 확정하기 위해서는 구성원의 의견이 중요하다. 교육훈련의 주체가 구성원이기 때문이다. 현재 시점에서 직무를 수행하는 데 필요로 하는 것이 무엇이고, 원하는 교육훈련 방법은 어떤 것인지 확인하는 절차는 반드시 필요하다. 이를 교육훈련 수요 분석이라 한다.

구성원의 수요를 조사하는 방법은 설문지를 통한 방법이 가장 효과적이다. 짧은 기간에 소요 비용 없이 자체적으로 추진할 수 있다. 설문지 구성은 구성원이 간단하게 답할 수 있는 객관식형으로 구성하고, 필요에 따라서는 개인의 의견을 표현할 수 있도록 설계하는 것이 좋다. 구성원의 솔직한 대답을 요구할 때에는 무기명으로 설문하는 것이 좋고, 다양한 의견을 수집하기 위해서 기관에서 실시하는 제안제도와 연계해 추진하는 것도 하나의 방법이다.

〈교육훈련을 위한 직원 대상 설문지 사례〉

□ **연령대**
1. 30대 미만
2. 35세 미만
3. 40세 미만
4. 50세 미만
5. 50대 이상

□ **전년도 교육 참여 횟수**
1. 전혀 없다
2. 1회
3. 2회
4. 3회
5. 4회 이상

☞ **1번을 답할 경우 그 이유**

□ **교육 참여에 있어 어려운 점**

  1. 바쁜 업무　　　　　　2. 원하는 교육이 없음　　　3. 상급자의 무관심
  4. 교육 필요성 인식 부족　　5. 기타(　　　)

□ **교육 참여를 높일 방안에 대한 개인적 의견**

□ **개인적으로 선호하는 교육 방법**

  1. 사내 집합교육(온라인 포함)　　　2. 외부 전문 교육기관 위탁교육
  3. 외부 교육 개발 수강　　　　　　4. 학습조직 및 스터디 구성
  5. 기타(　　　)

□ **교육을 강화해야 할 부문**

  1. 직급별 교육　　　　　　　　　2. 직무 전문성을 향상할 수 있는 교육
  3. 조직 활성화 교육　　　　　　　4. 공통 역량 강화 교육
  5. 기타(　　　)

□ **향후 5년을 봤을 때 자신에게 가장 필요한 교육**

□ **개인이 받고 싶은 교육**

□ **교육 이수 시간제의 필요성에 대한 의견**

□ **연간 적절한 직급별 교육 이수 시간**

  1. 직급별 동일하게 교육 이수 시간 적용
  2. 3급 이상 연간 80시간, 4급 이하 연간 100시간
  3. 3급 이상 연간 100시간, 4급 이하 연간 120시간
  4. 기타(　　　)

□ **교육 시간 인정 범위**

1. 기관에서 운영하는 프로그램만 인정
2. 기관 외 다른 프로그램 인정
3. 기관장이 인정한 모든 프로그램 인정
4. 기타( )

□ **자유 의견**

(2) 교육훈련 계획은 노사협의회 의결 안건이다

교육훈련을 실시하기 위해서는 계획을 수립해야 하는데, 기관장이 최종적으로 계획을 승인하기 전에 노사협의회라는 기관 내 협의 기구에서 교육훈련 계획을 의결해야 한다. 노사협의회는 「근로자참여 및 협력증진에 관한 법률」에 따라 상시 30명 이상의 근로자가 있는 사업장에는 의무적으로 설치해야 하기 때문에 모든 공공기관에서는 노동조합과 별도로 노사협의회를 설치·운영하고 있다. 동법 제21 조에 따르면 '근로자의 교육훈련 및 능력개발 기본계획의 수립'을 위해서는 노사 협의회에서 의결하도록 규정되어 있다. 의결된 사항을 사용자가 성실히 이행하지 않을 경우 1천만 원 이하의 벌금 처분을 받을 수 있다.

노사협의회에서 교육훈련 계획을 의결하도록 관련 법령에서 강제하고 있는 이 유는 교육훈련이 직원들의 복지증진과 기관의 건전한 발전에 기여할 수 있기 때 문이다. 사용자의 과감한 투자와 근로자의 적극적인 동참이 교육훈련 성공에 있어 필수적이다. 업무 담당자는 계획의 완성도를 높이기 위해서 노사협의회에 의결 안 건으로 상정하기 전에 근로자 위원들과 사전 협의를 하는 것이 좋다. 안건에 대해 근로자 위원이 충분히 이해하지 못할 경우에는 원만한 회의가 진행될 수 없고, 회 의에서 의결을 유도하기도 어려워진다. 계획을 수립할 때부터 근로자 위원이 참여 할 수 있도록 제도적 절차를 내부적으로 수립하는 것이 좋다.

(3) 교육훈련과 직원 평가는 연계하여 추진해야 한다

교육훈련을 성공적으로 실시하기 위해서는 기관의 평가와 연계하는 것이 좋다. 교육훈련은 직원 역량 강화와 조직문화 형성을 목적으로 실시하는데 이를 달성하기 위해서는 구성원의 적극적인 참여가 필수적이다. 일반적으로 교육 이수 학점 또는 시간을 기준으로 평가하는데 직급별 필수 과목과 선택 과목을 설계하고, 그 과목의 이수 여부로 평가한다. 예를 들면 중간 관리자는 연간 필수 과목 3개 이상, 20시간 이상, 실무자는 연간 필수 과목 5개 이상, 30시간 이상 등으로 기준을 마련하고 기준을 초과하면 달성, 미달하면 그 시간만큼 점수를 차감하는 방법이다.

실무자 입장에서는 구성원들이 적극적으로 교육훈련에 참여할 수 있도록 강제적·자발적 방법을 찾는 것이 중요하다. 동기부여를 통해서 자발적인 참여를 유도하고, 평가를 통해 강제적으로 동참할 수 있도록 해야 한다.

〈교육 이수 시간 인정 범위 기준 사례〉

□ **인정 범위**
- 공공기관에서 실시하는 교육(위탁 교육 포함), 세미나, 설명회, 강사 활동 등과 직무와 관련된 교육 등은 이수 시간 100% 인정
- 자기개발을 위한 온라인 교육은 연간 최대 30시간만 인정

☞ 참석 여부를 확인할 수 있는 서명 명부 및 계획서 또는 이수증 제출 시 인정함.

□ **세부 기준**
- 법정 교육 및 기본 교육
    - 산업안전보건교육: 관리직 연간 12시간, 기술직 24시간
        - 관리 감독자는 연간 16시간(산업안전보건위원회 근로자 위원이 관리감독자 교육 참여 시 연간 16시간 인정)
        - 신규 직원은 정규 교육 외 신규 교육 8시간 인정
    - 성희롱 등 예방교육: 4시간
    - 기타 관련 법령에 따른 교육: 이수 시간
    - 청렴 교육 및 감사 교육: 연간 4시간
- 기관에서 제공하는 교육 프로그램(직무 및 조직 역량)

구분	간부급(2급 이상)	중간관리자급(3급~4급)	실무자급(5급~6급)
제공 프로 그램	· 필수교육(직급교육) · 리더십교육 · 의사소통교육 · 힐링교육	· 필수교육(직급교육) · 직무전문교육 · 의사소통교육 · 힐링교육	· 필수교육(직급교육) · 직무전문교육 · 의사소통교육 · 힐링교육

- 외부 전문 기관에서 실시하는 직무 교육 및 설명회 등
  - 해당 직무와 관련하여 외부 기관에서 실시하는 교육: 이수 시간 100% 인정
  - 정부나 지자체, 공공기관 등에서 진행하는 직무 관련 설명회 및 세미나 등: 참석 시간 100% 인정
- 정기적 설명회 및 월례 회의 등
  - 기관에서 주관하는 월례 회의: 연간 12회(12시간 인정)
  - 각 부서에서 주관하는 설명회 및 학회, 세미나 등: 연간 최대 20시간 인정
- 해당 부서에서 계획을 수립하고 기관장이 승인하여 추진하는 교육에 참석 또는 강사로 활동하는 경우: 참석 시간 100% 인정
- 자기개발에 따른 온라인 교육
  - 정부 및 지자체, 공공기관 등에서 제공하고 있는 온라인 교육을 이수한 경우: 연간 최대 20시간 인정
- 기타 인사위원회에서 인정하는 교육: 이수 시간 100% 인정

(4) 법정 교육은 반드시 실시해야 한다

공공기관은 전 임직원을 대상으로 관련 법령에서 규정하고 있는 법정 교육을 실시해야 한다. 대표적인 법정 교육은 「남녀고용평등과 일·가정 양립 지원에 관한 법률」 등에 근거한 4대 폭력 예방교육과 「산업안전보건법」에 따른 산업안전·보건 교육이다. 4대 폭력 예방교육은 성폭력, 성매매, 성희롱, 가정폭력에 대해서 연간 개인별로 1시간 이상 교육을 받아야 한다. 산업안전보건 교육은 직종에 따라 교육 이수 시간이 다른데 사무직의 경우에는 분기별 3시간, 비사무직은 6시간을 받아야 한다. 이를 준수하지 못했을 경우에는 과태료 처분을 받는다. 최근에는 「통일교육 지원법」이 개정되어 의무적으로 통일 교육을 연간 1회 1시간 이상 실시하고 통일부 장관에게 그 결과를 제출해야 한다. 이 외에도 장애인식개선교육이 있다. 「장애인고용촉진 및 직업재활법」에 따라 장애인에 대한 인식 개선 교육을 연간 1회 이상 실시하고 그 결과를 한국장애인고용공단에 장애인 고용현황 신고 시 같이 신고해야 한다. 미실시할 경우에는 300만 원 이하의 과태료 처분이 있을 수 있다.

직무 역할에 따라 이수해야 하는 교육도 있는데 산업안전보건 관련 관리 감독자 교육, 시설관리 직무 수행을 위한 소방 및 방재 관련 교육, 기록물 관리 관련 교육, 고충처리위원 전문 교육, 성희롱 고충 상담원 교육, 경영평가 담당자 전문

교육 등 다양하다. 직무 관련 교육은 해당 부서에서 직접 진행하는데 연간 교육훈련 계획 수립 시 직무 관련 교육 현황과 교육 일시 등을 반영하는 것도 좋다.

20○○년 임직원 교육계획(안)

□ 개 요

• 임직원들의 **직무 역량을 강화**하고 **활기찬 조직 문화 육성**과 직원 상호 간 **원활한 의사소통**을 위하여
  - 20○○년 임직원 교육계획을 수립하여 추진하고자 함.
  * 관련 근거: 「인사규정」 및 「근무성적평정 시행세칙」

☞ 전년도 교육 성과 및 실적 등을 분석하여 해당연도 계획에 반영할 수 있으며, 기관의 교육체계를 계획에 포함할 수 있음

□ 추진 방향

• 직무별 핵심 역량 개발을 통한 **전문성 강화**와 **조직성과 향상**을 위한 **개인별 맞춤형 교육** 추진
• **교육훈련시간 이수제**를 도입하여 개인별 교육 여건 보장
• 개인별 교육 성과를 **근무성적평정(교육훈련평가)에 반영**하여 교육 참여 및 효과 제고
• 임직원 간 **원활한 의사소통**과 **재충전의 기회**를 가질 수 있는 교육 프로그램 도입·운영

□ 20○○년 교육계획(안)

1. 중점 추진 사항

① **개인별 교육 시간 이수제 추진**
• 개인별 교육이수제를 적용하여 체계적인 교육 성과 관리
• 직급별 교육 이수 시간을 이수했을 경우는 100점을 부여하고, 미달했을 경우에는 「근무성적평정 시행세칙」에 따라 점수 부여
  * **예** 실무자급이 연간 77시간을 이수했을 경우: 96.25점
    중간 관리자급이 연간 67시간을 이수했을 경우: 95.71점

구분	간부급 (2급 이상)	중간관리자급 (3급~4급)	실무자급 (5급~6급)	비고
직급별 교육이수시간	50시간 이상	70시간 이상	80시간 이상	직급별 교육이수시간 미달자는 해당 연도 교육훈련평가에 반영

* 교육 이수 인정 시간에 대한 세부적인 설명은 붙임 참조

② **전문 기관에 위탁 교육**
• 직원들의 직무 역량을 강화하고 교육 참여율을 높이기 위하여 외부전문 기관에 위탁하여 집체교육 중심의 교육 실시

- 개인과 조직 그리고 공통 역량으로 구분하여 각각의 프로그램을 외부 전문 기관에 위탁 진행
- 개인 역량 강화는 직무 위주로 프로그램을 운영하고 인생 이모작을 준비할 수 있는 전직 프로그램(인생 이모작 준비) 도입
- 조직 역량 강화는 의사소통 활성화와 힐링 프로그램으로 특화하여 진행
- 공통 역량은 법정 교육 위주로 추진

③ 직무 관련 교육 활성화
- 해당 분야 직무 역량 강화를 위해 외부 전문 기관(직무별 전문 교육 기관)에서 실시하는 교육 참여 활성화 추진
  - 해당 직무별 전문 교육이 필요할 경우, 해당 부서장 승인하에 직무 전문 교육 실시
    (**예** 경영평가 실무과정, 인사노무 과정, NCS 과정, 재무회계 실무자 과정, 구매계약 실무자 과정, 기획예산편성과정, 감사실무자 과정, 연구기획보고서 작성 과정 등)
- 별도 교육 비용이 발생하는 경우 해당 부서 예산의 범위 내에서 지출하는 것을 원칙으로 하되, 필요한 경우에 한해 기관 일반 용역비(201-00)에서 지원(다만, 이 경우 계약 행위가 있어야 지원 가능)
- 온라인 교육은 정부 및 지자체 등에서 공급하는 자기개발 및 직무 관련 콘텐츠를 기준으로 수료 시 교육 이수 시간에 반영

2. 교육훈련 성과지표

구분	지표설정 (교육부문 핵심성과지표)	성과목표	산출방법
1	교육 참여율	85%	위탁교육 대상자 출석률 산출 (교육 대상자 / 교육 참석자)
2	직급별 교육이수제 달성	95%	교육 대상자의 직급별 교육이수시간 달성 여부 (교육 대상자 / 교육이수 달성자)
3	교육 만족도	90%	교육 과정별 설문지 조사방법

3. 교육과정 운영계획

◆ 교육은 **직급별 필수교육과 선택교육**으로 구분하고, 필수교육은 해당 연도에 반드시 이수할 수 있도록 교육 과정 설계·운영
◆ 해당 직무에 필요한 전문교육은 부서별 추진(예산의 범위 내에서 지원)
◆ 교육 대상은 계약직원을 포함한 전 직원(다만, 일용직은 제외)

① 직무 역량 강화 교육
- (개요) 해당 직무에 대한 전문성 강화 교육으로 **직급별로 구분하여 진행**하고 집체교육을 원칙으로 추진
- (교육 내용) 직급별 직무 수행에 필요한 과정을 개설하여 직급별 교육 시간을 **필수와 선택**으로 구분하여 실시
  - (맞춤형 직무역량 강화 교육) 리조트 및 연구원 등에서 외부 전문가를 초빙하여 직

급별 맞춤형 교육 실시

    - **(인생 이모작 준비 교육)** 임금 피크제 적용 대상자를 대상으로 퇴직 이후 삶에 대한 **필요 정보** 및 **자기개발 능력 향상**을 위한 교육 실시

☞ 강사는 해당 분야 최고 전문가 수준으로 초빙하여 진행

〈직무 · 개인 역량강화 교육 과정〉

구분	교육과정	비고
간부급	• **(필) 리더십 과정(16시간),면접관 과정(16시간)** • (선) 인생이모작 준비과정(24시간), 전문 강사 양성과정(24시간)	(필) 해당 직급 필수이수과목
중간 관리자급	• **(필) 리더십 과정(6시간)** • (선) 프리젠테이션 작성 및 발표(12시간), 보도자료 작성(16시간)	
실무자급	• **(필) 업무용 글쓰기 과정(24시간), 보고서 작성과정(16시간)** • (선) 프리젠테이션 작성 및 발표(12시간), 보도자료 작성(16시간) 엑셀실무과정(12시간), 직무교육(16시간)	(선) 직급별 선택적 이수과목

- **(교육 방법)** 전문 위탁업체에 위탁하여 이론 및 실습 위주 교육
- **(소요 예산)** 00,000,000원(예산과목: 000-00)
  * 교육 예산은 교육 시간 및 횟수 등에 따라 변동될 수 있음.
- **(행정 사항)**
  - 교육 장소는 연수원·리조트·휴양림 등에서 실시
  - 필수 과정은 해당 직급에서 **반드시 이수해야 하는 과정**이며 선택 과정은 해당 부서의 업무 등을 고려하여 선택하여 이수 가능
  - 기관에서 제공하는 교육 과정 외에 필요한 직무역량강화 교육 과정이 있을 경우에는 해당 부서에서 자체 추진
    * 교육 비용이 발생할 경우에는 해당 부서 예산의 범위 내에서 집행하고, 필요한 경우에 한해 기관의 일반용역비(000-00)에서 지원

② 조직 활성화 교육
- **(개요)** 직원 간의 원활한 의사소통을 바탕으로 활기찬 조직 문화를 형성하고 업무로 쌓인 스트레스를 해소하여 새로운 활력을 찾을 수 있는 프로그램 운영
- **(교육 내용)** 전체 직원의 '**참여·공유·소통·치유**'를 위한 교육 프로그램 운영
  - **(의사소통 활성화)** 참석자 간 유대감을 강화할 수 있도록 프로그램 운영
  - **(힐링 프로그램)** 직무 및 대인관계에서 올 수 있는 스트레스를 해소할 수 있는 **치유 중심**의 프로그램 운영
    * 강의식 교육은 지양하고 전체 프로그램이 하나의 주제에 의해 직원들이 참여한 교육이 될 수 있도록 설계

☞ 의사소통 활성화와 힐링 프로그램은 최근 도입된 새로운 개념의 프로그램으로 전문 위탁업체 선정 과정에서 적합한 프로그램을 선정할 예정

- **(교육 방법)** 전문 위탁업체에 위탁하여 직원 참여형으로 진행
  - 각 과정별로 전 직원을 10개 조로 분류하여 10회 실시(1개 조당 40명)

- 조직 활성화 교육은 전 직원 필수 참여 교육임.
- **(소요 예산)** 00,000,000원(예산과목: 000-00)
  * 교육 예산은 교육 시간 및 횟수 등에 따라 변동될 수 있음.
- **(행정 사항)**
- 교육 장소는 연수원 등 외부 시설에서 실시
- 전 직원이 의사소통 및 힐링 프로그램에 각각 1회씩 참여할 수 있도록 프로그램별 운영(4월부터 10월까지 진행)

③ **공통 역량 강화 교육**
- **(개요)** 관련 법령에 따라 의무적으로 실시해야 하는 법정 교육을 체계적으로 실시
- **(교육 내용)** 관련 법령에 근거한 법정 교육 실시
- 「산업안전보건법」에 따른 정기 교육 및 성희롱 등 예방법령에 따른 예방 교육
- 직무별 관련 법령에 따라 **담당자가 반드시 이수해야 하는 법정 교육**
  (각 해당 부서 예산의 범위 내에서 교육 진행)
  * 감사실의 감사 및 청렴교육, 시설관리부의 실내 공기질 관리자 교육 및 건설기술자 교육훈련 교육 등
- **(교육 방법)** 산업안전보건 관련 정기 교육은 온라인으로 진행하고 나머지 교육은 집체교육을 원칙으로 함.
- 산업안전보건 관리감독자 교육은 외부 전문 기관에서 연간 16시간 집체교육
- 성희롱 예방 교육은 전 직원을 대상으로 **월례회의 이후** 집체교육 실시(반기별 1회 2시간 교육 진행)
- 시설부서 관련 **법정교육은 해당자에 한해 외부 전문 기관에서 교육**(집체 또는 온라인)
- **감사 및 청렴교육은 전 직원을 대상**으로 **연간 2회**(각 4시간) 집체교육 실시(기관 내에서 외부 강사 초빙 교육)
- **(소요 예산)** 00,000,000원(예산과목: 000-00)
  * 산업안전보건 및 성희롱 관련 예산은 별도 편성

④ **임원 교육**
- **(개요)** 조직 운영에 필요한 새로운 경영 기법 등을 공유할 수 있는 코칭 교육 실시
- **(교육 내용)** 기관 운영과 관련된 전문가와 1대1 코칭 프로그램 운영
- **(교육 방법)** 대학교수급 외부 코칭 전문가를 초빙하여 주 1회 1시간씩 총 20회 기관 운영 관련 코칭 실시
- **(소요 예산)** 00,000,000원 이내(예산 과목: 일반 수용비(210-01))
- ○인당 × 0,000,000원 이내 × ○명 = 00,000,000원

구분		1월	2월	3월	4월	5월	6월	7월	8월	9월	10월	11월	12월
교육 계획 수립		■											
노사협의회 및 인사위원회			■										
교육업체 선정 및 준비			■	■									
직무 교육	리더십 과정				■								
	사내 직무교육	— "생략"											
조직	의사소통					■	■						
	힐링							■	■				
공통	산업안전	■			■	■			■		■	■	
	감사 및 청렴			■	■			■	■		■	■	
	성희롱 등			■	■			■	■		■	■	
	담당자 교육		■				■			■			■
온라인 교육		■	■	■	■	■	■	■	■	■	■	■	■

□ 향후 계획

- ('○○. ○.) 교육훈련계획(안) 노사협의회 심의·의결
- ('○○. ○.) 위탁업체 공고 및 업체 선정
- ('○○. ○.) 위탁업체 교육 준비 및 계획(안) 보고
- ('○○. ○.) 교육 추진

붙임 1. 소요 예산 세부 산출 내역 1부
　　 2. 교육 이수 인정 시간 기준(안) 1부
　　 3. 설문 조사 결과 1부
　　 4. 대행업체 과업지시서 및 제안서 각 1부씩. 끝.

1. 직무 소개

근로자가 사업주에게 근로를 제공하는 이유는 단 하나다. 임금을 받기 위해서다. 임금은 보수, 급여, 봉급, 월급, 연봉, 급료, 인건비 등 여러 표현으로 말할수 있는데 모두 동일한 의미를 가진다. 임금은 근로자의 생계와 직접적인 관련이있고, 임금의 수준 차이에 따라 근로자의 사회적 지위가 결정된다. 그만큼 근로자에게는 임금이 중요하고 유일한 소득 수단이다. 임금을 받지 못한다는 것은 다니는 조직에서 떠난다는 의미로 '해고' 또는 '계약 종료', '정년퇴직'을 의미하고, 다른 하나는 근로 능력 상실로 몸이 안 좋아져서 더 이상 업무를 수행하지 못하거나 사망하여 자연 퇴사하는 경우이다.

임금관리 업무를 수행하기 위해서는 임금과 관련된 법령 숙지가 중요하다. 근로자는 임금이 가장 중요하기 때문에 민감할 수밖에 없다. 단돈 10원이라도 손해를본다는 생각을 하게 되면 바로 인사부서에 항의성 전화가 빗발치게 된다. 그만큼임금에 대한 관심이 많고 나의 임금만큼 동료의 임금에도 관심이 많다. 그래서 임금체계를 설계하고 지급하는 업무는 한 치의 실수도 있으면 안 된다. 특히 공공기관의 인건비는 일부 기관을 제외하고 대부분 정부 예산으로 지급되는 출연금 또는 보조금·지원금이기 때문에 더욱 중요하다.

공공기관에서 임금관리 업무를 담당하기 위해서는 총인건비 개념과 노동조합과의 임금협상에 대한 절차 및 기본적인 개념을 이해하고 있어야 한다. 총인건비는해당 기관에서 임직원들에게 지급할 수 있는 해당연도 임금의 총 규모라고 생각하면 된다. 급여성 복리후생비까지 포함된 개념으로 정부에서 매년 공표하는 「공기업·준정부기관 예산운용지침」에 개념설명이 자세하게 되어있어 참고하면 좋다.

다음은 노동조합과의 임금협상이다. 기관마다 임금협상 시기는 다양하다. 기관의 인건비 집행실적과 퇴직자 및 승진자 등을 고려하여 직원들에게 지급될 수 있는 임금인상 규모를 확인한 후 노사합의로 임금 인상률을 정하기 위해 하반기에 협상하는 경우도 있고 상반기에 추정액을 기준으로 협상하는 경우도 있다. 세부적인 내용은 후술하도록 하겠다.

2. 주요 직무

1) 공공기관 임금관리의 핵심사항

공공기관 임금은 정부의 지침에 따라 기본적인 인상률이 결정된다. 전체 인건비 규모가 인원수에 비례하여 결정되고 매년 일정 수준의 인상률이 적용된다. (공무원 인상률과 동일하게 적용되고 공공기관의 산업별 인건비 수준에 따라 인상률 폭은 더 넓어지고 좁아질 수 있다.)

〈임금 여부에 대한 판단 기준 예〉

구분	수당	임금여부
근로의 질과 양에 관련되는 수당	기술수당, 자격·면허수당, 특수작업수당, 직책수당, 직무수당, 출납수당, 항공수당, 생산장려수당, 성과급 성격으로 매월 지급되는 영업수당 등	○
근로 여건 환경과 관계되는 수당	벽지수당, 위험수당 등	○
은혜적, 호의적으로 지급되는 금품	경조금, 위문금 등 임의적·호의적 의미에서 지급되는 금품 등	×
실비변상적 금품	장비·제복·작업복 구입비, 작업용품대금, 출장비, 여비, 판공비 등	×
복리후생적 금품	현물급식 제공, 학자금 등	×
기타	해고예고수당, 휴업수당	×

* 자료: 「근로기준법」 및 고용노동부 행정해석(질의회시) 내용을 재구성함

(1) 임금은 공정성이 생명이다

임금은 근로의 대가로 사용자가 근로자에게 지급하는 일체의 금품을 말한다. 근로자는 임금으로 생계를 유지하기 때문에 일정한 기간에 정기적이고 고정적으로 임금을 받아야 계획적인 삶을 살아갈 수 있다. 일반적으로 월(月)을 기준으로 임금을 지급하는데 이를 '월급'이라고 말한다. 임금은 '先' 근로 제공 '後' 임금 지급의 형태로 운영되나, 공공기관에서는 매월 20일 또는 25일 해당 월의 근로 대가를 지급 받는다. 이 점이 일반 기업과 공공기관이 다른 점이다.

임금은 '동일가치노동, 동일임금'의 원칙이 적용된다. 정규직 또는 비정규직이라는 이유로 동일 직무를 수행하고 있는데 임금에 차별이 있어서는 안 된다. 다만 직무의 차이에 따른 임금의 구분은 가능하다. 사회 통념상 이해할 수 있는 범위 내에서 임금의 차이가 발생하는 것은 용인할 수 있으나, 개개인의 신분이 다르다는 이유로 동일한 직무를 수행함에도 불구하고, 임금의 차별이 발생할 경우 차별적 처우로 문제가 될 수 있다.

임금 관련해서 정규직과 비정규직의 차별적 처우 문제를 방지하기 위해서 직무의 차이를 명확하게 구분해야 한다. 기관의 관련 내규에 정규직이 해야 할 직무와 비정규직이 수행하는 직무를 업무 분장표에 명시하고, 비정규직이 할 수 있는 직무의 범위를 설정해야 한다. 만약 비정규직이 정규직의 직무를 수행하는 경우에는 개인적 신분에 상관없이 정규직에 준하는 임금을 지급해야 한다. 근로의 대가는 직무에 따라 다르게 지급될 수 있으나 동일한 직무를 수행하는데 다르게 지급할 수는 없다. 임금 지급의 기준인 차별과 차이를 명확하게 인식하고, 관련 규정에 직급별 또는 신분별 직무의 차이를 세부적으로 구분하는 것이 필요하다.

(2) 임금 결정은 적정한 균형점을 찾아야 한다

임금을 결정하기 위해서는 3가지 측면을 고려해야 한다. 사용자는 지급 능력, 근로자는 생계유지, 사회적으로는 적정 임금(사회적 균형)이다. 사용자는 임금을 하나의 비용으로 간주하기 때문에 최소 비용으로 최대의 성과를 내려고 한다. 하지만 근로자는 임금이 생계의 유일한 수단이기 때문에 높은 임금을 통해 사회생활의 유지 비용을 충당하려고 한다. 사회적 측면에서는 기업이 활성화되고 근로자들이 윤택한 생활을 해야 우리나라 경제가 원활하게 운영되기 때문에 이를 적정한 수준에서 유지하고자 하는 노력을 한다.

　이러한 각 주체의 입장에 따라 임금이 최종적으로 결정되는데, 일부 사업 수익으로 인건비를 결정하는 공기업이나 준정부기관 등을 제외한 대부분의 공공기관이 정부의 출연금이나 보조금, 지원금으로 인건비 재원을 충당하기 때문에 정부의 인건비 인상률을 그대로 적용하고 있다. 정부의 인건비 인상률은 물가 인상률과 우리나라 경제 여건 등을 고려해 결정하기 때문에 그 범위 내에서 각 기관의 인력 구조와 여건을 반영해 해당연도의 임금을 최종적으로 결정한다.

　기관 전체의 임금 결정은 노동조합이 있는 경우 임금협상을 통해 인상률과 성과급의 지급률 등을 합의로 결정하게 되고 과반 이상의 노동조합이 없는 경우에는 정부의 인상률을 기준으로 해당연도 임금을 결정한다.

저자 생각

　임금은 개인을 중심에 두고 동료나 동종 업계와의 형평성을 기준으로 높고 낮음을 판단한다. 이를 임금의 공정성이라고 하는데 내부 공정성(내부 직원 간)과 외부 공정성(동종 업체, 유사 기관)이 적절하게 균형점을 유지하는 선에서 임금이 결정되어야 직원들의 불만 요소를 잠재울 수 있다. 임금은 아무리 많이 준다고 해서 만족하지 않는다. 다만 임금에 대한 불만족이 완화될 뿐이다. 그래서 임금을 결정할 때에는 임금 결정으로 발생할 수 있는 불만 요소를 가급적 없애는 방향으로 업무를 추진해야 한다. 동료 및 동일 직무를 수행하는 경우에는 큰 변동 폭(성과급 등) 없이 임금을 책정하는 것이 좋다. 그리고 유사기관의 인상률과 평균임금 등을 고려해 전체 임금 수준을 책정하는 것이 임금을 결정하는 데 많은 도움을 줄 것이다.

(3) 총인건비를 이해하라

　공공기관은 임금을 인상할 때 고려해야 하는 것이 바로 총인건비 개념이다. 정부의 출연금 및 보조금, 지원금 등으로 임직원의 임금을 충당하기 때문에 자율적으로 무한정 임금을 인상할 수 없다. 그래서 최대한 자율성은 보장하되 일정한 범위를 설정하는데 그것이 바로 총인건비이다. 총인건비는 공공기관의 모든 인건비와 인건비 항목 외에 계정 과목 및 명목 여하에도 불구하고 임직원(정원 외 직원 제외)의 「소득세법」상 근로소득에 해당하는 모든 항목을 포함한다. 다만 퇴직급여충당금, 4대 보험 사업자 부담분, 정규직 전환 인력에 대한 처우 개선 소요액 등은 제외하고 있다.

총인건비는 전년도 총인건비를 기준으로 그 인상 폭을 결정하는데 전년도 총인건비를 100이었다고 가정하고 올해 인상 폭이 2.6%이면 올해 총인건비는 102.6 이라고 생각하면 된다. 이는 해당 기관의 총인건비로 이 안에서 기관 구성원의 임금을 내부 협의 절차108)를 거쳐 결정하면 된다. 다만 총인건비를 초과할 경우에는 그에 따르는 제재가 발생하는데, 이것은 공공기관 경영평가에서 감점 사유가 되고 초과한 인건비만큼 차년도 인건비를 감액해서 예산을 편성하는 불이익이 발생한다. 그래서 총인건비 인상률 범위 내에서 임금을 책정하고 직원의 처우 개선을 실시해야 한다.

〈총인건비 설명〉

구분	내용
적용대상	• 모든 인건비 항목과 사실상 급여로 볼 수 있는 복리후생비 등을 포함 * 계정과목이나 명목, 지급방법 등과 관계없이 소득세법상 근로소득 등에 　해당하는 모든 항목
편성지침	• 정부에서 고시한 총인건비 인상률을 반영하여 전년도 총인건비 대비 인상률 　범위 내 증액하여 편성 • 총인건비 예산은 원칙적으로 전년도 정원을 기준으로 편성하되, 일반정규직과 　무기계약직에 대한 인건비는 별도로 관리 * 단, 평균임금이 해당 산업 및 공공기관 평균임금의 일정수준에 해당하는 　경우에는 정부가 정한 추가 인상률을 적용 가능
총인건비 제외 항목	• 법정인건비(퇴직급여충당금, 4대보험 사업자 부담분, 최저임금을 지급하고 있는 　직원에 대한 인건비) • 자산운용평가성과급, 의사직 운영기관의 진료성과급, 직원 경영평가성과급 등 • 대체인력 인건비 및 임원 인건비, 정규직 전환 처우 개선 소요액 등
위반 제재	• 전년도 인상률 위반 금액만큼 감액 편성

* 자료: 「2023년도 공기업·준정부기관 예산운용지침(기획재정부)」을 재구성함

---

108) 임금 결정의 내부절차는 첫째, 근로자 과반 이상으로 구성된 노동조합이 있는 경우에는 노사가 임금협상을 통해서 지급할 수 있는 인건비 총액 범위 내에서 직급별 인상률을 어떻게 정할지를 협상해서 결정한다. 통상적으로 정액제 또는 정률제를 직급별로 차등할 것인지 여부에 대해서 협상하는 것이 일반적이다. 공공기관의 임금협상은 일반기업과 같이 기업의 이익을 배분하는 임금협상이 아니라, 인건비 총액 범위 내에서 총인건비를 초과하지 않고 지급해야 하기 때문에 협상의 범위가 한정되어 있다. 과반 이상의 노동조합이 없을 경우에는 사측에서 그해 정부의 인건비 인상률을 고려해 책정하고 있다.

(4) 임원의 임금구조는 간단하다

공공기관 임원의 임금구조는 기본연봉과 성과급(경영평가)으로 간단하다. 기본연봉은 기본급과 각종 수당(가족수당, 정액급식비, 급여성 복리후생비) 등이 반영[109]되어 있으며, 성과급은 매년 실시되는 경영평가 결과에 따라 정해진 지급 비중에 따라 지급하고 있다. 기본연봉은 기관에 따라 구성이 다를 수 있는데 원칙은 기본연봉에 모두 포함하여 지급하고 있다는 것이다. 기관에 따라서 기본급과 고정수당, 실적수당, 선택적 복리후생비(급여성 복리후생비) 등을 구분해서 지급하는 경우가 있는데 이는 기획재정부에서 매년 하달하는 임원 보수 관련 지침의 범위 내에서 기관의 특성에 따라 지급하는 것이다. 즉, 기획재정부에서 정한 한도 내[110]에서 기본연봉을 구분해서 지급하고 있는 것에 불과하다. 실무적으로는 기본연봉에 연봉 외 수당을 통합해서 책정하는 것이 원칙에 맞다.

임원의 임금은 매년 2월 정기이사회에서 결정하는 것이 일반적이다. 기획재정부에서 해당연도 임원의 보수에 대한 지침을 1월 말 또는 2월 초에 각 공공기관에 하달되기 때문에 이 지침에 근거하여 기관의 「보수규정」을 개정[111]해 지급하면 된다. 임원의 보수는 노동조합과의 합의사항이 아니기 때문에 정부의 지침에 근거하여 책정한다. 임원의 보수에서 실무적으로 확인해야 할 사항은 해당연도 보수인상률을 정한 금액을 지급하면 안된다는 사실이다. 기획재정부에서 하달하는 지침에는

---

109) 「공기업·준정부기관 임원 보수지침」 제2조에 명시되어 있으며 기타공공기관은 이 지침을 준용하고 있다.

110) 공공기관 임원의 보수는 일반적으로 차관의 연봉을 기준으로 지급하고 있다. 다만, 차관의 연봉 외 수당에 해당하는 직급보조비, 가족수당, 급여성 복리후생비 등을 고려하여 기획재정부에서는 차관 연봉에 +α를 반영하여 매년 임원 보수의 한도를 정해 공공기관에 지침을 하달한다.

111) 기관의 「보수규정」에 임원의 보수를 명시하는데 개정하는 방법은 크게 두 가지가 있다. 하나는 해당연도 임원의 보수를 금액으로 명시하는 방법이 있고, 다른 하나는 차관의 연봉과 동일하게 지급한다고 명시하는 방법이 있다. 금액을 명시하는 방법은 매년 개정해서 전년도 보수액을 명확하게 기록한다는 의미가 있고, 차관 연봉과 동일하게 지급한다고 명시하는 경우는 정부의 인상률 범위 내에서 지급한다고 문구상으로 해석해 지급하는 방법이다. 다만, 차관의 연봉에는 연봉 외 수당 등이 반영되지 않는 문제가 있어 실질 임금에서는 차관보다 적게 받을 우려가 있기 때문에 차관의 고정연봉에 연봉 외 수당을 반영해 금액으로 매년 규정에 명시하는 방법이 명확하다고 볼 수 있다.
「공기업·준정부기관 임원 보수지침」 제4조에서는 임원의 보수는 차관에 연계해서 지급하도록 하고 있고 매년 기획재정부에서 하달하는 지침(통보)에는 차관의 고정연봉보다 다소 높게 지급 가능한 기본연봉의 한도를 정하고 있다. 차관의 고정연봉에 연봉 외 수당을 기관의 여건과 예산 규모 등을 고려, 반영하여 기관 이사회 심의·의결을 거쳐 지급하면 된다. 기관장을 제외한 다른 상임이사는 기관장의 80%를 지급한다.

해당연도 보수의 한도를 정하고 유의사항에 전년도를 기준으로 지급하도록 하고 있다. 국가의 경제상황 등을 고려하여 고위직의 고통 분담 차원에서 해당연도 인상분을 지급하지 않는다고 생각하면 된다. 매년 공무원도 「공무원보수규정」에 따라서 일정 직급 이상의 경우에는 해당연도 인상분을 받지 않고 전년도 보수를 받고 있다. 이를 공공기관 임원 보수에 준용한다고 보면 된다. 다만, 임원 보수 지급을 전년도 기준으로 지급하는 것은 한시적인 제도로 매년 기획재정부에서 하달하는 관련 지침을 실무자는 명확하게 확인하고 임원 보수를 책정해야 한다.

(5) 평균임금과 통상임금을 알아야 한다

임금관리 업무를 수행하면 평균임금과 통상임금에 대해서 정확하게 인지하고 있어야 한다. 이 두 임금은 법적 용어로 임금을 계산할 때 목적에 따라 각각 적용되기 때문에 어느 때 평균임금과 통상임금을 사용하는지 알아야 한다. 평균임금은 이를 산정하여야 할 사유가 발생한 날 이전 3개월 동안에 그 근로자에게 지급된 임금의 총액을 그 기간의 총일수로 나눈 금액을 말한다(「근로기준법」 제2조 제1항 제6호). 즉 퇴사로 인해 평균임금을 산정해야 한다면 퇴사일 이전 3개월 동안(88일~92일) 개인이 받았던 임금의 총액(상여금, 각종 수당, 연차유급휴가수당 등 포함)을 그 일수만큼 나눠 1일 평균임금을 도출한다. 평균임금은 퇴직금, 연차유급휴가수당, 휴업수당, 재해보상금을 산정하는 기준이 된다. 일반적으로 퇴직금 계산 시 많이 적용하게 된다.

〈평균임금 산정 시 포함되는 임금의 범위 예〉

산정 기초에 포함되는 것	산정 기초에 포함되지 않는 것

• 통화로 지급되는 것
 - 기본급, 연차유급휴가수당,
  연장근로수당, 특수작업수당,
  위험작업수당, 기술수당, 직책수당,
  장려 · 정근 · 개근수당,
 - 단체협약 또는 취업규칙에서 근로
  조건의 하나로서 모든 근로자에게
  일률적으로 지급되도록 명시되어
  있거나 관례적으로 지급되는 것
	• 성질상 임금이 아니기 때문에 포함될 수 없는 것
	 - 통화로 지급되는 것: 축의금, 조의금,
	  재해위문금, 휴업보상금, 실비변상적인 것
	 - 현물로 지급되는 것
	 - 기타 임금 총액에 포함되지 않는 것: 퇴직금

통상임금은 근로자에게 정기적이고 일률적으로 소정근로 또는 총 근로에 대하여 지급하기로 사용자와 근로자 간에 사전 약속한 임금을 말하며 각종 수당 지급에 적용되는 임금이다(「근로기준법 시행령」 제6조 제1항). 통상임금을 산출하기 위한 계산 시 반영되는 임금은 사용자가 고정적이고 일률적으로 지급하는 임금이 모두 포함되는데 그 기준은 정기적, 일률적, 고정적이어야 한다.

평균임금과 통상임금은 사용 목적과 산출 방법 등이 다르기 때문에 사유 발생 시, 어느 임금을 적용해서 결괏값을 산출할지 확인해야 한다. 일반적으로 기관 내 규정 또는 단체협약 등에 평균임금은 퇴직금, 통상임금은 연장·야간·휴일근로수당, 연차유급휴가수당 등을 산출할 때 적용한다고 규정하고 있다.

〈평균임금과 통상임금 비교〉

구분	평균임금	통상임금
정의	이를 산정하여야 할 사유가 발생한 날 이전 3개월 동안에 그 근로자에게 지급된 임금의 총액을 그 기간의 총일수로 나눈 금액을 말함(「근로기준법」 제2조 제1항제6호)	근로자에게 정기적이고 일률적으로 소정근로 또는 총 근로에 대해 지급하기로 정한 시간급 금액, 일급 금액, 주급 금액, 월급 금액 또는 도급 금액을 말함 (「근로기준법 시행령」 제6조 제1항)
목적	근로자의 생활 보장을 위한 임금	각종 수당 계산을 위한 임금
적용 대상	• 퇴직급여, 휴업수당 • 연차유급휴가수당 • 재해보상, 산업재해보상보험급여 및 감급제재의 제한 • 실업급여(구직급여)	• 해고예고수당 • 연장/야간/휴일근로수당 • 연차유급휴가수당 • 출산전후휴가수당 • 그 밖에 유급으로 표시된 보상 또는 수당
	연차유급휴가수당은 「근로기준법」 제60조 제5항에 따라 통상임금 또는 평균임금으로 지급해야 한다. 다만, 기관의 취업규칙 또는 단체협약 등에 따라 적용 임금(통상/평균)을 규정하면 된다.	
기본 단위	일급	시급
계산 방법	사유 발생 직전 3개월 지급 총액/3개월 일수	월 통상 임금/월 유급근로시간

*자료 : 「근로기준법」을 바탕으로 재구성함

(6) 임금체계는 간결해야 한다

공공기관은 직급에 따라 연봉제와 호봉제로 이원화된 임금체계를 운영하는 기관이 많다. 간부급의 경우에는 직무 성과와 연동된 연봉제로 되어 있고, 비간부급 (차장~사원) 직원은 호봉제를 유지하고 있다. 임금체계가 직급에 따라 다른 이유는 간부와 비간부의 역할이 다르기 때문이다. 간부급은 직무에 대한 권한과 책임이 있기 때문에 직무 성과를 연봉과 연계하는 것이고, 일반 직원은 지시에 의한 업무를 하기 때문에 근속 기간을 중심으로 한 호봉제를 적용하고 있다. 다만 신규로 설립된 공공기관은 모든 직원이 연봉제로 임금체계를 구성하고 있다.

연봉제와 호봉제 등 다양한 임금체계 중에서 어느 것이 '좋다', '나쁘다'라고 말하는 것은 의미 없는 일이다. 기관마다 임금체계를 유지하고 발전시킨 역사와 사유가 존재하기 때문에 이를 존중해야 한다. 다만 임금관리의 투명성과 효율성, 수용성을 높이는 차원에서 임금의 구성항목은 간결하게 개선하는 것이 좋다는 것이다. 임금 구성항목이 간결해지면 임금을 받는 직원이나 임금을 계산하는 담당자 모두에게 이익이 된다. 직원들은 매월 받는 임금에 대한 이해가 쉬워지고, 업무를 수행하는 업무 담당자는 임금 계산 등이 수월해질 수 있다.

임금체계를 새롭게 변경하거나 개선하는 것은 굉장히 어려운 일이다. 임금은 근로자에게 가장 민감한 이슈이기 때문이다. 임금체계를 개선하거나 변경할 때 기본적인 전제 조건은 '현재의 개인별 임금수준을 유지해야 한다'는 것이다. 임금체계 개편 시 구성원들은 개인이 받는 임금이 적어질 수 있다는 것과 앞으로 받게 될 미래 임금이 감소할 수 있다는 것을 가장 두려워하고 우려한다. 이러한 불안 요소를 없애기 위해서는 업무 담당자가 다양한 형태의 시뮬레이션을 통해 도출된 결괏값을 바탕으로 직원들에게 설명하고 내가 받을 수 있는 경우의 수를 보여주는 것이 가장 효과적이다.

2) 임금의 4대 원칙

임금은 근로자에게는 유일한 생계 수단이다. 임금을 지정된 기일에 지급 받지 못할 경우에는 생활이 어려워지고 계획적인 삶을 살아갈 수가 없다. 그래서 사용자는 근로자에게 임금을 지급할 경우에는 직접 지급의 원칙, 전액 지급의 원칙, 통화 지급의 원칙, 정기일 지급의 원칙인 4대 원칙을 준수해야 한다. 사용자 임의로 근로자의 임금을 처분하거나 공제, 상계 등을 할 경우에는 징역 또는 벌금의 처분을 받을 수 있는데 3년 이하의 징역 또는 2천만 원 이하의 벌금에 처할 수 있다. 다만 임금의 4대 원칙을 위반한 처분은 반의사불벌죄로 근로자(피해자)가 사용자(가해자)의 처벌을 원하지 않는다는 의사를 표시하면 처벌할 수 없는 범죄다.

노사 관련 법령의 기본적인 취지는 사용자와 근로자의 원만한 합의를 통해 조직이 잘 운영될 수 있도록 도와주는 역할을 하는 것이다. 그래서 사측과 노측이 반드시 지켜야 하는 최소의 가이드라인을 제시하고 있다. 노사 관계 법령에서 제시하고 있는 기준을 초과하여 사용자와 근로자가 합의를 하고 시행하면 가장 이상적이라 할 수 있다.

(1) 직접 지급의 원칙

임금은 근로의 대가로 사용자가 근로자에게 지급하는 것으로 근로를 제공한 당사자에게 임금이 직접 지급되어야 한다. 중간착취 및 전달 과정에서 발생할 수 있는 사고 등을 예방하기 위한 원칙으로, 미성년자의 경우에도 본인이 직접 수령 해야 하며 보호자의 대리 수령을 금지하고 있다. 다만 관련 법령에 따라 대리 수령을 예외로 허용하는 경우가 있는데 그 대표적인 사례가 「선원법」에 적용받는 선원들이다. 선원들은 장기간 해양에서 조업하기 때문에 가족들의 생계를 위해서 가족들의 대리수령을 허용하고 있다.

(2) 전액 지급의 원칙

임금은 근로자에게 전액을 지급하여야 한다는 원칙이다. 근로자와 사용자는 근로 계약을 통해 임금과 구성 항목, 지급 시기 등을 결정하는데, 근로계약에 명시된 금액과 초과로 근로한 수당, 기타 부수적으로 발생한 금액 등 근로자가 근로의 대가로 받을 수 있는 전액을 근로자에게 지급해야 한다. 상호 약정된 사항 외에 사용자 임의로 임금을 공제하거나 미지급할 경우에는 관련 법령에 따라 사용자는 처벌받을 수 있다.

다만 관련 법령 또는 단체협약에 특별한 규정, 근로자 본인이 동의한 경우에는 임금의 일부를 공제할 수 있다. 그 예로 각종 세금과 4대 보험료(건강보험, 국민연금, 고용보험 등), 노동조합원의 노동조합비(check off), 불우이웃돕기 성금 등이 있을 수 있다.

저자 생각

　임금이란 것이 근로자 개개인에게는 굉장히 소중한 것이고 내가 노력해서 받는 성과물이라고 할 수 있다. 작은 것이라도 민감할 수밖에 없어 임금을 공제할 때 세심한 배려가 필요하다. 연말이면 불우이웃돕기나 국군 장병 위문금 등을 공제할 수 있는데, 단체협약 등에 규정되어 있다고 해도 근로자 개개인의 동의를 받는 것이 중요하다(동의하지 않는 근로자가 있을 경우 공제하면 안 된다). 개개인의 동의 과정이 누락되거나 사전 설명 없이 임금을 공제할 경우에는 분란의 불씨가 될 수 있다. 실무적으로는 이점에 유의할 필요가 있다.

(3) 통화 지급의 원칙

　임금은 근로자가 바로 사용할 수 있는 통화로 지급해야 한다. 여기서 '통화'는 우리나라에서 강제 통용력이 있는 「한국은행법」에 따른 화폐를 의미한다. 근로자는 임금을 통해 생활을 영위하기 때문에 우리 사회에서 통용되지 않는 통화를 지급할 경우 화폐 가치에 차이가 발생할 수 있어 근로의 대가를 제대로 받지 못하는 결과를 초래할 수 있다. 이런 문제를 예방하기 위해서 임금은 강제 통용력이 있는 화폐로 지급해야 한다. 임금을 즉시 사용할 수 있는 통화를 제외한 어음이나 수표 등으로 지급하는 것은 원칙적으로 제한하고 있다. 어음이나 수표 등은 현금으로 호환이 가능하지만 즉시 사용하는데 한계가 있고 근로자에게 불편과 위험을 초래할 수 있기 때문에 법 취지에 적합하지 않다.

(4) 정기일 지급의 원칙

　임금은 정기적으로 매월 1회 이상 일정한 날짜에 지급해야 한다는 원칙이다. 임금의 불규칙한 지급으로 인한 근로자의 불안정한 삶을 방지하기 위한 취지이다. 우리나라는 일반적으로 매월 일정한 날짜를 정해서 임금을 지급하고 있고, 경우에 따라서는 각종 수당과 기본급(연봉) 등을 구분해서 지급하는 경우도 있다. 공공기관은 매월 20일 또는 25일에 그달의 임금을 지급하고 있다. 만약 내가 1월 15일에 임용됐다고 하면 25일에 1월 15일부터 31일까지의 임금을 받는 개념이다. 하지만 일반 기업은 1월에 임용되면 2월 5일이나 10일경에 임금을 받는 것이 일반적이다. 임금은 '근로의 대가'이기 때문에 후불제 개념으로 일하고 나서 돈을 받는다고 생각하면 된다.

💡 저자 생각

직장인에게 가장 행복한 순간은 임금을 받는 날이다. 아주 잠깐 내 주머니에 있다가 순식간에 사라질 수 있으나 통장에 임금이 들어오는 순간은 내가 일을 하는 의미를 알 수 있는 이유이기도 하다. 업무 담당자는 이런 구성원들의 마음을 헤아릴 수 있어야 한다. 급여 수령일에는 아침 9시에 바로 임금이 개개인의 통장으로 입금될 수 있도록 사전에 내부 결재를 완료해야 한다. 오전에 임금을 받는 것과 오후 늦게 받는 것은 받아들이는 기분의 차이가 상당하다. 작은 행정 서비스로 기분 좋은 하루를 구성원들에게 선사할 수 있다.

또, 급여담당자가 반드시 명심해야 할 것이 있는데 퇴사자에 대한 정산일을 반드시 준수해야 한다. 「근로기준법」 제36조(금품 청산)에 따라 근로자가 퇴직한 경우에는 임금, 보상금, 그 밖의 모든 금품을 사유가 발생한 때부터 14일 이내에 지급해야 한다. 간혹 지급기일을 모르거나 정산 소요시간 때문에 14일을 초과해서 임금 등을 정산하는 경우가 있는데, 해당 근로자가 고용노동부에 「근로기준법」을 위반으로 신고할 수도 있다. 「근로기준법」 상 사업주인 기관장에 대해 3년 이하의 징역 또는 3천만 원 이하의 벌금에 처하는 벌칙이 따르기 때문에 반드시 14일 이내 금품 등을 청산해야 하고, 불가피하게 14일을 초과해야 하는 상황이라면 근로자에게 언제까지 정산할 수 있는지 안내와 더불어 동의서(명시적인 동의)를 받아야 한다.

3) 임금체계

임금은 기준 임금과 그 외 임금으로 구성된다. 이를 임금체계라 하는데 기준 임금은 바로 기본급과 수당이고, 기준 외 임금은 상여금이나 퇴직금 등을 말한다. 임금에서 가장 중요한 것은 기본급인데, 일반 기업에서는 기본급의 변동은 최소화하고 임금인상 효과를 보이기 위해서 각종 수당을 신설해 임금 구성이 굉장히 복잡하게 되어 있다. 공공기관의 경우에는 정부의 지침에 따라 연봉제로 운영되는 기관은 임금 구성이 간결하게 되어 있는데, 연공급제인 호봉제를 운영하고 있는 기관에서는 아직도 복잡한 수당 체계를 유지하고 있는 곳이 다수이다.

〈임금체계〉

💡 **저자 생각**

공공기관은 여러 형태의 임금체계를 유지하고 있다. 최근 설립된 공공기관은 대부분 연봉제 또는 직무급제를 도입해 운영하고 있어 임금 구성이 간결하다. 즉 기본 연봉과 직무급, 기타 수당, 성과급으로 구성된다. 하지만 일정기간의 역사가 있는 기관에서는 이원화된 임금체계가 일반적이다. 간부급 이상은 연봉제, 일반 직원은 연공급적 호봉제이다. 앞에서도 언급했듯이 연봉제는 임금 구성이 간결하지만, 호봉제는 수당이 많은 부분을 차지하기 때문에 복잡하게 되어있다. 여기서 '복잡하다'는 의미는 수당의 가짓수가 많은 것은 기본이고 직급과 개개인의 직무에 따라 반영되는 수당이 천차만별인 것을 말한다. 임금체계가 복잡할 경우에는 각종 수당과 성과급 등의 포함 여부가 통상임금을 산정할 때 논쟁이 될 우려가 있다. 업무 담당자 입장에서는 연봉제든 호봉제든 분쟁의 소지를 최소화하기 위해서 간결한 임금 구성을 유도하는 것이 가장 좋다.

임금에 있어서 기본은 기본급인데 기본급을 어떻게 운영하느냐에 따라 연공급·직무급·직능급으로 구분할 수 있다. 직능급은 실질적으로 공공기관에서 적용하지 않는 임금체계이기 때문에 이를 제외하고 연공급과 직무급 위주로 살펴보도록 하겠다.

(1) 연공급

연공급은 근로자의 근속연수, 연령, 학력 등에 따라 임금 수준이 결정되는 임금을 말한다. 공채로 인한 기수 문화, 학력에 따른 선후배 문화가 강한 우리나라에서 능력이나 역량이 아닌 연령과 근속기간 등의 요소에 의해 임금을 책정하고 있다. 연공급은 우리 사회의 일반적 인식을 반영한 임금 형태라 할 수 있고, 정년이 보장된 공공기관에서는 연공급과 같은 임금체계를 대부분 적용하고 있다.

연공급은 현재의 내가 열심히 일하면 현재의 선배(상급자)들과 같이 고(高)임금을 받을 수 있다는 구성원 간의 공통된 인식 속에서 존재할 수 있는 임금체계이다. 젊어서 열심히 일한 근로의 대가를 차후에 보상받는다는 것을 전제로 설계된 것이다. 현재와 같이 공공기관에서 연공급이 가능한 이유는 안정적인 근로조건 때문이다. 특별한 사유가 없으면 정년까지 고용이 보장되기 때문에 연공급 제도가 가능한 것이다. 평생직장의 개념이 사라진 요즘에 공공기관이 인기 있는 직장으로 선망의 대상이 되는 이유가 정년이 보장되는 안정된 근로조건 때문이다.

하지만 연공급은 여러 문제를 가지고 있다. 능력과 역량을 중시하는 현재의 관점에서는 적합하지 않은 제도이다. 내 노력의 대가를 차후에 보상받는 게 아니라 지금 현시점에서 받고자 하는 근로자들의 인식이 강하고, 기관 측면에서는 근속연수에 따라 임금이 지속적으로 상승하는 구조로 인한 인건비 부담이 기관 운영에 제한 요소가 될 수 있다. 이런 문제점을 보완하기 위해 연공급 내에서 다양한 시도(성과급제, 임금피크제 등)를 하고 있다.

연공급의 운영은 기본적으로 호봉 책정에서부터 시작한다. 새로운 구성원이 임용되면 내부 규정에 따라 그간의 경력을 산정해 개인별 호봉을 책정한다. 호봉은 매년 1호봉씩 인상되는데 인상될 때마다 임금이 인상되는 효과가 있다. 보통 1호봉당 1~5% 이내의 인상률을 적용하는데 구간에 따라 인상률은 다를 수 있다. 연공급제를 적용받는 구성원은 물가상승률 등이 반영되어 매년 적용되는 인상률에 호봉이 올라가면서 반영되는 호봉 인상률까지 적용받게 된다.

호봉은 호봉 테이블이라는 기준표에 의해서 기본급이 결정된다. 호봉 테이블은 직급별로 구분하고 일반적으로 1호봉에서 30호봉까지로 되어있다. 한 호봉 간 임금 격차 (예: 1호봉과 2호봉 차)는 구간별로 모두 다르나 보통 1%에서 5% 이내이다. 중간 호봉층(5호봉에서 15호봉 사이)의 한 호봉 간 임금 격차가 가장 높고 호봉이 높을수록 임금 격차는 낮아진다. 한 호봉은 보통 1년의 경력을 의미하고, 1월 1일부터 12월 31일까지 적용한다. 연중 임용된 구성원의 경우에는 경력 월수에 따라 연중에 호봉이 상승할 수도 있다. 승진을 할 경우에는 적용되는 호봉 테이블이 달라지는데 이때 호봉 책정은 기존의 호봉에서 동일하게 이동할 수도 있고 한 호봉이 낮아지거나 높아질 수도 있다. 이는 기관의 규정에 따라 다르다. 이는 승진하는 직급의 구성원 임금 수준을 고려해 기관 차원에서 결정할 사항이다.

(2) 직무급

직무의 상대적 가치를 평가하여 해당 직무를 수행하는 구성원에 그에 적합한 임금을 지급하는 임금 형태이다. 최근 직무 중심으로 교육 및 채용이 변화하면서 직무급제 도입에 대한 필요성도 강하게 제기되고 있다. 연령이나 근속연수 등의 요소와 상관없이 직무의 난이도와 가치에 따라 임금이 책정되기 때문에 '동일가치 노동 동일임금' 원칙이 적용되는 것이다. 직무급 제도를 도입하기 위해서는 전제 조건이 충족되어야 하는데 바로 직무관리를 선행적으로 실시해야 한다. 직무분석으로 직무를 구분하고 직무평가로 직무의 상대적 가치를 평가해 그에 상응하는 보수를 지급하게 해야 한다.

공공기관에서 직무관리를 제대로 실시하고 있는 기관은 많지 않다. 아직까지 직무분석이나 직무평가의 중요도 및 필요성을 인식하는 기관이 많지 않기 때문이다. 대부분의 기관에서는 직무분석을 외부 전문 기관에 의뢰하여 추진하는데, 기관 내부 담당 인력의 전문성이 부족하기 때문에 기관의 직무관리 계획을 수립하고 직무급제와 연계해 임금체계를 설계하는 데 한계가 있는 것이다. 직무관리 분야는 인사관리의 핵심 분야로 직무 수행을 위해서는 전문지식과 경험이 필수적인데 이러한 직무를 수행할 수 있는 인력이 부족한 것이 현실이다. 예전에 했던 관행대로(직급별로 직무 구별이 없는 업무분장표) 직무를 분류하고 적용하는 사례가 다수이기 때문에 공공기관에서 직무관리 분야가 발전하기에는 한계가 있다. 다만 최근 공공기관에서 직무 중심의 채용과 교육 등이 활성화되고 정부 지침이 직무 중심으로 인력을 운영하는 것이기 때문에 직무관리의 중요성을 점점 인식하는 추세이다.

하지만 이론적으로 완전한 직무급제를 적용하는 것은 한계가 있다. 공공기관에서는 순환보직을 정기적으로 실시하고 직무별 중요도나 난이도를 평가하는 기준을 마련하는데 이해관계자가 많기 때문에 어려움이 있다. 그리고 임금이라는 것은 근로자에게는 생계 수단이기 때문에 미래 예측성이 있어야 하는데, 직무급을 도입할 경우 어느 직무를 수행하느냐에 따라 임금 차이가 발생하므로 직무급 제도를 도입하는 것에는 상당한 난제가 있을 수 있다.

다만 '동일가치노동 동일임금'의 취지와 직무 중심의 인력 운영에 대한 사회적 공감대가 형성되고 있고, 이 때문에 직무급 도입의 필요성은 커지고 있다. 최근 설립된 기관은 직무급제로 임금체계를 설계하고 있다. 직무분석을 통해 해당 기관의 직무를 도출하고 직무기술서를 생성하며 분석된 직무를 상대적 가치 등에 따라 직무평가를 하는데, 직무별 난이도와 중요도 등을 고려해 평가한다. 이때 주로 점수법이나 서열법, 요소비교법 등을 활용하는데 기관의 여건에 따라 평가 방법을 적용하면 된다. 평가 방법이 결정되면 직급과 연동해서 직무별 등급을 나누고 직무 등급에 따라 해당 직무를 수행하는 구성원의 임금을 결정한다.

직무급 제도의 임금 구성은 직무를 고려한 기본급(연봉)과 성과급, 기타 수당으로 간결하게 구성된다. 이때 기본급과 성과급은 기준 보수가 된다. 직무급 제도는 도입하는 것도 어렵지만 운영하는 데는 더 많은 어려움이 있을 수 있다. 고려해야 할 변수가 많고 이해관계자가 계속적으로 생기기 때문이다. 그리고 임금을 적용하는 데도 반영해야 할 요소가 많이 있다. 직무급 제도를 도입해 적용하기 위해서는 제도 운영을 효율적으로 할 수 있는 전문 인력 확보가 필요하다. 장기적인 관점에서 임금관리를 전문적으로 수행할 수 있는 인력을 충원해야 한다. 그리고 내부 구성원 중 능력 있는 구성원을 육성시켜 제도의 운영과 정착에 충분한 시간과 예산을 투입해야 제도의 성공적인 운영이 가능할 것이다.

〈조직개편 진행 절차(기관 내 진행)〉

구분	연공급제	직무급제
정의	개개인의 학력·자격·연령 등을 감안하여 근속연수에 따라 임금수준을 결정하는 임금체계	직무평가에 의하여 평정된 각 직무의 상대적 가치에 따라 개별 임금이 결정되는 임금체계
장점	• 기관에 대한 애사심 증대 • 근속연수와 연령 등의 존중으로 위계 및 사기 유지 • 관리 및 적용 용이	• 직무에 상응하는 급여 지급 • 개인별 임금 차 불만 해소 • 인건비 효율 증대
단점	• 동일 노동·동일 임금 원칙 제한 • 전문 기술 인력 확보 곤란 • 인건비 부담 가중 • 젊은 층 불만 팽배, 소극적·종속적 조직문화 형성	• 절차가 복잡함 • 인사관리의 융통성 결여 • 학력/연공 중심의 풍토에서 오는 저항 및 종신 고용 풍토의 혼란

4) 임금피크제

우리나라는 근로자의 정년을 법령에서 규정하고 있다. 「고용상 연령차별금지 및 고령자고용촉진에 관한 법률」(약칭: 고령자고용법)에서 사용자는 근로자의 정년을 60세 이상으로 정하여야 한다고 규정하고 2016년 1월부터 단계적으로 적용했다. 임금피크제는 근로자의 정년이 60세 이상으로 규정되어 공공기관의 인건비 증가, 신규 채용 감소 등의 문제를 해결하고자 2016년부터 도입하여 운영하고 있다.

임금피크제는 사용자가 근로자에게 일정 연령 이상까지 고용을 보장하는 조건으로 임금을 조정하는 제도이며 그 종류는 3가지가 있다.

- **첫째, 정년보장형**

사용자가 근로자에게 내규에서 정한 정년을 보장해 주는 것을 전제로 임금을 조정하는 제도이다. 대부분의 공공기관에서 적용하고 있는 방법인데, 공공기관의 정년은 만 60세 또는 만 61세다 보니 정년을 보장하고 2년에서 3년 전부터 임금을 감액 조정한다.

- **둘째, 정년연장형**

사용자가 근로자에게 내규에서 정한 정년을 연장하는 것을 전제로 임금을 조정하는 제도이다. 정년이 60세 미만인 기관에서 적용하는 방법인데 정년을 60세로 연장하면서 연장된 정년 도래 2년에서 3년 전부터 임금을 감액 조정한다.

- **셋째, 고용연장형**

사용자가 근로자에게 정년퇴직 이후 계약직 등의 형식으로 고용하는 대신 임금을 조정하는 제도이나 공공기관에서는 적용하지 않고 있다.

공공기관은 기관의 인력 규모나 보직 상황 등을 고려하여 임금피크 제도를 설계하는데, 제도 설계 시 가장 중요한 것은 임금 감액률과 적용 기간이다. 임금 감액은 임금피크제 적용 대상자의 임금을 감액해서 신규 인력을 충원할 수 있을 정도의 임금을 기준으로 설정한다. 일반적으로 제도 적용 전 임금의 약 35%에서 45% 사이에서 임금 감액률을 결정한다. (간부직 및 비간부직, 직급별, 직종별 다르게 운영 가능)

적용 기간은 2년에서 3년 정도로 정하는데 기관에 따라서는 1년으로 운영할 수도 있다. 신생 기관으로 인력 규모가 작고 보직 운영에 어려움이 있을 경우에는 1년으로 적용 기간을 운영하기도 한다. 적용 기간에 따른 임금 감액 기준은 1년 차에는 10% 내외, 2년 차 15% 내외, 3년 차에 20% 내외에서 결정하고, 신규 인력은 임금피크제 적용 마지막 연도를 기준으로 채용한다.

임금피크제 적용 대상자는 별도 정원으로 반영하며, 직급은 별도직군 또는 초임 직급으로 구분한다. 임금피크제 적용 대상자 중 별도직군 전환 인원은 종전 직급에서 제외하고 별도직군으로 전환해 별도 관리하는 것이고, 초임 직급은 임금피크제 적용 대상자를 직전 직급의 현원으로 관리하고 초임 직급의 별도 정원으로 신규 채용하는 것을 말한다. 별도직군으로 전환된 임금피크제 적용 대상자는 별도직군에 적합한 직무를 부여해야 한다. 기관에서는 기관 특성을 고려해 대략적으로 10개 내외의 별도직 직무를 개발해 운영하고 있다. 대부분 자문관, 전문관, 감독관 등으로 직무를 부여한다.

별도직군으로 전환됐다는 것은 정년퇴직을 일정 기간 앞두고 있다는 의미이기 때문에 기관 차원에서 전직 준비를 할 수 있도록 여건을 보장할 필요가 있다. 전직 교육 프로그램 마련이나 외부 기관에서 실시하는 교육 프로그램 참여 등 교육비와 기간을 배려하는 것이 좋다. 그리고 제2의 인생을 도모하기 위한 기간을 부여하고 공로연수 프로그램을 개발해 적용하는 것도 좋은 방안이다.

교육 여건 보장 차원에서 노사합의하에 근무시간 단축제나 시간 선택제 등을 활용하는 것도 고려해 볼 만하다. 임금피크제가 공공기관에 도입된 지 4년 차로 아직까지 별도직군 운영에 대해서 참고할 만한 사례들이 많지 않다. 제도를 설계하고 운영하며 정착시키는 것도 기관 구성원의 몫이다. 사용자와 노동조합, 그리고 구성원들이 상호 협력하여 제2의 인생을 도모하는 별도직군 전환자를 위한 제도를 마련하는 것이 중요하다.

한국공공기관관리원 임금피크제 추진 계획

1. 개 요

□ **추진 배경**

• **(정부 권고)**「고령자고용촉진법 개정('13년 5월)」으로 2016년부터 만 60세 정년이 보장됨에 따라 인건비 증가, 신규 채용 감소 등 문제점 발생
  - **고령자 임직원의 인건비 부담**을 완화하고 **청년 일자리를 창출**할 수 있도록 **공공기관의 임금피크제** 도입

• **(기본 개념)** 임금피크제는 사업주가 근로자에게 일정 연령 이상까지 고용을 보장하는 조건으로 임금을 조정하는 제도
  - **정년보장형·정년연장형·고용연장형**이 있으며 우리 기관은 **정년보장형***에 해당
  * 정년보장형은 사업주가 근로자에게 취업규칙 등에서 정한 정년을 보장해 주는 것을 전제로 임금을 조정하는 제도

□ **연도별 퇴직자 현황**

(기준: '00.00.00, 임원 0명 제외)

구분	계	'00	'00	'00	'00	'00	'00	'00
인원	00	–	00	00	0	00	0	–
출생 년도	–	'00 년생	'00 년생	'00 년생	'00 년생	'00 년생	'00 년생	'00 년생

* 연령별 인력 분포: 20대 0명, 30대 00명, 40대 000명, 50대 00명

** 기관 정년은 「인사규정」에 따라 만 60세로 하고 그 정년에 달한 달이 **1~6월 사이에 있는 경우는 6월 30일, 7~12월 사이에 있는 경우에는 12월 31일로 함.**

2. 도입 계획(안)

- **(정부권고(안))** 정부에서는 기관의 여건에 따라 합리적 기준으로 제도를 설계할 수 있도록 기준 제시

  ① 임금피크제 관련 **신규 채용 인원(별도정원)의 인건비는 임금피크제 절감 재원을 통해 충당하는 것**을 원칙으로 함

  ② 임금 지급률과 임금 조정 기간 등 임금피크제 세부 사항은 기관의 **연령 분포, 임금 체계** 등을 감안하여 **합리적으로 설계**하되,

  - **총 인건비 인상률 한도 범위 내에서** 임금피크제와 관련하여 설정한 **신규 채용 목표 인원의 인건비가 충당**되도록 설계

  ③ 임금지급률은 **간부직과 비간부직, 직급별, 직종별** 또는 **임금피크제 대상자의 직무** 등에 따라 **달리 설정** 가능하며,

  - 임금 조정 기간도 정년 연장 기간 등을 고려하여 설정

□ **임금피크제 적용 대상: 정년(만 60세)이 보장된 직원**

□ **임금 조정 기간**

- **(개념)** 임금 조정 기간은 임금피크제 적용 대상자의 정년을 기준으로 일정 기간 동안 임금을 현재 기준에서 감액하는 기간을 말하며

  - 임금피크제에 따른 절감 재원 대비 신규 채용 인원의 인건비 충당비율 등을 고려하여 산정

- **(적용(안))** 적용 대상자가 대부분 보직자인 점과 대상자의 임금 절감 부담, 신규 채용 인원의 인건비 안정적 조달 등을 고려하여

  - 임금조정기간*은 2년으로 함

  * 임금피크제 적용 대상자 의견 수렴 결과 2년으로 하는 것이 타당하다는 의견이 다수임

□ **임금 지급률**

- **(개념)** 임금 조정 기간 동안 임금피크제 적용 대상자에게 지급되는 인건비율을 말하는 것으로, 일정 비율을 감액하고 지급함.

  - 감액 금액은 신규 인력 채용 시 인건비로 충당

- **(적용(안))** 임금 조정 기간과 동일한 근거 등을 고려하고 경력이 없는 원급의 신입 직원(경력 3년 이내)을 채용 조건으로 하여,
  - **임금지급율*은 60%로 함.**(감액률 40%)
  - * 감액 대상 급여는 임금피크제 적용 前 총 보수액을 말함

□ **임금피크 대상자 및 임금피크제 관련 신규 채용 규모**

(단위: 명)

구분	'00	'00	'00	'00	'00
임금피크 대상자(누적)	-	0	00	00	00
연도별 신규 채용 목표	-	0	00	00	0
연도말 별도정원*	-	0	00	0	0

* 별도정원은 대상자가 발생한 해당 연도의 6월 30일, 12월 31일을 기준으로 적용

□ **임금피크 절감 재원 및 임금피크제 관련 신규 채용 인건비 소요**

- **(전제 조건)** 매년 3% 인건비 상승하고 임금피크제 임금 조정 기간 도래 前 **총 인건비의 40% 감액**

(단위: 백만 원)

구분	'00	'00	'00
임금피크 대상자 감액 전 연봉 총액(A)	0000	0000	000
임금피크 절감 재원(B)	000	000	00
평균 감액률(C=B/A)	15%	40%	40%
별도정원 인건비 소요액(D)	000	000	-
충당 비율(E=B/D)	105%	104%	-

* **임금피크제 절감재**원이 남는 경우에는 해당 재원을 **기존 직원 처우 개선분**으로 활용 가능(정부 권고안)

□ **임금피크 대상자 정원 관리 및 직무**

- **(별도직군)** 임금피크 적용 대상자는 정년 2년이 도래하는 날에 별도직군으로 전환하여 임용
  - 별도직군으로 전환되는 대상자가 보직자일 경우에는 보직에서 면하고 별도 직무*를 부여
  - * 별도 직무는 임금 삭감된 급여 수준에 상응하는 책임 있는 직무를 개발하여 부여 예정('00. 말까지 개발 예정)
- **(정원 규모)** 권고(안)에 따라 임금피크제 직원들 중 퇴직이 2년 남은 직원의 규모만큼을 별도정원으로 관리

□ **추진 일정**

- ('00. 0.~0.) 노동조합 협의, 제도 설계 및 직원 의견수렴, 직원 설명회
- ('00. 0.~0.) 인사위원회 및 이사회 개최, 취업 규칙 변경신고
  - * 인사규정 및 직제규정, 보수규정 등 관련 제 규정 개정 및 제정

- ('○○. 하반기) 별도직군 별도직무개발 연구 용역
- ('○○. 0.~00.) 임금피크제 적용대상자 발생·시행

붙임 1. 타 공공기관 임금피크제 제도 설계 현황 1부.
    2. 별도직 관리 세칙(안) 1부. 끝

〈별도직군 적용 직무 사례〉

□ **직무 현황**

분류	직무	주요 업무내용
경영(행정) 지원	대외협력관	• 기관의 대내외 유관기관 협력 자문 • 국회 대관업무 지원
	공직윤리 전문관	• 기관 직원 공직윤리체계 확인 및 자문 • 내부 구성원 대상 청렴 교육 수행에 관련한 사항
	행정체계개선 전문관	• 기관에서 행해지는 행정 절차 모니터링 • 부서 간 협업 체계 확인 및 자문
사업 지원	사업실적 관리자문관	• 연간 사업추진계획 및 실적 관련 자문
	사업추진 안전관	• 사업 추진과정에서 발생할 수 있는 안전사고 모니터링 및 자문
전문 직무 지원	과제선정 조정관	• 기관 위원회 참석하여 과제 선정 자문 • 기관 사업 분야의 중장기 발전계획 자문
	역량강화 전문관	• 직무별 직원의 역량강화 교육 자문 • 직무 수행 관련 대외기관 네크워크 관리

□ **별도직군 관리**
- 직무별 업무 지원 및 자문 실적 관리
  * 분기별로 자문 활동 내역 작성 후 보고(사례 공유)
- 연간 1회 실적발표회 개최
  * 별도직군의 업무 노하우를 공유할 수 있도록 월례회의 시 해당 직무 성과 발표
- 1년의 범위 내에서 근로시간 단축(시간선택제 운영 가능)
  * 노동조합과의 합의를 통해서 제도 설계

□ **교육훈련 계획**
- 전직 준비를 할 수 있도록 교육훈련 비용 지원
  * 연간 ○○○만 원 범위 내
- 공로연수제도를 활용한 전직 전문 교육 실시
  * 퇴직 전 3개월의 범위 내에서 연수 제도 운영

5) 퇴직금

퇴직금은 근로자가 직장을 이탈(정년퇴직, 이직, 퇴사, 해고 등)했을 때 일정 기간 동안 생계를 유지할 수 있도록 만든 제도이다. 사용자는 계속 근로기간 1년에 대하여 30일분 이상의 평균임금을 퇴직금으로 퇴직 근로자에게 지급해야 한다. (「근로자퇴직급여 보장법」 제8조 제1항)

공공기관은 퇴직금을 연금 형태로 관리하는데 이를 퇴직연금제도라고 한다. 근로자의 노후 소득 보장과 생활 안정을 위해 근로자 재직 기간 중 사용자가 퇴직금 재원을 금융 회사에 적립하고 이 재원을 사용자 또는 근로자가 운용하여 근로자가 직장을 이탈했을 때 연금 또는 일시금으로 지급하는 제도이다.

퇴직연금제도는 ①확정급여형(DB)과 ②확정기여형(DC), 그리고 ③개인형퇴직연금(IRP)이 있다.

① 확정급여형(DB)

일반 퇴직금과 같은 개념으로 이해하면 된다. 다만 퇴직금을 충당하는 공간이 기관 자체에서 금융 회사로 옮긴 것이 큰 차이점이다. 이는 퇴직 충당금을 기업에서 임의대로 사용하지 못하게 하고 퇴직금 미지급 사태를 사전에 예방하기 위해서다. 확정급여형(DB)은 기업에서 퇴직 충당금을 운영하는 것이기 때문에 운영 수익이 발생하는 것이 나의 퇴직금과는 아무런 상관이 없다. 기관 입장에서는 운영 수익이 많이 발생하면 그만큼 퇴직 충담금을 적게 납부해도 되니 자금 운영의 여유가 발생한다고 이해하면 된다.

<확정 급여형(DB) 작용 예>

- 재직기간 : 5년 (2018년 1월 1일부터 2023년 12월 31일까지)
  1년 차 월급 200만 원, 2년 차 월급 210만 원, 3년 차 월급 220만 원, 4년 차 월급, 230만 원, 5년 차(퇴직년도) 월급 240만 원
  * 매년 임금인상률(월 기준) 10만 원
- 퇴직 시 평균임금 : 240만 원
- 확정 급여형 퇴직금 : 240만 원 × 5년 = 1,200만 원

② 확정기여형(DC)

　사용자가 납입할 부담금(매년 연간 임금 총액의 1/12)이 사전에 확정된 퇴직 연금제도이다. 쉽게 말해서 매년 개인 계좌로 기관에서 1년 치의 퇴직금을 지급하면 개인이 운용하는 형태이다. 이럴 경우 수익과 손실의 책임이 모두 개인에게 있기 때문에 확정기여형(DC)을 선택할 때에는 신중해야 할 필요가 있다. 특히 확정급여형(DB)에서 확정기여형(DC)으로의 전환은 가능하지만 확정기여형(DC)에서 확정급여형(DB)으로의 전환은 불가능하다.

　임금피크제 전환 대상자는 퇴직금의 형태를 반드시 확정기여형(DC)으로 해야 한다. 왜냐면 퇴직금이란 것이 사유 발생 3개월 전의 평균임금을 기준으로 하기 때문에 임금피크제로 전환하면 임금이 60% 내외로 조정되어 확정급여형(DB)을 유지할 경우에는 퇴직금 총액이 낮아지게 된다. 그래서 임금피크제 전환 시점에 확정기여형(DC)으로 변경하고, 전환 시점을 기준으로 퇴직금 정산을 실시해야 한다.

〈확정 기여형(DC) 작용 예〉

- 재직기간 : 5년 (2018년 1월 1일부터 2023년 12월 31일까지)
  1년 차 월급 200만 원, 2년 차 월급 210만 원, 3년 차 월급 220만 원, 4년 차 월급 230만 원, 5년 차(퇴직년도) 월급 240만 원
- 회사 부담금 합계 : 1,100만 원
- 확정 기여형 퇴직금 : 1,100만 원 × 매년 운영성과 누적합계(α)
  * 최종 퇴직금은 운영성과에 따라 달라질 수 있음
  - 1년 차 : 1년 만기 부담금 200만 원
  - 2년 차 : (200만 원+210만 원)×운영성과
  - 3년 차 : (2년 차+220만 원)×운영성과
  - 4년 차 : (3년 차+230만 원)×운영성과
  - 5년 차 : (4년 차+240만 원)×운영성과 → 퇴직 시 받는 퇴직금

---

③ 개인형 퇴직연금제도(IRP)

　근로자가 재직 중에 자율로 가입하거나 이직 시 받은 퇴직급여 일시금을 계속해서 적립·운용할 수 있는 퇴직연금 제도이다. 일반적으로 근로자가 퇴직하게 되면 IRP 통장을 개설해 퇴직금을 해당 계좌로 이체하게 되고 근로자가 그 계좌를

통해서 퇴직금을 관리하게 된다.

　퇴직금은 노후 보장을 위한 마지막 생명줄과 같다. 퇴직금 운용 및 관리 회사를 선정할 때는 조직 구성원이 동의하는 금융 회사를 선정하는 것이 좋고, 그 과정 속에서 노동조합과 원만한 협의를 해야 한다. 퇴직연금을 운용함에 있어서 업무 담당자가 잊지 말아야 하는 것은 바로 안정적 운용이다. 퇴직연금은 수익률이 좋다고 해서 좋은 것이 아니고, 수익률이 낮다고 해서 나쁜 것도 아니다. 첫째도 안전, 둘째도 안전한 자산 관리이다. 퇴직금 관리는 조직 구성원의 미래를 관리하고 책임진다고 생각하면 된다.

1. 직무 소개

직장 생활을 하는 근로자 입장에서 임금 다음으로 관심을 가지는 사항이 근로시간과 쉬는 날이다. 인간은 기계가 아닌 이상 일정 정도의 휴식은 보장되어야 한다. 적당한 휴식은 근로의욕을 고취시키고 생산성 향상에 기여하기 때문에 기관에서는 「근로기준법」 또는 「국가공무원 복무규정」에 따라 기관 자체적인 「복무관리규정」이나 '복무관리 계획'을 수립해 추진한다.

복무관리는 근로시간(출퇴근 관리), 휴가, 휴직, 휴일, 휴게시간을 비롯해 조직 구성원이 조직 생활을 하는 데 필요한 복리후생제도를 총망라[112]한다. 선택적 복지제도에서부터 '일과 삶의 균형'을 위한 제도까지 구성원이 직무에만 집중할 수 있는 근무 여건을 조성하는 분야이다.

2. 주요 직무

1) 근로시간

(1) 임금과 직결되는 근로시간

근로자는 근로의 대가로 임금을 받는데 근로자가 사용자에게 제공하는 근로의 시간을 어떻게 정하느냐가 중요하다. 근로시간이란 사용자의 지휘 감독(묵시적인 것

---

112) 출장관리는 복무관리의 영역에 포함된다. 출장은 국내와 국외로 구분할 수 있고 국내는 관내와 관외로 나눌 수 있다. 관내출장은 기관이 위치한 지역(소재지)에서 업무를 수행하기 위해 나가는 것을 말하며, 관외출장은 기관 소재지 밖에서 업무를 수행하는 것을 말한다. 출장에 필요한 출장비는 관내출장과 관외출장을 구분하고 있다. 또한 국외출장은 공무국외출장으로 불리우며 별도의 심의위원회(일명 '공무국외출장 심의위원회'라 한다)를 구성하여 국외출장의 타당성과 적합성, 출장인원과 역할 등에 대한 검토 이후에 승인여부를 결정한다. 국외출장의 경우에는 경영공시(공개항목) 또는 국회 국정감사 시 주요 요구자료이기 때문에 계획과 결과보고, 심의위원회 안건 자료 등을 자세하게 마련해야 한다.

도 포함) 아래서 근로 계약상의 근로를 제공하는 시간을 말한다. 근로자가 실제로 근로를 제공하지 않더라도 그의 노동력을 사용자의 처분 아래에 둔 시간도 근로시간에 해당한다. 즉 사용자를 위해서 일한 시간을 근로시간이라고 하는데 사용자와 근로계약을 통해서 약정하는 시간을 말한다.

근로시간은 1주(7일)간 휴게시간을 제외하고는 40시간을 초과할 수 없고, 1일은 휴게시간을 제외하고 8시간을 초과할 수 없다. 이를 법정 근로시간이라 한다. 법정 근로시간은 법령에서 정하고 있는 기본적인 근로시간으로 근로자에게 유리하게 근로시간을 약정하면 문제가 없으나, 만약 법정 근로시간보다 더 많은 근로를 하는 것으로 계약했다면 그 자체는 무효가 되고 사용자는 처벌을 받을 수 있다.

법정 근로시간 외에 중요한 개념이 소정근로시간이다. 법령에서 정하고 있는 근로시간의 범위 내에서 사용자와 근로자가 약정한 근로시간을 말한다. 공공기관에서는 소정근로시간을 법정 근로시간과 동일하게 적용하는데 주 40시간, 1일 8시간, 월 209시간을 소정근로시간으로 정하고 있다. 소정근로시간이 중요한 이유는 사용자와 근로자가 약정한 기준 근로시간이기 때문이다. 이 시간을 초과하게 되면 초과 근로에 대한 수당을 별도로 지급해야 하고, 법령에서 허용하는 초과 근로 범위를 넘으면 처벌을 받을 수 있다. 그래서 업무 담당자는 소정근로시간에 대한 개념을 정확하게 이해하고 있어야 한다.

공공기관은 출퇴근 시간과 소정근로시간 등을 기관 자체의 규정에 명시하고 관리한다. 소정근로시간을 초과하는 경우에는 예산의 범위 내에서 초과 근로를 한 시간만큼 수당을 지급하는데, 연장·야간·휴일 근로를 할 경우에는 각각 통상 시급의 50%를 가산금으로 지급한다. 만약 연장 근로와 야간 근로(22시부터 익일 6시)를 연속적으로 근로한다면 연장으로 인한 50%와 야간 근로에 따른 가산금 50%를 각각 더해서 총 100%를 가산한 초과근로수당을 지급해야 한다.

🔆 저자 생각

공공기관에서는 예산이 한정되어 있기 때문에 예산의 범위 내에서만 초과 근로를 할 수 있다. 초과 근로를 하면 그에 상응하는 수당을 지급해야 하는데 예산이 무한정 있는 것이 아니기 때문에 개인당 월 지급할 수 있는 초과근로수당 금액이 정해져 있다. 개인별로 설정된 금액을 초과하게 되면 추가적으로 초과 근로를 할 수 없도록 시스템이 마련되어 있다. 최근에는 일과 삶의 균형이 중요해지고, 주 52시간제가 본격적으로 도입되면서 공공기관에서는 초과 근무를 자제하는 분위기이다. 다만, 직무수행 간에 어쩔 수 없이 매월 정해진 한도를 초과하여 근무했을 경우에는 「근로기준법」을 위반하지 않는 범위 내에서 대체휴무를 부여할 수도 있다.

(2) 일과 삶의 균형을 위한 유연근로시간제 도입

일과 삶의 균형이 중요해지고, 주 52시간이 본격적으로 도입되면서 유연근로시간제에 대한 관심이 많아지고 있다. 공공기관에서는 대부분 유연근로시간제를 운영하고 있는데, 유연근로시간제는 근로시간의 결정을 탄력적으로 운영할 수 있도록 하는 제도이다. 업무량에 따라 근로시간을 적절하게 분배하거나, 근로자의 선택으로 근로시간을 유연하고 효율적으로 운영할 수 있다. 공공기관은 노동조합과 합의를 통해서 다양한 형태의 유연근로시간제를 운영하고 있는데, 법령에 따른 제도와 노사 합의하에 자율적으로 운영하는 제도가 있다. 법령에 따른 제도는 탄력적 근로시간제, 선택적 근로시간제 등이 있고 자율적 합의에 따라 운영하는 제도는 시간제근로, 탄력근무제(시차출퇴근제, 근무시간선택제 등), 원격근무제 등이 있다.

① 「근로기준법」상 유연근로시간제도

「근로기준법」상 유연근로시간제는 탄력적 근로시간제, 선택적 근로시간제, 사업장 밖 간주근로시간제, 재량근로시간제 등이 있다.

☞ 탄력적 근로시간제

일정 기간(2주 단위 등)을 정하여 일이 많은 주(週)의 근로시간을 늘리는 대신 다른 주(週)의 근로시간을 줄여 평균적으로 주(週) 40시간 내로 근로시간을 맞추는 제도다. 주로 계절적 영향을 받거나 시기별 업무량 편차가 많은 업종 등에서 많이 활용하고 있다.

☞ 선택적 근로시간제

일정 기간(1월 이내)의 단위로 정해진 총 근로시간 범위 내에서 업무의 시작 및 종료시각, 1일의 근로시간을 근로자가 자율적으로 결정할 수 있는 제도이다. 주로 근로시간에 따라 업무량의 편차가 발생하여 업무 조율이 가능한 소프트웨어 개발, 금융거래 관련 업종, 연구나 디자인, 설계 등의 업종에 적합한 제도이다.

☞ 사업장 밖 간주근로시간제

출장 등 사유로 근로시간의 전부 또는 일부를 사업장 밖에서 근로하여 근로시간을 산정하기 어려운 경우에 소정근로시간 또는 업무 수행에 통상 필요한 시간을 근로한 것으로 인정하는 근로 제도이다. 대부분 사업장 밖에서 근로하는 영업직이나 A/S 업무, 출장 업무 등이 적합하다.

☞ 재량근로시간제

업무의 성질에 비추어 업무 수행 방법을 근로자의 재량에 위임할 필요가 있는 업무로서 사용자가 근로자 대표와 서면 합의로 정한 근로시간을 근로한 것으로 인정하는 제도이다. 전문지식을 갖춘 연구나 대행, 감정, 조언, 상담 등의 업무에 적합하다.

〈조직개편 진행 절차(기관 내 진행)〉

구분	개념	효과
탄력적 근로시간제	• 2주 이내의 일정 기간 동안 주 평균 40시간 범위 내 탄력적 운영 (주 48시간 초과 금지) • 3개월 이내 일정 기간 동안 주 평균 40시간 범위 내 탄력적 운영 (특정일 12시간, 특정 주 52시간 초과 금지) • 6개월 이내 일정 기간 동안 주 평균 40시간 범위 내 탄력적 운영 (특정일 12시간, 특정 주 52시간 초과 금지 ※ 근로일 종료 후 다음 근로일 개시 전까지 근로자에게 연속하여 11시간 이상 휴식시간 부여)	• 특정일에 8시간, 특정 주에 40시간을 초과하더라도 연장근로수당 지급 의무 없음
선택적 근로시간제	• 업무의 시작 및 종료 시간을 근로자 결정에 맡기기로 한 근로자 대상 • 1개월 이내의 정산 기간 동안 주 평균 40시간 범위 내 탄력적 운용	• 특정일에 8시간, 특정 주에 40시간을 초과하더라도 연장근로수당 지급 의무 없음
간주 근로시간제	• 사업장 밖에서 근무하는 시간에 대한 근로시간 산정을 합의로 정함	• 정해진 시간을 근로시간으로 간주
재량 근로시간제	• 업무의 수행 수단 및 시간 배분 등을 근로자 재량에 맡김	• 야간, 휴일근로수당 미발생

*자료 : 「근로기준법」을 재구성함

② 노사의 자율적 합의에 의한 유연근무제

☞ 시간제근로

시간제근로는 주 40시간보다 짧은 시간을 근로하는 제도로 오전과 오후로 구분해서 근로시간을 사용자와 약정하고 근로시간이 줄어드는 대신 그만큼 임금도 줄어드는 제도이다. 전일제 근로자가 개인적 사유로 시간 단위 또는 오전(09시~12시), 오후(14~18시 or 13~18시)만 근로하겠다고 신청하면 일정 기간(1년 단위) 또는 정년 시까지 근무 형태를 변경해 운영할 수 있다. 일반적으로 자녀를 돌보거나 가족 간호 등을 위해서 많이 활용하고 있고, 일자리를 나누는 차원에서 공무원이나 공공기관에서 활용하는 제도이다.

☞ 탄력근무제

주 40시간을 근무하는 것을 전제로 출퇴근 시간, 근로시간, 근로일을 자율적으로 조정하는 제도이다. 공공기관에서 가장 많이 활용하고 있는 제도인데, 유형별로 소개하면 시차출퇴근형, 근무시간선택형, 집약근무형, 재량근무형 등이 있다. 이 중에서 시차출퇴근형과 근무시간선택형을 가장 많이 활용하고 있다.

☞ 시차출퇴근형

1일 8시간 근로 체제를 유지하면서 출근 시간을 자율적으로 결정하는 방법이다. 대체적으로 30분 단위로 3가지 또는 4가지 유형으로 정해서 시행하고 있다. 근무시간선택형은 주 5일 근로를 전제로 1일 8시간에 구애받지 않고 근로시간(출·퇴근 시각)을 자율적으로 조정하는 유형이다. 이 제도도 마찬가지로 몇 가지 유형을 기관에서 설정해 운영하고 있다. 그 외에도 주 5일 미만 근로를 할 수 있는 집약근무형과 출퇴근의 의무 없이 프로젝트 수행으로 주 40시간을 인정하는 재량근무형 등이 있다. 하지만 집약근무형과 재량근무형은 우리나라 조직문화에는 익숙하지 않은 근로 형태이기 때문에 많이 활성화되고 있지는 않다.

저자 생각

「근로기준법」상 명시되어있는 선택적 근로시간제와 공공기관에서 일반적으로 운영하고 있는 시차출퇴근형의 차이는 일, 주 단위 근로시간 준수 여부이다. 선택적 근로시간제는 1개월의 범위 내에서 근로자에게 근로일별 업무의 시작과 종료 시간을 재량에 맡기는 제도로 1일 8시간, 주 40시간이 적용되지 않지만(이 시간을 초과해도 연장근로 가산수당 미발생), 시차출퇴근형은 기본적으로 1일 8시간, 주 40시간을 전제로 운영되고 이를 초과할 경우 연장근로 가산수당이 발생한다.

〈시차출퇴근형과 근무시간선택형 적용 사례〉

□ **시차출퇴근형**

• 1일 8시간, 주 40시간 근로를 전제로 제도 운영

구 분	출근시간	퇴근시간	비고
A유형	08 : 00	17 : 00	
B유형	08 : 30	17 : 30	
C유형	09 : 30	18 : 30	
D유형	10 : 00	19 : 00	

□ **근무시간선택형**

• 적용 1안)

구분	월	화	수	목	금
근로시간	09:00~16:00	09:00~21:00	09:00~21:00	09:00~21:00	08:00~12:00
시간수	6시간	10시간	10시간	10시간	4시간

* 휴게시간 12~13시, 18~19시

• 적용 2안)

구분	월	화	수	목	금
근로시간	14:00~18:00	09:00~21:00	09:00~21:00	09:00~21:00	08:00~14:00
시간수	4시간	10시간	10시간	10시간	6시간

* 휴게시간 12~13시, 18~19시

• 적용 3안)

구분	월	화	수	목	금
근로시간	10:00~18:00	09:00~21:00	09:00~21:00	09:00~21:00	09:00~12:00
시간수	7시간	10시간	10시간	10시간	3시간

* 휴게시간 12~13시, 18~19시

☞ 원격근무제

특정한 근무 장소를 정하지 않고, 정보통신망을 이용하여 근로하는 제도로 재택근무형과 스마트워크 근무형이 있다. 재택근무형은 사무실이 아닌 자택에서 근무하는 제도로 혼자 추진할 수 있는 프로젝트나 전문적 지식이나 기술, 자격을 바탕으로 독립적인 직무를 수행할 때 활용한다. 스마트워크 근무형은 자택 인근에 설치된 스마트워크 센터를 이용하여 근무하는 제도로 모바일 기기를 이용해 사무실이 아닌 장소에서 근무하는 제도이다.

원격근무제도는 공공기관에서 활성화된 제도는 아니다. 우리나라 공공기관은 구성원과 함께 근무하는 조직문화를 가지고 있으며, 구성원과의 상호 대면을 통해서 직무를 수행하는 업무 형태이다. 조직 내에서 개인 단독으로 직무를 수행하는 업무는 거의 없고 대부분 구성원이 모여서 업무를 수행하는데 익숙하기 때문에 아직까지 원격근무제가 공공기관에 정착하는 것은 시기상조이다. 다만 장거리 출장 시 사무 공간이 필요할 경우 전국에 지정되어 설치된 스마트워크 센터를 활용하는 빈도는 높아지고 있다.

2) 휴가·휴일 및 휴직

직장생활을 하면서 월급날을 제외하고 가장 기다려지는 날이 바로 휴가 또는 휴일이다. 이유는 단 한 가지이다. 쉴 수 있기 때문이다. 내 의지대로 행동할 수 있고, 제3자의 눈치와 간섭을 받지 않을 수 있는 권리를 누릴 수 있는 유일한 날이 휴가 기간과 휴일이다. 공공기관은 「근로기준법」 등 관련 법령을 기준으로 휴가 및 휴직 등의 구체적인 적용 방안을 마련하는데 일반적으로 국가공무원에게 적용하는 기준을 준용하고 있다.

(1) 휴가는 법정 휴가와 약정 휴가가 있다

휴가는 근로자의 청구에 의해서 사용자의 승인하에 근로 의무를 면제받는 날이다. 원래 근로 의무가 있는 날이지만 관련 법령이나 노사 합의에 의해 발생한다. 「근로기준법」과 「남녀고용평등과 일·가정 양립 지원에 관한 법률」에서 규정한 휴가를 법정 휴가라고 하는데 법정 휴가에는 연차유급휴가, 생리휴가, 출산전후휴가, 배우자 출산휴가, 가족돌봄휴가가 있다. 그리고 노사 합의에 의해 발생한 휴가는 약정 휴가로 단체협약이나 기관 내 규정, 근로계약서 등에 자율적인 약정에 의해 휴가를 반영한 것을 말한다.

법정 휴가는 법령에서 규정하고 있는 휴가이기 때문에 사용자는 근로자에게 법령에서 정하고 있는 휴가를 반드시 부여해야 한다. 대표적인 법정 휴가는 연차유급휴가와 출산전후휴가, 생리휴가, 배우자 출산휴가, 가족돌봄휴가가 있는데 생리휴가와 가족돌봄휴가는 원칙적으로 무급으로 처리한다. 다만, 노사 합의에 따라서는 해당 휴가를 유급 휴가로 적용할 수도 있다.

🔅 저자 생각

출산전후휴가는 90일(다태아일 경우 120일)의 유급 휴가로 기관의 규모에 따라 정부 지원 규모가 결정된다. 대규모 기업으로 분류되면 기관에서는 60일(다태아 75일)에 해당하는 임금을 근로자에게 지급하고 나머지 30일(다태아 45일)은 고용보험에서 지급한다. 그러나 기관이 우선 지원 대상 기업으로 분류되면 90일의 급여를 전액 고용보험에서 지급한다. 다만 고용보험에서 지급하는 금액은 상한선(2023년 기준, 30일 최대 210만 원)이 있기 때문에 상한 금액을 초과하는 금액에 대해서는 기관 내 규정에 따라 지급하게 된다. 해당 기관이 대규모 기업 또는 우선 지원 대상 기업으로 분류되었는지 여부는 근로복지공단에 문의하면 확인할 수 있다.

약정 휴가는 일반적으로 특별 휴가를 의미하는데 경조사나 하계휴가 등이 이에 해당한다. 대부분 공공기관에서는 국가공무원 수준으로 휴가를 결정하는데 결혼과 출산, 입양, 사망 등으로 구분해서 일정 기간 동안 휴가를 쓸 수 있도록 규정하고 있다. 다만 공공기관에서는 하계휴가나 국가공무원 수준의 특별 휴가 외에는 추가적으로 약정 휴가를 신설하기는 어렵다. 왜냐면 '방만경영 정상화계획 운영 지침(2013.12.31.)'에 따라 약정 휴가는 국가공무원 수준에 준하도록 되어 있고, 경영평가에서도 이를 평가 요소로 반영하고 있기 때문에 대부분 공공기관에서 국가공무원 수준으로 약정 휴가를 정하고 있다.

〈조직개편 진행 절차(기관 내 진행)〉

구분	대상	일수
결혼	본인	5
	자녀	1
출산	배우자 (한 번에 둘 이상의 자녀를 출산한 경우에는 15일)	10
입양	본인	20
사망	배우자, 본인 및 배우자의 부모	5
	본인 및 배우자의 조부모 · 외조부모	3
	자녀와 그 자녀의 배우자	3
	본인 및 배우자의 형제자매	1

*자료 : 「국가공무원 복무규정」 제20조 제1항 관련

① 연차유급휴가는 근로자에게 주어진 권리이다

연차유급휴가는 일정 기간 근로를 한 대가로 사용자가 근로자에게 부여하는 법정 휴가이다. 사용자는 1년간 80% 이상 출근한 근로자에게는 15일의 유급 휴가를 주어야 한다. 그리고 계속 근로기간이 1년 미만이거나 1년간 80% 미만 출근한 근로자에게는 1개월 개근 시 1일의 유급 휴가를 주도록 되어 있다. 연차유급휴가는 3년 이상 계속 근로한 근로자에게 2년에 대하여 1일을 가산한 유급 휴가를 주는데 최대 25일까지 유급 휴가를 부여할 수 있다.(「근로기준법」 제60조)

일정 기간 동안 출근을 80% 이상 근무한 근로자에게만 연차유급휴가는 주어진다. 올해 소정근로일수의 80% 이상을 근무하지 않으면 다음 연도에는 정상적인 연차유급휴가가 발생하지 않고, 1개월 개근 시 1일의 휴가만 발생한다. 업무 담당자는 실무를 할 때 이러한 연차유급휴가에 대한 개념을 이해하고 업무를 수행해야 한다.

실무적으로 연차유급휴가는 회계연도를 기준으로 관리한다. 매년 1월 1일에서 12월 31일까지를 기준으로 전년도 연차유급휴가 충족 요건을 갖추면 다음 연도에 해당 경력에 따라 연차유급휴가를 부여한다. 연중에 신규 임용

자가 채용되면 그 시점부터 12월 31일까지 1개월 만근 시 1일의 연차를 부여하고 다음 연도부터는 2년 차 연차를 부여하면 된다. 다만 임용된 이후 1년 미만에 근로자가 퇴사하게 되면 총 근로기간을 월 단위로 환산해서 1개월 만근 시 1일씩만 적용해 반영하고 초과 사용한 연차유급휴가는 급여에서 공제하면 된다.

〈연차유급휴가 부여 일수표 사례〉

근무연수	휴가일수	비고
최초 임용연도	매월 1일	※ 1개월 개근 시 1일
임용 2년 차	15일	
임용 3년 차	15일	
임용 4년 차	16일	
임용 5년 차	16일	
임용 6년 차	17일	
임용 7년 차	17일	
임용 8년 차	18일	
임용 9년 차	18일	※ 전년도 소정근로일의 8할을 근무한 경우
임용 10년 차	19일	
임용 11년 차	19일	
임용 12년 차	20일	
임용 13년 차	20일	
임용 14년 차	21일	
임용 15년 차	21일	
임용 16년 차	22일	
임용 17년 차	22일	

근로자에게 연차유급휴가 일수를 부여할 때 이전 직장의 경력을 환산해서 적용하는 기관도 있고 신규 임용 시점부터 경력을 인정하는 기관도 있다. 이는 기관의 성격과 특성, 그간의 관행에 따라 다를 수 있다. 이전 근무 경력을 연차유급휴가 일수에 반영하는 기관에서는 기관 내 규정에 경력 산정

기준을 마련하는데, 예로 직무 관련 경력은 100% 반영하고 직무와 관련 없는 경력은 60~80% 반영해 총 경력을 합산하여 연차유급휴가 경력을 산정하게 된다. 이전 경력을 연차유급휴가 일수 산정에 미반영하는 기관에서는 「근로기준법」에 따라 연차를 부여하고 관리하면 된다.

〈연차유급휴가 부여 계산 방법 사례〉

1. 임용일: 2023년 5월 1일
2. 신규 임용자의 이전 근무 경력 기간은 총 10년 4개월
 - 직무 관련 경력: 7년 4개월, 비직무 관련 경력: 3년
3. 기관의 경력 산정 기준
 - 직무 관련 경력 100%, 비직무 관련 경력 80%
 ☞ 신규 임용자의 연차유급휴가 일수 산정을 위한 경력기간 9.7년
   【[(84개월+4개월)×100%]+[(12개월×3년)×80%]】/12 = 9.7년
4. 신규 임용자 2024년 연차유급휴가 일수
 - 임용 10년 차로 2024년 19개 연차유급휴가 발생
 - 임용일을 기준으로 월할 계산
   (20년 근무월 8개월 / 12개월) × 19일 = 12.66일
 - 신규 임용자의 2023년 연차유급휴가 일수는 12.66일임

※ 계산을 하다 보면 소수점 이하 일수가 발생하는데 적용기준은 기관에서 결정하면 된다. 예로 30분 단위로 환산해 적용할 수도 있고, 소수점 두 자리까지 있는 그대로 반영해 시간을 '분' 단위로 계산할 수도 있다.

---

② 연차유급휴가는 사용 촉진으로 소멸할 수 있다

연차유급휴가는 작년에 근로한 대가로 발생한 휴가를 올해 사용하는 것으로, 미사용할 경우에는 그 일수만큼 수당으로 지급 받는다. 하지만 공공기관에서는 예산의 범위 내에서 연차유급휴가 미사용분에 대한 수당을 지급하기 때문에 지급 한도를 초과한 잔여 연차유급휴가는 반드시 사용해야 한다. 일과 삶의 균형이 중요하게 인식되고 있는 현시점에서, 공공기관은 개인별 휴가 사용을 적극적으로 권장하고 있다. 부서 평가지표에 연차유급휴가 사용률을 반영하고 있는 기관 사례도 있다.

사용자는 근로자에게 연차유급휴가 사용을 촉진할 수 있다. 「근로기준법」

제61조에 따라 연차유급휴가 사용을 촉진할 경우에는 연차유급휴가 미사용에 따른 수당 지급 의무가 면제될 수 있다. 이와 같은 연차유급휴가 사용 촉진 제도는 모든 공공기관의 규정에는 반영되어 있으나, 실질적으로 잘 운영되고 있지는 않다. 일반적으로 근로자는 휴가를 사용하고 싶어 한다. 하지만 업무가 과중하거나 휴가 사용을 권장하지 않는 조직문화 등으로 휴가를 사용하지 못하는 경우가 많다. 이러한 상황에서 사용자가 강제적으로 연차유급휴가 사용을 촉진한다면 근로자와 노동조합의 반발이 있을 수 있다. 그래서 실질적으로 연차유급휴가를 사용할 수 있는 조직 내 문화를 형성하는 것이 가장 중요하고, 연차유급휴가 사용 촉진을 근로자들에게 알려주고 연차 사용을 독려하는 수단으로 활용하는 것이 타당하다.

③ 연차유급휴가 저축제를 활용할 수 있다

직장 생활을 하면서 누적된 피로를 해소하고 새로운 삶의 활력을 얻기 위해서 2주 이상 장기간 휴가를 실시하는 '연차유급휴가 저축 제도'를 도입하고 있는 공공기관이 많아지고 있다. 이 제도는 개인에게 발생한 휴가 일수를 해당연도에 모두 사용하는 것이 아니라 일정 일수를 3년에서 5년 이내에 저축해 장기간 휴가를 다녀올 수 있도록 하는 제도이다. 장기간의 업무 공백이 발생할 수 있는 우려가 있으나 내부 구성원 간의 합의가 있을 경우에는 충분히 제도를 도입해 운영할 수 있다. 일반적으로 한 해에 발생한 휴가 일수 중 5개 이내에서 저축하는데 3년에서 5년간 저축을 해 한 달 정도 장기 휴가를 실시한다.

💡 저자 생각

연차유급휴가는 해당연도에 발생한 휴가 일수를 모두 소진하는 것이 원칙이나, 노동조합과 사용자의 합의(단체협약 또는 취업규칙에 명문화)에 의해서 사용하고 남은 휴가 일수를 일정 기간 동안 저축해 장기 휴가로 사용할 수 있다. 공무원의 경우에도 '연가 저축제'를 도입해 운영하고 있다.

〈연차유급휴가 저축제 운영 방안 사례〉

□ **적용 기준**
- 휴가 저축 기간은 5년으로 하고, 그 이상 미사용한 휴가는 연도 한도 내에서 소멸
  * 2019년에 축적(2018년에 발생한 연차)한 5일의 휴가를 2023년까지 사용하지 않을 경우, 2024년에는 소멸 처리
- 저축된 휴가는 3년부터 사용 가능. 단 15일 이상 저축됐을 경우 사용
- 휴가는 매년 최대 5일까지 저축 가능하며, 그 나머지 휴가는 해당 연도에 소모해야 함(미사용 시 수당 미지급)

□ **운영 방안**
- 전 직원을 대상으로 휴가저축제 동의서 징구
  * 제도 도입 전 노동조합과 합의하고 직원 설명회 개최
- 개인별 휴가 중 5개는 본인의 선택에 따라 저축 또는 수당 지급 가능(개인선택제 운영)
  * 12월에 개인별로 휴가 저축 또는 수당 지급 여부 선택
- 저축된 연차휴가는 매년 개인에게 연도별 연차 저축일수를 통보하고 저축 3년부터 사용 가능하며 1회 사용 시 10일 이상 사용

④ 연가와 연차유급휴가는 다르다

공공기관은 국가공무원에 준하는 복리후생제도를 운영하고 있다. 공무원에게 적용되는 각종 '일과 삶 균형'을 위한 제도(육아휴직 3년, 자녀돌봄휴가, 연차유급휴가 저축제 등)를 공공기관도 도입해 운영하고 있다. 다만 공공기관에서는 국가공무원에게 적용하는 제도가 노동관계 법령과 상이 한 경우에는 노동관계 법령에 따라 적용해야 한다. 그 대표적인 규정이 연차유급휴가이다. 공무원은 '연가'라고 표현하는데 공공기관 구성원은 「근로기준법」을 적용받는 근로자이기 때문에 연차유급휴가라는 용어를 사용하는 것이 정확하다.

연가와 연차유급휴가는 용어와 같이 개념도 차이가 있다. 연가는 '앞으로 근무할 것'을 전제로 휴가 일수를 부여하지만, 연차유급휴가는 '전년도에 근무한 것'의 대가로 휴가 일수를 적용한다. 이 의미는 권리 행사에 대한 문제와 직결된다. 연가는 해당연도에 근무할 것을 전제로 부여하기 때문에 중간에 퇴사할 경우 그 기간에 비례해 휴가를 정산하지만, 연차유급휴가는 전년도 소정근로일(80% 이상 근무)을 기준으로 해당연도에 휴가 일수가 확정되기

때문에 해당연도 중간에 퇴사해도 이미 발생한 휴가 일수는 퇴직일에 비례해 정산하지 않는다. 사용하지 못한 휴가 일수는 수당으로 지급하거나 남은 휴가 일수만큼 사용하고 퇴사하게 된다.

대부분 공공기관은 「국가공무원 복무규정」을 근거로 「인사규정」이나 「복무규정」 등을 제정하기 때문에 「근로기준법」과 상이 한 규정이 있을 수 있다. 그중 하나가 휴가 공제 관련 사항이다. 국가공무원의 경우에는 정직 기간이나 직위 해제 기간을 해당연도 연가일수에서 공제하는데, 이와 같은 조항을 공공기관에도 동일하게 적용하는 경우가 있다. 공공기관 구성원은 「근로기준법」 적용을 받는 근로자로 연차유급휴가는 전년도 근무조건을 충족해 해당연도에 확정된 휴가 일수이기 때문에 기관의 강제 처분에 따라 휴가 일수를 공제하는 것은 「근로기준법」 위반의 소지가 있을 수 있다. 업무 담당자는 이를 잘 확인해 관련 규정을 개정할 필요가 있다.

(2) 휴일도 법정휴일(유급) 및 공휴일과 약정휴일이 있다

휴가와 마찬가지로 휴일도 법령에서 규정하는 법정휴일(유급)과 법정 공휴일 그리고 노사가 합의하에 적용하는 약정휴일이 있다. 휴일은 근로자가 근로를 제공할 의무가 없는 날로 소정근로일에서 제외하는 날이다. 법령에서 규정하고 있는 휴일은 「근로기준법」에서 정한 주휴일과 「근로자의 날 제정에 관한 법률」에서 정한 근로자의 날을 말하며, 공휴일은 「공휴일에 관한 법률」에서 정한 휴일로 지정된 국경일, 법정기념일, 설날·추석 등을 말한다. 주휴일과 근로자의 날로 인해 근로자가 쉴 수 있는 법정휴일(유급)은 1년에 53일이다. 즉, 주휴일 52일(1년은 52주)과 근로자의 날인 5월 1일에 쉴 수 있다. 공휴일로 근로자가 쉴 수 있는 날은 쉽게 말하면 빨간 날로 지정된 국경일과 정부에서 지정하는 대체공휴일, 임시공휴일 정도로 보면 된다. 약정휴일은 기관 창립기념일이 대표적이다.

① 주휴일과 근로자의 날은 법정휴일(유급)이다

사용자는 근로자에게 1주일(7일)에 평균 1회 이상의 유급휴일을 주어야 하며, 유급휴일은 1주 동안 소정근로일수를 개근한 근로자에게 부여한다. 1주일의 소정근로일수가 5일이라고 하면 5일을 정상적으로 근로해야 유급휴일

1일을 부여할 수 있다. 이를 주휴일이라고 하는데 공공기관에서는 주휴일을 일요일로 단체협약이나 기관 내 규정에 명시하고 있다. 하지만 「근로기준법」에서는 1주에 1회 이상의 유급휴일을 줄 수 있다고 되어 있고 언제를 주휴일로 정하고 있지 않아 기관의 여건과 사업목적, 직종 및 직종별 근무 형태에 따라 주휴일을 정할 수 있다. 일반적으로 일요일을 주휴일로 정하는데 박물관이나 전시관, 교육 시설 등은 일요일에 많은 관람객이 방문하기때문에 일요일이 아닌 다른 요일을 주휴일로 정하고 있다. 이는 노사가 합의하여 결정하면 된다.

「근로기준법」에서 1주는 7일로 규정하고 있으나, 1주가 언제부터 언제까지인지는 규정하고 있지 않다. 이는 노사가 자율적으로 합의해 결정하면 된다. 일반 사무직의 경우에는 월요일에서 일요일을 1주라고 규정하지만 근무 형태나 근무 여건 등에 따라서는 일요일 또는 화요일부터 적용하는 사례도 있다.

'근로자의 날'은 5월 1일로 「근로자의 날 제정에 관한 법률」에서 유급휴일로 규정하고 있다. 법정휴일(유급) 중에서 유일하게 날짜가 지정된 휴일이다. 이날 근로를 하게 되면 50%의 가산금을 줘야 하며, 보상휴가를 실시할 경우에는 근로자 대표와의 서면합의를 하고 1.5배 가산된 하루 반(12시간)의 휴일을 줘야 한다.

② 공휴일은 약정휴일에서 법정휴일(유급)로 변경됐다

공휴일은 「관공서의 공휴일에 관한 규정」에 의해 공무원이 쉬는 날이었다. 일반 직장인들은 단체협약이나 취업규칙에서 이를 휴일로 지정(약정)하여 쉰 것이었을 뿐이다. 2018년과 2021년 관련 법령 제·개정(「근로기준법」 개정 (2018.6.29.)과 「공휴일에 관한 법률」 제정(2021.7.7.))으로 공휴일을 법정유급휴일로 지정했고, 2022년 1월부로 5인 이상 사업장에 전면 시행되었다. 즉, 공휴일이 기관의 노사 합의 등을 통해 자율적으로 정하는 약정휴일에서 법정휴일(유급)로 바뀐 것이다.

이외에도 기관 생일날(창립기념일)과 노동조합 창립기념일 등을 약정휴일로 지정할 수 있다.

〈휴일과 휴가 적용 사례〉

구분		종류	법적근거	비고
법정	휴일	• 주휴일 • 근로의 날	• 「근로기준법」 제55조 • 「근로자의 날 제정에 관한 법률」	• 의무적 부여 • 법정기준 이상이면 노사 자율 결정 가능 • 임금을 지급해야 함 (단, 생리휴가와 가족돌봄휴가는 무급 원칙)
	공휴일	• 국정공휴일	• 「근로기준법」 제55조 및 시행령 제30조	
	휴가	• 연차유급휴가 • 생리휴가(무급) • 출산전후휴가 • 배우자 출산휴가 • 가족돌봄휴가	• 「근로기준법」 제60조 • 「근로기준법」 제73조 • 「근로기준법」 제74조 • 「남녀고용평등법」 제18조의2 • 「남녀고용평등법」 제22조의2	
약정	휴일	• 창립기념일 • 기타 휴무일	• 단체협약, 내부규정	• 약정휴일, 휴가 부여여부, 부여 조건, 부여일수, 임금 지급 여부는 단체협약 또는 취업규칙 등을 통해 노사가 자율 결정
	휴가	• 하계휴가 • 경조휴가 등	• 「국가공무원 복무규정」, 단체협약, 내부규정	

* 자료 : 「근로기준법」 등 관련 법령을 재구성함

(3) 휴게시간은 「근로기준법」에서 부여한 근로자의 시간이다

공공기관 근로자의 평일 근로시간은 9시에서 18시까지로 국가공무원과 동일하다. 근무지에서 있는 9시간 중 휴게시간은 일반적으로 한 시간이 주어진다. 「근로기준법」에서 사용자는 근로시간이 4시간인 경우 30분 이상, 8시간인 경우에는 1시간 이상의 휴게시간을 근로시간 중에 주도록 되어 있다. 그래서 12시부터 13시까지 한 시간 동안 휴게시간을 주는 것이다. 이 시간에 근로자들은 점심식사를 하고 개인적 시간을 가진다. 휴게시간은 사용자의 지배에서 벗어나 근로자가 자유롭게 이용할 수 있는 시간이다.

휴게시간을 몇 시부터 몇 시까지 정하는 것은 노사합의에 의해서 정해진다. 단체협약이나 기관 내 규정에 명시적으로 휴게시간이 정해지는데 일반적으로 점심식사를 해야 하는 시간에 휴게시간을 정하고 있다. 다만 근무 형태나 근로 여건, 출퇴근 시간 등에 따라서 휴게시간을 다르게 적용할 수 있다.

(4) 사유가 있어야 휴직이 가능하다

휴직은 직무를 일정 기간 동안 수행하지 않는 것으로 사용자의 사전 승인이 있어야 한다. 휴직도 법령에 따른 휴직과 노사가 합의해서 정하는 휴직이 있다. 법에서 정하고 있는 휴직의 대표적인 것이 육아휴직이다. 초등학교 2학년 또는 8세 미만의 자녀를 둔 근로자는 1년 이내의 육아휴직[113)]을 사용할 수 있다. 육아휴직 기간 중 통상임금의 80%(상한액 150만 원, 하한액 70만 원)을 받을 수 있다. 다만 육아휴직 급여액의 100분의 25는 직장 복귀 6개월 후 합산하여 일시불로 지급하고 있다.

공공기관은 국가공무원의 복리후생제도에 준해서 각종 제도를 설계하고 도입한다. 육아휴직도 국가공무원에 준해서 적용하고 있는데 대부분 기관에서는 3년 이내로 육아휴직을 사용할 수 있도록 정하고 있다. 1년은 법령에서 규정하고 있는 법정 휴직 기간이고, 2년은 노사가 합의한 약정 휴직이 되는 것이다. 즉 1년간은 유급 휴직이고 2년은 무급 휴직이란 의미이다. 공공기관은 육아휴직 사용이 자유로우며 대체적으로 출산전후휴가와 육아휴직을 자동으로 연계해서 사용하고 있다. 육아휴직 이외에 공공기관에 있는 휴직 제도는 가족돌봄휴직, 배우자 동반휴직, 해외 파견휴직, 질병이나 상해에 의한 휴직 등 다양한 형태의 휴직이 있다. 대부분 1년에서 최대 5년까지 휴직을 사용할 수 있으며 개인적 사유에 의한 휴직은 무급 휴직이다.

3) 복리후생제도

공공기관은 임금 외에 구성원의 사기 증진과 동기부여 차원에서 다양한 복리후생제도를 운영하고 있다. 복리후생제도도 법정 제도와 법정 외 제도가 있는데, 법

---

113) 육아휴직은 임신 중인 여성 근로자나, 근로자가 자녀 양육을 위해 신청하는 휴직으로 근로자의 계속근로를 지원함으로써 근로자의 생활안정과 고용안전을 도모하기 위한 제도이다.

에서 정하고 있는 제도는 사회 보험과 퇴직금 등이 있다. 법에서 정하고 있지 않는 대표적인 제도는 선택적 복지제도이다.

(1) 4대 사회보험은 국가가 주는 혜택이다

국가는 국민의 질병, 노령, 산재, 실업 등에 대비한 최소한의 사회 보험 제도를 운영하고 있다. 우리가 익히 알고 있는 국민연금, 의료보험, 산재보험, 고용보험이다. 직장 생활을 하는 모든 근로자는 월 급여에서 4대 사회보험이 원천 징수되기 때문에 세금으로 잘못 이해하는 경우가 많은데 세금이 아니라 사회 보험이다. 내가 어려움에 처했을 때 국가가 최소한의 보장을 해주는 제도이다. 산재보험은 기업에서 전액 부담하며 그 외 보험은 사용자와 근로자가 각각 반씩 부담한다.

(2) 퇴직금 및 유급 휴가도 복리후생제도이다

퇴직금은 앞에서 언급했듯이 직장을 이탈했을 때 생계가 곤란한 것을 예방하기 위해 있는 제도로 국가가 법령으로 정해 놓은 복리후생제도이다. 퇴직금 제도는 우리나라와 일본에만 있는 독특한 제도로 2022년부터 퇴직연금 제도 방식으로 전면 시행되었다. 유급 휴가도 국가와 사용자가 근로자에게 부여하는 복지 제도이다. 근로자에게 쉴 수 있는 날을 부여하는 것이기 때문에 이보다 더한 복지 제도는 없다.

(3) 일과 삶의 균형을 위한 각종 제도

근로자는 먹고살기 위해서 일을 하고 자기만족을 위해서 일을 한다. 이 두 가지를 만족시키기 위해서 최근에는 일과 삶의 균형을 중요하게 인식하고 있다. 저출산을 극복하고 가족과 함께하는 삶이 가능하도록 관련 법령이나 사용자는 계속적으로 노력하고 있다. 우선 법령에서는 근로시간 단축과 유급 휴가 등을 통해 임신부를 비롯해 육아를 책임지고 있는 근로자의 편의를 봐주고 있다. 「남녀고용평등과 일·가정 양립 지원에 관한 법률」에서는 출산전후휴가, 육아휴직, 배우자 출산휴가, 임신기 근무시간 단축 등의 일과 삶의 균형을 위한 제도를 도입하고 있다.

〈일과 삶의 균형을 위한 다양한 제도〉

구분		내용
임신	임신기 근무 시간 단축	• 임신 12주 이내, 임신 36주 이후 근로자는 임금 감소 없이 1일 2시간의 근로시간 단축을 신청하여 근무할 수 있음
	태아 검진 시간	• 임신 근로자는 정기 건강 진단에 필요한 시간을 사업주에 청구하여 사용할 수 있음
	난임 치료 휴가	• 인공수정 또는 체외수정 등 난임 치료를 받기 위해 연간 3일 이내의 휴가 사용 가능(1일 유급)
출산	출산 전후 휴가	• 임신 근로자는 90일의 출산전후휴가(출산 후 최소 45일 이상)를 사용할 수 있음 * 최초 60일은 사업주(통상 임금 100%)가, 나머지 무급 30일은 국가가 지원단, 우선지원대상기업은 90일 모두 국가에서 지원하며, 사업주는 차액분 지급
	유산/사산 휴가	• 임신 근로자가 유산·사산할 경우 임신기간에 따라 5~90일의 휴가를 사용할 수 있음.
	배우자 출산휴가	• 배우자는 10일의 출산휴가를 사용할 수 있음.
육아	육아휴직	• 만 8세 이하 또는 초등학교 2학년 이하의 자녀가 있는 근로자는 최대 1년간 휴직을 사용할 수 있음. ※ 2024년부터는 부부 맞돌봄 3개월 이상 시 1년 6개월까지 휴직을 사용할 수 있도록 변경 시행 예정 • 첫 3개월은 월 통상임금의 80%(70~150만 원) 나머지 기간은 월 통상임금의 50%(70~120만 원)를 국가에서 지원 * 단 월 육아휴직급여의 25%는 휴직 복귀 후 6개월간 계속 근무 시 지급 * 국가공무원은 3년 이내 사용(공공기관도 이에 준해 적용하는 경우가 있음)
	아빠의 달	• 동일한 자녀에 대하여 부모가 순차적으로 휴직하는 경우 추가로 지원
	육아기 근로시간 단축	• 육아휴직을 사용하는 대신 최대 1년간 주당 15~35시간으로 근로시간 단축을 신청하여 사용할 수 있음
	시간선택제	• 근로자가 육아, 학업, 건강 가족 돌봄 등의 사유가 있을 경우, 노사가 합의하여 주당 15~30시간의 시간선택제로 전환하여 근무할 수 있음
	가족의 날	• 매주 일정한 요일을 '가족의 날'로 제정하여 조기 퇴근 또는 정시 퇴근을 하는 제도
	자녀돌봄 휴가	• 연간 2일의 범위 내에서 어린이집 행사 및 자녀 병원 진료 등에 동행할 수 있는 휴가
	가족돌봄 휴직	• 조부모, 부모, 배우자, 자녀, 손자녀 또는 배우자의 부모의 질병, 사고, 노령으로 인하여 그 가족을 돌보기 위한 휴직을 연간 90일까지 사용 가능
	가족돌봄 휴가	• 부모, 배우자, 자녀, 손자녀 또는 배우자의 부모의 질병, 사고, 노령 또는 양육으로 인하여 긴급하게 그 가족을 돌보기 위한 휴가로 연간 10일까지 사용 가능

* 자료 : 「남녀고용평등과 일·가정 양립 지원에 관한 법률」 등 관련 법령을 재구성함

(4) 선택적 복지제도

일명 '카페테리아식' 복지제도라고도 불리는데 개인에게 주어진 예산의 범위 내에서 근로자 본인의 선호와 필요에 따라 자신에게 적합한 복지 혜택을 선택하게 하는 제도이다. 대부분 공공기관에서 시행하고 있는 제도로 연간 개인당 100만 원 내외로 지급[114]하고 있다. 복지 구성은 기본 항목과 자율 항목으로 구성되는데 기본 항목은 기관 차원에서 가입하는 생명 상해 보험이 있고, 자율 항목은 건강관리, 자기개발, 여가활용, 가정 친화같이 근로자가 자유롭게 선택할 수 있는 항목이다. 개인별 복지점수 부여는 기본복지점수와 근속복지점수, 기타 가족복지점수[115] 등으로 구성되는데 이는 기관의 특색에 따라 다르게 부여할 수 있다. 기본복지점수는 일반적으로 1점(포인트)을 천원이라 가정하면 700점을 부여하고 근속복지점수는 근무연수 1년당 10점 내외, 최고 30년으로 복지점수는 최고 300점까지 배정한다. 가족복지점수는 배우자 100점, 직계존비속(성인 미반영) 등 1인당 50점으로 하고 저출산 극복을 위해서 자녀는 둘째부터 100점, 셋째는 200점 등으로 설계하고 있다. 다만, 예산을 고려하여 개인당 최대 상한 점수는 1,300점 내외에서 결정하고 자녀 수에 대한 점수는 개인당 상한 점수에 미포함하여 설계하고 있다.

복지 포인트를 사용하기 위해서는 금융 기관과 운영업체를 선정해야 하는데 기관의 규모에 따라 복수의 금융 기관을 선택할 수 있다. 1,000명 이상의 상시 근로자가 있는 대규모 기관에서는 복수의 금융 기관을 활용해서 근로자에게 편의를 제공할 수 있다. 그렇지 않은 규모에서는 하나의 금융 기관과 거래하는 것이 운영하는 데 효율적이다. 운영업체는 다양한 프로그램을 갖추고 있는 업체와 거래하는 것이 좋다. 공무원과 공공기관을 대상으로 선택적 복지 프로그램은 운영하는 전문업체는 제한적이기 때문에 업체를 선정하는 데는 어려움은 없다.

최근에는 구성원 본인 또는 가족의 출생을 장려하기 위한 다양한 제도를 적용하

---

114) 선택적 복지제도를 도입할 때 공무원과 유사기관의 제도를 비교 검토하여 해당 기관에 적합한 제도로 설계해야 한다. 기관의 예산규모와 구조, 노동조합과의 협의 등에 따라서 기본복지점수와 근속복지점수, 기타 점수 등이 상이할 수 있다. 특히, 방만경영으로 지적받을 수 있는지를 검토하여 제도를 설계하는 것이 좋다.

115) 가족복지점수는 기관의 「보수규정」에 명시되어 있는 임금구성 항목 중 가족수당과 연계하여 설계하는 것이 좋다.

고 있다. 자녀를 출생하게 되면 일정 금액 한도 내에서 필요한 물품을 선물로 지급할 수 있고, 출생장려금을 자녀 수를 기준으로 배정하여 지급하기도 한다. 이러한 제도는 기관의 예산 구조와 형태 등을 고려하여 기관의 특성에 따라 제도를 설계할 수 있다.116) 기관에 대한 구성원의 행복감을 높이고, '일과 가정 양립'이 가능한 가족친화적인 근무 여건을 조성117)하기 위해 공공기관에서는 노력해야 한다.

〈가족친화인증제도〉

□ **관련근거:** 「가족친화 사회환경의 조성 촉진에 관한 법률」 제15조

□ **제도개요**
- 가족친화 사회환경 조성 촉진 및 근로자의 삶의 질 향상을 위해 가족친화제도를 모범적으로 운영하는 기업 또는 공공기관에 대하여 심사를 통해 인증을 부여하는 제도
  * 가족친화인증기업 현황 : 5,911개사('23. 12. 기준)

□ **법규 요구사항**
- 주 40시간 근로시간 기준 준수, 보건휴가(또는 생리휴가), 임산부 근로보호, 임신기간 중 근로시간 단축, 난임치료 휴가, 직장 내 성희롱 금지, 직장 내 성희롱 예방 교육, 배우자 출산휴가, 육아휴직제도, 육아기 근로시간 단축, 가족돌봄휴직 및 휴가, 직장 내 괴롭힘 금지 등

□ **신규인증기준**(공기업·공공기관)
- 최고경영층의 리더십(관심 및 의지), 자녀출산양육 및 교육지원 제도(육아휴직 및 육아기 근로시간 단출 이용률, 배우자 출산휴가 이용률 등), 탄력적 근무제도(유연근무제활용률, 연차사용률), 근로자 및 부양가족 지원제도(가족돌봄 휴직 또는 휴가 이용 등), 가족친화 직장문화 조성(가족여가활동 지원 등) 등의 기준으로 제도운영을 심사하여 인증

□ **인증주체:** 여성가족부장관

*자료: 가족친화지원사업 누리집(홈페이지)(www.ffsb.kr)을 재구성함

---

116) 정부 방침에 따라 2024년부터는 자녀수당 및 출산축하금은 인건비 인상률과 관계없이 지급할 수 있도록 제도 개선(기획재정부 보도자료 "내년부터 공공기관 자녀수당 지급제한을 완화…" 2023. 12. 14.)

117) 공공기관은 여성가족부에서 주관하는 가족친화인증을 의무적으로 받아야 하며 일과 가정양립을 위한 다양한 제도는 인증을 받기 위한 필수적인 기준이기 때문에 실무자는 가족친화인증에 대한 기준(법적으로 의무적으로 적용해야 하는 제도 도입과 실적 등)을 명확하게 이해하고 적용해야 한다.

맞춤형 선택적 복지 제도 설계 및 운영계획(안)

□ 추진 배경

- 직원 개인의 선호와 필요에 따라 적합한 복지 혜택을 선택할 수 있도록 하는 복지 제도의 운영
- 다양한 복지 욕구를 충족시켜 직원에게 보다 질 높은 복지 서비스를 제공
  * 관련근거:「보수규정」및「보수규정시행세칙」

□ 복지 제도 설계 원칙

- 직원 개개인에게 현금을 대신할 수 있는 복지 점수를 부여하여 사용할 수 있도록 시스템 구축
- 복지 점수는 가족의 복지와 생활안정, 자기개발, 여가활동 등에 활용할 수 있도록 하고, 사행성 음주가무 등에는 사용할 수 없도록 제한
- 직원 개인별 복지 점수는 근무연수 및 부양가족 등을 고려하여 산정

□ 복지 제도 설계(안)

- (적용 대상) 기관 전 직원
- 「인사규정」의 휴직에 해당하는 자는 다음 적용 기준에 의해 적용 배제 또는 제한

구 분		기 간	자율항목
직권 휴직	병역휴직	복무기간	X
	법정의무수행	복무기간	X
	행방불명	3월 이내	X
	질병휴직(공무상질병휴직)	1년 이내(3년 이내)	○
청원 휴직	고용휴직	채용기간(2년 범위 내)	X
	유학휴직	3년 이내(2년 범위 내 연장가능)	X
	연수휴직	2년 이내	X
	육아휴직	자녀 1인당 1년 이내	○
	가사(간호)휴직	1년 이내	○
	해외동반휴직	3년 이내(2년 범위 내 연장가능)	X

- (복지 항목의 구성) 맞춤형 선택적 복지의 항목은 직원들이 자율적으로 선택할 수 있도록 자율 항목으로 구성
  - 자율 항목은 직원 개개인의 능력 발전 및 삶의 질 향상에 기여할 수 있도록 운영하는 자율적으로 선택이 가능한 항목으로 건강관리, 자기개발, 여가활용, 가족친화 등으로 구성하며 필요에 따라 다양한 항목으로 구성 가능
  * 보석, 복권, 경마장 마권, 유흥비 등 사행성이 있거나 불건전한 항목과 상품권, 증권 등 현금과 유사한 유가증권 구매는 제한함. 다만 전통 시장 상품권(온누리 상품권)은 가능

〈자율 항목 구성 예〉

분야	자율항목
건강관리	병의원 외래진료, 약 구입, 안경 구입, 운동시설 이용 등 본인과 가족의 건강진단, 질병 예방, 건강증진 등을 위한 복지 항목으로 구성
자기개발	학원수강, 도서 구입, 세미나 연수비 등 본인의 능력 발전을 위한 복지 항목으로 구성
여가활용	여행 시 숙박시설 이용, 레저시설 이용, 영화·연극 관람 등 본인과 가족의 건전한 여가 활용을 위한 복지 항목으로 구성
가족친화	보육시설·노인복지시설 이용, 기념일 꽃 배달, 결혼식, 장례식 등 일과 삶을 조화롭게 병행할 수 있도록 본인과 가족을 지원하는 복지항목으로 구성

- (복지 점수 구성) 개개인에게 일률적으로 부여되는 기본복지점수와 근무연수 및 부양 가족에 따라 차등 부여되는 변동복지점수로 구성하고, 개인 최대 복지점수는 <u>0,000점</u> 까지로 함(다만, 다자녀로 인한 경우에는 제한 없음)

기본복지점수	변동복지점수	
	근속복지점수	가족복지점수
• 000점 일률 배정	• 근무연수 1년당 00점 • 최고 30년까지 000점 배정	• 배우자 포함 4인 이내로 하되, 자녀는 인원수와 관계없이 모두 배정(가족수당과 연계) • 배우자 000점, 직계존비속(성인 제외) 1인당 00점 다만, 직계비속 중 둘째 자녀는 000점, 셋째 자녀부터는 1인당 000점 * 배우자가 공무원 또는 공공기관 직원일 경우에는 중복 지원 금지

- 기본복지점수는 적용대상자에게 일률적으로 000점 배정
- 변동복지점수인 근속복지점수는 매년 1월 1일을 기준으로 산정되는 근무연수 1년당 00점 배정, 최고 20년까지 000점 배정

┌─── 〈근속복지점수 계산(예시)〉 ───┐
- 1월 1일자로 근무연수가 15년이 된 경우
  - 근속 복지점수: 15년 × 00점 = 000점
※ 잔여 월수는 복지 점수 계산에 사용되지 않음

- 변동복지점수인 가족복지점수는 「공무원수당 등에 관한 규정」 제10조(가족수당)에 의한 가족수당 지급 대상인 부양가족과 동일 적용
  - 배우자를 포함하여 4인 이내의 부양가족에 한정하되 자녀의 경우에는 부양가족의 수가 4인을 초과하더라도 모두 지급
  - 배정 점수는 배우자 000점, 직계 존비속 등은 각 00점 다만, 직계비속 중 둘째 자녀는 000점, 셋째 자녀부터는 1인당 000점
  - 배정점수 판단기준일은 출생, 혼인, 사망 등의 경우 가족관계증명서 등 공부상에 등재된 날짜를 기준으로 함

〈가족복지점수 계산(예시)〉

■ **배우자와 자녀 3명, 부모 2명인 경우**
　- 배우자: 000점
　- 자녀 및 부모 포함: 자녀(00+000+000) + 부모(000) = 000점
■ **배우자와 자녀 3명, 부모 2명, 형제 1명인 경우**(가족수당 지급대상 요건 충족 시)
　- 배우자: 000점
　- 자녀 및 부모 포함: 자녀(00+000+000) + 부모 및 형제(000) = 000점
　* 4명 초과 산출 근거:「공무원수당 등에 관한 규정」제10조에 의거 가족수당은 배우자 포함
　　4인 이내로 한다고 규정하고 있지만, 동조 단서 규정에 따라 자녀의 경우에는 부양가족의
　　수가 4명을 초과하더라도 가족수당을 지급

• 복지 점수 관리
　- 복지 점수 부여 시점은 <u>매년 1월 1일을 기준</u>으로 연도별로 부여하고 일단 복지 점수
　　가 부여된 이후 연도 중에 복지 점수 배정의 기초가 된 요건의 사실이 변동되더라도
　　복지 점수는 변동되지 아니함.
　 * 다만, <u>부양가족 사항 변경 사항은 연도 중에 반영</u>
　- 개인별 복지 점수 부여 시 <u>복지 점수 소수점 이하는 절사</u>
　- 연도 중에 신규채용, 파견, 복직, 해임 등의 신분 변동으로 인하여 복지 점수 사용
　　권한이 발생·중단 또는 소멸 될 경우에는 그 변동일 기준으로 월 할 계산하여 복지
　　점수에 반영(지급 또는 환수)

〈 월할 계산의 정의 〉

■ "월할 계산"이라 함은 그 해의 복지 점수를 12월로 나누어 계산하는 것으로 복지 점수 부
　여 사유가 있는 달이 속한 월을 실제 근무한 달로 계산함.
　- 단, 퇴직/해임/파면일이 매월 1일 자인 경우에는 그러하지 아니함.
　- 동일한 월에 면직된 후 재임용된 경우: 중복되지 않고 1월로 계산함.

　- 복지 점수는 당해 연도 내에 사용하는 것을 원칙으로 사용 후 남은 복지 점수는 다음
　　연도로 이월하지 못하며, 미사용 복지 점수에 대해서는 이를 금전적으로 청구 못함

• 복지 점수 사용 방법
　- 복지 점수는 3월 일괄 부여
　- 개인별로 등록된 ○○은행 신용카드로만 복지 점수 사용
　 * 기관과 주거래 은행 업무 협약에 따라 타 신용카드 및 현금 사용은 불가하며, ○○
　　은행 신용카드가 없는 경우에는 신규 발급조치
　- 온라인 복지몰 사용 시 복지포인트에서 바로 차감되고 오프라인의 경우에는 사용 후
　　다음달 비용 정산처리(先 결재 後 정산)

온라인	오프라인
- 복지몰에서 복지포인트 바로 차감하여 사용 - 결재 시 부족 포인트는 신용카드로 자동 　결재	- 별도의 차감 신청 절차 없이 자동 차감 　(개인별로 사용한 금액은 복지 점수 한도 내에서 정산 처리) - 결재 시 부족 포인트는 신용카드로 자동 결재

- 사용기한: 당해 연도 11월 30일 　(회계처리 소요기간 등을 감안하여 　사용기한을 제한)	(온라인 복지몰에서 개인이 수동 차감으로 변경 가능) - 사용기한: 당해 연도 11월 30일 　(회계 처리 소요기간 등을 감안하여 사용기한을 제한)

┌───┐
〈 복지비 사용대금 정산절차 〉

① 개인별 ○○은행 신용카드 사용: 매월 1일 ~ 말일까지
② 사용·내역 통보 및 대금 청구(시스템운영사 → 기관): 다음달 5~10일
③ 대금지출결의(담당자 → 재무팀): 다음달 10~15일까지
④ 대금결제(재무회계부): 다음달 15~20일
⑤ 개인 사용 금액 입금: 다음달 25일
☞ 대금 지급 일자는 변경될 수 있음
└───┘

□ **20○○년 추진 계획**

• 선택적 복지제도 시행일자: 20○○년 1월 1일부
• 적용 대상: 000명
　* 적용 대상은 신규 임용자 등으로 변경될 수 있음
• 복지 점수 발생 현황
　- 총 복지 점수: 000,000점(금액 환산액 000,000,000원)
　* 총 복지 점수는 신규 임용 및 복지, 가족복지 점수 등으로 변경될 수 있음.
• 소요 예산: 000,000,000원
　- 예산 과목: 기관운영-기관운영비-운영비-복리후생비(210-00)

☞ 총 복지 점수와 20○○년 반영 예산 간의 차액이 발생할 경우, 20○○년 하반기 중에
　정산하여 차액에 대한 사용 계획을 별도 수립 보고

• 선택적 복지 시스템 운영관리업체 선정
　- 운영관리업체: ○○○○○○○
　* 선정사유: 시스템 구축 및 운영관리 비용 무료
　　(다수의 공공기관 선택적 복지 운영관리업체)
　- 시스템 구축기간: 약 1주일 소요
　- 업무협약을 2월 3주차에 추진(업무협약과 관련한 사항은 별도 보고)

• 향후 계획
　- 복지제도 대상자 ○○은행 신용카드 등록 및 신규 발급
　- 선택적 복지시스템 운영관리업체 업무협약 체결
　- 신규 임용자 및 복지점수 변경 소요 발생 시 반영 추진
　☞ 진행 상황별로 별도 보고

붙임 1. 개인별 선택적 복지 점수 현황 1부.
　　 2. 업체 관련 서류 각 1부씩. 끝.

1. 직무 소개

사용자와 근로자는 근로계약으로 상호 간 약정을 통해서 근로자는 근로를 제공하고 사용자는 그 대가로 임금 등을 제공한다. 이를 개별적 노사관계라고 하고, 근로자들이 단결하여 구성한 노동조합과 사용자 간에 진행되는 관계를 집단적 노사관계라 한다.

개별적 노사관계는 사용자와 근로자의 1대 1관계로 사용자의 우월적 지위 속에서 근로자가 종속될 우려가 있다. 사용자가 정한 근로조건에 근로자는 수용할 수밖에 없는 구조적 한계가 있다. 임금이나 기타 근로조건에 대해서 사용자는 사전에 정해진 기관 내 규정에 따라 신규 임용자에게 적용하고, 근로자는 그 규정에 동의한 경우에 한해 임용이 가능하다. 하지만 집단적 노사관계는 사용자와 근로자 집단이 대등한 관계 속에서 근로자의 근로조건의 유지·개선을 중요한 목적으로 한다. 노동조합 활동은 사용자와 협력 또는 단체행동을 할 수 있는 근로자의 헌법적 권리로 근로자의 권익을 위해 활동할 수 있다.

개별적 노사관계는 신규 임용자가 기관에 임용될 때 임금이나 복리후생제도 등에 대해서 동의하는 것을 전제로 근로계약이 체결되기 때문에 근로자의 선택권이란 없다. 다만 임용 이후 임금이나 복리후생제도 등이 근로자에게 불이익하게 개정될 경우에는 근로자의 과반수 이상의 동의 절차가 필요하기 때문에 의사표현을 할 수 있다. 집단적 노사관계는 기본적으로 노동조합이라는 근로자 단체가 존재해야 가능한 관계이다. 근로자가 주체가 되어 만들어진 단체를 통해서 사용자와 대등한 위치에서 근로자의 입장을 대변하고 근로조건의 유지와 개선을 위해서 활동한다. 노동조합이 근로자들로 구성된 단체이기 때문에 노동조합에 가입하지 않는 근로자가 많을 경우에는 사용자와 대등한 관계 형성이 제한된다. 대표성이 낮아지기 때문이다. 근로자 과반수 이상이 가입된 노동조합은 단체교섭과 단체행동 등 노동관계 법령에서 보장하는 다양한 활동을 조합원을 위해 할 수 있다.

2. 주요 직무

1) 노동조합과 노사협의회

(1) 노동조합

노동조합은 근로자가 주체가 되어 자주적으로 단결하여 근로조건의 유지·개선 및 기타 근로자의 경제적·사회적 지위의 향상을 도모함을 목적으로 조직하는 단체를 말한다. 노동조합은 근로자가 자주적으로 단결하여 설립하는 단체이기 때문에 사용자가 관여할 수 없다. 노동조합을 설립하는 단계에서 사용자가 관여하거나 설립을 방해하게 되면 부당노동행위로 처벌받을 수 있다. 공공기관에서는 노동조합 설립에 있어 근로자의 의견을 존중하기 때문에 설립을 방해하거나 관여하는 일은 거의 없다.

업무 담당자가 노동조합과 관련해서 업무를 수행할 때 관심을 가져야 하는 것은 노동조합의 기능과 구성, 그리고 사용자와 노동조합과의 관계 형성이다. 업무 담당자는 조정자 역할을 해야 하기 때문에 노동조합에 대해 기본적으로 이론적 배경이 있어야 한다. 노동조합의 기능은 무엇이고 구성은 어떻게 하며 관계 법령에 규정된 노동조합 관련 내용은 어떤 것이 있는지 사전에 확인할 필요가 있다.

① 노동조합은 3가지 기능이 있다

근로자가 노동조합을 결성하는 것은 사용자와 대등한 관계 속에서 근로조건을 유지·개선하기 위해서다. 개별적 근로관계에서는 사용자에게 근로자가 끌려갈 수밖에 없지만 집단적 근로관계에서는 집단의 힘으로 이를 극복할 수 있다. 노동조합의 기능은 경제적 기능과 공제적 기능, 정치적 기능의 세 가지로 말할 수 있다.

• 첫째, 경제적 기능이다

노동조합은 조합원의 경제적 권리와 이익 신장을 위해서 존재하는 단체이다. 조합원의 임금 인상, 근로시간 단축, 근무 여건 개선, 부당한 권리 침해 예방 및 방지 등을 위해 활동하는 것이 노동조합 제1의 존재 이유이다. 이러한 기능을 수행하기 위해 단체교섭과 단체행동 등의 방법을 동원할 수 있다.

• 둘째, 공제적 기능이다

이는 노동조합 내적 기능을 말한다. 조합원이 질병이나 재해, 사망 등 일시적 또는 영구적으로 근로능력을 상실했을 때 상호 간의 상호부조를 할 수 있다. 공제기금을 만들어 조합원이 어려운 상황에 처할 때 노동조합 차원에서 행하는 일종의 상호 보험이라 할 수 있다.

• 셋째, 정치적 기능이다

조합원의 경제적 목적을 달성하기 위해서 부득이하게 정치적 활동을 전개할 수 있다. 조합원의 의견을 관철하기 위해서는 관련 법령 개정이 필요할 수 있어, 이를 개선하기 위해서는 노동조합이 이를 대변해야 한다.

② 노동조합의 안정적 운영을 위해서는 조합원과 운영비 확보가 중요하다

헌법적 권리를 근로자들이 행사하기 위해서는 조직을 강화할 수단이 필요한데 그것이 바로 안정적 조합원 및 운영비의 확보이다. 과반수 이상의 근로자를 조합원으로 확보해야 노동조합은 힘을 발휘할 수 있고, 적정 운영비를 마련해야 노동조합의 기능과 역할을 수행할 수 있다. 노동조합은 조합원을 확보하기 위해 숍제도(shop system)를 운영하는데 대표적인 숍이 클로즈드 숍과 유니온 숍, 오픈 숍이 있다.

클로즈드 숍은 노동조합의 조합원만이 사용자에게 고용될 수 있는 제도로 조합원 자격인 고용의 전제 조건이 된다. 유니온 숍은 사용자는 조합원 여부와 관계없이 자유롭게 직원 채용이 가능하나 일단 채용된 이후에는 조합에 가입하지 않으면 안 되는 제도이다. 오픈 숍은 사용자가 근로자를 채용함에 있어서 조합원 여부와 상관없이 채용이 가능하고 조합 가입 여부와 관계없이 근로자로서의 지위에는 아무런 영향을 받지 않는 제도이다. 우리나라에서는 원칙적으로 오픈 숍을 채택하고 있으나 예외적으로 노사 간 단체협약을 통해서 유니온 숍을 채택할 수 있도록 하고 있다.

조합원이 확보되면 노동조합을 운영할 수 있는 운영비 확보가 중요하다. 일반적으로 조합비는 조합원 개개인에게 징수하는 방법과 기관 차원에서 급여공제 시 일괄 공제하는 방법이 있다. 후자의 방법을 조합비 일괄 공제 제도(check off)라 하는데, 조합이 안정적인 조합비 확보를 위해서 일반적으로 이 제도를 도입하고 있다.

💡 저자 생각

조합비 일괄 공제 제도(check-off)를 도입하기 위해서는 조합원 개개인의 동의와 사용자의 승인이 있어야 가능하다. 원만한 노사관계가 형성될 경우에는 대부분 기관에서 일괄 공제 제도를 허용하고 있으나, 그렇지 않을 경우에는 기관에서 이를 불허해 노동조합이 조합원 개개인에게 징수하는 불편함을 감수하는 경우도 있다. 임금은 원칙적으로 근로자 개개인에게 전액 지급되어야 하기 때문에 조합원의 동의는 반드시 필요하고 이를 행정적으로 처리하기 위해서는 기관 즉 사용자의 승인이 있어야 일괄 공제가 가능하다. 대부분의 공공기관에서는 일괄 공제 제도를 적용하고 있다.

③ 단체협약은 결과물이다

노동조합이 사용자와 협의를 통해서 조합원의 권리와 근로조건 등을 결정하는 결과물이 단체협약이다. 한 번 체결되면 2년 동안 유효하며 기관 내 규정보다 단체협약이 우선한다. 단체협약은 사용자와 노동조합이 실무 협상을 통해서 기본적인 단체협약 초안을 마련하고, 본 교섭에서 최종적으로 쟁점 조항에 대해서 확정한다. 일반적으로 교섭은 사용자 측과 노동조합 측이 동수로 구성하며 회의 진행 시 양측에서 번갈아가며 위원장을 맡는다. 협상은 실무 교섭과 본 교섭으로 구분해서 진행하는데 실무 교섭은 양측의 단체협약 초안을 조항별로 검토하고 협의하는 교섭으로 쟁점 조항을 제외하고 대부분은 실무 교섭에서 합의한다. 실무 교섭에서 합의되지 않은 사항은 본 교섭에서 협의하는데 본 교섭은 기관의 장과 노동조합 위원장이 참석해 최종적으로 의사결정을 하는 자리이다.

단체교섭 과정에서 양측의 이해가 첨예하게 대립하는 조항이 대부분 경영권 및 인사권과 관련된 사항이다. 경영권과 인사권은 기관장의 고유 권한이지만 노동조합이 어느 범위까지 참여할 수 있는지가 쟁점인데, 각 기관마다 적용하는 사례가 다르기 때문에 업무를 담당하는 업무 담당자는 쟁점 사항에 대한 타 기관 사례와 법적 허용 여부 등에 대해서 사전 조사와 검토를 해야 된다.

사용자 측의 실무 업무를 수행하는 업무 담당자는 단체협약이 원만하게 진행될 수 있도록 조정자 역할을 한다. 실무 교섭과 본 교섭에 필요한 자료를 생성하고, 노사합의로 통합 간사의 역할을 수행할 수도 있다. 간사는 교섭 시 회의록 생성과 조항별 교섭 안을 정리하고 일정을 확정하는 역할을 한다. 교섭을 하는 과정에서 언쟁과 조항에 대한 이견이 발생할 수 있는데 이를 조정하고 관계 회복을 위한 역할도 간사인 업무 담당자가 한다.

④ 사용자는 부당노동행위[118]를 하면 안 된다

사용자는 근로자가 노동조합과 관련하여 가입이나 활동 등을 이유로 불이익을 하게 되면 부당노동행위로 처벌받을 수 있다. 부당노동행위는 근로자의 정당한 노동조합 활동에 대하여 사용자가 방해 행위를 하는 것을 말한다. 부당노동행위를 처벌하는 것은 노동조합의 정당한 활동을 보장하기 위해서이다. 헌법에서 보장하고 있는 근로자의 노동3권을 강화하고 노동조합을 기관의 동반자로 인정하며 근로자의 권익 보호는 물론 사회적 책임을 다하게 하기 위함이다. 「노동조합 및 노사관계조정법」에서는 부당노동행위를 다섯 가지 행위로 규정하고 있다.

• 첫째, 불이익 대우

사용자는 근로자가 노동조합에 가입 또는 가입하려는 것, 노동조합을 조직하려는 것, 정당한 노동조합을 위해 실무를 하는 것, 정당한 단체 행위에 참여하는 것을 이유로 불이익을 줘서는 아니 된다.

---

118) 「노동조합 및 노동관계조정법」 제81조

- 둘째, 황견계약

사용자는 근로자가 노동조합에 가입하지 않을 것 또는 탈퇴할 것, 특정한 노동조합의 조합원이 될 것을 임용의 조건으로 하는 행위로, 이것을 부당노동행위로 규정하고 있다. 이는 노동조합을 약화시키고 어용 조합으로 만들기 위한 사용자의 행위다.

- 셋째, 단체교섭 거부

정당한 이유 없이 단체교섭을 거부하거나 해태하는 행위를 부당노동행위로 보고 있다. 노동조합은 단체교섭을 통해서 존재 이유를 증명해야 하지만 사용자 측에서 정당한 이유 없이 단체교섭을 하지 않는 것은 노동조합을 인정하지 않는 행위로 간주 될 수 있다.

- 넷째, 지배·개입 및 경비 원조

사용자가 노동조합을 지배하거나 그 활동에 개입하는 행위, 노동조합 운영비를 원조하는 행위이다. 이러한 행위를 제한하는 것은 노동조합의 자주성과 독립성을 보호하기 위해서다. 다만 노동조합의 활동 편의를 제공하는 것은 허용된다.

- 다섯째, 보복적 불이익 취급

근로자가 정당한 쟁의 행위에 참가한 것을 이유로 삼거나, 사용자의 부당노동행위를 신고 또는 증언 등의 행위로 근로자를 해고하거나 불이익을 주는 행위를 말한다.

사용자의 부당노동행위에 대해서 근로자는 노동위원회에 구제신청을 할 수 있다. 구제제도는 2심제로 해당 사업장의 관할 지방노동위원회에서 1심을 하고 2심은 중앙노동위원회, 이에 불복할 경우 행정소송이 가능하다.

⑤ 단체행동은 노동자의 권리이다

노동조합은 사용자와의 단체교섭이 결렬될 경우에는 단체 행동을 할 수 있다. 이를 노동쟁의라 하는데 노사관계 당사자가 그 주장을 관철할 목적으로 행하는 행위로 업무의 정상적 운영을 저해하는 것을 말한다. 노동쟁의를 하기 위해서는 정당한 행위라는 전제 조건이 있다. 노동조합은 근로자의 근로조건 유지와 개선, 사회경제적 지위 향상을 위해 활동해야 하고 이와 관련되어 사용자와 의견 불일치일 때 합법적인 노동쟁의를 할 수 있다. 폭력을 동원한 불법적 노동쟁의는 허용되지 않는다.

공공기관에서는 극단적인 노동쟁의까지는 가지 않고 타협과 협의의 과정 속에서 쟁점 사항이 대부분 해결된다. 공공기관의 특수성으로 국민에게 피해가 있을 수 있는 상황은 원천적으로 발생시키지 않는다는 것이 노사 양측 상호 간에 공유되는 가치이다.

쟁의행위는 근로자 측에서 하는 행위로 파업, 태업, 준법투쟁, 보이콧 등이 있고 사용자 측은 직장 폐쇄가 있다. 파업은 조합원이 공동으로 근로 제공을 거부하는 행위로 전형적인 쟁의행위 방법이다. 태업은 작업 능률을 의도적으로 저하시키는 방법이고, 사보타주(sabotage)는 단순한 태업에 그치지 않고 의식적으로 생산 설비를 파괴하는 행위까지를 포함하는 적극적인 방법이다. 준법투쟁은 「근로기준법」에서 정한 근로 기준 이상의 연장 근로를 거부하고 근로자의 권리인 휴가를 사용하는 방법이다.

근로자의 쟁의 행위에 대응하기 위해 사용자는 직장 폐쇄를 할 수 있는데 공공기관에서 직장 폐쇄를 하는 것은 불가능하다. 관련 법령에 설립 근거를 두고 있는 공공기관에서 직장 폐쇄를 한다는 것은 있을 수 없는 일이기 때문이다. 그래서 사용자 측은 근로자의 요구가 사회적 관점에서 무리가 없는 선에서 원만한 타협과 협의를 한다.

(2) 노사협의회

상시 근로자 30인 이상인 사업장에서는 의무적으로 노사협의회를 구성하고 운영해야 한다. 노동조합의 존재 유무와 상관없이 노사협의회는 설치되어야 한다. 노사협의회는 근로자와 사용자를 대표로 하는 동수의 위원을 각 3인 이상 10인 이하로 구성한다. 노사협의회를 설치하기 위해서는 '노사협의회 설치 준비위원회'를 먼저 구성한다. 근로자 위원 선출을 위한 공고를 하고, 10인 이상의 추천을 받은 후보자를 대상으로 선거를 통해 근로자 위원을 선출·구성한다. 근로자 과반 이상의 노동조합이 있는 기관에서는 근로자 위원을 노동조합에서 위촉할 수도 있다.

💡 **저자 생각**

새로 설립된 기관에서는 노사협의회 설치를 위해서 준비위원회를 구성해야 하고 근로자 위원 선출을 위한 준비와 노사협의회 규정 제정을 위한 초안을 마련해야 한다. 업무 담당자는 이와 같은 실무를 해야 하는데 각 단계별로 필요한 절차를 준수하고 구성원 모두가 참여할 수 있도록 공고와 홍보를 적극적으로 해야 한다. 노사협의회 회의는 3개월마다 개최되기 때문에 이를 활용해서 근로자의 의견을 경청하고 노동조합과의 대화 채널을 확보하는 차원에서 노사협의회를 활용하는 것도 좋다.

〈노사협의회 구성 절차〉

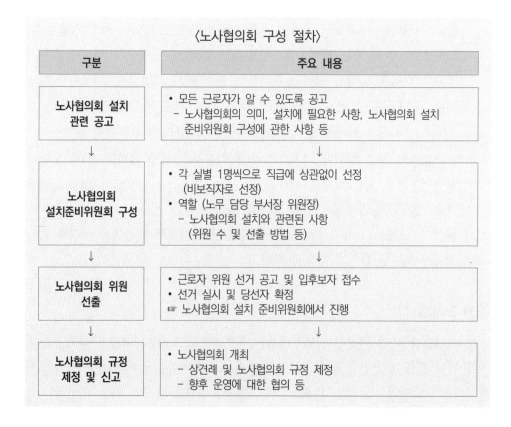

구분	주요 내용
노사협의회 설치 관련 공고	• 모든 근로자가 알 수 있도록 공고 　– 노사협의회의 의미, 설치에 필요한 사항, 노사협의회 설치 준비위원회 구성에 관한 사항 등
노사협의회 설치준비위원회 구성	• 각 실별 1명씩으로 직급에 상관없이 선정 　(비보직자로 선정) • 역할 (노무 담당 부서장 위원장) 　– 노사협의회 설치와 관련된 사항 　（위원 수 및 선출 방법 등）
노사협의회 위원 선출	• 근로자 위원 선거 공고 및 입후보자 접수 • 선거 실시 및 당선자 확정 ☞ 노사협의회 설치 준비위원회에서 진행
노사협의회 규정 제정 및 신고	• 노사협의회 개최 　– 상견례 및 노사협의회 규정 제정 　– 향후 운영에 대한 협의 등

〈노사협의회 구성에 필요한 양식〉

1. 노사협의회 설치 공고

1) 무노조 또는 과반수 노조가 없는 사업장

「근로자참여 및 협력증진에 관한 법률」 제4조에 따라 우리 기관에서는 노사협의회를 설치·운영하여야 합니다. 노사협의회는 사용자 대표와 근로자 대표가 공동으로 기관의 생산성 향상과 근로자 고충해결, 작업조건 개선 등을 위해 협의하고 노력해 나가는 매우 중요한 기구입니다.

이에 우리 기관에서는 노사협의회를 설치하고 운영하기 위해 『노사협의회 설치 준비위원회』를 구성하고자 합니다. 설치 준비위원회는 노사협의회 업무를 담당하는 인사·총무부 실무진과 각 부서별 참여자 1명씩으로 구성할 예정입니다. 각 부서에서는 부서장과 부서원들 간의 협의를 거쳐 부서별 참여자 1명씩을 결정해 주시기 바랍니다. 단, 부서별 참여자는 부서장을 제외한 직급으로 결정하여 주십시오.

설치준비위원회에서는 향후 우리 기관에서 노사협의회를 어떻게 운영해 나갈 것인지, 협의회 위원 수는 어떻게 정할 것인지, 그 구성은 어떠한 방식으로 할 것인지, 노사협의회에서 단계적으로 어떠한 사항을 다루어 나갈 것인지 등을 논의하게 될 것이며, 향후 노사협의회 근로자위원을 선출하고, 노사협의회 규정을 제정하기 위한 준비 작업 등을 하게 될 것입니다.

노사협의회 위원은 물론 준비위원회에 참여하는 근로자 또한 기관과 근로자의 발전을 위해 중요한 역할을 담당하는 것이라는 사명감을 가지고 적극적으로 임하여 주시기 바랍니다.

20○○년 ○월 ○일

한국공공기관관리원장 홍길동

2) 과반수 노조가 있는 사업장

우리 노동조합에서 근로자의 권익 보호와 기관의 발전을 위하여 불철주야 노력해주심에 감사드립니다.

「근로자참여 및 협력증진에 관한 법률」 제4조에 따라 우리 기관에 노사협의회를 설치 운영하여야 합니다. 노사협의회는 기관와과 근로자 대표가 공동으로 기관의 생산성 향상과 근로자의 고충 해결, 작업조건 개선 등을 위해 협의하고 노력해 나가는 매우 중요한 기구입니다.

우리 노동조합은 전체 근로자의 과반수로 조직된 노동조합이므로 귀 조합에서 노사협의회 근로자 위원을 선임하여야 합니다. 이에 근로자 위원의 선임에 앞서 우리 기관 노사협의회의 효율적인 운영을 위해 『노사협의회 설치 준비위원회』를 구성하고자 합니다.

설치 준비위원회는 노사협의회 업무를 담당하는 인사총무부 실무 준비위원진과 귀 조합에서 추천하는 준비위원을 노사 동수로 구성하여 향후 우리 기관에서 노사협의회를 어떻게 운영해 나갈 것인지, 협의회 위원 수는 어떻게 정할 것인지, 그 구성은 어떠한 방식으로 할 것인지, 노사협의회에서 단계적으로 어떠한 사항을 다루어 나갈 것인지 등을 논의하고자 합니다.

노사협의회 위원은 물론 준비위원회에 참여하는 근로자 또한 기관과 근로자의 발전을 위해 중요한 역할을 담당하는 것이라는 사명감을 가지고 우리 기관 노사협의회의 활성화를 위하여 귀 조합에서 적극적으로 협조하여 주시면 감사하겠습니다.

20○○년 ○월 ○일

한국공공기관관리원장 홍길동

2. 근로자 위원 선출 공고

공 고

제목: 노사협의회의 근로자위원 선거 관련
내용: 노사협의회 근로자위원 선거와 관련한 공고

1. 근로자위원 수: 5명
2. 입후보자 자격: 재직 중인 근로자
3. 입후보 방식: 근로자 10명 이상의 추천서 제출
4. 입후보 시기: 공고일부터 20○○년 ○월 ○일 18시까지
5. 선거일: 20○○년 ○월 ○일 09시~18시
6. 선거장소: 중앙 로비
7. 당선요건: 입후보자 중 다수 득표자를 당선자로 하되, 동수가 있는 경우에는 연장자를 당선자로 함

직원 여러분들의 많은 참여 바랍니다.

20○○년 ○월 ○일

노사협의회 설치준비위원회

3. 위촉장

제 2○○○- 01 호

위 촉 장

소 속: 기획본부
직 위: 기획본부장
성 명: 김○○

귀하를 「근로자참여 및 협력증진에 관한 법률」 제6조 제3항의 규정에 의하여
한국○○○○ 노사
협의회 사용자위원으로 위촉합니다.

◈ 위촉기간: 20○○년 ○월 ○일부터 20○○년○월○일까지

20○○년 ○월 ○일

한국공공기관관리원장 (인)

　노사협의회는 3개월마다 정기적으로 회의를 개최하도록 되어 있으며 필요에 따라 임시 회의를 개최할 수 있다. 노사 양측은 협의 사항과 의결 사항, 보고 사항으로 협의한다. 협의 사항은 근로자의 채용 배치 및 교육훈련, 노동쟁의의 예방, 근로자의 고충 처리, 안전보건 기타 작업 환경 개선과 근로자의 건강 증진, 인사 노무관리의 제도 개선, 경영상 또는 기술상의 사정으로 인한 인력의 배치전환·재훈련·구조 등의 제도 개선, 근로자의 복지 증진 등이다. 협의 사항은 노사협의회 위원 과반수 출석과 3분의 2 이상 찬성으로 의결할 수 있다. 의결 사항은 근로자의 교육훈련 및 능력 개발을 위한 기본 계획 수립, 복지 시설의 설치와 관리, 사내 복지 기금의 설치, 고충처리위원회에서 의결되지 아니한 사항 등에 대해서 협의회에서 의결을 거쳐야 한다. 보고 사항은 경영 계획 전반 및 실적, 분기별 생산 계획과 실적, 인력 계획, 기업의 경제적·재정적 상황 등을 사용자 측은 근로자 위원에게 보고·설명해야 한다.[119]

---

119) 「근로자참여 및 협력 증진에 관한 법률」 제20조부터 제22조까지

구분	노사협의회	노동조합
목적	• 생산성 향상과 근로자 복지 증진 등 미래지향적 노사 공동의 이익 증진	• 근로조건의 유지/개선
관련 법령	•「근로자참여 및 협력 증진에 관한 법률」	•「노동조합 및 노동관계조정법」
대표성	• 전체 근로자를 대표	• 조합원을 대표
배경	• 노조의 조직 여부와 관계없음 • 쟁의행위를 수반하지 않음	• 노조가 있음을 전제로 함 • 교섭 결렬 시 쟁의행위 가능
당사자	• 근로자위원과 사용자위원	• 노동조합과 사용자(사용자 단체)
과정	• 사용자의 기업경영상황 보고 • 안건에 대한 노사간 협의/의결	• 단체교섭을 통해 단체협약 체결

2) 취업규칙[120]

기관이 설립되고 구성원이 임용되면 구성원의 임금에서부터 근로조건 등을 마련하기 위해서 기관 내 규정을 제정한다. 기관 구성원에게 공통적으로 적용되는 규정을 취업규칙이라 하는데 취업규칙은 「근로기준법」상 법정 용어이다. 사용자가 사업 또는 사업장의 질서 유지와 효율적인 업무 수행을 위하여 필요한 복무규율과 근로자 전체에게 적용될 근로조건을 정한 준칙이라고 할 수 있다. 취업규칙은 사용자가 작성하는 것으로 노사합의로 체결되는 단체협약과는 구별된다. 사용자와 근로자 간 체결하는 근로계약이 취업규칙에서 정하는 근로조건에 미달할 경우에는 그 부분에 한해서 무효로 하고 무효로 된 부분은 취업규칙에서 정한 기준을 따른다.

취업규칙은 법적 용어이나, 대부분의 공공기관은 취업규칙이라는 규정을 별도로 제정하지는 않고 기관에서 제정해 근로자의 근로조건을 명시하고 있는 「인사규정」·「복무규정」·「보수규정」 등으로 대체 적용하고 있다. 취업규칙은 사용자가 근로자 집단에게 근로조건을 통일적으로 적용하기 위하여 작성하는 것이 원칙이나, 직종과 근로자의 신분에 따라 달리 적용할 수 있다.

---

120) 「근로기준법」 제9장 제93조부터 제97조까지

(1) 작성과 신고

취업규칙은 모든 사업 또는 사업장에서 작성의 의무가 있는 것은 아니다. 상시 근로자가 10인 이상인 사업장이 그 대상인데 공공기관은 모두 취업규칙 작성 및 신고 대상이 된다. 취업규칙은 근로자의 과반수로 조직된 노동조합, 근로자의 과반수로 조직된 노동조합이 없는 경우에는 근로자의 과반수의 의견을 들어서 제정해야 한다. 의견 수렴 방법은 근로자의 과반수의 의견을 들었음을 객관적으로 입증할 방법이어야 하는데 일반적으로 근로자의 서명을 받는다.

취업규칙을 작성하면 관할 지방고용노동관서의 장에게 신고해야 한다. 신고서와 취업규칙, 근로자 의견수렴을 했다는 증빙서류를 제출한다. 신고한 취업규칙이 관련 법령에 위반되는 사항이 있을 경우 보완하도록 조치하고 그렇지 않으면 접수하게 된다.

(2) 변경

취업규칙은 근로자의 근로조건에 관한 사항을 규정하고 있기 때문에 중요하다. 그래서 취업규칙을 변경하고자 할 때에는 근로자의 의견을 들어야 하고 불이익하게 변경될 때에는 반드시 근로자의 집단적 동의를 받아야 한다. 임금체계 변경으로 인해서 근로자의 임금이 낮아지거나 미래의 임금이 축소될 수 있을 때 근로자의 생계에 지대한 영향을 주기 때문에 근로자 입장에서는 취업규칙 개정에 반대할 수 있는 권리가 있어야 한다.

사용자는 취업규칙을 변경하고자 할 경우에 불이익 변경이 아닌 경우에도 의견 수렴 절차를 거쳐야 한다. 다수의 변경 안건 중 하나의 안건이라도 근로자에게 불이익하게 변경하고자 할 경우에는 근로자 대상으로 공개적으로 설명회를 개최해야 하고, 그 과정 속에서 질의응답을 통해 근로자가 충분히 이해하고 납득할 수 있도록 해야 한다. 그리고 변경되는 내용을 공개하고 누구나 어디서나 내용을 확인할 수 있도록 조치해야 한다. 과반수 이상의 노동조합이 있을 경우에는 노동조합의 장(위원장)이 동의할 경우에는 별도로 근로자의 동의 절차를 거치지 않아도 된다.

'집단적 동의'라는 것은 사용자가 근로자 개개인을 대상으로 서명받아서 불이익한 취업규칙을 개정하는 것을 방지하고자 하는 것이다. 사용자와 근로자가 일대일로 대면하게 되면 근로자 입장에서는 심적 압박을 받기 때문에 동의를 하지 않을 수 없다. 이를 예방하기 위해서 다수가 모인 공간에서 동의 절차를 진행할 수 있도록 하는 것이다. 왜 불이익한 규정을 개정하고자 하는지를 설명하고 구성원들의 이해를 득해야 한다는 것이다.

공공기관에서는 기관 내 규정을 제정하거나 개정할 때에는 제규정 제·개정 절차가 있다. 취업규칙의 제·개정 사유를 명시한 초안을 이해당사자에게 회람하여 의견을 수렴하고 의견을 반영해 내부 심의위원회 또는 인사위원회에서 심의·의결한다. 그 이후에 취업규칙의 중요성에 따라 이사회 심의까지 진행한다. 만약 취업규칙이 불이익 변경인 경우에는 내부 위원회 개최 전까지 노동조합이나 근로자를 대상으로 동의를 받는 절차를 진행하게 된다. 이해관계자의 동의를 얻지 못하게 되면 그 이후의 절차는 진행할 수 없게 된다.

업무 담당자가 업무를 수행하다 보면 취업규칙을 근로자에게 불이익하게 변경해야 할 일이 생길 수 있다. 이럴 때 업무 담당자의 역할은 근로자를 설득할 수 있는 상황 논리를 마련하는 것이다. 불이익하게 변경하게 되면 반드시 좋게 변경되는 사항이 있게 마련이고 반대급부가 있기 때문에 업무 담당자의 노력에 따라 근로자를 설득할 수 있는 여건을 조성할 수 있을 것이다.

제4장

총무관리

일반총무

총무(總務)에 대한 정확한 개념 정의나 학문적 의미는 명확하지 않다. 다만 총무라는 이름과 일반적으로 실무에서 인식하고 있는 의미로 해석한다면 '조직의 모든 일'로 말할 수 있고 '조직 내에서 가장 기본적인 업무를 수행한다'고 생각하면 된다. 기획 및 인사·재무회계·시설관리 등 공공기관 경영 부문에서 이행되는 모든 일은 큰 범위에서 '총무'라는 단위로 모여질 수 있다. 그러나 조직이 확대·발전하면서 각 직무별 고유업무에 대한 기능이 확장되고 독립된 기능별 역할을 수행하면서 오늘날 기획부서와 인사부서, 재무회계부서 등으로 세분화되어 별도의 기능을 수행하고 있다.

일반 사모임이나 소규모 단위 집단 또는 조직 등에서 총무를 담당한다면 실무적으로 행사를 주선하고 회비를 징수하며 모임이나 집단·조직이 잘 운영될 수 있도록 하는 업무를 총무 담당자가 수행한다. 공공기관도 이와 유사한 업무를 총무부서에서 담당한다. 기관의 행사와 의전, 사무에 대한 관리, 보안 및 안전보건 등 조직을 운영하기 위한 가장 기본적인 업무를 수행한다고 할 수 있다. 조직의 규모에 따라 총무부서가 단독으로 있을 수 있고 인사총무, 총무회계 등의 기능을 통합해 부서를 만들 수도 있다. 이는 기관의 내규에 따라 조직을 효율적으로 운영하기 위한 정책 결정이기 때문에 기관의 설립목적과 인력구성, 추진 사업의 형태 등에 따라 모든 기관에 차이가 있을 수 있다.

정부조직에도 '총무'라는 기관 명칭을 사용했었다. 정부 수립(1948년) 이후 '총무처'[121]라는 명칭을 사용하다가 1998년 '국민의 정부' 출범 이후 총무처와 내무부를 통합해 행정자치부(현재 행정안전부)를 만들면서 '총무'라는 명칭을 사용하는 기관은 「정부조직법」 상에서는 사라지게 된다.[122](하태수, 2017년) 다만, 총무 기능을 수

---

121) 총무처 내에는 인사국·상훈국·경리국이 있었다(「정권교체기의 정부조직개편」, 하태수, 2017., 67p).

122) 정부 조직의 기본적인 기관 단위는 원·부·처·청이다. '원'은 부총리급 기관으로 예전의 통일원·경제기획원 등이 있었으나, 현재는 '원' 단위 기관 명칭을 사용하지 않고 「정부조직법」 상 부총리 기관으로 기획재정부와 교육부를 두고 있다. '부'는 장관급 기관의 단위로 독자적인 법률 제·개정(안)을 제출할 수 있다. '처'는 정부의 행정자원(예산·법률·인사 등)에 해당하는 기관 단위로 국무총리 소속으로 있으며 법제처(법률)와 인사혁신처(인사) 등이 있다. '청' 단위는 장관급 기관의 소속 외청(기획재정부 소속 통계청·국세청 등)으로 기능에 따라 설립된 기관을 말한다.

행하는 부서는 존재하고 있는데 중앙정부에서는 운영지원과에서 그 기능을 수행하고 있고 지방자치단체(광역시·도, 시·군·구)에서는 총무과 또는 총무팀에서 해당 업무를 하고 있다.

일반적인 공공기관의 총무 기능은 행사 및 의전, 보안관리, 사무관리, 회의관리, 자산관리 등이 있다.

• 첫째, 행사 및 의전

공공기관은 매년 구성원을 대상으로 단합행사(워크숍)와 체육행사 등을 실시한다. 단합행사는 주로 하반기에 진행하고 체육행사는 상반기와 하반기에 다른 프로그램으로 각각 실시한다. 이를 준비하는 부서가 총무 기능을 수행하는 부서이다. 이와 함께 의전을 진행하게 되는데 기관을 방문하는 외부 손님을 응대하는 업무를 수행하게 된다. 일명 '의전관리'라고 하는데 기관을 찾아주시는 분에 대한 예우를 위한 업무라고 생각하면 된다.

• 둘째, 보안관리

공공기관의 규모와 자산, 추진하는 사업 등에 따라 보안관리 업무의 중요성에 차이가 있다. 기관에서 관리하는 시설물이 국가주요시설인 경우와 취급하는 사업이 국가적 보안을 유지하는 경우에는 별도의 조직[123]을 두고 업무를 수행한다. 일반적인 정책사업을 추진하는 기관에서는 정부의 지침에 따라 보안등급이 필요한 문서와 취급 인력(비취인가증, 보안등급)에 대한 관리, 기관 자체 보호구역 지정, 자체 방호·재난대응(안전한국훈련) 등의 업무를 수행한다. 또한 정부 차원의 훈련(을지훈련)도 총무부서에서 수행한다. 개인정보 및 정보(전산)보안은 전산부서에서 담당하는 게 일반적이다.

• 셋째, 사무 및 회의관리

조직에서 업무를 수행할 때 가장 기본적인 사항이 업무를 분장하는 일이다. 조

---

[123] 항공·항만·원전·발전소·댐 등 국가 주요시설을 관리하는 공공기관은 보안을 전문으로 취급하는 부서가 별도로 있다.(예: 인천국제항공공사 항공보안처, 경비보안처, 사이버보안센터 등 및 한국수자원공사 정보보안처, 비상계획처 등)

직의 목적과 목표를 달성하기 위해서 일을 해야 하는데 일을 어떻게 할 것인가를 나누는 일이 업무분장이다. 업무분장을 통해 업무가 구분되면 말이 아닌 문서로 업무를 추진하는데 이때 생성된 문서를 관리하고 사무를 분장하는 업무를 총무부서에서 수행한다. 이를 사무관리라고 하고 각 기관에 규정되어 있는 「위임전결규정」이나 「사무관리규정」 등을 통해 업무를 수행한다.

모든 공공기관은 규정에 근거하여 기관장의 최종 의사결정에 따라 업무를 추진한다. 사업의 방향성과 구성원 간의 업무공유를 위한 각종 회의(월간·주간)를 주관하고, 기관에서 주재하는 행사를 비롯해 회의장 관리까지 총무부서에서 담당하고 있다.

• 넷째, 자산관리

기관을 운영하기 위해서는 동산 및 부동산을 비롯해 사무기기 및 사업을 추진하기 위한 장비, 시설물 관리를 위한 기계설비 등을 구매 또는 취득하여 관리한다. 모든 취득품은 사용연수가 있어 주기적으로 교체하거나 폐기 또는 신규 구매 등을 통해서 기관 운영이 원활하게 진행될 수 있도록 한다. 기관에서 취득한 물품 및 장비, 동산 및 부동산 등을 자산(資産)이라고 하는데 매년 정기 또는 수시로 자산 현황을 정리하고 자산의 위치와 현물 등을 확인하는 업무를 총무 담당자가 수행한다.

총무부서에서는 위에서 설명한 업무 외에도 다른 부서에서 수행하지 않는 업무를 수행할 수도 있다. 사무실 구성과 배치, 미화 및 방호 등 기관의 규모와 사업 형태를 고려하여 업무 범위는 확대 또는 축소될 수도 있다. '총무'라는 직무가 이론적으로 정립되거나 연구된 사례가 많지 않기 때문에 실무적으로 유사 기관의 사례와 기존에 형성된 업무 관례 등에 따라 구성원 간의 합의로 직무가 결정되는 경우가 많이 있다. 그래서 유사 기능을 수행하는 기관과의 비교를 통해서 직무의 범위와 역할을 정리하는 것이 중요하다. 일반적으로 총무업무는 직무의 난이도에 따라 다르지만 직무 경력이 5년 내외의 대리급에서 수행한다.

1. 행사·의전관리

1) 행사관리

(1) 직무 소개

공공기관은 기관의 설립목적과 목표를 달성하기 위해 다양한 사업을 추진하고 있다. 각종 기념일을 지정해 그 의미를 되새기며 더 나은 성장과 발전을 위해 노력하고 그간의 성과를 기념하며 구성원 간 단합과 업무 공유를 위해 다양한 행사를 추진한다. 행사(行事)는 많은 사람이 특정한 목적이나 계획을 가지고 정해진 절차에 따라 조직적으로 진행하는 일을 말한다. 목적을 가지고 구성원이나 이해관계자가 함께할 수 있는 계획을 통해서 기관에서 정한 규정에 따라 각종 행사를 추진하게 된다. 행사는 크게 ①내부 구성원을 위한 내부행사, ②외부 이해관계자를 대상으로 기관을 홍보하고 기념하기 위한 외부행사로 구분할 수 있다.

행사관리의 핵심은 구성원 및 이해관계자와의 소통이다. 업무를 수행하기 위해서는 구성원이 있어야 하고 그 구성원 간의 공감대 형성(가치 공유)을 통해 더 나은 성과와 발전을 이룰 수 있다. 또한 내부적인 성과를 외부 이해관계자에게 알리고 기관의 발전된 모습을 보여주는 것도 중요하다. 기관을 둘러싼 모든 이해관계자들(내부 구성원, 주무기관, 국회, 언론, 지역사회, 이해관계기관 등)과의 소통을 통해서 기관의 발전을 도모하는 것이 바로 행사관리의 중요한 목적이다.

(2) 주요 직무

행사를 준비함에 있어 가장 중요한 것은 '대상자가 누구인가'이다. 행사의 주체가 내부 구성원이면 내부 구성원을 위한 목적에 따라 행사를 준비하고, 외부 이해관계자이면 행사의 성격에 따라 규모와 내용 등이 달라지게 된다. 내부행사는 주로 내부 구성원 간의 단합과 업무 공유, 구성원 간의 건강한 관계 유지를 위해 추진한다. 외부행사는 기관의 성과를 알리고 외부 인사들에게 기관을 홍보하며 성장한 모습을 보여주기 위한 성격이 강하다. 행사를 주관하는 총무부서에서는 행사의 성격과 주체를 명확하게 구분하고 목적에 맞는 계획을 수립해 추진해야 한다.

① 내부행사

내부행사의 대상은 내부 구성원이다. 구성원 간의 관계 형성을 위한 자리라고 생각하면 된다. 기관의 가치체계를 공유하고 구성원 간의 단합을 통해 더 나은 기관으로 성장하기 위해 행사를 추진한다. 일반적으로 내부행사는 크게 두 가지로 나눌 수 있는데 ①구성원 간의 단합을 도모하기 위한 체육행사가 있고, ②기관의 가치를 공유하고 더 나은 성장을 모색하기 위한 단합행사(워크숍)가 있다. 물론 체육행사와 단합행사를 제외하고 다양한 형태의 내부 행사[124]가 있을 수 있으나, 일반적으로 공공기관에서 진행되는 내부행사는 크게 두 가지가 대표적이다. 형식과 방법의 차이는 있을 수 있으나 각 부서에서 진행되는 행사성 사업은 사업과 연관된 내용이기 때문에 각 담당 부서별 역할과 기능에 따라 시행된다고 보면 된다.

• 첫째, 체육행사

체육행사는 내부 구성원을 대상으로 상반기와 하반기(5월 또는 10월)에 실시하는데 상반기에는 등산이나 조별 프로그램[125]을 통한 역사 탐방·문화체험 등으로 프로그램을 운영하고 10월에는 기관 주변 체육관을 대여하여 외부업체에 행사 위탁을 통해 다양한 체육 프로그램을 구성원이 함께 즐기고 단합할 수 있도록 추진한다.

업무추진은 계획에서부터 시작된다. 기관장의 지시 또는 총무부서의 판단에 따라 추진하는 경우가 있고, 상급기관(주무기관)의 지침에 따라 시행할 수도 있다. 체육행사 계획을 통해서 추진목적과 일반사항(일시, 장소, 참여인력)을 명확하게 하고 세부사항으로 프로그램 내용과 참여인력 편성, 소요예산, 추진일정 등을 계획에 반영한다. 참고로 행사 중 안전사고가 발생하면 안 되

---

124) 매년 업무를 시작하는 첫 번째 날과 마무리하는 마지막 날에 시무식과 종무식을 실시한다. 한 해를 마무리하고 새로운 해를 준비하는 의미에서 임직원과 상호 인사하는 자리를 만드는데 기관에 따라 진행하는 방식과 형식이 다르다. 최근에는 시무식과 종무식을 간소화해 추진하고 있는 추세이며 두 개의 행사 중 하나만 진행하는 경향이 있다.

125) 조편성은 통상적으로 같은 부서원이 아닌 타 부서원과 혼합해서 편성하면서 많은 대화를 할 수 있도록 프로그램을 만들고 있다. 업무 수행 과정에서 관점과 이해의 폭이 서로 달라 업무추진에 어려움을 겪는 일들이 실무에서는 많이 발생하는데 내부행사를 통해서 타 부서의 업무를 이해하고 공감할 수 있도록 프로그램을 구성한다.

기 때문에 체육행사 장소와 시기 등을 고려하여 안전대책을 계획에 반영할 필요가 있다. 또한 용역업체에 행사 프로그램 운영 및 관리를 위탁하게 되면 수의계약으로 추진할 것인지 '협상에 의한 계약'으로 추진할 것인지를 사전에 검토하여 계획[126)에 반영해야 한다. 총무부서 담당자는 모든 구성원이 동참할 수 있도록 행사의 목적을 명확하게 하고 행사 일자와 장소를 사전에 공지하여 구성원의 업무추진에 불편함이 없도록 사전 조치해야 한다. 또한, 업무 담당자는 단체행사인 만큼 예측하기 어려운 상황을 최소화하고, 직원들의 안전과 원활한 행사 진행을 위해 가능하다면 사전에 행사 장소에 방문하여 시설 및 동선 등을 점검하는 것이 좋다.

  기본적인 준비사항이 완료되면 필요한 물품을 구매하고 프로그램 진행 상황에 대해서 점검해야 한다. 체육행사 준비를 완료하면 구성원 안전을 최우선으로 하여 행사를 진행한다. 행사 전 참석한 모든 구성원에게 안전사고에 대한 주의사항을 당부하고 즐겁고 유쾌한 행사로 마무리될 수 있도록 협조를 구해야 한다. 물론 안전사고를 대비해 비상 응급조치 대책을 수립해 두어야 한다. 행사가 마무리되면 주변을 정리하고 정산 또는 결과보고를 해야 한다. 결과보고에는 행사 진행 간 성과나 만족도를 조사해 반영하고 행사간 촬영한 사진을 증빙으로 포함시키고 사용한 비용을 정산하게 된다. 또한, 행사 진행 과정에서 미흡했던 사항과 향후 개선해야 할 점 등을 환류해 차후에 진행될 행사가 더욱더 즐겁고 행복한 소통의 장으로 활용될 수 있도록 해야 한다. 결과보고는 해당 기관의 「위임전결규정」에 따라 기관장에게 결재를 득할 수도 있고. 상임 임원이나 '본부' 또는 '실' 단위 부서장에게 결재를 받을 수도 있다.

---

126) 일반적으로 문화·역사, 등산 등과 같은 행사는 내부적으로 자체 추진하고 체육행사처럼 많은 구성원이 다 같이 참여하는 행사는 다양한 프로그램을 운영하기 위한 인력, 장비 및 도구가 필요하기 때문에 용역업체를 선정해 추진한다. 대부분의 체육행사는 당일 행사로 용역 비용이 2,000만 원(부가세 미포함)을 초과하는 일은 없기 때문에 수의계약 형식으로 진행하는 것이 일반적이다.

한국공공기관관리원 20○○년 하반기 체육행사 추진계획

□ 목적
- 구성원 간의 화합 분위기 조성과 체력증진 도모를 위하여 체육행사 추진
  * 추진근거 : 한국공공기관관리원「복무규정」제00조

□ 일반사항
- (일시) '00. 00. 00.(목), 9:30~17:30
- (장소) ○○○체육관(서울특별시 00구 00동 00-1, 00역 1번 출구 200m)
- (참석) 임직원 000명(본부별 1명 별도 지정하여 사무실 대기)
- (내용) 체육경기 및 레크레이션 활동 등

□ 주요 내용
- 조는 4개 조로 구성하고 조원은 총무부에서 임의 편성
- 단체 프로그램(8개) 위주 구성 : 단체 줄넘기, 이어달리기, 조별 미션 수행 등

[시간 및 내용]

일정	건명	내용
9:30~10:00	행사 개최	개회, 국기에 대한 경례, 원장님 인사말씀
10:00~12:00	레크레이션	퀴즈, 미션 수행 게임 (1)·(2)
12:00~13:00	식사	운동장 뷔페
13:00~13:30	티타임	조별 티타임 진행(친해지길 바라)
13:30~17:00	체육경기	협동 제기차기 및 물풍선 받기 경기
		단체 줄넘기 및 이어달리기 경기
		조별 구기종목(함께 할 수 있는 종목)
17:00~17:30	행사 마무리	쓰레기 치우기, 원장님 인사말씀

* 프로그램 운영 및 준비는 용역업체에서 추진

□ 사고 예방 대책
- 사고반 구성 및 운영
  * 총무부장을 사고반장으로 두고 팀원 2명이 통제, 질서유지 등 담당
- 임직원 사고 대비 보험 가입, 구급상자 구비, 인근 ○○○병원 사전 협의 완료

□ 소요예산
- 총 00,000천 원(기관운영비-일반용역비, 일반수용비)
- 집행방법: 수의계약(0개사 견적 결과 ○○○○업체 선정)
  * 선정사유 : 공공기관 체육행사 수행 경력이 다수이고 타 업체보다 저렴한 가격으로 다양한 프로그램 제공

□ 행정사항

- 업무에 지장이 없도록 사무실 번호는 개인 핸드폰으로 전환 조치
- 안전사고 없이 행사가 마무리될 수 있도록 안전조치에 적극 동참

붙임 1. 구성원 이동계획 1부.
　　 2. 기본 안전대책(안) 1부.
　　 3. 예산 세부소요 내역 1부.
　　 4. 세부 프로그램 일정 및 준비사항 각 1부씩. 끝.

한국공공기관관리원 20○○년 하반기 체육행사 결과보고

〈총평〉

- 임직원이 직접 활발히 참여한 행사였던 점에서 큰 의미가 있고, 행사 당일 날씨와 시설 편의 상태가 좋아 무난한 진행이 가능하였음
- 참여자 만족도 9.2점으로 전반적인 만족도*가 높아 일정 및 프로그램 구성 등이 적정한 것으로 보임
  * 운영시간 적정 0.0점, 시설 만족 0.0점, 프로그램 재미 0.0점, 진행 상황 0.0점
- 안전계획을 수립 및 요원 배치로 안전사고 없는 행사가 가능하였음

□ 추진내용

- (일시) '00. 00. 00.(목), 9:30~17:30
- (장소) ☆☆☆체육관(서울특별시 00구 00동 00-1, 00역 1번 출구 200m)
- (참석) 임직원 000명(대기 0명, 출장 0명 불참)
- (내용) 체육경기 및 레크레이션 활동 등

(체육행사 사진)	(체육행사 사진)	(체육행사 사진)
사진 제목	사진 제목	사진 제목

□ 예산 집행 내역
- 총 00,000천 원
- 집행 내역

(단위: 천원)

예산 구분	내용	금액	비고
일반용역비	무대 설치 및 행사 진행 등 용역	xx,xxx	업체: ○○○○
일반수용비	00000 구매 배부	x,xxx	
	○○○○구매 배부	x,xxx	
	안전 물품 구매	xxx	
	행사 기념품 구매	x,xxx	

□ 개선사항(만족도 조사 결과)
- 행사장 內 위생시설(화장실)이 변두리에 위치하여 일부 직원 불편 언급
  → 전반적인 시설 만족도가 높았으나, 차기 행사 시 위생시설이 가까운 공간에 행사장 세팅
- 경품에 대한 만족도는 낮은 것으로 조사
  → 수량보다 소량이라도 품질이 좋고 만족도가 높을 경품으로 대체
- 행사에서 임원 역할을 한정적으로 운영
  → 인사 말씀, 경품추첨 외에도 직접 행사에 참여할 수 있도록 조원에 구성

붙임 1. 행사 만족도 조사결과 1부.
     2. 세부 예산 집행 내역 1부. 끝.

- 둘째, 단합행사(워크숍)

　단합행사의 목적은 가치 공유이다. 기관에서 추구하는 목적과 목표를 구성원 간 상호 공유하고, 업무 수행 시 발생한 여러 가지 어려운 사항을 대화를 통해서 이해할 기회를 마련하는 것이 핵심이다. 보통 1박 2일로 진행하는데 단합행사의 취지에 따라 세부내용은 달라질 수 있다. 일반적으로 총무부서에서는 모든 구성원이 참여하는 행사를 주관하고, 기관 차원에서 일정 직급 또는 부서 간을 대상으로 진행되는 교육성 행사 및 사업 공유를 위한 협의 등을 위한 목적별 행사의 경우에는 기획부서 또는 각 사업부서에서 준비하고 있다. 다만, 기관에 따라 준비하는 주관부서는 다를 수 있기 때문에 기관에서는 목적과 대상 등을 고려해 업무분장을 통해 정하고 있다. 총무부서에서 진

행하는 단합행사는 구성원 모두가 함께 즐기고 얘기하며 업무 수행 간 쌓였던 이견 등을 해소할 기회를 마련하고자 하는 의미가 가장 크다.

단합행사는 매년 1회 정도 진행한다. 연간 업무를 마무리하고 서로를 격려하는 자리이기 때문에 연말에 진행하는 것이 일반적이나, 기관의 특성에 따라서 연초에 추진되는 경우도 있다. 실무적으로는 단합행사의 시기와 횟수가 중요한 것은 아니다. 구성원 간에 함께 할 수 있는 자리를 마련하는 것이 중요하기 때문에 시기나 목적은 기관의 여건을 고려하여 결정하면 된다.

공공기관의 모든 행사는 계획으로부터 시작한다. 단합행사는 보통 상급자의 지시나 업무를 담당하는 부서(총무부서)의 추진 의지에 따라 진행할 수 있다. 일반적으로 구성원이 함께 논의하거나 공유해야 할 사안이 있는 경우 기관장의 지시나 담당 부서의 건의로 추진하게 된다. 또 다른 경우는 그간의 노고를 칭찬하고 구성원 모두를 대상으로 기관의 분위기를 상승시키고자 할 때 단합행사를 추진할 수 있다. 일반적으로 연말에 그간의 노력을 칭찬하고 성과를 정리하는 차원에서 많이 진행한다. 단합행사 계획에는 행사의 목적과 취지를 기록하고 일반사항으로 일시와 장소, 행사 프로그램, 소요예산, 안전계획 등을 반영한다. 세부적으로 확인해야 할 사항은 ①프로그램 구성 및 ②예산 편성, ③숙소 배치, ④필요 물품 구매 등이다. 각 항목별로 준비할 사항을 정리하고 체크리스트로 만들어 누락된 사항이 없는지 확인해야 한다. 보통 계획을 수립할 때 '단합행사 추진계획'에 대략적인 추진목적과 일반사항, 추진 일정, 행정사항 등만 반영하고 붙임자료로 세부적인 내용을 반영한다. 추가적으로 기관의 모든 구성원이 움직이기 때문에 여행자 보험은 필수적으로 가입해야 하며 복무도 총무부서에서 단체로 출장으로 처리하거나, 계획상에 구성원의 복무처리 방법을 반영해야 한다.

☞ 프로그램 구성

단합행사의 목적에 따라 프로그램 구성이 달라질 수 있다. 구성원 간의 단합을 목적으로 하는 행사의 경우에는 모든 구성원이 함께 '으싸으쌰' 할 수 있는 오락 프로그램이나 함께 동참할 수 있는 게임 위주의 프로그램을 구성할 수 있다. 성과를 공유하고 지난 업무에 대한 반성과 차후 추진 상황에 대한 공유를 하는 정보 전달에 목적을 두는 행사 경우에는 각 부서에서 준비한 자료를 발표하는 형식으로 프로그램을 만들게 된다. 물론 이를 통합해 프로그램을 구성할 수도 있다. 오후에 업무 공유, 저녁 만찬 시간에 오락성이 있는 프로그램을 중심으로 전문 레크레이션 강사를 섭외해 참석한 모두가 함께할 수 있는 시간을 가질 수도 있다. 이는 행사의 성격과 목적에 따라 총무부서에서 결정해 진행하면 된다.

모든 구성원이 함께하는 자리이다 보니 외부 강사를 초빙해 참석자들이 공감할 수 있는 강연을 듣는 기회를 마련하기도 한다. 즐거움을 추구하는 행사일 경우에는 그에 맞는 전문 강연자를 섭외하고 전문지식이나 가벼운 정보 전달이 필요한 경우에는 유명 셀럽을 초빙해 진행할 수도 있다.

☞ 예산편성

행사를 준비하기 위해서는 예산이 배정되어 있어야 한다. 어떤 항목의 예산을 사용할 것인지 담당자는 사전에 확인해야 한다. 물론 예산 편성 시 단합행사에 필요한 예산을 반영하는 것이 중요하다. 용역을 통해 행사를 추진할 경우에는 일반용역비에 비용을 반영할 수도 있으나, 자체적으로 추진하는 경우에는 국내여비, 숙박비 등을 활용할 수 있고 일반수용비에서 관련 물품 등을 구매하여 사용할 수도 있다. 담당자는 해당연도의 각목명세서를 확인하여 단합행사 목적으로 집행할 수 있는 예산 항목을 반드시 계획서에 반영해야 하며, 목적에 맞는 예산이 반영되고 집행될 수 있도록 해야 한다. 차후 예산 결산 시 집행 항목 오류로 인해 지적받는 일이 없도록 예산편성과 집행에 신중을 기해야 한다.

☞ 숙소 배정

모든 내부 구성원이 동참하는 단합행사는 누구와 함께 숙소를 배정받느냐도 중요하다. 타 부서 인력과 함께하면서 이야기 시간을 가질 수 있도록 할 수도 있고 부서별로 편성할 수도 있다. 이는 담당자의 권한이기 때문에 목적과 성격에 맞게 배정하면 된다. 일반적으로 임원급의 경우에는 1인실로 편성하고 그 외에는 함께 할 수 있도록 숙소 배정(2인실, 4인실)[127]을 한다. 모두가 함께 1박을 하는 것이기 때문에 업무 담당자는 우선 모든 구성원이 안전하게 숙소로 들어갔는지를 최종적으로 확인해야 하며 숙소에서 구성원들이 간단하게 먹을 수 있는 물이나 음료수 등 간식을 준비해야 한다.

---

127) 숙소는 예산의 범위 내에서 1인 1실로 구성하는 것이 좋다. 출장 시 사용할 수 있는 숙박비 상한액은 7만 원(서울지역 10만 원)이기 때문에 상한액 내의 장소에서 행사를 진행할 경우에는 1인 1실로 구성하고 숙소가 부족할 경우에는 방이 독립적인 공간 위주로 편성해 1실에 2인이 들어갈 수 있도록 준비하는 것이 좋다.

☞ **물품 구매**[128]

행사를 준비하는 과정에서 구매해야 하는 물품은 많이 있다. 간식에서부터 비상·응급 약품, 프로그램 구성품, 현수막과 직원 이름푯말 등 각종 인쇄물 등이다. 간식은 버스 이동 간 구성원이 먹을 간단한 과일 및 과자류, 행사 진행 간 먹을 수 있는 음료와 다과, 만찬 이후 숙소에서 먹을 수 있는 물(음료수)과 간단한 과자 등을 준비[129]하면 된다. 각종 인쇄물은 행사 일정과 강연자 자료, 숙소 안내, 숙소 배정 등을 공지할 수 있는 책자를 제작·배포하고 현수막 및 배너를 제작해 행사 분위기 조성을 해야 한다. 행사 마지막에 기념사진을 찍고 기록을 남길 수 있도록 현수막과 배너는 행사장 규모에 비례해 크기를 결정하고 구성원의 이름을 상호 인식할 수 있도록 모두에게 이름과 소속이 명기되어있는 이름표를 배부해야 한다. 규모가 작은 기관은 필요 없을 수 있으나, 일정 수준의 규모가 있는 기관의 경우에는 얼굴만 알고 이름을 모르는 경우가 있고 아예 누가 누군지도 모르는 경우도 있기 때문에 대규모 행사의 경우에는 이름표가 반드시 필요하다. 총무 담당자는 필요 물품을 목록(체크리스트)으로 만들어서 누락 된 내용이 없는지 점검하는 것이 중요하다.

모든 준비가 완료되면 행사를 진행하는데 총무 담당자는 진행과정에서 일정별로 프로그램이 잘 진행되는지 점검하고 이상 유무를 확인한다. 구성원들이 필요한 사항에 대해서는 수시로 확인하며 참여 인력이 불편함을 느끼지 못하게 원만한 진행을 유도해야 한다. 실무자 입장에서는 프로그램별로 담당자를 지정해야 한다. 모든 업무를 총무 부서에서 할 수 없기 때문에 프로그램별로 진행 담당자를 지정하고 해당 프로그램이 일정별로 원만하게 진행되는지를 확인하는 것이 필요하다. 행사는 기본적으로 안전사고가 발생하면 안 되기 때문에 응급상황 발생 시 조치 사항에 대해서 구성원들에게 사전 공지하는 것은 필수적이며 행사 장소 담당자와도 사전 협의를 통해 안전사고에 대한 대응체계를 마련하는 것이 좋다. 행사가 계획된 목적대로 완료되면 정산을 하고 결과 보고를 해야 한다. 결과보고에는 예산집행 실적과 활동 모습, 행사 간 진행된 프로그램에 대한 구성원의 만족도 조사, 차후 행사에 바라는 점 등을 반영한다.

---

128) 행사에 필요한 물품 구매 시 고려해야 할 사항은 사회적 책임 이행을 위해서 중소기업 및 장애 인기업(중증장애인) 제품을 구매할 수 있도록 노력해야 한다. 관련 법령에 따라 기관의 총 구매 액의 일정 비율을 구매하도록 강제하고 있기 때문에 업무 담당자들은 소액일지라도 사회적 책임 을 구현한다는 의식을 가지고 정부의 정책과 관련 법령의 취지에 적극적으로 동참해야 한다. 물 론 경영평가에도 반영되기 때문에 계획에 사회적 책임 이행을 위한 노력을 반영할 필요가 있다.

129) 단합행사는 대형버스로 이동하는 경우가 일반적이기 때문에 버스 내에서 구성원이 먹을 수 있는 간단한 다과를 준비해서 지급하는 것도 좋다. 실무업무를 담당했을 때 버스 내에서 구성원이 먹 을 수 있는 간단한 다과세트(음료, 과일, 과자류 등)를 준비해 지급한 적이 있는데, 구성원들로부 터 가장 좋은 평가를 받은 기억이 있다.

한국공공기관관리원 20○○년 상반기 단합행사 계획(안)

□ 목적
- 한국공공기관관리원의 체계적인 사업추진을 위해 관리원 조직구성원의 업무 공유와 소통·협력이 중요
- 상반기 단합행사를 통해 '00년 연간계획과 관련된 업무 및 협조사항을 공유하고, 실(부서)간 의견공유를 통해 효과적인 업무를 추진하고자 함

□ 개최 계획(안)
- (일시 및 장소) '00. 00. 00. ~ 00., 000개발원
- (참석대상) 전 직원(000명)
- (행사주제) ① '00년 업무계획 공유 ② 부서 간 의견공유(담론) ③ 세대공감 커뮤니케이션 강의 ④ 경기도 00000 견학

□ 단합대회 세부일정(안)

시간		주요내용	비 고
0.00.	10:00~13:30	• 이동(사무실 → 000개발원) 및 점심 식사	45인승 버스 3대
	13:30~14:00	• 숙소 배치 및 자유시간	
	14:00~16:00	• '00년 업무계획 공유회	부서장 발표
	16:00~17:00	• 토론의견 상호 공유회	분담토의
	17:00~17:30	• 임원 및 기관장 말씀	
	18:00~	• 저녁식사 및 자유시간	
0.00.	07:00~09:30	• 조식 및 짐 정리	
	09:30~11:30	• 세대공감 커뮤니케의션 강의	전문강사
	11:30~12:30	• 중식	
	13:00~14:00	• 경기도 00000 견학	
	14:00~15:30	• 이동(→사무실)	

□ 행정사항
- (소요예산) 금 00,000,000원(금 0000000원)(예산과목: 기관운영비-일반수용비)
- (추진업체) ㈜0000(기관교육전문업체)
  - 선정방식 : 수의계약(「국가계약법 시행령」 제26조 제1항제5호 가목2)
  * 추정가격이 2천만 원 이하인 물품의 제조 구매계약 또는 용역계약

□ 향후 추진계획
- 단합대회 계획 공지(0. 00.)
- 단합대회 세부추진계획 수립(0. 00.)
- 단합대회 추진(0. 00 ~ 0. 00.)

붙임 1. 업체 견적서 1부.
    2. 단합대회 제안서 1부.
    3. 비교견적서 1부. 끝

※ 보고 및 내부결정(결재)을 통해 단합대회 추진이 확정되면, 실무 담당자는 단합대회와 관련된 세부사항 등을 결정하고 추진하게 된다. 체계적인 업무 수행을 위해 참가자 명단, 프로그램 세부일정, 숙소 배정(숙소위치), 식사 메뉴 등 세부적인 내용을 포함한 세부 추진계획안을 추가로 수립할 수 있다.

한국공공기관관리원 20○○년 상반기 단합행사 결과보고

□ 목적

• 한국공공기관관리원 20○○년 연간계획과 관련된 업무 및 협조사항을 공유하는 상반기 단합행사를 추진하고 결과를 보고드림

□ 추진결과

• (일시 및 장소) '00. 00. 00. ~ 00., 000개발원
• (참석대상) 전 직원(000명)
• (행사주제) 한국공공기관관리원의 20○○년 효율적 업무추진을 위한 임직원 단합대회 및 소통·협력 조직문화 정착을 위한 교육 등
  - (1일 차) 20○○년 업무공유 및 부서간 담론
  - (2일 차) 의사소통 커뮤니케이션 및 타기관 벤치마킹
• 행사 사진

사진명	사진명	사진명

• (집행금액) 금 00,000,000원
  * 집행 세부내역은 붙임 참조

□ **시사점**

- 기관의 경영전략 내재화 : 전 직원이 기관의 경영전략을 명확하게 이해하고, 하나의 목표(비전)를 가지고 유기적으로 업무를 추진해야 함
- 전년도 반성과 기관 전략체계 연계성 확보 : 연간업무계획과 전략체계와의 연계성을 확보하여 기관목표를 달성하기 위한 전사적인 노력 필요
- 업무협조체계 구축 : 효율적이고 유기적인 업무 수행을 위해 부서간 업무협조체계를 강화할 수 있는 협업지원시스템 구축 필요
- 직원의 커뮤니케이션 스킬을 향상시킬 수 있는 팀 빌딩 프로그램 및 활동을 통해 소통 중심 조직문화 활성화
  * 임직원 프로그램 참여 만족도 : 00.0점

□ **향후 추진계획**

- 단합대회 대행업체 대금지급 등(~0. 00)

붙임 1. 한국공공기관관리원 상반기 단합대회 계획(안) 1부.
     2. 단합대회 결과보고(대행업체) 1부.
     3. 집행금액 세부내역 1부. 끝.

② 외부행사

　　외부행사는 이름 그대로 기관 외부의 이해관계자를 모시고 와서 행사를 진행하는 것을 말한다. 행사의 내용에 따라 초대하는 이해관계자는 다를 수 있지만 내외의 이해관계자에게 기관을 보여주는 목적은 동일하다. 외부행사로는 창립기념행사, 개관식, 각종 기념일행사 등으로 대부분 공공기관이 비슷하다. 각종 사업을 추진하다 보면 각 사업부서에서 주관해 진행하는 행사들이 있는데 이는 총무부서에서 주관하지 않고, 사업 목적에 따라 사업부서에서 주관하고 총무부서는 초청 인사의 의전이나 인력 등의 지원업무만 수행한다.

　　공공기관에서 진행하는 대표적인 기념행사는 창립기념식과 개관식이다. 창립기념식은 법인을 설립하고 인력 채용이 완료되어 업무가 정상적인 궤도에 올라오는 창립 1주년 행사를 주로 한다. 법인을 설립하고 바로 행사를 진행하기에는 준비가 미흡하고 법인을 정상적으로 운영하는 것이 시급하기 때문에 어느 정도 기관이 정비된 이후에 행사를 진행하는 것이 일반적이다.

개관식130)은 박물관이나 과학관, 생물자원관, 미술관 등과 같이 일반 대중에서 보여줄 수 있는 전시·교육·체험 기능을 수행하는 기관에서 준비가 완료되어 일반인에게 공개하는 날을 기념하기 위해 행사를 한다.

외부행사는 외부 이해관계자들이 기관을 방문하기 때문에 준비하고 확인·점검해야 할 사항이 많다. 기관 차원의 역량을 총동원해 행사를 준비해야 하기 때문에 기관 전체 인력이 참여하는 행사로 진행한다. 총무부서에서는 참여하는 인력에 대한 역할 분담을 명확하게 하고 초청인사에 대한 전담 인력을 배치해 초청자를 배려하는 역할을 부여해야 하며, 행사 전 초청자들 간에 간단한 인사를 할 수 있는 간담회 장소를 마련하고 기자단을 초청했을 경우에는 기자들이 기사를 송출할 수 있는 기자실을 별도로 구성해야 한다. 외부행사의 규모에 따라 전문 용역업체와 계약을 통해 무대설치, 퍼포먼스, 공연, 사회, 대내외 홍보 등의 역할을 명확하게 구분하고 행사를 진행하기도 한다. 특히 개관식의 경우에는 일반인과의 첫 만남을 준비하는 행사이기 때문에 대부분 기관에서는 행사가 전문적이고 다채롭게 개최될 수 있도록 전문 용역업체에 위탁·운영한다.

외부행사 절차는 계획으로부터 시작한다. 계획에는 일시와 장소, 참석대상자(관람 동선 포함)·홍보계획·안전대책·소요예산·진행 프로그램·추진 일정·무대 구성 등 구체적인 내용이 포함되어야 하고, 그 속에서 참여 인력에 대한 역할을 부여한다. 기관 차원의 역량을 총동원해야 하기 때문에 계획 수립 전에 일반적으로 외부행사 추진 프로젝트팀131)을 구성하는데 기획부서 또는 총무부서에서 총괄 담당을 하고 각 분야별 담당자를 지정해 세부적인 추진 계획을 수립해 종합계획(안)을 마련하게 된다. 외부행사는 외부 이해관계자를 초청하기 때문에 대상자에 대한 예우를 어떻게 할 것인지를 사전에 검토해

---

130) 전시·교육·체험을 목적으로 설립된 박물관이나 미술관, 과학관 등은 기관 창립기념일보다 개관일을 중요하게 생각한다. 창립기념일은 법인을 세운 기념일인 반면 법인을 만든 뒤 인력 충원과 내규 정비를 마무리하고 시설물 및 각종 프로그램의 구성을 완료하여 외부 관람객을 공식적으로 맞이하는 개관일이 더 중요한 것이다. 개관식 행사는 개관일을 기념해 매년 주기적으로 실시하고 있다. (예: 개관 1주년 행사, 개관 2주년 행사 등)

131) 외부행사는 기관 역량을 총동원하는 행사가 대부분이기 때문에 행사 진행을 대부분 외부 전문업체의 의뢰해 진행하게 된다. 행사의 규모가 있기 때문에 협상에 의한 계약에 의해 행사 6개월 전 업체를 선정하는 절차를 진행하는게 일반적이다.

야 한다. 초청장 발송 시기와 대상자 선정, 그리고 초청자별 담당자 지정 등을 통해서 초청자에 대한 예우를 다해야 한다. 그리고 행사에 참석하는 내외 모든 이해관계자에게 일정 수준의 기념품을 증정하고 있다.

행사는 식전 행사와 본행사, 식후 행사로 구분해 진행하게 되는데 ①식전 행사는 행사의 흥을 돋우고 참석자에게 일정한 볼거리를 제공하기 위해 공연이나 이벤트성 행사를 진행하고 환담장을 조성해 초청자들이 자유롭게 얘기할 수 있도록 준비한다. ②본행사는 일정한 행식에 따라 진행하게 되는데 국민의례를 시작으로 경과보고, 홍보 영상 상영, 축사와 환영사, 주요 초청자 퍼포먼스 등의 순서로 진행한다. 준비된 본행사가 마무리되면 ③식후 행사로 초청자들이 자유롭게 행사 장소를 관람할 수 있도록 동선을 준비하고 전시 공간에 대한 설명과 안내를 통해 기관에 대한 정보를 공유할 수 있도록 해야 한다.

행사 당일 안전하게 행사가 진행될 수 있도록 행사장 주변 교통과 주차 등에 대해서도 안전계획을 수립해야 하고 많은 차량이 이동하기 때문에 사전에 관할 경찰서와 소방서의 협조를 구하는 것도 중요하다. 또한, 일정 수준의 인원[132]이 모이는 행사의 경우에는 관할 경찰서에 신고 의무가 발생하기 때문에 담당자는 이를 숙지하고 있어야 한다.

행사가 마무리되면 결과보고를 해야 한다. 행사가 계획대로 운영됐는지와 차후 행사 시에 고려해야 하는 사항 등을 반영해 결과보고서를 작성하고 행사간 집행한 비용정산을 통해 적정하게 예산을 편성하고 집행했는지를 확인·점검한다. 행사 결과를 통해 기관을 대외적으로 홍보해야 하기 때문에 행사 진행 간 주요 초청자 및 행사 프로그램 운영 등을 사진으로 기록하고 동영상 촬영을 통해 기관의 역사로 관리해야 한다. 물론 홍보 자원으로 활용할 수도 있다. 특히 주요 초청자에게 간단한 사진을 액자로 제작해 제공하는 작은 배려는 기관에 대한 좋은 이미지를 심어줄 수 있다.

---

132) 「경비업법」 제2조 제5호 바목 및 제7조 제6항에 따라 100명 이상의 인원이 모이는 행사의 경우에는 경비지도사를 선임해야 한다.

☞ **첫째, 창립기념식**

창립일이라는 것은 법인 구성(이사회 구성)을 완료하고 관할법원에 설립등기를 완료한 날을 의미한다. 기관을 설립하기 위해서는 주무기관에서 법령에 근거하여 설립추진위원회를 구성해 법인 설립을 위한 제도와 인력, 예산 등을 사전에 준비하고 마무리 단계로 법원에 법인 등록을 완료한 날을 기념하기 위한 행사이다. 법인 설립 시에는 정상적인 법인 운영이 어렵고 기관의 기능을 수행하기 위해 법인 직원을 선발하고 기관의 목적사업을 추진하기 위한 계획을 수립해야 하기 때문에 별도로 외부 이해관계자를 초빙해 기념행사를 하는 경우는 극히 드물다. 어느 정도 기관의 기능과 인력구성, 사업 추진 등이 안정화된 1주년 행사를 진행하는 것이 일반적이다. 대부분의 기관이 창립기념일은 약정휴일로 내규상에 반영하기 때문에 행사를 추진할 시에는 특정일을 지정해 기념식을 진행한다. 창립기념식은 매년 외부 이해관계자를 초청해 진행하는 것은 아니고 내부행사로 간단하게 진행[133]하는 경우도 있고, 별도의 행사 없이 구성원의 지난 일 년을 격려하며 휴식(약정휴일)을 주는 것이 일반적이다. 다만, 주기에 따라 외부 이해관계자를 초청해 대대적으로 행사를 추진하는 경우도 있는데 1주기·5주기·10주기[134] 등 특정한 주기별로 기관의 성과와 발전상, 그리고 향후 미래 모습을 외부 이해관계자에게 보여주기 위해 추진하는 경우가 대부분이다.

☞ **둘째, 개관식**

개관식은 일반적으로 對 국민을 상대로 전시·체험·교육 등을 할 수 있는 시설을 갖춘 기관에서 법인을 설립하고 일반 관람객을 맞이할 준비가 완료됐을 때 외부 이해관계자를 초청해 진행하는 행사이다. 개관식은 박물관, 과학관, 자원관, 생태원, 수목원 등과 같은 기관[135]에서 주로 추진하며 매년 개관 기념으로 다채로운 행사를 진행하고 있다. 특히, 개관을 하는 해당연도 개관식은 주무기관의 장이나 그 이상의 외부 초청 인사를 모시고 행사를 대규모로 진행하고 그 이후 개관 1주년 행사부터는 對 국민을 대상으로 기관 특성을 고려한 다양한 프로그램(기획 및 특별 전시, 학술 포럼, 관람객을 위한 이벤트성 행사 등)을 운영하면서 관람객 위주의 행사를 진행하는 것이 일반적이다.

기관 설립 첫해 개관식은 기관 입장에서는 큰 의미가 있다. 기관을 설립하기 위한

---

133) 창립기념은 구성원들의 생일과도 같다. 이를 기념하기 위해 총무부서에서는 구성원들에게 생일선물과 같은 기념품을 지급하는데 보통 구성원의 수요를 조사해 3만 원에서 5만 원 이내의 선물을 구성원에게 지급하는 것이 일반적이다.

134) 충남 서천에 위치하고 있는 국립생태원(2013년 설립)은 창립 10주년 행사를 다채롭게 추진하고 있다. 각 부서별로 역할을 부여해, 기획 및 특별전시, 학술 포럼 등을 진행하고 있고 누리집(홈페이지)에 별도의 섹션을 구축해 홍보활동을 하고 있다.

135) 기관의 건물을 새롭게 건립하거나 이전할 경우에도 개관행사를 진행하는 경우가 있다. 이때에도 외부 이해관계자를 초청해 진행하는 것이 일반적이다.

모든 과정의 마침표를 의미하며 對 국민을 위한 사업의 시작을 의미하기 때문이다. 그래서 개관식을 준비하는 모든 기관에서는 큰 의미를 부여하며 기관의 역량을 총동원해 행사를 준비한다. 개관식을 기점으로 기관은 정상적으로 운영하며 설립목적을 달성하기 위해 다양한 목적성 사업을 추진하게 된다. 개관식을 통해서 외부에 기관의 존재를 알리고 기관의 출범을 공표한다.

【개관식 계획서】

○○○○○○ **개관식 계획(안)**

- 행사주제(슬로건) -

20○○. ○○.

목 차

□ **목적** : 국민의 문화향유권 향상과 우리 ○○역사와 문화의 미래가치를 공유하는 통합
적 문화공간인 ○○○○○○의 개관을 널리 알리기 위함

□ **일시 및 장소** : '00. 00. 00, 14:00 ~ 15:30, ○○○○○○

□ **참석인원** : 180여 명
• 주요내빈(20여 명) : 주무기관의 장, 00지역 국회의원, 000시 지방자치단체장 등
• 일반내빈(170여 명) : 00000부 및 산하기관장, 유관기관장, 건립유공자, 지역주민 등

□ **주요행사**
• 개관식 행사 : 식전행사(환담), 본행사, 식후행사(관람)
• 개관 기념행사 : 학술포럼, 기관 슬로건 공모전, 시민참여 프로그램, 역사특강 등

□ **행사주제** : *"행사 슬로건"*

구분	시 간		주요 내용	비 고
개관식 (50분)	14:00~14:06	(6분)	▶ 개식선언 및 국민의례, 내빈소개	사회자
	14:06~14:09	(3분)	▶ 경과보고	사회자
	14:09~14:13	(4분)	▶ 환영사	기관장
	14:13~14:18	(5분)	▶ 개관기념 영상	
	14:18~14:22	(4분)	▶ 기념사	주무기관의 장
	14:22~14:37	(15분)	▶ 축사	
	14:37~14:42	(5분)	▶ 유공자 표창	주무기관의 장
	14:42~14:50	(8분)	▶ 기념 퍼포먼스 및 기념 촬영	주요 내빈
식후행사	14:50~15:20	(30분)	▶ 주요 시설 관람	주요 내빈

2   **식전행사**

□ **개요**
• 기념식 행사 전 사전환담(환담장) 및 홍보영상 상영

시 간	소요	내 용	비 고
~ 13:40	–	내빈 도착	본관 입구 및 후문
13:40 ~ 13:58	18분	사전환담	환담장
13:40 ~ 13:55	15분	홍보영상 상영	기념식장
13:55 ~ 13:58	3분	장내 정리	기념식장

□ **세부내용**
• (도착) 내빈 하차 후 의전도우미 안내에 따라 내빈 환담장 이동
• (환담) 참석자 인사 및 간단한 기관 관련 내용 환담 진행
  * 환담장은 스텐딩 테이블과 간단한 다과로 구성
  * 주요내빈 : 주무부처 장, 지역 국회의원, 지자체장, 유관기관장 등 20명

- (기념식장 이동) 환담 후 내빈들과 함께 기념식장으로 이동(2분)
  * 〈기념식장〉 사회자(아나운서)의 행사 안내 및 장내 정리 후 주요내빈 입장

3 개관식

□ 개요

- 일시 및 장소 : '00. 0. 00., 14:00~14:50 / ○○○○○○ 로비

시 간	소요	내 용	비 고
14:00 ~ 14:06	6분	개식선언 및 국민의례, 내빈소개	사회자
14:06 ~ 14:18	12분	경과보고, 환영사, 주제영상 상영	기관장
14:18 ~ 14:42	24분	기념사, 축사, 유공자 포상	축사(주요 내빈)
14:42 ~ 14:50	8분	개관 퍼포먼스(주요 내빈) 및 사진 촬영	

※ 무대 조감도가 있을 경우, 계획안에 추가가능

□ 세부내용

- (입장) 사회자 안내에 따라 주요 내빈 입장 및 지정석 착석
- (개식선언 및 국민의례) 국기에 대한 경례, 순국선열에 대한 묵념
- (주요내빈 소개) 주요내빈석(30명) 내빈 소개 진행
- (경과보고 영상) 건립 경과를 시간순으로 보고
- (환영사) 기관장 환영사

·····························(중략, "시간별 행사")·····························

4 식후행사

□ 개요

- 기념식 후 주요 내빈을 대상으로 기관 시설 관람 진행

시 간	소요	내 용	비 고
14:50 ~ 15:00	10분	000000	000동
15:00 ~ 15:10	10분	000000	000동
15:10 ~ 15:10	10분	000000	000동

"관람동선 사진"

5   개관기념행사 계획

□ 개관기념 학술포럼

- (일시) '00. 0. 00., 14:00~17:00
- (주제) 00000000
- (장소) 0000 대강당
- (대상) 일반시민
- (내용) 000000000000000000000000000

구분	운영시간	세부주제(가제)
접수	00:00 ~ 00:00	– 참가자 접수
발표	00:00 ~ 00:00	– 기조발표 등 4개의 주제 발표
마무리	00:00 ~ 00:00	– 질의응답 및 마무리

□ 시민참여 프로그램

- (일시) '00. 0. 00., 14:00~17:00
- (주제) 00000000
- (장소) 0000 마당
- (내용) 000000000000000000000000000

·····························(중략, "일자별 기념행사")·····························

6   홍보계획

□ 옥외홍보

- (가로등배너) 기관 인근 도로 가로등 배너 설치 등
- (기타 전광판) 유동인구 상위지점 전광판 광고 버스 등 교통수단 광고 노출 등

관련 이미지	관련 이미지	관련 이미지

□ 언론매체 홍보

- (라디오) 지상파 라디오 주간광고 등
- (보도자료) 개관식 보도자료 배포 등

□ **온라인 홍보**

- (팝업 및 배너 홍보) 포털사이트 및 기관 누리집(홈페이지) 내 팝업
- (SNS 이벤트 홍보) 기관 콘텐츠 제작 등을 통한 참여형 이벤트 진행
- (콘텐츠 홍보) 유명 유튜버를 활용한 콘텐츠 제작 및 홍보 추진 등

7	현장 구조물

□ **현장 구조물**

- 행사장 조성(무대)
- 입구아치
- ………중략

□ **제작 홍보물**

- 현수막
- 초청장
- ………중략

※ 대형 현수막, 아치형 입구 구조물, 초청장, 포스터, 기념품, 기타 제작물(안내문 등) 행사와
  관련된 제작 홍보물 및 구조물의 주요 내용과 이미지를 첨부

8	안전관리 및 교통계획

□ **안전사고, 소방안전, 감염병 등 방역 대책, 시설점검, 교통계획(주차 포함)**

- 관련 내용 세부적으로 작성

2) 의전관리

(1) 직무 소개

의전(儀典)의 사전적 의미는 '행사를 치르는 일정한 법식, 또는 정하여진 방식에
따라 치르는 행사'[136]이다. 의전이란 용어에서 알 수 있듯이 기관에서 정해진 절

---

136) 국립국어원 표준국어대사전(2023. 11. 4. 검색)

차와 방식에 따라 행사를 치르는 것으로 행사가 성공적으로 진행되기 위해 사전에 준비하는 행위를 말한다. 의전관리는 절차와 법식을 말하는 것이 사전적 의미이나 의전의 핵심은 사람 관리이다. 즉 참석하는 주요 이해관계자를 어떻게 모시느냐가 의전관리의 전부라고 해도 과언이 아니다. '행사의 성공 여부는 의전관리에 달려 있다'는 말을 실무에서는 많이 사용하고 있다. 그만큼 참석자에 대한 예우는 어려운 영역이고 기관에서 초청자에 대한 태도와 감정 등은 초청된 참석자가 느끼는 주관적 평가이기 때문에 기관 입장에서는 최선을 다해 준비하고 응대하며 배려하는 모습을 보여야 한다.

(2) 주요 직무

의전관리는 기본적으로 정부의 '의전편람'을 기준으로 각 기관의 특성과 여건을 고려하여 자체 내규에 반영한 절차와 방식에 따라 진행되는 것이 일반적이다. 별도의 정해진 내규가 없는 기관은 행사계획에 정부의 의전편람을 참고하여 행사의 식순과 참석자의 의전서열[137] 등을 반영해 계획을 수립하게 된다. 행사를 진행할 때의 절차와 참석자에 대한 예우방법(축사, 자리배치, 환담장 안내, 기념품 증정 등)은 행사의 중요한 부분이기 때문에 업무 담당자는 사전에 업무 조율을 통해서 주요 초청자에게 안내하고 이해를 구하는 노력을 해야 하며, 행사 당일 참석자의 동선을 알려드리고 설명할 수 있는 담당자를 배정해 주요 초청자[138]가 행사 참석에 불편함이 없도록 배려해야 한다.

의전관리는 기본적으로 외부 이해관계자가 기관을 방문했을 때 발생한다. 주체가 기관이 되기 때문에 외부 인사를 기관에서 초청하는 행사나 각종 학술대회, 특수목적 방문(업무협의, 감사, 기관 견학 등) 등의 다양한 형태가 존재할 수 있고 방문목적에 따라 응대하는 방법이나 절차가 달라질 수 있다. 방문의 목적과 성격에 따라 담당 부서도 다르기 때문에 기관 차원에서 '상황별 맞춤 매뉴얼'을 만들어 표

---

137) 의전서열에 관련된 법령은 없으나 삼권분립의 원칙과 정부조직법 등과 같은 관련 법령을 근거로 정한다고 보면 된다. 국가의전서열은 대통령, 국회의장, 대법원장 순으로 정하는 것이 일반적이다. 다만, 공공기관 행사는 행사의 목적과 특성에 따라 달라 기관장을 중심으로 참석자의 현재 위치와 행사의 성격에 따라 기관장 옆자리 배치가 달라질 수 있다.

138) 주요 참석자의 직급과 나이, 사회적 영향력 등을 고려해 안내하는 직원을 배치해야 한다. 정부의 고위 공무원이나 국회의원, 타 기관 기관장급의 경우에는 임원 및 실장급 직원이 응대하고 직무 관련 이해관계자일 경우에는 해당 부서 팀장 및 담당자가 직접 응대하는 것이 바람직하다.

준화된 의전관리를 하는 것이 좋다. 의전관리의 기본은 사람이다. 기관을 방문하는 사람에 대한 관리는 응대하는 기관의 태도와 감정에 따라 많은 차이가 발생할 수 있기 때문에 외부 이해관계자에 대한 응대는 배려를 전제로 모든 절차와 방식이 결정되어야 한다.

의전관리와 관련해서 참고할 만한 자료는 정부에서 발간한 '정부의전편람(2021, 행정안전부)'과 서울시에서 만든 '의전실무편람(2014)'이 있다. 다만, 중앙정부 및 지방자치단체에서 편찬한 의전 관련 책자는 공무원을 기준으로 각종 행사 진행 절차와 서열별 자리배치 등이 주요 내용으로 공공기관에 바로 적용하기에는 어려움이 있을 수 있으나, 정부의 의전관리편람을 기준으로 삼고 기관의 특성과 목적에 맞게 제작해 관리하는 것이 업무 수행에 도움이 될 수 있다.

💡 저자 생각

의전관리의 핵심은 의전서열이다. 기관에서 행사나 외부인이 참석하는 모임, 간담회 등을 개최할 때 자리배치를 어떻게 할 것인가는 중요하다. 기관마다 자체 규정이나 매뉴얼 등으로 모시는 분에 대한 서열을 정리하고 있으며, 통상적으로 적용하는 기준은 다음과 같다.

1. 헌법에 명시된 기관

* 우리나라는 3권 분리가 명확한 국가로 행정부·입법부·사업부의 장 순으로 정하고 행정부는 「정부조직법」에 명시되어있는 중앙부처의 순서(국무총리→기획재정부장관(부총리)→교육부장관(부총리) 순으로 배치

2. 직급에 따른 배치

1) 행사 및 모임을 주관한 기관장을 가운데 배치

* 상급기관의 기관장이 참석할 경우에는 상급기관의 장을 가운데 자리(上席) 배치(상석의 좌측으로 기관장 배치)

2) 외부 인사 자리배치

* 정부기관(중앙정부→지방자치단체(광역시·도, 시·군·구))→공공기관→민간기관)

* 국회의원은 기관장(상석) 좌측으로 배치하고 국회의원 선수 및 보직(상임위원장 및 여·야 당직 등), 기관 소재 지역구 의원 등을 고려하여 자리 배치

→ 기관장을 상석으로 했을 때 좌측은 국회의원, 우측은 중앙부처 및 지자체 장 순으로 배치

3. 연장자 및 성별 고려

4. 좌석은 행사 및 모임의 장을 기준으로 좌에서 우로 배치

* 회의 성격상 2개 이상으로 분류될 경우에는 상호 대칭되게 배치
   (상임↔비상임, 사측↔노측, 학계↔정계 등)

2. 보안관리

1) 직무 소개

공공기관 총무부서에서 담당하는 보안은 문서보안이 주요 업무이다. 정보보안과 시설보안 등은 전산부서 또는 시설부서에서 주로 담당하고 규모가 작은 기관에서는 총무부서에서 정보보안과 시설보안을 같이 수행하기도 하지만 일정 수준 100명 이상의 규모를 가진 기관에서는 직무 및 부서가 세분화되어 총무와 시설, 전산이 독립적으로 업무를 수행하고 있다. 보안(保安)의 사전적 의미[139]는 '안전을 유지함' 또는 '사회의 안녕과 질서를 유지함'이다. 즉 기관의 안전을 유지하고 기관에 있어 중요한 시설 및 문서, 정보의 안녕을 유지·관리하는 직무라는 것이다. 평상시에는 큰 문제가 없으나 외부로 기관의 정보가 유출됐을 경우 사회적 파장이 발생할 우려가 있는 정보는 사전에 철저한 관리를 통해서 외부 유출 및 해킹 등을 방지해야 하는데 이러한 활동도 보안관리에 포함된다.

공공기관은 「통합방위법」과 같은 국가 중요시설로 분류되는 항만, 공항, 댐, 전력 등을 관리하는 기관들은 관련 법령에 따라 별도의 자체방호계획을 수립하여 시설보호 및 보안업무를 수행하고 있다. 그 외 기관들은 기관이 소유 또는 사용하

---

139) 국립국어원 표준국어대사전(2023. 11. 4. 검색)

고 있는 건물과 시설물(다수의 국민이 이용하는 전시·체험 공간 포함)에 대한 시설보안140)을 수행한다. 주로「개인정보 보호법」에 따라 관리권역에 있는 건물 및 시설물 등에 CCTV를 설치해 위험 요소에 대한 사전예방 활동과 사후관리를 한다. 건물 및 시설물은 별도의 관리구역을 설정(제한구역, 통제구역)해 출입가능 인력에 대한 권한을 부여하고 권한 없는 인력이 보안시설에 출입할 수 없도록 조치하고 있다. 또한, 각각의 사무실 및 연구실 등의 공간에 '정'과 '부'로 구분하여 부서장에게 관리책임을 부여하고 공간별로 임명자가 표시된 표시를 출입구에 부착하고 있다.

최근에는 보안관리의 중요성이 강조되고 있다. 과거에는 문서보안이 가장 중요했으나 최근에는 정보보안 중에서도 개인정보에 대한 관리 및 유지가 중요해졌다. 「개인정보 보호법」제정 이후 기관에서 취급하는 다양한 개인정보에 대한 관리와 폐기 조치 등에 관한 사항을 철저히 해야 하고 법령 위반 시 법적인 조치를 받을 수 있기 때문에 개인정보보호와 같은 정보보안이 보안관리의 중요한 직무로 자리잡고 있다.

2) 주요 직무

전통적 보안활동은 문서 및 시설보안이 주요 직무였다. 기관에서 생성·보관하는 문서와 대외기관에서 배부되는 문서를 중요도에 따라서 등급을 부여하고 그 문서를 취급하는 사람에 대한 보안등급을 적용하여 관리하는 것이 보안관리의 주요 직무였다. 하지만 최근에는 정보보안의 중요성이 날로 강화되고 있다. 정보보안 관련 법령이 제·개정되면서 취급에 따른 주의사항이 많아졌으며 정보의 확보, 관리, 폐기 등을 법령에서 적시하는 내용대로 처리하도록 규정하고 있다. 그만큼 정보보안에 문제가 발생할 경우 기관 또는 정부와 국가 차원의 피해가 발생할 수 있기 때문에 정보보안 업무 담당자는 이러한 사항에 중점을 두고 업무를 수행할 필요가 있다.

---

140) 시설보안은 시설 관련 직무(소방·기계·전기 등)와 직접적인 연관이 되어 있어서 이 책에서는 시설 관련 직무는 다루지 않도록 하겠다.

┌─────────────┐
│ 📋 참고 업무 │
└─────────────┘

1. 연간 보안업무 추진계획 수립

2. 연간 보안심사 분석 추진: 전년도 보안업무 추진사항을 보안심사위원회를 개최하여 심사 및 분석

   – 일일보안점검 : 월별 · 장소별 또는 부서별 일일보안책임자 임명

   * 해당 관리구역의 보안상태(잠금 및 소등, 문서 방치 등)를 확인 후 일일보안책임자가 점검 활동 후 서명

3. 연구용역과제 보안성 검토

4. 기관 내 기록물전문요원이나 기록물 담당자가 없을 경우 문서 등 지출 및 파기계획 수립으로 비상상황에 대비

5. 청사 출입통제 : 청사 출입문마다 자동개폐장치를 설치하여 청사 출입자를 관리하고, 직원 근태 및 복무 준수를 확인하기 위한 직원 사원증 발급·재발급·임시증 관리

6. 기타 신규직원·공무국외출장자 대상 보안교육: 안전점검의 날

(1) 문서보안

문서보안은 기관에서 생성 또는 외부 기관에서 접수한 모든 문서[141]에 적용되는 보안을 말한다. 문서보안은 크게 두 개로 구분할 수 있다. 내부에서 생성한 문서와 외부로부터 받은 접수문서이다.

우선 외부로부터 접수한 문서는 접수하는 순간부터 공개·비공개·부분공개로 구분되어 접수하게 된다. 접수문서의 중요도와 비밀사항 등에 따라 공개 구분을 하게 되는데 비공개의 경우 개인정보·업무상 취득정보·국가 기밀 등일 경우에는 비공개 문서로 접수하여 해당 결재선에서만 확인할 수 있다. 특히 정부 차원에서 진행되는 을지훈련이나 기타 훈련에 대한 문서(전자문서 또는 직접 수령)는 정부 문서보안 등급에 따라 취급해야 하는데 별도의 등급을 부여하여 보안취급자에 한해 취급[142]하고 있다.

---

141) 문서는 「행정업무의 운영 및 혁신에 관한 규정」 제3조 제1호에 따른 도면·사진·디스크·테이프·필름·슬라이드·전자문서 등의 특수매체기록을 포함하여 말함

공공기관은 기관의 규모와 사업대상의 중요도에 따라 보안문서 취급 범위가 결정되는데 일반적으로 대외비 정도의 문건은 관리할 수 있으나, 정부 훈련 등에 참여하지 않는 기관에서는 보안등급이 설정되어있는 문서를 별도로 취급하는 일은 거의 없다. 보안등급이 부여된 문서143)는 이중시건장치(2중으로 잠금장치가 되어 있는 공간 또는 보관함)가 되어 있는 별도의 공간에서 관리해야 한다. 보안 등급별 취급자가 별도로 있기 때문에 주무기관과 협의하여 취급 문서에 따른 보안등급을 부여받아 관리해야 한다. 대외비 이상의 보안문서를 보관·관리하는 기관은 인사이동 및 보직 변경 등으로 담당 업무가 변경될 경우 정해진 규정에 따라 인수인계서를 작성하고 서명 날인을 해야 한다. 물론 보안등급 해제 및 신규 취득 등의 절차도 추진해야 한다.

기관 차원에서 생성된 문서는 대체로 보안등급을 요 하는 문서를 생성하지는 않는다. 문서 상에 개인정보 및 업체와의 협의 내용, 제3자가 알면 안 되는 주요 정보 등이 있을 경우 비공개 문서로 등록하고 관리하는 정도이다. 다만, 공기업과 같이 국가 주요 시설을 관리하는 기관에서는 보안등급이 있는 문서를 생성할 경우도 있는데 이는 주무기관과의 협의 등을 통해서 보안등급을 부여받고 생성해 관리한다. 최근에는 각종 사회통신망을 이용해서 기관의 생성문서가 공개될 위험이 있기 때문에 내부 생성문서가 외부로 유출되는 것을 방지하기 위해서 외부망에 개인별 매메신저를 차단시키고 내부 문서 출력 시 출력시간 및 출력자가 표시될 수 있도록 조치하고 있다.

(2) 정보보안

보안관리에서 최근 가장 중요한 보안 관련 직무는 정보보안이다. 그중에서도 개인정보보안의 중요성이 지속적으로 강조되고 있다. 정보통신 기술의 발달로 모든 공공기관에서는 일반행정 수행에 필요한 문서의 생산과 보관, 유통 등 모든 업무에 정보통신망 또는 정보시스템을 활용하고 있다. 이를 통해 순식간에 공공기관에

---

142) 보안등급에 따라 보안등급을 소지하고 있는 사람만 취급할 수 있는 문건은 보안Ⅰ·Ⅱ·Ⅲ 등급의 문서와 대외비 문서이다.

143) 보안등급 문서의 보관 및 취급대상자, 취급절차, 인수인계 절차 등은 기관 내부규정에 명시되어 있다. 다만, 기관 내규상 관련 내용이 없을 경우에는 주무기관 및 국가정보원의 관련 법령을 참고하여 업무를 추진하면 되고 상위 법령에 따라 기관의 내규를 제정해야 한다.

서 보유하고 있는 모든 정보가 제3자 또는 제3의 기관에 불법적으로 유통될 수 있는 문제가 있을 수 있다. 이를 방지하고 예방하는 노력은 국가 차원에서 진행하는 데 국가의 지침에 따라 업무를 수행하고 평가를 받고 있다.

정보보안은 기관의 기능 유지를 주목적으로 정보통신망 및 정보시스템을 통해 수집, 가공, 저장, 검색, 송·수신되는 정보의 유출, 위·변조, 훼손 등을 방지하기 위하여 관리적·물리적·기술적 수단을 강구하는 일체의 행위를 말한다.[144] 2000년대부터 도입된 전자정부로 인해 모든 공공기관에서는 내부 업무처리를 전자결재 시스템 및 경영정보시스템을 상용화하여 사용하고 對 국민을 대상으로 온라인 행정 서비스도 일상화되어 있다. 이에 따라 공공기관에서 보유하고 있는 정보의 양과 가치가 증가하고 있으며, 사이버 위협 요인이 크게 증가하면서 공공기관에서 정보보안의 중요성이 대두되고 있다.

정보보안은 크게 ①관리적 업무와 ②기술적 업무로 나뉘며 기관의 규모에 따라 정보보안 전담 조직을 구성하거나 전담 인력을 지정하여 수행하고 있다. 특히, 기관이 보유한 시스템의 규모가 크든 작든 수행해야 하는 기본적인 업무의 양과 종류가 많아서 전담 조직은 없더라도 최소한 전담 인력을 지정하거나, 전문 유지보수업체 인력이 기관에 상주하면서 정보통신망 또는 정보시스템을 관리·운용하는 것이 일반적이다.

• 첫째, 관리적 업무

관리적 업무는 정보보안 정책, 조직, 절차, 교육 등을 통해 정보보안을 관리하는 일이다. 정보보안의 방향과 목표를 설정하고, 이를 달성하기 위한 체계를 마련하는 역할을 한다. 관리적 업무로는 정보보안 관련 지침 및 매뉴얼 마련, 사용자 PC 포함 기관 정보자산(H/W, S/W)의 취약점 제거 및 이상 유무 점검, 주요 자료 백업 상태 점검, 정보화 용역사업자에 대한 보안관리 및 조치, 정보보안 사고 예방·대응을 위한 훈련 시행, 정보보안 인식 제고를 위한 교육·홍보, 도입된 모든 정보자산에 대한 현황 및 불용·폐기 등 관리, 기관 정보화 사업수행 및 전산장비 도입 시 보안성 검토 실시 등을 포함한다. 보안성 검토는 정부에서 실시하나 정보화 사업의 규모·중요도 등을 고려하여 해당 기관의 주무기관 또는 기관 자체(PC 같

---

144)「국가 정보보안 기본지침」제2조 제1항 (2023. 1. 31.)

은 단순 전산장비 도입의 경우)에서 실시토록 위임할 수도 있다.[145]

• 둘째, 기술적 업무

기술적 업무는 정보보안의 구체적인 실행을 담당하는 업무이다. 정보보안의 수준을 높이고, 정보보안 사고를 예방하고 대응하기 위한 것이다. 기술적 업무로는 네트워크 및 시스템 보안(인터넷망과 업무망 분리, 정보보호시스템 및 업무시스템, 업무용 단말기, 전자우편, CCTV에 대한 보안관리 등), 접근통제 및 권한 관리(업무시스템 및 전자우편 인증 강화, 용역사업자 사용 전산망 분리, 정보시스템 원격접근 통제 관리 등), 정보자산에 대한 지속적인 정보보안 취약점 분석·조치 등이 있다.

정부는 2007년부터 각급기관의 국가정보보안 정책에 대한 이행 여부를 확인하기 위하여 매년 '정보보안 관리실태 평가'를 실시하고 있다. 정부는 대상 기관에 평가 항목, 절차, 시기를 미리 공지하고, 각 기관은 자체평가를 실시한 후 정부에서 본 평가를 실시한다. 본 평가 후 기관에서는 결과에 대한 이의신청이 가능하며 이에 대한 재평가를 실시하여 최종 평가 결과가 도출되게 된다. 평가결과는 대상 기관, 행정안전부, 기획재정부에 통보되며 기관 경영평가에 반영되기 때문에 해당 기관에서는 이에 대한 대비가 중요하다. 2023년 기준 공기업 36개, 준정부기관 57개, 중소형 기관 37개 등 130개 기관을 대상으로 진행된다. 정부 평가대상이 아닌 공공기관은 주무기관에서 실태점검을 받는 것이 일반적이다.

(3) 개인정보보호

개인정보는 살아 있는 개인에 관한 정보로서 성명, 주민등록번호 및 영상 등을 통하여 개인을 식별할 수 있는 정보나 해당 정보만으로는 특정 개인을 알아볼 수 없더라도 다른 정보와 쉽게 결합하여 알아볼 수 있는 정보를 말한다.[146] 개인정보보호는 이러한 개인정보가 적절하게 수집·이용·처리·보관·파기되도록 하고 그 안전성을 확보함으로써, 개인이 자신에 관한 정보를 자율적으로 결정하고 관리할 수 있도록 보장하는 것이다.

---

145) 「국가 정보보안 기본지침」 제15조(검토기관) (23. 1. 31)
146) 「개인정보 보호법」 제2조(정의)

개인정보보호 업무는 개인정보보호 조직 및 인력을 구성하는 것부터 시작된다. 개인정보보호 조직의 경우 기관의 규모 및 기관에서 보유한 개인정보의 양에 따라 별도의 전담 조직을 구성하거나 총무 및 정보보안 담당 부서에서 같이 처리하는 것이 일반적이다. 인력은 개인정보보호 책임자, 개인정보보호 담당자, 분야별 책임자, 취급자로 구분한다. ①개인정보보호 책임자(CPO: Chief Privacy Officer)는 개인정보 처리에 관한 업무를 총괄하는 자로서 각 기관은 개인정보보호 책임자를 지정해야 한다.147) 개인정보보호 책임자는 개인정보보호 계획의 수립 및 시행, 개인정보 처리 실태 및 관행의 정기적인 조사 및 개선, 개인정보 처리와 관련한 불만의 처리 및 피해 구제, 개인정보 유출 및 오용·남용 방지를 위한 내부통제시스템의 구축, 개인정보보호 교육 계획의 수립 및 시행, 개인정보파일의 보호 및 관리·감독 등의 업무를 수행한다. 기관의 개인정보보호 업무를 수행하는 인력은 개인정보 담당자라 한다. ②개인정보 담당자는 개인정보보호 책임자의 지휘에 따라 기관의 개인정보보호 실무를 수행한다. ③개인정보보호 분야별 책임자는 개인정보 처리시스템 운영부서, 개인정보·개인정보파일 취급부서의 장으로 지정하며, 책임자의 업무를 위임받아 각 부서에서 개인정보 관리·감독하는 역할을 수행한다. ④개인정보보호 취급자는 개인정보를 담당·취급하는 실무부서 업무담당자로서 업무상 필요에 의해 개인정보를 수집·보관·처리·이용·제공·관리·파기 등의 업무를 수행한다.

공공기관은 개인정보가 분실·도난·유출·위조·변조 또는 훼손되지 아니하도록 내부 관리계획 수립, 접속기록 보관 등 대통령령으로 정하는 바에 따라 안전성 확보에 필요한 기술적·관리적 및 물리적 조치를 하여야 한다.148) 이에 따라 개인정보보호 책임자와 담당자는 「개인정보 보호법 시행령」에 따른 안정성 확보 조치 업무를 수행해야 한다.

개인정보 안정성 확보 조치

1. 내부 관리계획 수립·시행 및 점검
  - 개인정보취급자의 관리·감독·교육

---

147) 「개인정보 보호법」 제31조(개인정보보호 책임자의 지정)
148) 「개인정보 보호법」 제29조(안전조치의무)

- 개인정보 보호책임자 지정 및 개인정보 보호 조직 운영
- 개인정보보호 조치 이행을 위한 세부 사항 명시

2. 개인정보에 대한 접근 권한 제한
- 개인정보처리시스템의 체계적인 구성에 대한 기준 수립 · 시행
- 정당한 권한 확인을 위한 인증수단 적용 기준 설정 및 운영
- 기타 개인정보에 대한 접근 제한을 위한 조치

3. 개인정보에 대한 접근 통제
- 개인정보처리시스템 침입 탐지 및 차단을 위한 조치
- 인터넷망의 차단을 통한 개인정보처리시스템 접속 제한
- 기타 개인정보에 대한 접근 통제를 위한 조치

4. 개인정보 안전한 저장 · 전송 조치
- 비밀번호 일방향 암호화 저장 등 인증정보 암호화 저장
- 주민등록번호 등 보호위원회 지침에 따른 정보 암호화 저장
- 정보통신망을 통한 개인정보 송수신 암호화 또는 상응하는 조치
- 기타 암호화 또는 보안기술을 이용한 조치

5. 개인정보 침해사고 대응을 위한 조치
- 개인정보처리시스템 접속기록 저장 · 점검 및 확인 · 감독
- 개인정보처리시스템 접속기록 안전한 보관
- 기타 접속기록 보관 및 위조 · 변조 방지를 위한 조치

6. 악성프로그램 방지 및 개인정보처리시스템 및 정보기기 관리
- 컴퓨터바이러스 등 악성프로그램 점검 · 치료 가능한 프로그램 설치 · 운영

7. 물리적 조치
- 개인정보의 안전한 보관을 위한 보관시설 마련 또는 잠금장치 설치

8. 재해·재난 대비 안전조치
- 화재, 홍수, 단전 등의 재해 · 재난 발생 시 개인정보처리시스템 보호를 위한 위기 대응 매뉴얼 등 대응절차를 마련하고 정기적으로 점검

9. 개인정보의 파기
- 보유기간 경과, 개인정보 처리 목적 달성 시 복구 또는 재생되지 않도록 파기
- 파기에 관한 사항을 기록 · 관리

개인정보보호위원회는 공공기관의 개인정보보호 관리 취약점을 도출·개선을 유도하여 공공기관의 개인정보보호 역량 향상을 위해 2008년부터 '개인정보 관리수준 진단'을 매년 실시하고 있다.[149] 진단 지표는 법령상 의무사항 이행 여부 자체 진단에 대한 정량지표와, 업무수행의 적절성·충실성 등 심층진단을 위한 정성지표로 구성된다. 진단 결과에 따라 총 5개 등급(S/A/B/C/D)을 부여하며 등급별 배점기준은 S(90점이상), A(90~80점), B(80~70점), C(70~60점), D(60점 미만)이다. 진단결과는 공공기관 경영평가(0.25점)에 반영되기 때문에 진단 前 충실한 대비가 필요하다.

「개인정보 보호법」 개정안이 시행됨('23.9.)에 따라 2024년부터 종전 '개인정보 관리수준 진단'을 대폭 개선하여 개인정보 보호수준 평가대상을 확대(800개→1,600개)하고 평가 및 환류 체계를 강화한 '공공기관 개인정보 보호수준 평가제'가 도입·시행된다. 또한, 개인정보 중점 관리 업무에 대한 전문가 심층 진단 비중(정성지표)이 확대('22년 20% →'23년 40%)되는 추세에 따라 공공기관 개인정보보호 업무수행 내용의 적절성 및 충실성 등 정성적 요소에 대한 중요성이 증가하고 있다. 이에 대한 업무 난이도와 업무량이 기존에 비해 대폭 증가했기 때문에 충실한 연간 계획수립과 업무수행, 환류가 필요하다.

20○○년 정보보안 및 개인정보보호 업무계획(안)

□ **추진목적 및 근거**
- (목적) 끊임없이 진화하는 사이버위협에 대응하기 위해 강화된 정보보안·개인정보보호 대응 체계의 확립 및 이행 강화
- (근거)「국가 정보보안 기본지침」 제6조 제1항, 「개인정보 보호법」 제29조(안전조치의무) 및 「개인정보 보호법 시행령」 제30조(개인정보의 안전성 확보 조치)

□ **전년도 추진 성과와 평가**
1. **정부 주관 외부 평가 대응**
- (정보보안관리실태평가) 정부 정보보안 관리실태 평가 "OO" 등급 획득
- (개인정보보호관리수준 진단) 개인정보관리 수준 진단 평가 "OO" 등급 획득
2. **정보보안 관리체계 개선**
- (지침개정) 정보보안 업무지침 개정 및 OO매뉴얼 마련
- (보안성 검토) 자체 보안성 검토 체계 개선을 통한 정보보안 취약점 사전 점검 및 개선

---

149)「개인정보 보호법」 제11조(자료제출 요구 등)

3. 개인정보보호 관리체계 개선
- (지침개정) 개인정보 내부 관리계획, 개인정보의 목적 외 이용·제공 절차서, 개인정보 처리시스템 위기대응 매뉴얼, 개인정보 처리방침 개정
- (관리·감독) 개인정보 수탁업체 점검, 접근권한 관리실태 점검, 개인정보파일 일제 정비, 개인정보 내부 관리계획 이행점검

□ 문제점 및 개선사항
- 정부 주관 평가결과 지적사항(문제점)

평가 구분	점수	지적사항
정보보안관리실태평가 (정부)	00.00	- 누리집(홈페이지) 관리자 페이지 통제 미흡 - xxxxxxxxxxxxxxxxxxxxx
개인정보보호관리수준진단 (개인정보보호위)	00.00	- 개인정보 위수탁관리 소홀 - xxxxxxxxxxxxxxxxxxxxx

- 개선사항
  - 개인정보 담당 및 취급자에 대한 전문교육 추진(年 0회 → 0회)
  - 개인정보 위수탁 관련 실무 매뉴얼 제작 및 활용

□ 20○○년 사이버보안 동향
- 지능화·고도화되고 있는 사이버 위협에 대한 피해가 증가함에 따라 선제적 대비체계 구축 필요

□ ○○년도 추진계획

1. 정보보호 인프라 고도화
- (정보보안 환경 정비) 최신 정보보안 기술 적용
  - 0000 사무소 등 정보보안 취약지 논리적 망분리 → 물리적 망분리로 개선

2. 사이버 위협 탐지 및 대응 역량 강화
- (사이버테러 대응) 랜섬웨어 등 대응 강화
  - EDR 등을 통한 악성코드 방어체계 구축, 백신 소프트웨어 업그레이드

3. 정보보호 인식제고
- (관련 교육 강화) 개인정보 담당 및 취급자에 대한 전문교육 강화
  - 실무에 필요한 정보보안 및 개인정보에 관한 교육을 年 0회로 확대 추진
- (위수탁관리 강화) 협력업체에 대한 통제, 관리 등에 관한 매뉴얼 제작
  - 채용업무, 전산 유지보수 업무 등 개인정보 취급에 민감한 협력 업무 수행 시 담당부서의 통제, 관리 방안에 대한 매뉴얼 제작(0월 중 배포)

□ 소요예산: 총 000,000천 원

(단위: 천원)

예산 구분	내용	금액	비고
자산취득비	0000 증설 및 0000 구매	xx,xxx	
관리용역비	0000000 용역	xx,xxx	
일반수용비	0000 소모품 구매 등	xx,xxx	

□ 20○○년 정보보안 및 개인정보보호 업무 추진일정

구분	내용	일정
정보보호 인프라 고도화	• 정보보안 환경 정비	
	– 물리적 망분리	○○월
	• xxxxxxxxxxxxxxxxx	○○월
사이버 위협탐지 및 대응	• 사이버테러 대응	
	– EDR, 백신 소프트웨어 도입	○○월
	• xxxxxxxxxxxxxxxxx	○○월
정보보호 인식제고	• 관련 교육 강화	
	– 개인정보 전문 교육	○○월
	• 위수탁관리 강화	

붙임 20○○년 정부주관 평가결과 각 1부씩. 끝.

3. 사무 및 회의관리

1) 직무 소개

사무(事務)라는 용어는 넓은 의미로 일(Jop)을 의미하고 좁은 의미로는 일을 수행하기 위한 지원(staff) 업무 개념[150]으로 이해할 수 있다. 사무에 대한 사전적 의미[151]는 '자신이 맡은 직책에 관련된 여러 가지 일을 처리하는 일로 주로 책상에

---

150) 국가기관 중에서 '사무처'라는 명칭을 사용하고 있는 조직이 있는데 대표적으로 국회 사무처가 있다. 국회 사무처는 국회의장의 지휘·감독을 받아 국회 및 국회의원의 입법활동을 지원하고 국회의 행정업무를 수행한다. (국회 누리집(홈페이지))

151) 국립국어원 표준국어대사전(2023. 11. 4., 검색)

서 문서 따위를 다루는 일'이다. 이 말은 내가 맡고 있는은 모든 일을 사무라고 말할 수 있다. 다만, 최근에는 사무의 영역이 세분화 되면서 각 직무별 전문성을 강조하고 있고 해당 직무별로 별도의 부서가 만들어져 직무를 수행하고 있어 일반총무에서 수행하는 사무의 범위는 축소하고 있다. 공공기관에서 사무관리 업무는 주로 문서관리·물품관리·관인관리 등을 말하며, 각 부서별로 발생하는 사무분장 조정 등의 업무를 사무관리의 범주 내에 포함하여 총무 담당 부서에서 수행하고 있다.

공공기관의 업무는 경영 부문과 사업 부문으로 크게 구분될 수 있다. 경영 부문은 기획과 인사, 재무, 회계, 총무 등으로 직무를 세분화할 수 있고 사업 부문은 기능과 절차, 고객, 지역 등의 관점에 따라 사업수행을 위한 직무를 세부적으로 구분하고 있다. 기관 공통의 목표를 달성하기 위해서는 각 부서별로 공유하고 상호 협력해 과업을 완성해야 하는 데 이때 필요한 것이 바로 회의(會議)이다. 모여서 서로의 입장을 공유하고 어떻게 하면 과업을 성공적으로 수행할 수 있을지를 회의를 통해 중지를 모으는 과정이라고 할 수 있다. 사업부서별로 실시하는 회의는 수행 직무에 따라 안건별로 추진할 수 있으며, 모든 구성원이 정례적으로 모여 기관 전체 차원에서 업무를 공유하는 자리는 총무부서에서 주관해 진행하고 있다.

2) 주요 직무

총무는 기관의 업무가 원활하게 운영될 수 있도록 지원하고 협조하는 업무가 직무의 대부분을 차지한다. 구성원이 직무를 수행할 때 필요한 사항을 지원하고 효율적으로 업무를 수행할 수 있도록 관리해주는 업무도 수행한다. 사무 및 회의관리 업무는 총무의 기능 중 일반적인 사항이라고 할 수 있다. 즉 기관이 부서의 사업을 수행하는 데 필요한 정보를 제공하고 행정적 지원을 받을 수 있는 업무가 바로 사무 및 회의관리 직무이다.

(1) 사무관리

기관의 사무관리는 계선조직의 업무를 지원하는 성격이 강하다. 사업부서에서 직무를 수행하는 데 필요한 물품을 구매하고 생성한 문서를 관리하며 대외적으로 기관을 대표해 문서를 발송할 때 필요한 관인을 관리하는 직무가 사무관리 업무라고 할 수 있다. 한마디로 행정지원(참모조직)을 주로 한다고 보면 된다. 사무의 조정 기능도 수행할 수 있으나, 기관에 따라서는 부서 간 이견이 있는 직무 및 새로 생겨난 직무의 분장은 조직을 담당하는 기획부서에서 업무를 수행하고 있다.

① 기록물관리(문서관리)

　　기록물이란 공공기관이 업무와 관련하여 생산하거나 접수한 문서·도서·대장·카드·도면·시청각물·전자문서 등의 모든 형태의 기록정보 자료와 행정박물(行政博物)을 말하며[152], 모든 공공기관의 임직원은 「공공기록물 관리에 관한 법률」에서 정하는 바에 따라 기록물을 보호·관리할 의무가 있다. 기관에서 생산하는 모든 문서는 생산과 접수·등록·폐기의 과정을 거치게 된다. 내부에서 생산된 문서와 외부에서 접수한 문서 모두 동일하다. 문서는 기본적으로 업무 담당[153]가 생성한다. 최종 의사결정권자의 결재(전자결재 및 수기결재)를 득하면 문서의 효력이 발생[154]한다. 업무 담당자는 최종 의사결정권자의 결재를 얻으면 문서 상에 반영된 내용에 따라 직무를 수행하면 된다. 생산된 문서는 문서의 내용과 중요도에 따라 3가지로 구분되어 관리한다. 공개문서와 비공개문서, 부문 공개문서이다. 공개문서는 모든 구성원이 문서를 볼 수 있는 문서를 말하며 비공개문서는 결재 라인에 있는 직책자만이 볼 수 있는 문서이다. 관련 법령에 따라 비공개를 하는 경우를 제외하고는 「공공기관의 정보공개에 관한 법률」에 따라 공개가 원칙이다.

　　문서는 중요도에 따라 보존연한을 부여한다. 일반적인 일반문서는 3년이나 5년 이내 폐기할 수 있으나, 기관이 존속하는 한 영구히 보존해야 하는

---

152) 「공공기록물 관리에 관한 법률」 제3조 제2호

153) 문서는 ①적법한 권한의 범위 내에서 작성하고 ②위법·부당하거나 시행 불가능한 내용이 아니어야 하며 ③법령에 규정된 절차 및 형식을 갖춰야 문서로서 성립한다(2020년 행정업무 운영 편람, 행정안전부).

154) 대상자가 없는 내부결정 문서의 경우에는 최종 의사결정권자의 결재(서명)로 문서 효력이 발생하지만, 상대가 있는 문서의 경우에는 상대에게 문서가 도달한 때부터 효력이 발생한다.(도달주의 원칙)
　　* 출처: 「행정업무의 운영 및 혁신에 관한 규정」 제6조

문서는 '영구보존'으로 관리해야 한다. 공간과 장소, 용량 등의 문제로 인해 생성된 문서는 문서 생성 당시에 보존연한을 지정해 줘야 한다. 문서 보존 연한이 도래한 문서는 기관의 내규에 따라 별도의 평가심의위원회를 구성해 (외부위원 과반수 이상) 폐기 여부 및 보존연한 재지정 등의 심의를 거쳐 폐기 여부를 결정해야 한다.

「공공기록물 관리에 관한 법률」이 2006년 10월 4일 제정되면서부터 기록물관리의 중요성이 날로 높아가고 있다. 모든 공공기관과 특별법에 의해 설립된 기관은 의무적으로 해당 법령에 적용을 받기 때문에 공공기록물에 대한 관리를 법령에 따라 준수해야 한다. 문서의 생성부터 폐기까지 해당 법령에 적용을 받으며 의무적으로 일정한 자격[155]을 갖춘 기록물 관리전문 인력을 확보해 기록물을 체계적으로 관리해야 한다.

기록물관리와 관련되어 참고할 만한 법령 및 자료는 기본적으로 「공공기록물 관리에 관한 법률」과 「행정업무의 운영 및 혁신에 관한 규정」이 있으며 문서의 성립과 종류, 문서의 필요성 등에 대한 내용을 확인하기 위해서는 행정안전부에서 출간하는 '행정업무운영편람'을 참고하면 많은 도움을 얻을 수 있다. 그 외에도 국가기록원에서 해마다 발행하는 기록물관리 관련 표준·지침·매뉴얼 등도 참고할 수 있다.

기록물관리 추진계획(안)

☐ **추진 근거 및 목적**
- 「공공기록물 관리에 관한 법률」 및 기록물관리 지침에 근거한 체계적인 기록물관리로 기관의 투명성 및 책임행정 구현

☐ **추진방향**
- 기록물관리 인프라 강화 및 프로세스 확립

---

155) 1. 기록관리학 전공으로 석사학위 이상을 취득한 사람
2. 기록관리학 학사학위를 취득한 사람 또는 역사학 또는 문헌정보학 학사학위 이상을 취득한 사람으로서 행정안전부령으로 정하는 기록관리학 교육과정을 이수하고, 행정안전부장관이 시행하는 기록물관리 전문요원 시험에 합격한 사람
* 출처 : 「공공기록물 관리에 관한 법률 시행령」 제78조 제1항

- 차세대 전자문서유통을 위한 송·수신 허브 전환
- 신규 단위과제 검토 및 중복 단위과제 정비

□ 기록물 운영 조직 및 현황
- 조직현황: 인사총무부 2명

구분	전담부서	지급	성명
기록관장	인사총무부	부장	○○○
기록물관리전문요원	인사총무부	주임	○○○

- 기록물 보유현황(단위: 건/권)

구분	계	영구	30년	10년	5년	3년	1년
전자기록물	000	00	00	00	000	000	00
비전자기록물	000	00	00	00	000	000	00

- 시설현황

구분		합계	제1기록관	
			기록물서고	인사기록서고
시설	위치	○	본사 0동 0층	
	면적(㎡)	○○○.○	○○.○	○○.○
보존 장비	서가대(대)	○○	이동식 4련 6단 ○○대 고정식 4련 6단 ○대	이동식 4련 6단 ○○대
	항온항습기	○	○	○
	보안장치	○	○(무인경비 및 이중장치)	○(이중장치)
	소화설비	○	○	○

□ 전년도 추진성과
- 기록물관리 매뉴얼 개정 및 배포
  * ----------, --
- 원문정보공개 공개율(전년 대비 ○%↑) 및 정보목록 공개율(전년 대비 ○%↑) 향상
  * 공개율 향상을 위한 내부 공개추진위원회 구성 등 공개를 위한 체계 구축

□ 주요 추진과제
- 기록물관리·원문정보공개 인식 개선
- 중요기록물 관리체계 강화 및 기록물관리 시스템 고도화
- 기록관 역할 강화 및 규정 정비
☞ 추진과제별 세부추진내용(목표 및 설정지표 등) 및 기대효과 기술

□ **월별 일정(기록물관리 법정 업무)**

1월	2월	3월
■ 기록관리 자체 기본계획 수립 ■ 기록물관리 실무교육 실시	■ 기록물 정리(각 처리과) ■ 전년도 기록관리기준표 고시	■ 기록물 이관
4월	**5월**	**6월**
■ 전자기록물 이관	■ 전년도 기록물 생산현황 통보 (처리과→기록관)	■ 기록물 지도 및 점검
7월	**8월**	**9월**
■ 기록물 평가 및 폐기	■ 전년도 기록물 생산현황 통보 (기관→국가기록원)	■ 기록관리 기준표 정비
10월	**11월**	**12월**
■ 기록관리기준표 협의	■ 기록물정수점검	■ 전자기록생산시스템 정리

□ **행정사항**

• 법정 필수업무 세부계획 별도 수립(상반기 중). 끝.

② 일반물품(소모성)관리

　기관 운영 및 사업을 추진하다 보면 직무수행 과정에서 필요한 물품이 발생한다. 이를 일괄적으로 총무부서에서 구매할 수 있고, 각 사업부서에서 필요한 물품을 부서 단위별로 구매할 수 있다. 이는 기관마다 다를 수 있으나, 편의상 일부 물품을 제외하고는 사업 추진에 필요한 소모성 물품은 해당 부서에서 구매하고 있다. 총무부서는 기관 차원에서 사용하는 물품 위주로 일괄 구매한다.

　공공기관은 사회적 약자와 ESG 경영 구현 등을 위해 각종 법령에 따라 장애인 및 중증장애인 생산 제품, 여성기업 제품, 녹색제품, 지역생산물품 등을 총 구매액 중 일정 비율로 의무적으로 구매한다. 이를 달성하기 위해 해당 물품을 구매할 수 있는 리스트를 확인하고 해당 법령의 의무 구매 목표를 달성하기 위해 총무부서에서 총괄 관리[156)]해야 한다. 매년 연초 '사회적 책임 구현을 위한 물품구매 계획'을 수립하여 매년 구매해야 하는 의무

---

156) 사회적 약자 생산품에 대한 의무구매비율 관리는 총무부서에서 담당할 수도 있고 자산 및 구매업무를 담당하는 부서에서 관리할 수 있다. 기관의 여건과 부서 업무분장에 따라 달라질 수 있다.

구매 비율별로 구매 가능한 물품을 선정해 목표율을 관리하고 있다. 총무부서에서는 기관 차원에서 총괄 구매하는 품목 외에 각 사업부서에서 집행하는 사업예산 중 소모성 물품 또는 자산취득 물품 등 구매 가능 품목에 대해서 사전 교육을 하여 사회적 약자 등이 생산한 물품을 구매할 수 있도록 유도해야 한다.

기관 차원에서 일괄 구매한 물품은 기관 물품보관소에 보관하게 되는데 물품의 출납은 출납대장을 작성하여 관리한다. 전산시스템으로 관리하는 대규모 기관도 있으나, 대부분 기관에서는 서면 대장을 통해서 소모성 물품의 출납 현황을 확인한다. 기관 차원에서 대량으로 구매하는 대표적인 물품은 A4용지가 있다. 주로 장애인이나 중증장애인 기업에서 생산한 물품을 대량으로 구매해 보관하고 사용한다.

〈공공기관 법정의무구매 비율 현황〉

구분		주요내용	근거법령
중소벤처기업부	중소기업제품	• 전체 구매액(공사, 용역, 물품)의 50% 이상 구매 → 실적보고: 매년 1월 31일 (중소벤처기업부장관)	「중소기업제품 구매촉진 및 판로지원에 관한 법률」 제9조
	여성기업제품	• 공사: 공사 구매총액의 3% 이상 구매 • 용역: 용역 구매총액의 5% 이상 구매 • 물품: 물품 구매총액의 5% 이상 구매	「여성기업지원에 관한 법률」 제9조 및 시행령 제4조
	장애인기업제품	• 총 구매액의 1% 이상 구매	「장애인기업 활동 촉진법」 제9조의2 및 시행령 제7조
	기술개발제품	• 중소기업물품 구매액의 15% 이상 (성능인증제품, NEP, NET, GS마크제품, 우수조달제품, 우수조달공동상표) • 신기술인증제품: 해당 제품이 있는 경우 20% 이상 의무구매	「중소기업제품 구매촉진 및 판로지원에 관한 법률」 제13조 및 시행령 제12조
	공사용자재직접구매	• 40억 이상 종합공사(전문·전기·소방·정보통신공사 3억 이상)의 경우 중기청장이 공사용 자재로 지정한 품목(123개) 중 3천만 원 이상인 자재는 직접구매	「중소기업제품 구매촉진 및 판로지원에 관한 법률」 제12조 및 시행령 제11조

구분		주요내용	근거법령
환경부	녹색 (친환경) 제품	• 녹색(친환경)제품이 있는 경우 조건 없이 의무구매 (법정 구매비율은 없음, 단 기관에서 제출한 계획에 따름)	「녹색제품 구매촉진에 관한 법률」 제6조
보건 복지부	중증 장애인 생산품	• 물품·용역 구매총액의 1% 이상 의무구매 → 실적보고: 매년 1월 31일 (보건복지부장관)	「중증장애인생산품 우선 구매특별법」 제7조 및 시행령 제10조
고용 노동부	사회적 기업 등 제품	• 사회적기업(사회적협동조합)이 생산하는 재화나 서비스의 우선 구매 (법정 구매비율은 없으나 점차 확대추세)	「사회적기업 육성법」 제12조 「협동조합기본법」 제95조의2
	장애인 표준 사업장 생산품	• 공공기관의 장애인 표준사업장 생산품 구매 목표: 총 구매액의 1% (물품과 용역에 대한 총구매액, 공사비용 제외)	「장애인 고용촉진 및 직업재활법」 제22조의3

③ 관인(官印) 관리

기관이 외부로 발송하는 모든 공식적인 문서에는 관인을 찍어 문서의 공신력을 확보한다. 관인은 기관에서 외부로 문서를 발신할 때에 찍는 도장으로 전자결재문서의 경우에는 전자이미지관인을 사용하고 있다. 관인은 청인(廳印)과 직인(職印)으로 구분한다. 청인은 합의제 기구에서 사용하는 관인을 말하며, 직인은 독임제 기관에서 관인을 부르는 말이다. 관인을 사용하기 위해서는 등록을 해야 한다. 기관 내규에서 정하는 양식에 따라 관인대장을 만들어 내부 절차에 따라 등록하게 되는데 재지정 및 폐기를 할 경우에도 내부 절차에 따라 결정된 사항에 대해서 대장에 그 사유와 날짜 등을 기입해야 한다.

공공기관은 대부분 문서를 전자결재 시스템에 의해 진행하기 때문에 전자이미지관인을 주로 사용한다. 다만, 서면에 관인을 찍을 사항이 생길 경우 총무부서에 비치되어 있는 관인 사용대장에 사용 내용 및 사용 일자 등을 기입하고 업무 담당자와 사용 담당자 서명 이후 관인 보관함에서 관인을 수령 해 총무부서 내에서 관인을 날인 한다. 관인을 날인 할 때에는 총무부서의 장이 지휘·감독할 수 있는 범위 내에서 관인을 날인 해야 하며, 관인을 사용하기 위해서는 사전에 기관장의 승인(또는 위임전결권자의 승인)을 받은 계획 문서가 있어야 사용이 가능[157]하다. 서면으로 관인을 날인 하는 경우는 대부분 행정관청에 제출하는 문서이거나 계약문서가 있을 수 있고 협약서(MOU)에 기관장의 서명이나 또는 관인을 날인 하는 경우가 있다.

관인관리에 대한 세부적인 내용은 「행정업무의 운영 및 혁신에 관한 규정」이나 정부에서 발간하는 '행정운영업무편람'의 관인편에서 자세하게 설명하고 있다. 총무 담당자는 정부의 관련 규정과 편람을 확인 후에 기관의 여건과 상황을 고려하여 자체적으로 내규를 제정해 운영해야 한다.

(2) 회의관리

기관에서 회의를 추진하는 이유는 간단하다. 정보의 공유이다. 구성원이 대면(對面)하면서 서로의 생각과 부서의 입장, 부서의 업무 등을 다른 구성원 또는 부서 간에 공유하면서 업무를 원활하게 추진하기 위해 회의를 진행한다. 회의는 각 기관마다 형식이나 방법이 다르지만 일반적으로 월간, 주간회의를 진행한다. 각 사업별로 업무 관계자가 모여 회의를 진행할 수 있으나, 이는 각 사업부서별로 담당자가 주관해 추진하기 때문에 총무부서에서는 기관 차원에서 전체 구성원이 모이는 회의 중심으로 업무를 담당[158]한다. 회의를 추진하기 위해서는 회의자료를 생성해야 하는데 자료는 회의 목적에 따라 양식을 달리할 수 있다. 다만, 일반적으로 반영하는 내용은 지난 실적과 향후 추진사항, 부서 간 공유내용 등이 포함된다. 자료의 취합은 회의 2일 또는 3일 전에 실시하는데 취합[159]이 완료되면 기관의 전자결재 시스템(그룹웨어)에 공유한다.

---

157) 실무를 하다 보면 최종 의사결정권자의 승인 없이 실무자가 임의적으로 관인을 찍는 경우가 종종 발생한다. 관인을 관리하는 총무 담당자는 관인을 사업부서에서 찍으려 할 때 반드시 결재문서를 확인하고 사용처와 사용 일자, 사용 내용 등을 확인(관인관리대장 기입)하고 관인을 담당자가 직접 해당 문서에 찍어줘야 한다.

158) 총무부서에서는 회의장 관리를 한다. 기관의 전산시스템(그룹웨어)을 활용해서 '월' 단위 또는 '주' 단위별로 기관의 회의장 예약 현황을 관리하고 조정하는 역할을 수행한다.

159) 기관마다 회의를 주관하는 부서가 다를 수는 있으나 일반적으로 모든 구성원이 모이는 월간조회는 총무부서에서 주관하고 정례적인 간부급 회의는 기획부서에서 주관한다.

① 월간회의

　기관에서는 매월 기관장이 모든 구성원을 대상으로 주관하는 ①월간조회 (기관마다 이름 다름)와 ②간부급('팀' 또는 '부' 단위 부서장)이 모두 참석하는 간부회의를 진행하게 된다. 월간조회 및 월간 간부회의(확대간부회의)는 매월 첫째 주 월요일 진행하는 것이 일반적이며 월간조회는 오전에 실시하고 월간 간부회의는 오후에 진행한다.

- 첫째, 월간조회

　매월 기관장 주관으로 모든 구성원이 기관의 강당이나 대회의실에 모여 해당 월에 대한 정보를 공유하고 기관장의 경영방침이나 지시사항을 듣고 업무 수행에 참고하는 자리이다. 매월 첫째 주 월요일에 진행하는 것이 일반적이다. 월간회의는 국민의례를 시작으로 해당 월의 인사 변동을 소개하고 생일 자 및 조사(弔詞)가 있는 직원을 알린다. 기본적인 전달사항이 공지되면 기관장이 해당 월에 하고 싶은 이야기를 하게 된다. 계절에 따른 지시사항이나 현안에 대한 의견과 기관장의 생각을 공유할 수 있다. 총무 담당자는 기관장의 말씀을 사전에 작성해 기관장에게 보고하고 수정사항을 반영해 최종안을 기관장에게 보고하게 된다. 기관장 말씀은 차후 경영평가160)에서 활용할 수 있기 때문에 경영평가 세부평가방법과 연계하여 해당 월에 필요한 말씀을 할 수 있게 총무 담당자는 유도해야 한다. 기관장의 말씀을 마지막으로 월간회의는 종료한다. 기관장의 말씀은 전체 구성원이 볼 수 있고 기록으로 남기기 위해 전자결재 시스템(그룹웨어) 게시판 등에 공지하는 게 좋다.

　월간조회를 실시하는 이유는 모든 구성원이 한 달에 한 번은 얼굴을 보고 인사할 수 있는 자리를 만들고 구성원 간의 좋은 일과 나쁜 일을 서로 공유하면서 동료애를 느끼기 위함이다. 또한, 각 부서에서 중점적으로 추진하는 일에 대해 모든 구성원이 상호 공유할 수 있는 시간을 갖는 것도 이유 중의 하나이다. 월간조회가 마무리되면 법령에 따라 공공기관 직원들이 이수해야

---

160) 경영평가 항목 중 리더십이나 전략 부분에서 기관장의 경영방침(철학)이나 지시사항을 근거로 이야깃거리를 풀어갈 수 있기 때문에 기관장의 말씀을 기록으로 남기는 것은 중요하다.

하는 필수 교육을 받는다. 보통 성희롱 관련 교육이나 청렴 및 반부패 예방 교육 등을 받게 되는데 해당 교육은 담당 부서에서 준비하게 된다.

모든 구성원이 모일 수 있는 일은 한 달에 한두 번밖에 없기 때문에 모든 기관에서는 월간조회를 어떻게 할지를 고민하게 된다. 일반적인 절차에 의해 진행할 수도 있고 이벤트성 행사를 준비할 수도 있다. 다만 월간조회를 하는 목적은 모든 구성원이 한자리에 모여 정보를 공유하고 동료애를 느낄 수 있는 자리라는 것이다. 많은 정보를 공유하기보다는 매월 주제를 가지고 구성원이 공유할 가치를 생성하는 것이 좋다.

- 둘째, 월간 확대간부회의

간부회의는 모든 부서장이 모여 월 단위 업무를 상호 공유하는 자리이다. 기관장이 경영 방침 하에 부서별로 월간 추진할 업무를 공유하고 수정사항이나 미흡한 사항에 대해서 기관장의 지침을 받는 자리이며 다른 부서와 협업이나 공유할 사항에 대해서 상호 인지할 수 기회이기도 하다. 모든 간부가 모이는 자리이기 때문에 부서에서 실시할 핵심적인 사항 위주로 보고하고 일반적인 사항은 서면으로 갈음한다. 특히 모든 간부가 모일 기회가 많지 않기 때문에 다른 팀들이 알아야 할 사항과 주요 사업 중심으로 보고한다.

② 주간회의

매주 진행되는 주간회의는 주로 기관의 '실' 단위급 이상 간부들이 모여 한 주간의 진행 사항을 공유하고 각 실별 협의 사항을 확인 및 점검하는 자리이다. 기관장 주관하에 '실' 단위 업무를 보고하고 기관장의 지침에 따라 한 주간에 진행될 업무를 공유하는 자리라고 생각하면 된다. '팀' 또는 '부' 단위 간부가 참석하는 월간 확대간부회의가 있는 주간에는 주간회의는 미실시한다.

회의의 진행 방식은 실장급 부서장이 '실' 단위 업무를 보고하고 타 '실'과 협력 및 공유할 사항에 대해 언급을 하면 기관장이나 참석한 다른 실장급 부서장이 궁금한 사항이나 협의할 사항에 대해서 상호 질의응답하는 형식으로 회의는 진행한다. 보통 한 시간 이내에서 회의는 종료되는 데 중요한 안건이 있을 경우에는 회의시간이 길어질 수도 있다. 주간회의 시에 '현 안과제'라고 해서 많은 부서가 인지해야 하는 일이나 공유하거나 협조해야 할 사항을 '팀' 또는 '부' 단위 부서장이 참석해 보고하는 경우도 있다. 간부 들이 모인 공간에서 서로의 의견을 듣고 업무를 공유하여 주간회의 장소에 서 기관장이 결정하는 것이 업무추진의 효율성 면에서 좋기 때문에 이와 유 사한 방법으로 업무를 추진하는 경우도 있다.

4. 자산관리

1) 직무 소개

자산(資産)은 회계기준에서 말하는 유동 및 비유동 자산[161]을 의미하지만 공공기 관 총무부서에서 수행하는 자산관리 업무는 물품관리 업무로 이해[162]하면 된다. 기관의 예산(돈)으로 구매(물품, 토지, 부동산 등) 또는 설치한 기계장치와 건물 등을 효율적이고 체계적으로 관리하기 위한 절차와 방법 등을 규정화하는 것이 총무부 서의 업무이다. 기관의 규모(인력, 예산 등) 및 사업의 특성 등에 따라 자산관리의 범위가 회계기준에서 말하는 유동 및 비유동 자산을 포함하는 경우도 있으며 상 대적으로 규모가 작은 기타공공기관은 물품의 관리 차원에서 자산관리 업무를 수 행한다.

2) 주요 직무

자산은 기관에서 보유하고 있는 모든 물품 및 건물, 동산, 유가증권, 현금 등을

---

161) 유동자산은 짧은 기간 안에 현금으로 바꿀 수 있는 자산을 말하며, 비유동자산은 유동성을 충족 하지 않는 모든 자산, 즉 1년 이상 기관 내에 체류하는 자산을 말한다. 총무부서에서 관리하고 취급하는 자산의 범위는 일반적으로 비유동자산이다.
162) 정부나 공공기관 중 자산과 관련된 업무를 주요 사업으로 추진하는 기관으로 조달청과 한국자산 관리공사 같은 기관이 있다. 다만, 공공기관 총무부서에서는 예산으로 구매한 물품이나 설치한 기 계류 등에 대한 관리와 손망실 처리 등의 관리 업무 위주로 직무를 수행하는 경우가 일반적이다.

말한다. 총무부서에서 관리 및 취합하는 업무의 범위는 일반적으로 물품과 건물(설치된 기계류), 부동산, 토지 등에 대한 현황 관리를 한다. 현재 상태를 확인하고 파손·훼손이나 망실이 발생 시 후속조치를 하는 것으로 이해하면 된다. 다만, 기관에 따라 업무의 범위는 다를 수 있기 때문에 일반화하기는 어려움이 있다. 대부분이 기관은 「자산관리규정」을 통해서 자산을 분류하고 물품관리관(명칭은 기관마다 상이함) 및 부분물품관리관의 역할을 부여한다. 자산분류 기준과 관리범위를 설정하고 재물조사를 통해서 매년 정기적으로 자산의 현재 상태(위치 포함)를 확인하여 그 결과에 따른 후속조치를 하게 된다.

자산의 기준은 기관마다 다를 수 있으나 1년을 기준으로 일정금액[163] 이하의 소모성 물품은 자산으로 관리하지 않고, 1년 이상 비소모성으로 일정금액 이상으로 구입한 물품을 기준으로 관리하고 있다. 다만, 일정금액 이하의 경우에도 비소모성 물품으로 관리의 필요성이 있을 경우에는 자산[164]으로 관리하고 있다.

공공기관 자산관리와 관련된 참고 법령은 「물품관리법」과 「공유재산 및 물품관리법」이 있으며 해당 법령을 근거로 기관 자체의 「자산관리규정」(명칭은 기관마다 다름)을 제정한다. 해당 규정에는 자산의 범위, 용어의 정의, 관리부서와 사용부서의 역할과 책임 범위, 자산의 국내외 대여 절차, 재물조사의 종류와 방법, 후속 조치 사항 등을 규정하고 이에 따라 기관의 자산을 관리한다.

(1) 재물조사

기관에서 구매한 물품 및 기계류 등이 재기능을 수행하고 상태는 온전하며 재위치에서 활용되고 있는지를 확인하는 것이 재물조사의 목적이다. 자산으로 분류된 모든 물품 및 기계류 등을 확인하기 위해 매년 재물조사를 실시하는데 재물조사에는 정기재물조사와 특별재물조사, 수시재물조사가 있다.

---

163) 일정금액은 일반적으로 50만 원을 기준(조달청'물품분류지침'기준 적용)으로 하고 있다.
  * 출처 : '물품관리업무 매뉴얼', 조달청(2020. 12.)
164) 50만 원 내에서 구매할 수 있는 물품 중에서 1년 이상 계속 사용할 수 있는 비소모성 물품은 자산으로 관리하고 있고, 1년 이상 사용할 수 없는 물품이라 하더라도 취득단가가 일정금액(1백만 원) 이상인 물품은 비소모품으로 분류할 수 있다.

- **첫째, 정기재물조사**

매년 정기적으로 일정 기간 동안 기관의 모든 조사대상을 전수 조사한다. 재물조사 기간 동안은 자산의 이동을 금지하는 폐쇄형 조사를 기본으로 하고 있으며, 재물조사반을 구성해 자산대장에 있는 모든 자산을 확인하고 상태를 점검한다.[165] 기관 자체 자산관리시스템을 구축해 활용하는 기관도 있고 조달청에서 구축한 RFID 물품관리시스템을 이용하는 기관도 있다. 이는 기관의 선택사항으로 기관 입장에서 자산관리를 효율적으로 하는 방법을 적용[166]하면 된다.

재물조사를 추진하기 위해서는 계획수립 시 재물조사 기간·대상범위·조사방법·후속조치 방법 등에 대한 세부적인 내용이 반영되어야 한다. 기관 자체적으로 추진하기 어려울 경우에는 전문용역업체를 활용해 업무 대행을 실시할 수도 있다. 재물조사는 수량조사와 상태조사를 기본으로 한다. 수량조사는 장부와 현품의 과부족을 확인하는 것이고 상태조사는 현품의 현재 상태를 확인하여 활용품 또는 불용품으로 분류한다. 수량과 상태조사를 통한 결과를 바탕으로 후속조치를 취하게 된다.

수량조사를 통해 현물의 수량이 장부와 차이가 발생할 경우에는 망실 여부를 확인하여 그 사유를 확인하고 사용부서의 과실이 입증될 경우에는 그에 따른 처분을 실시한다. 과실 여부에 따라 사용부서의 변상 책임이 발생할 수 있다. 수량조사를 통해 장부와 현품의 위치 및 관리주체가 변경되는 경우에는 사유 등을 확인하여 관리전환 등의 후속조치를 취한다.

상태조사를 통해 확인된 현품은 활용품과 불용품으로 구분한다. 불용품은 '사용 가능'과 '폐기'로 구분하고 '사용 가능'일 경우에는 수리 및 보수 등의 조치를 통해 재사용[167]한다. '폐기'로 분류될 경우에는 매각 또는 폐기 등의 조치를 취하게

---

165) 규모가 크지 않은 기관(정원이 100명 이내)은 재물조사반에서 실지조사를 하는데 정확하게 자산을 확인할 수 있는 장점이 있으나, 소요되는 시간이 많은 단점이 있다. 공기업 및 준정부기관이나 정원이 100명을 초과하는 기관은 자산취득이나 불용이 많지 않은 해에는 양식을 각 부서 서무에게 배부하여 조사요청 후 취합하는 방법을 적용하기도 한다. 다만, 정확하지 않아 직접 재확인해야 하는 단점이 있다.

166) 개개인의 자산에는 관리번호가 부여되며 구입 시기와 단가, 품명, 규격, 위치와 관리부서가 기입된 푯말이 부착된다. 푯말에는 바코드 또는 전자칩을 이식하여 기관의 자산관리시스템과 연동될 수 있도록 관리하고 있다.

167) 현품이 불용품(훼손)으로 분류되어 수리 및 보수 등이 필요하게 될 경우에는 사용부서의 고의성

된다. 재물조사 결과에 따라 현품의 처분에 관한 사항은 별도의 심의위원회를 구성하여 결정하고 최종 의사결정권자의 승인을 받고 조치하게 되는데 심의위원회는 외부위원을 과반으로 구성한다. 현품에 대한 처분 결정이 확정되면 총무 담당자는 자산대장과 현품의 현황을 맞추고 회계 장부상의 자산가를 확인하여 차액이 발생하지 않도록 조치한다. 또는 매각이 필요한 현품은 한국자산관리공사의 온비드 시스템을 활용해 매각 조치하고 폐기가 필요한 현품은 일정 수량을 확인하여 폐기처분[168]하게 된다.

• 둘째, 특별·수시재물조사

정기재물조사 외에 특별·수시재물조사가 있다. 특별재물조사는 조직의 변동 등으로 물품관리 상황에 대한 점검이 필요한 경우에 실시하고 수시재물조사는 ①기관장이 필요하다고 인정할 때, ②물품관리관 변경, ③특정품에 대한 불시 확인이 필요할 때 실시한다. 특별·수시재물조사는 모든 품목을 전수조사하는 것은 아니며 일정한 사유가 발생했을 경우 해당 품목 위주로 조사한다. 조사 방법은 정기재물조사와 동일하나 규모와 범위가 다르다고 보면 된다.

정기 재물조사 추진계획(안)

□ 추진배경
- 자산대장 내 기존 구매 자산의 누락 여부 확인, 신규 구매한 자산의 등재 등 자산의 효율적 관리를 위해 정기 재물조사를 실시하고자 함

□ 추진방향
- 조달청 물품관리시스템을 활용한 자산의 체계적 고정자산 관리(실물사진·내용연수 등)
- 20○○년 구매 자산 중 누락 또는 오기자산을 파악하여 자산대장 재정리
- RFID를 활용한 부서별 신규 취득 자산 파악 및 고정자산 상태·이상 유무를 확인하여 자산관리대장 최신화

여부에 따라 변상 책임이 발생하게 된다.

168) 재물조사 결과, 폐기처분이 가능한 현품 중에서 사용연수를 초과했으나 사용이 가능한 현품(장부가액 0원 또는 수립 및 보수 비용이 취득가보다 높을 경우) 등은 사회복지법인, 사회적 기업, 지역주민 등에 양여하는 사례도 있다. (「공유재산 및 물품관리법」 제78조)

□ **주요내용**

- 기존 및 신규자산 전수조사, RFID 태그 발행·부착 실시
  - (전수조사) 조달청 물품관리시스템 자산목록 기준으로 부서별 전수조사를 실시하여 신규자산 및 기존 자산의 누락·오기 자산 현황 파악
  - (조사방법) 부서기준으로 실시

차수	수행 시간	조사 장소
1일 차	13:00 ~ 17:00	기획실 / 감사실
2일 차	10:00 ~ 13:00	경영관리실 / ○○○○○실
	13:00 ~ 17:00	방재실 / ○○○○○실
3일 차	10:00 ~ 13:00	○○○○○실 / ○○○○○실
	13:00 ~ 17:00	경비실, 당직실, 전산실 /○○○○○실
4일 차	10:00 ~ 13:00	임원실 / 도서관
	13:00 ~ 17:00	○○○○○실 / 필로티

  - (태그 발행) 물품관리시스템 조사결과 입력 및 자산관리대장과 일치 여부 확인 후 RFID 태그 발행·부착 실시
  - (후속조치) RFID를 활용하여 자산대장 현행화 및 자산대장과 실물자산 불일치 여부에 대한 원인 파악 후 조치 시행

□ **향후계획**

- 정기 재물조사 실시 사전 준비(00.00.~00.00.)
  - 조달청 RFID 물품관리시스템 사전 테스트 진행, 리더기 및 바코드 프린터 상태 점검 등
  - 재물조사 계획 각 부서 공지 및 협조요청
- 정기재물조사 결과보고(00월 말)
- 자산대장 현행화에 따른 자산 처분 등 이행을 위한 자산관리위원회 개최(00월)

정기 재물조사 결과보고

□ **추진 배경**

- 20○○년도 신규 취득자산, 기존 보유자산의 현물 확인 등 정기 재물조사에 대한 결과를 보고 하기 위함

□ **일반현황**

- (조사 기간) 20○○.00.00. ~ 00.00.
- (조사대상) 신규 및 기존 등재 자산 일체
- (조사방법) RFID 리더기 및 자산관리시스템을 활용한 고정자산 상태·이상 유무를 확인하여 자산관리대장 최신화

□ 재물조사 결과
- (자산 현황) 총 0,000건(기존자산 0,000건, 신규 00건)
  - 기존 자산 중 대장과 일치하는 자산 비중은 0,000건으로 전체의 00.0%를 차지하였으며, 신규자산 00건은 RFID(전자식별태그) 부착 완료

【기존 자산(총 0,000건)에 대한 재물조사 결과】

(단위 : 건)

구분	정상	태그 재발행	삭제 필요*	불용 필요**	확인 불가
기존 자산	0,000	000	000	00	00

* 중복 또는 개인 물품 등 사유로 자산대장에서 삭제가 필요한 물건
** 물품 저장소에 보관 중인 자산 개수

※ 재물조사 세부내역은 붙임파일 참조
- 재물조사를 통해 확인되지 않은 217건은 실별 담당자를 통해 102개 추가 확인하였으며, 확인된 자산은 RFID 추가 부착 예정

□ 향후 계획
- 자산관리위원회 개최를 통한 자산관리대장 최신화 추진
  - 불용 필요 자산(20○○년 12월 기준 20건) 처리 여부, 내용연수 도래 자산 및 미확인 자산(20○○년 12월 기준 115건) 등 심의안건 논의
- 자산관리 운영계획 수립·보고
  - 20○○년 재물조사 및 자산관리위원회 의견을 반영한 자산관리 운영계획 수립(재물조사 용역 0회, 자체 관리 0회 등 총 0회 수행 예정)
  - 공정한 계약문화 확립을 위해 자산관리용역 업체 선정 시 경쟁입찰을 통해 선정 예정

붙임 품목별 조사 결과 1부. 끝.

5. 대외협력

1) 직무 소개

기관 운영과 사업을 추진하기 하기 위해서는 다수의 이해관계자(정부 부처, 국회, 언론, 지방자치단체, 지역사회 관계자, 협력기관 및 관계 업체 등)와의 만남이 이뤄진다. 공공기관은 정부 및 국회, 언론 등과의 관계를 통해서 기관의 성과를 알리고 인지도를

높여 최고의 공공서비스를 對 국민을 상대로 제공하기 위해 노력한다. 대외협력 업무는 공공기관과 이해관계가 있는 모든 조직과의 유대관계를 형성하고 이들과 기관 운영 및 사업 간의 상호 원만한 시너지를 극대화하기 위한 관계를 유지하는 업무이다. 기관의 성격과 규모, 지정형태에 따라 대외협력 업무의 비중이 차이는 있지만 대부분의 기관에서 기관 운영과 그에 따른 성과를 대내외에 홍보하기 위해서 대외협력 기능(홍보 포함)을 강화하고 있는 추세이다. 대외협력 업무는 ①유관 기관과의 협력업무와 ②對 언론 관계업무, ③기관 자체적인 홍보업무로 크게 구분할 수 있다.

첫째, 유관기관 협력업무는 그 대상이 다양하다. 정부가 될 수 있고 국회 및 이해관계 단체와 협회 등이 될 수 있다. 또한, 유사 기능을 수행하거나 업무 협력이 필요한 기관도 이에 해당할 수 있다. 대외협력 업무 담당자는 해당 기관이나 단체, 협회 등의 업무 담당자 간 연계망을 구축하고 현안에 대한 대응이 될 수 있도록 지속적인 관리를 해야 한다. 또한 성과있는 협력업무가 되기 위해 목적성 있는 업무협약을 추진하여 기관의 성과를 높이고 기관의 인지도를 향상시킬 수 있는 방안을 위해 노력한다.

둘째, 언론과의 관계는 제2장 제7절에서 설명한 대로 기관과 관련된 언론기관과의 관계에 대한 업무이다. 기관의 성과와 그간의 노력을 언론을 통해 홍보하고 기관의 이미지와 對 국민 서비스 향상을 위한 노력을 알리기 위해 언론과의 관계를 유지하고 있다.

셋째, 기관 자체적인 홍보업무는 기관 누리집(홈페이지)을 활용하여 기관의 실적과 성과, 정보 등을 對 국민 서비스 차원에서 공유하고 있으며, 다양한 매체를 활용하여 기관 이미지 제고를 위한 노력을 한다. 기관 차원의 이벤트와 행사 등을 통해서 이해관계자와의 소통창구 역할도 수행하고 있으며 시민 참여 프로그램 운영을 통해서 사회적 책임 구현을 위한 다채로운 홍보 프로그램 등을 운영하고 있다.

대외협력은 기관의 규모와 역할 등에 따라 단일 부서로 확대해 운영하는 기관도 있고, 기획부서169)나 총무부서에서 단위 직무로 업무를 수행하는 기관도 있다.

100명 내외의 기타공공기관이나 규모가 작은 준정부기관에서는 부장·팀장급 단위 부서[170]에서 직무를 수행한다. 공기업 및 준정부기관에서는 실장·처장급 단위부 서[171]에서 세부 직무별(대외협력팀, 홍보팀 등)로 구분해 대외협력업무를 추진하고 있 다. 직무 연관성과 확대 관점에서 국회 관련 업무를 대외협력부서에서 담당하는 기관도 있다.

2) 주요 직무

(1) 유관기관 협력[172]

공공기관은 다수의 이해관계자와의 관계 속에서 사업을 추진하고 있다. 對 국민 을 위한 서비스 제공은 기본이고, 설립목적에 맞는 이해관계자가 존재하고 그들과 의 관계를 원만하게 유지하며 협력적관계 형성을 위해 노력하고 있다. 각종 이해 관계자와 기관 운영 및 사업추진을 위해 업무협약(MOU) 형태로 관계를 유지하며 상호 업무 성과를 공유[173]하고 있다.

☞ **업무협약(MOU)**
기관과 기관·단체 등 간에 상호 협력할 내용이 있거나, 사업 추진의 효과를 높일

---

169) 50명 내외의 기관에서는 기획부서 또는 총무부서에서 대외협력 및 홍보업무 수행(예: 국립박물관 단지 통합운영센터, 국립항공박물관, 한식진흥원 등)

170) 국립해양과학관, 영화진흥위원회, 세종학당재단 등

171) 한국철도공사, 한국가스공사, ㈜강원랜드 등

172) 유관기관에는 공공기관과 이해관계가 있는 모든 기관이 있을 수 있다. 정부와 국회 등도 포함되 며 업무 수행은 제2장 제7절 대관관리에서 對 정부, 對 국회업무 참고

173) 사업 공유형태는 업무협약 외에도 협의체를 구성해 추진하는 경우도 있다. 협의체는 공공기관별 로 유사 기능을 수행하는 기관 간에 주로 추진 한다. 상호 업무를 공유하고 사업계획 수립 전에 협의를 통해 중복적 사업을 배제하여 예산의 낭비 요소를 방지하기도 한다. 또한 사업성과를 공 유하여 상호 보완·발전할 수 있도록 협의체를 운영하고 있다.(대표적으로 생물다양성 관련 기관 간의 협의체, 전시·체험·교육 시설(박물관·과학관·자원관 등) 간의 협의체가 있다.) 또한 동일 지 역 내에 있는 기관끼리 직무를 중심으로 지역사회에 공헌할 수 있는 방향으로 협의체를 운영하 는 경우도 있다. (부산 센텀지구에 위치한 5개 기관(영상물등급위원회·영화진흥위원회·게임물관리 위원회·한국청소년상담복지개발원·APEC기후센터)이 공공기관 인사업무 관련하여 공정채용을 위 한 상호 모니터링과 지역사회 미취업 청년층의 취업역량강화를 위한 지원활동을 위한 협의체를 구성함)

수 있는 사항이 있을 경우 업무협약의 형태로 협력관계를 구축하고 있다. 업무협약은 강제적인 법적 의무가 부여되는 것은 아니며 협력 기관 간 상호 보완·개선·상승 효과를 높이기 위한 약속이다. 업무협약은 주로 각 기관의 이해관계가 일치할 때 추진한다. 한 기관에서 무조건적으로 다른 기관을 지원하거나 도와주는 업무협약은 있을 수 없다. 대등한 위치에서 상호 존중을 전제로 추진한다. 업무협약을 추진하기 위해서는 집행부서(사업부서)에서 사업추진과 관련해 협력할 기관이 있을 경우 해당 기관에 상호 협력할 사항에 대한 의견을 교환하고 상호 이해관계가 일치할 경우 본격적으로 추진한다. 협약의 규모에 따라서 기관장들이 참석하는 행사로 확대할 수 있고 그렇지 않고 실무적인 차원에서 진행할 경우에는 실장급(1급 또는 수석급) 단위 부서의 장 간에 체결할 수도 있다.

업무협약은 체결 자체로 평가받지는 않는다. 업무협약을 통해 해당 기관 간의 실질적인 성과로 연결되느냐가 중요하다. 업무협약만 체결하고 실질적인 교류나 협력 성과가 없는 업무협약도 실무에서는 많이 있다. 대외협력 업무 담당자는 업무협약 체결 현황과 실적 및 성과를 정기적으로 관리할 필요가 있다. 실적과 성과 없는 업무협약은 기관 경영평가에서 좋은 평가를 받을 수 없고 국회(국정감사 등) 및 언론 등의 지적사항이 될 수도 있다.

대외협력부서에서는 기관 차원의 업무협약을 총괄 관리한다. 기관 차원의 업무협약 추진체계를 마련하고 각 집행부서(사업부서)에서 업무협력을 실적과 성과를 관리하게 된다. 매년 업무협약 실행 건수와 그에 대한 성과를 분석해 집행부서(사업부서)의 의견을 반영하여 업무협약의 계속적 이행 또는 잠정중단, 종료 등을 결정하게 된다. 업무협약의 성과는 각 집행부서(사업부서)의 성과이기도 하지만 대외협력부서의 성과이기도 하다. 각 집행부서는 단일 업무협약에 대한 성과만을 관리하고 추진하지만, 대외협력부서는 기관 차원의 업무협약을 총괄하기 때문에 부서 자체의 부서 성과지표로 반영해 관리하는 기관도 많이 있다.

<h2 align="center">〈업무협약 체결 추진 절차〉</h2>

단계	세부내용
준비	• 업무혁약 추진 계획 수립 → 업무협약 내용 검토 → 업무협약안 검토 → 업무협약안 확정
체결	• 업무협약 체결 * 집행부서(사업부서) 직접 수행 시 대외협력부서에 결과 제출
관리	• 업무협약 실적 점검 * 반기별 등 대외협력부서 직접 점검 또는 위원회 구성하여 회의에 부쳐 점검

* 자료 : 행정안전부 「국외업무협약 관리 규정」을 재구성함

공동협력 MOU 체결 추진계획(안)

□ MOU 체결 대상
• (협약기관) 한국공공안전관리단

- 설립연월: 20**. **. (설립근거: ○○○○○에 관한 법률
- 설립목적: 공공시설의 안전관리를 위한 지도 조언, 안전관리 산업의 진흥
- 대표: 홍길동
- 조직규모: 3본부 7실 13부 6팀, 임직원 000명

□ MOU 주요내용
• (기간) 2년(만료 1개월 전 상호 갱신 의사를 확인)
• (체결) 한국공공기관관리원 김철수 – 한국공공안전관리단 홍길동
• (내용) 공공시설의 안전강화를 위한 협력 사업 추진
  - 공공시설 관리 직원과 사용자인 국민의 안전의식 제고를 위한 공동 캠페인 추진
  - 안전사고 예방을 위한 상호 안전교육 및 체험활동 추진
  - 안전관리 전문인력 양성을 위한 인적자원의 교류
  - 관리 시설의 안전실태 상호 크로스 체크(반기 1회)

□ MOU 체결 행사 개최
• (일시) 20**. **. **.(수), 10:30 ~ 13:00
• (장소) 우리 원 16층 대강당
• (참석대상) 총 8명
  - 한국공공기관관리원: 원장, 경영본부장, 대외협력처장, 안전관리처장

- 한국공공안전관리단: 단장, 사업본부장, 소통협력부장, 안전기획팀장
- 진행순서

시간	내용	비고
10:30~10:40 ('10)	관리단 도착 및 환영인사	1층(대외협력처장)
10:40~10:50 ('10)	행사 개최 및 참석자 소개	사회: 안전관리처장
10:50~11:10 ('20)	대표 간 인사말씀	
11:10~11:30 ('10)	협약사항 설명	진행: 안전관리처장
11:30~12:00 ('30)	협약 체결(서명) 및 기념촬영, 티타임	
12:00~13:00 ('60)	점심식사	식당: ♣♣♣

□ **기타 행정사항**

- 현수막 제작 및 다과 준비(총무처장 협조)
- 촬영 및 보도자료 작성, 배포: 20**. **. **. 예정

붙임 MOU(안) 1부. 끝.

(2) 언론관계

기관은 기관장의 경영방침과 목표 그리고 설립목적 달성을 위해 정부로부터 예산을 받고 과업을 수행할 인력을 배치해 사업을 추진한다. 기관에서 이룬 성과와 달성 목표에 대해 홍보하기 위해 기관이 추진하는 사업과 관련된 언론과의 관계를 유지하기 위해 노력하고 있다. 언론사(종합지, 전문지)별로 기관의 규모에 따라 전담하는 기자가 있을 수 있고 지역과 권역별로 담당 기자가 있어 언론인을 대상으로 기관에서 이루어진 성과를 알리고 기관의 현안에 대해 설명할 수 있는 자리를 만들면서 언론과의 관계를 유지한다. 기관을 알리는 방법은 기관과 관련된 언론인을 기관에 초대하여 설명회 및 간담회 등을 개최하는 방법도 있고, 보도자료의 형태로 기관에서 진행되는 각종 사업과 성과를 보도 요청하는 경우도 있다. 방법은 다양할 수 있으며 기관에서 가장 효과적으로 기관을 알릴 방법을 찾는 것이 중요하다. 그 방법을 찾는 것이 대외협력 업무 담당자의 역할이다.

일반적으로 언론과의 협력관계를 구축하고 기관에 대한 소식을 알릴 방법은 보도자료를 생성해 배포하는 방법이다. 기관에서 이루어지고 있는 다양한 소식을 기관 차원에서 보도자료를 만들어 각 언론에 배포하고 그 소식이 언론 지면(온라인 포함)이나 방송 등을 통해 전국에 유통될 수 있도록 하는 것이 업무 담당자의 성

과이자 업무이다. 보도자료가 언론을 통해 배포되고 전국으로 유통될 수 있도록 기관과 이해관계가 있는 언론과의 관계를 지속적으로 유지하는 것이 중요하다.

보도자료는 대외협력 업무 담당자가 직접 작성하는 것은 아니다. 기관의 각 집행부서에서 사업별로 대외에 알려야 할 사항 있을 경우 해당 부서에서 보도자료를 작성한다. 대외협력 업무 담당자는 집행부서에서 작성한 보도자료를 확인하고 점검해 기관의 이름으로 대외에 배포될 수 있도록 관리하는 업무를 수행한다. 다만, 집행부서에서 보도자료를 작성하는데 어려움이 있을 경우에는 보도자료 작성 방법이나 업무절차 등에 대해서 사전 설명을 하거나, 교육을 통해 직원의 업무역량을 강화시키는 일도 대외협력 업무 담당자의 역할이다. 일반적으로 보도자료는 집행부서에서 홍보의 필요성이 있는 사업을 추진할 때와 성과 있는 과업이 있을 경우에 작성한다. 작성된 보도자료는 대외협력부서에 제출하고 업무 담당자는 보도자료의 가치를 판단하여 배부선을 결정하고 기관장에게 보고 후 언론기관에 배포하게 된다. 보도자료의 내용이 기관 차원에서 대응할 가치가 있는 경우에는 주무기관(중앙정부) 대변인실과의 협력을 통해서 주무기관 대변인실에서 브리핑을 통해 배포할 수도 있다.

〈보도자료 작성 방법〉

- 보도자료는 기본적으로 육하원칙, '누가, 무엇을, 언제, 어디서, 어떻게, 왜'라는 내용을 포함
- 보도자료는 역피라미드 구조로 제목(표제, 간판), 리드(요약, 첫 문장, 요지), 본문(내용), 기타(부가적 설명)로 구성
- 독자의 관심을 끌 차별화된 내용을 가장 앞으로 배치하여 작성하는 것이 보도자료 작성의 원칙
- 정확한 배포 일정을 계획하여 효과적인 홍보물로 활용
- 유사 사례를 보도한 신문을 탐색하여 전체적인 논리를 생각해 보고 작성

* 자료 : 「경기도가 만든 정책홍보 가이드(경기도, 2019)」를 재구성함

<보도자료 절차>

단계	세부내용
보도자료 작성	• 대외에 알릴 사업성과 및 이벤트성 행사, 선포식 등이 있을 경우 집행부서에서 작성
보도자료 검토	• 작성된 보도자료는 대외협력 부서에서 검토 – 보도의 가치를 판단하여 배부선 결정

보도자료
배포
	• 기관 누리집(홈페이지) 및 언론에 보도자료 배포
	  * 보도자료의 가치에 따라 기자 설명회(기관 자체) 및 중앙부처
	    대변인실에서 브리핑 실시

보도자료 관리	• 보도자료 별 언론기사 현황 정리 • 연간 대외협력부서 성과지표로 활용 * 경영평가 계량지표 또는 기관 자체평가의 공통지표 가능

(3) 홍보관리

홍보의 업무 범위는 넓다. 대외협력 업무를 포함해 기관에서 행해지는 모든 업무를 대내·외적으로 알리고 성과를 극대화하기 위한 모든 행위를 홍보활동으로도 볼 수 있다. 일반적으로 기관 차원에서는 홍보의 기능을 순수하게 對 국민과 이해관계자를 대상으로 기관의 목표와 현안, 사업성과를 전달하고 소통하는 차원에서 홍보활동을 바라보고 있다. 다만, 공공기관의 역할과 규모, 사업의 성격, 기관장의 의지 등에 따라 홍보의 역할과 기능을 다르게 볼 수도 있다.

홍보의 주기능은 다양한 홍보채널[174](소셜 미디어 및 언론, 누리집(홈페이지) 등)을 활용해 기관의 입장을 공유하고 소통하는 역할을 하는 것이다. 이해관계자와의 접촉면을 강화하기 위해 각종 이벤트성 행사나 간담회, 선포식 등의 퍼포먼스를 진행

---

174) 기관을 홍보하기 위한 방법은 다양하다. 기관의 CI를 통해 기관 이미지를 이해관계자에게 알릴 수 있고 기관 상징물을 제작해 배포할 수도 있다. 연간 기관 이미지와 연계된 그림 등을 공모해 달력이나 업무 수첩을 제작해 배포할 수도 있다. 이 모든 활동은 기관을 홍보하는 활동으로 볼 수 있다.

할 수 있고, 시민 참여를 유도할 수 있는 참여형 프로그램을 통해 기관의 인지도 향상을 도모할 수도 있다. 기관에 대한 정보를 공유하고 사업성과 등을 전달하기 위한 각종 보고서 생성이나 도록 및 연보 제작 등은 對 국민과 이해관계자를 대상으로 한 정보 공유 차원의 홍보활동이라고 할 수 있다.

기관의 홍보활동은 대외협력부서의 고유업무이기도 하지만 기관의 모든 구성원이 참여할 수 있는 업무이기도 하다. 직무별 담당자가 추진하는 사업의 성과를 대내·외 관계자에게 효과적으로 전달할 방안을 사업 담당자와 홍보 담당자가 협업을 통해 최상의 방법을 찾는 노력을 해야 한다. 홍보활동은 홍보 담당자만의 업무가 아니고 기관 모든 구성원이 함께 참여해 추진할 때 기관의 목표와 성과를 대내·외적으로 전달하고 공유할 기회가 더 많아질 수 있다.

20○○년 한국공공기관관리원 홍보 계획(안)

☐ **전년도 주요 성과**
- 관리원 CI 교체(신규 사업을 포괄하는 차원의 로고로 변경)
- 관리원 신규 SNS 채널 개설 및 확대(###톡, 인####)
  - 총 00개 콘텐츠 제작 및 게시(전년 대비 00% ↑), 00,000명 조회
- 언론보도 실적 총 000건(전년 대비 00% ↑), 부정적 기사 0건 발생 → 정정보도 0건 (100%)

☐ **'○○년 추진 방향**
- 온라인: 6개 SNS 매체 운영, 000건 게시(전년 대비 00% ↑)
- 오프라인: 30개 언론사 관계, 000건 보도(전년 대비 00% ↑)

☐ **세부 추진내용**
- 온라인 홍보

구분	내용	매체
전사 차원	• 관리원 주요 행사 및 분기-반기-연간 사업실적 게시(총 00건 이상)	누리집(홈페이지)
	• 임직원 브이로그(총 0건 이상) • 전사 사업 홍보(총 00건 이상) • 사업 추진 결과(총 00건 이상)	유##
	• 주요 사업에 대한 카드 홍보(총 00건 이상)	인####
	• 기관장 주요 활동(총 00건 이상) • 전사 사업 홍보(총 00건 이상)	###블로그
사업부서별	• 연령층을 타겟으로 하여 홍보 알림 발송(총 00건 예정)	###톡

- 오프라인 홍보

구분	내용	매체
언론사	• 관리원 해당연도 핵심사업 보도(총 00건) • 관리원 사회적 가치 활동 추가 보도(총 0건)	총 00개 매체 (지역 언론사 0개 포함)
지역	• ♠♠♠행사 시 ##역 전광판, 버스 광고 등을 활용 인근 지역 거주 국민에 집중적 홍보(총 0건)	##역 ~ ◇◇역 구간 전광판, 광고대 등
소식지	• 분기별 소식지 제작으로 관리원 주요 사업실적과 추진일정 등을 공유(총 0건)	관리원 소식지 ☆☆☆

□ **소요예산**
- 금액: 총 000백만 원
- 과목: 사업비(홍보)-일반용역비 00백만 원, 일반수용비 00백만 원 등

붙임 분야별 세부 홍보계획 1부씩. 끝.

1. 직무 소개

   기관 운영과 사업 추진은 자체로 운영될 수도 있으나 계약175)을 통해서 물품 및 장비 등을 구입하거나, 전문성을 갖추고 있는 전문회사에 용역을 통해 이루어 지는 것들이 많다. 공공기관은 국민의 세금으로 운영되기 때문에 계약과정에서의 합법성과 공정성, 투명성이 담보되어야 하고, 계약을 체결할 때 관련 법령에 규정된 계약 대상자의 계약상 이익을 부당하게 제한하는 특약 또는 조건을 정하여서는 안 된다. 공공기관에서 구매계약 행위를 할 때 적용받는 법령은 크게 「국가를 당사자로 하는 계약에 관한 법률」과 함께 기획재정부 계약예규(17개)176)이다. 다만, 직접적인 적용은 아니고 준용하는데 대부분의 공공기관에서 정부기관과 동일하게 국가계약과 관련된 법령에 따라 구매계약 업무를 추진하고 있다.

   구매계약을 위해 계약부서 담당자는 계약행위를 하는 것이고, 사업부서 담당자는 계약행위를 할 수 있는 기본계획을 수립해야 한다. 그래서 공공기관 구성원은 계약과 관련된 기본적인 개념과 용어에 대한 이해도가 필요하다. 계약의 종류와 방법, 계약을 추진하기 위한 각종 가격의 개념에 대해서 알아 둘 필요가 있다. 그리고 입찰에 필요한 기간을 알아야 사업을 추진하는 일정 수립이 가능하기 때문에 계획수립부터 입찰, 계약, 사업이행까지의 모든 과정에 필요한 기간을 산출할 수 있는 실무적 능력이 있어야 한다.

---

175) 계약은 2인 이상의 당사자가 서로 청약과 승낙이라는 의사표시를 하고 이 의사의 합치로서 성립되는 법률행위로 쌍무계약이라 할 수 있다. 「국가를 당사자로 하는 계약에 관한 법률」 제5조에서 "계약은 서로 대등한 입장에서 당사자의 합의에 따라 체결되어야 한다"고 규정하고 있다.

176) 기획재정부 계약예규(17개)
①정부입찰·계약집행기준, ②예정가격 작성기준, ③적격심사기준, ④협상에 의한 계약체결기준(물품, 용역), ⑤공동계약 운용요령, ⑥경쟁적 대화에 의한 계약체결기준(물품, 용역), ⑦물품구매(제도)계약 일반조건, ⑧물품구매(제조)입찰유의서, ⑨용역계약 일반조건, ⑩용역입찰유의서, ⑪용역계약종합심사낙찰제심사기준, ⑫입찰참가자격 사전심사요령, ⑬공사계약일반조건, ⑭공사입찰유의서, ⑮종합계약집행요령, ⑯일괄입찰 등에 의한 낙찰자 결정기준, ⑰공사계약종합심사낙찰제심사기준

구매계약 실무는 자금과 관련된 업무이기 때문에 상급기관(주무기관, 감사원, 국회 등)의 감시를 중점적으로 받는 직무이다. 계약의 투명성을 가장 우선으로 보고 정해진 절차를 준수했는지 여부가 감사 내용의 핵심이다. 업무 담당자와 계약업체와의 불법적인 거래가 없어야 하고 관련 법령이나 기관 내규상 정해진 방법과 절차대로 업무를 추진하여야 차후 진행되는 상급기관 또는 자체 감사에서 문제가 없을 수 있다.

1) 구매계약 관련 '가격'

계약에서 우선 알고 있어야 하는 개념이 '가격'이다. 가격은 ①추정가격, ②예정가격, ③추정금액 등이 대표적이다. 추정가격과 예정가격, 추정금액의 차이는 부가가치세[177]와 관급자재비의 포함 여부에 있다.

(1) 추정가격

물품·공사·용역 등의 조달계약을 체결함에 있어서 국제입찰 대상 여부 등을 판단하는 기준으로 삼기 위하여 예정가격이 결정되기 전에 예산에 계상된 금액 등을 기준으로 산정한 가격(부가가치세 불포함)이다. 국제입찰의 대상, 현장 설명 대상 공사, 제한·지명경쟁·수의계약 대상, 낙찰자 결정방법 등 국가 및 지방계약에서 사용되는 대부분의 기준 금액이 '추정가격'이다.[178] 추정가격은 해당 계약 목적물의 순수가격으로 예정가격에서 부가가치세를 제외한 순액을 말한다. 수의계약의 범위[179]를 말할 때 관련 법령에 따라 추정가격을 기준으로 적용하고 있다.

(2) 예정가격

입찰 또는 계약체결 전에 낙찰자 및 계약금액의 결정기준으로 삼기 위하여 미리 작성·비치하여 두는 가격을 말한다.[180] 예정가격은 실무에서 적용할 때 공사

---

177) 재화·용역을 공급하는 사업자가 재화·용역을 공급받는자로부터 징수하여 관할 세무서에 납부하는 것을 말함
178) 「국가를 당사자로 하는 계약에 관한 법률 시행령」 제2조
179) 「국가를 당사자로 하는 계약에 관한 법률 시행령」 제26조 제1항 제5호 등에 따라 수의계약을 실시하는 경우 금액의 범위는 추정가격이다. (부가가치세 미포함)

등의 일부를 제외하고는 예정가격을 기준으로 계약행위를 하고 있다.

(3) 추정금액

공사에 사용되는 개념으로 추정가격에 부가가치세와 관급자재비를 반영한 금액이다.

<각종 구매계약 관련 '가격' 비교>

구분	정의	부가가치세	관급자재비
추정가격	해당 계약목적물의 순수 가격	×	×
예정가격	계약상대자 지급 예정금액	○	×
추정금액	해당 공사에 투입되는 총 비용	○	○

2) 계약의 종류

계약은 계약목적물에 따라 공사계약과 물품제조 및 구매계약, 용역계약으로 구분될 수 있다. 계약체결형태별(확정계약, 총액계약, 단년도계약 등), 경쟁형태별(경쟁입찰, 수의계약), 낙찰자 결정방법(적격심사낙찰제, 2단계 경쟁입찰, 협상에 의한 계약 등)에 따라 계약의 종류가 다양하다. 이 책에서는 공공기관에서 실무적으로 많이 사용하고 있는 계약 위주로 설명하고자 한다.

(1) 계약 목적물별 계약

① 공사계약

공사계약은 관련 법령181)에서 정한 기준에 충족(종합·전문건설업 등록, 전기공사업 등록 등)하는 계약상대자를 대상으로 체결하는 계약으로 타당성조사-기본

---

180) 「국가를 당사자로 하는 계약에 관한 법률 시행령」 제2조

181) 「건설산업기본법」에 따른 종합공사 및 전문공사와 개별 관계법령에 따른 전기공사, 정보통신공사, 소방공사, 그 밖의 공사로 구분하여 구분에 따라서 적격심사기준 등을 달리 정하고 있다.

설계, 실시설계, 시공의 순으로 진행하고 일반적으로 설계와 시공을 별도의 계약을 진행한다. 규모가 있는 공사계약은 시설관리 업무를 담당하는 토목 및 건축 전공 담당자가 직무를 수행하고 행정업무를 담당하는 일반 직원은 공사계약에 대한 개념 정도만 이해하면 된다.

② 물품제조 및 구매계약

물품은 완성품을 구매하는 계약(물품구매계약)과 새롭게 제작하는 계약(물품제조계약)으로 나눌 수 있다. 새롭게 제작하는 계약은 제조업으로 등록된 업체만이 입찰에 참여할 수 있다. 실무에서는 완성품을 구매하는 계약을 많이 진행하고 있으며, 새롭게 제작(규격·사양 등)하는 물품제조계약은 규모가 있는 기관에서 주로 실시한다고 보면 된다.

③ 용역계약

용역계약도 공사계약과 동일하게 관련 법령에 따라 일정 수준의 자격을 갖춘 업체만이 입찰에 참여할 수 있다. 용역계약은 기술용역과 일반용역으로 구분하는데 기술용역은 개별 법령에서 정하는 용역(도로, 교통 등)이 해당되고 일반용역은 학술·정보통신·시설관리 등이 해당된다. 용역계약은 실무에서 많이 활용하는 계약이다.

(2) 계약체결 형태별 계약

① 계약금액 지급 시기에 따른 계약종류

☞ 확정계약

계약체결 전에 예정가격을 미리 결정하고 과업 범위 내에서 계약금액을 확정하여 계약을 체결하는 계약으로 실무에서는 일반적으로 많이 사용하고 있는 계약의 종류이다. 별도의 사후정산 절차 없이 과업의 범위 내에서 제시하고 있는 각종 계약이행조건이 충족됐을 경우, 최초 계약한 금액을 가감 없이 지급하는 계약이다. 「국가를 당사자로 하는 계약에 관한 법률」 상에 명시적으로 확정계약이란 용어는 없으나, 동 법률 제11조[182])에 확정계약 원칙을 규정하고 있다. 일반적으로 계약서 작성 시 확정계약이란 용어는 사용하지 않고 별도의 정산 없이 과업 완료 후 계약금액을 지급한다고 하면 확정계약이 체결된 것으로 보고 있다(과업지시서에 명시).

☞ 개산계약

계약목적물의 가격을 미리 정할 수 없을 때에 개략적인 금액으로 계약을 체결하고 이행 완료 후 정산하는 계약이다. 보통 가격이 정해지지 않은 개발 시제품(제작에 장기간 소요되는 특수 물품 및 기계류 등), 해외의 첨단 부품 수입 등에 대한 계약을 할 때 주로 체결하는 계약이다. 개산계약을 할 경우에는 사후정산기준에 대해서 명확하게 정할 필요가 있다. 개산가격 범위 내 정산을 하고 정산기간 및 제출서류(증빙서류) 등에 대해서 분명하게 할 필요가 있다.

☞ 사후원가검토조건부계약

예정가격을 구성하는 일부 비목별 금액을 계약 이행이 완료된 이후에 정산하는 계약을 말한다. 개산계약과의 차이는 개산계약은 전체를 사후정산하지만 사후원가검토조건부계약은 전체 계약에 대한 정산이 아니라, 일부 비목에 대해서만 정산한다는 차이가 있다.

② 계약금액 지급방법에 따른 계약종류

☞ 총액계약

계약목적물의 단가가 아닌 전체에 대하여 총액으로 체결하는 통상적인 계약으로 공공기관에서 주로 체결하는 계약이다. 총액계약은 계약 관련 법령에 명시적으로 나와 있는 법적 용어는 아니고 단가계약에 대한 대비되는 개념으로 사용하고 있다.

☞ 단가계약

일정 기간 계속하여 제조, 수리, 가공, 매매, 공급, 사용 등의 계약을 할 필요가 있을 때에 단가에 대하여 체결하는 계약이다. 사용 빈도가 높은 품

---

182) 「국가를 당사자로 하는 계약에 관한 법률」 제11조 "계약담당공무원 등은 계약을 체결할 때에 계약금액, 이행기간 등을 명백하게 기재한 계약서를 작성하여야 하며 담당 공무원과 계약상대자가 계약서에 기명하고 날인하거나 서명함으로써 계약이 확정된다."

목에 대하여 주로 체결하는 계약으로 일정 기간 안정적으로 계약목적물을 공급받을 수 있다는 장점이 있다. 다만, 실무적으로는 검사·검수 절차를 철저히 해야 한다는 부담이 있다.

③ 계약기간에 따른 계약종류

☞ 단년도계약

회계연도 내에 계약을 체결하고 이행을 완료하는 계약이다. 일반적으로 공공기관에서는 해당연도에 편성된 예산을 집행해야 하기 때문에 단년도계약을 기준으로 적용하고 있다.

☞ 장기계속계약

임차, 운송, 보관, 전기·가스·수도의 공급 등 그 성질상 수년간 계속하여 존속할 필요가 있거나 이행에 수년을 요 하는 경우에 체결하는 계약이다. 해당연도에 확보된 예산의 범위에서 계약을 하며 차수별(연도별)로 계약을 추진한다.

☞ 계속비계약

완성에 수년도를 요 하는 공사나 제조 및 연구개발사업에 대하여 그 경비의 총액과 연도별 필요금액(연부액)을 정하여 미리 국회의 의결을 얻은 후 체결하는 계약을 말한다. 계속비계약은 총액으로 한 번만 계약하고, 계약서에는 총 공사금액과 연도별 공사에 관한 사항을 명확하게 작성해야 한다.

〈장기계속계약 및 계속비계약 비교〉

구분		장기계속계약	계속비계약
근거 법령		「국가를 당사자로 하는 계약에 관한 법률」 제21조 및 동시행령 제69조	
확정 여부	사업내용	확정	확정
	예산	미확보 (해당연도 예산만 확정)	확보 (국회에서 총액과 연부액 미리 편성)
계약체결		회계연도 예산 범위 내에서 매년 계약	총 금액으로 계약체결 (계약서상 연차별 공사내역 표기)

(3) 경쟁 형태별 계약

① 경쟁입찰계약

공공기관은 관련 법령에서 정하는 기준을 제외하고는 모든 업체가 동등한 입장에서 공공기관이 발주하는 사업에 참여할 수 있는 기회를 제공해야 한다(일반경쟁 입찰이 원칙). 다만, 「국가를 당사자로 하는 계약에 관한 법률」 제7조 또는 관계 법령에 따라 계약의 목적과 성질, 규모, 지역 특수성 등을 고려하여 필요하다고 인정하는 경우에는 제한경쟁, 지명경쟁, 수의계약 등의 형태로 계약을 체결할 수 있도록 하고 있다.

☞ **일반경쟁계약**

불특정 다수를 대상으로 경쟁입찰을 실시하여 가장 유리한 조건을 제시한 업체와 계약을 체결하는 것을 말한다. 단순하면서도 공정한 절차이고 가격경쟁에 따른 예산절감도 가능하다. 다만, 부적합자 응찰이 가능하고 경쟁 과열로 용역·공사의 부실화가 우려될 수도 있다.

☞ **제한경쟁계약**

공공기관에서 가장 많이 활용하는 계약 형식이다. 계약의 목적과 성격, 규모, 지역 등을 고려하여 관련 법령에 따라 입찰 참가자의 자격 기준을 제한하여 입찰을 실시하고 낙찰자를 선정하는 계약을 체결하는 방식이다. 사전에 입찰 자격기준을 정하여 부적격자 참여를 배제하여 과업을 수월하게 추진할 수 있는 장점이 있으나, 자격 기준에 따른 이해관계자의 반발이 있을 수 있다. 그래서 입찰 자격기준을 정할 때 반드시 관계 법령에서 제한하는 기준을 숙지[183]하여 입찰을 추진해야 한다.

☞ **지명경쟁계약**

계약 목적을 달성하기 위해 특정한 능력을 보유하고 있는 특정 다수 인을

---

183) 입차의 자격기준에 따라 업체 간의 참여 기회를 사전에 배제하는 것이기 때문에 감사에서 중점적으로 확인하는 계약이다. 일반적으로 공공기관에서 많이 활용하는 계약이기 때문에 사전에 자격 기준에 대한 이해가 있어야 하고 정부의 각종 지침('정부 입찰·계약집행 기준' 등)도 숙지해야 계약에 대한 감사에서 문제화가 되지 않는다.

지명하여 입찰에 참가시키고 낙찰 방법에 따라 계약상대자와 계약을 체결하는 것을 말한다. 업무추진 절차는 간소화될 수 있으나, 특정 다수 인만 참여하게 됨에 따라 담합의 소지가 있을 수 있다. 지명경쟁계약의 요건은 계약의 성질 또는 목적에 비추어 특수한 설비·기술·자재·물품 또는 실적이 있는 자가 아니면 계약의 목적을 달성하기 곤란한 경우로서 입찰 대상자가 10인이내인 경우가 이에 해당한다.

실무적으로는 공기업 및 준정부기관 같이 특정한 목적을 달성하기 위해 추진하는 과업이 있을 경우에는 지명경쟁계약을 활용할 수 있으나, 규모가 작은 기관(기타공공기관)에서는 지명경쟁계약은 지양하고 있다. 특혜성 시비가 발생할 수 있고 특정한 능력 또는 특정 다수를 대상으로 사업을 추진할 수 있는 과업이 많지 않기 때문이다.

② 수의계약

공공기관에서 일반적으로 가장 유용하게 활용하고 있는 계약의 형태로 관련 법령 및 기관 자체 내규에 따라 수의계약의 범위가 설정되어 있고 이를 적용하여 추진한다. 수의계약은 계약상대자를 경쟁입찰 방법이 아닌 특정인을 계약상대자로 선정하여 계약을 체결하는 것을 말한다. 경쟁계약의 원칙에 예외적인 계약제도로 ①긴급한 사유, ②경쟁불성립, ③중소기업자 직접생산 제품 제조·구매, ④국가유공자, ⑤장애인단체와의 물품 용역계약, ⑥기타 경쟁이 비효율적인 경우(소액[184], 재외공관 현지 물품구매, 방산물자 제조 및 구매 등), ⑦재공고 입찰, ⑧계약해제·해지 등이 수의계약의 사유가 될 수 있다.

수의계약을 할 수 있는 기준은 「국가를 당사자로 하는 계약에 관한 법률」 제7조와 동법 시행령 제26조~제32조, 동법 시행규칙 제32조~제37조, '정부 입찰·계약 집행기준' 제4장에 자세하게 나와 있다. 이를 근거로 각 기관에서는 내부 기준을 정해 수의계약을 추진하고 있다. 수의계약을 하기 위해

---

184) 소액 수의계약은 공공기관에서 가장 많이 활용하는 계약이다. 계약 목적물에 따라 소액의 기준이 달라지는 「국가를 당사자로 하는 계약에 관한 법률 시행령」 제26조 제1 제5호 가목에 소액 수의계약에 대한 금액 기준이 나와 있다. 일반적으로 물품 및 용역계약은 2천만 원 이하(추정가격)로 가능하며 여성기업, 장애인기업, 사회적기업, 마을기업 등과는 5천만 원(추정가격) 이하까지 가능하다.

서는 2인 이상의 견적서를 받아서 최적의 조건을 제시하는 계약상대자와 계약을 체결해야 한다. 다만, 「국가를 당사자로 하는 계약에 관한 법률 시행령」 제30조에 해당하는 사항의 경우에는 1인 견적도 가능하다.

실무적으로는 수의계약이 가장 편하고 쉽게 업무를 추진할 수 있기 때문에 많이 활용하지만 그만큼 위험부담도 있는 게 사실이다. 계약상대자를 공정한 입찰이 아닌 방법으로 선정하기 때문에 계약상대자 선정 시 업무 담당자와 이해관계가 없는 업체를 선정해야 하고 최대한 공정한 업체를 선정할 수 있도록 노력해야 한다. 물론 계약상대자의 선정사유도 구체적으로 명시하여 사업 추진계획에 반영하는 것도 잊으면 안 된다.

(4) 낙찰자 결정방법에 의한 계약[185]

공공기관은 공정하고 투명한 절차에 의해 계약상대자와 공사 및 용역, 구매 등의 계약을 체결해야 한다. 그 방법으로 입찰의 절차를 거치는데 규모가 있는 공기업 또는 준정부기관은 다양한 형태의 방법으로 낙찰자를 선정하지만 기타공공기관 및 규모가 작은 기관 등은 적격심사 낙찰제, 협상에 의한 계약, 2단계 경쟁입찰(규격·가격 동시입찰) 등의 낙찰자 결정방법을 많이 활용하고 있다.

① 적격심사 낙찰제

최저가낙찰제를 보완하기 위해서 1995년 도입된 제도로 입찰자의 계약이행능력을 심사하여 입찰가격이 적정하고 일정 수준 이상의 평점을 받은 업체를 낙찰자로 결정하는 제도이다. 계약상대자가 계약 이행능력이 없거나 부족한 업체가 가격을 낮추어 낙찰되는 것을 예방하고 과업을 성공적으로 추진할 수 있는 신뢰성을 확보하기 위해 추진한다. ①예정가격 이하로서 최

---

185) 낙찰자 결정방법에 의한 계약은 적격심사낙찰제, 종합심사낙찰제, 대형공사 계약(일괄입찰, 대안입찰), 기술제안입찰, 희망수량경쟁입찰, 2단계 경쟁입찰(규격가격 동시입찰), 협상에 의한 계약, 경쟁적 대화에 의한 계약, 품질 등에 의한 낙찰자 결정(종합낙찰제), 유사물의 복수경쟁, 설계공모 등이 있다. 이 결정방법은 적용대상도 상이 하기 때문에 과업을 추진하는 사업 담당자는 계약의 성격과 규모 등을 고려하여 낙찰자 경정방법을 선정하여 추진해야 한다. 낙찰자 결정방법에 의한 계약에 대한 세부적인 참고자료는 감사원에서 2022년에 출간한 '공공계약실무가이드'를 참고하면 된다.

저가격으로 입찰한 자의 순으로 ②당해 계약이행능력을 심사하여 가격점수와 이행능력평가점수를 합한 종합평점이 일정 점수 이상인 자를 ③낙찰자로 선정하게 된다.

〈적격심사 낙찰제 업무 절차〉

❶ 가격입찰	❷ 이행능력평가	❸ 낙찰자 결정
• 낙찰하한율186) 이상으로 투찰한 적격심사 대상자 선정 • 낙찰하한율에 가까운 순으로 심사 우선순위 결정	• 선순위 적격심사대상자(최저입찰자)부터 시공경험, 경영상태, 신임도 등 평가 • 선순위자 통과시 차순위자는 심사 불필요	• 선순위자의 종합평점(가격점수+이행능력평가점수)이 적격통과 점수 이상이면 낙찰자로 결정 • 선순위자의 종합평점 미달시 차순위자 심사

*자료 : 공공계약 실무가이드(감사원, 2022, p195)

② 2단계 경쟁입찰(규격·가격 동시입찰)

미리 적절한 규격 등의 작성이 곤란하거나 기타 계약의 특성상 필요하다고 인정되는 경우 규격 또는 기술 입찰을 실시한 후 적격자에 한해 가격입찰을 실시하여 예정가격 이하로서 최저가격으로 입찰한 자를 낙찰자로 결정하는 제도이다. 물품구매, 물품제도, 용역계약 등에 적용하고 있다. 규격과 가격을 어느 시점에 하느냐에 따라서 '2단계 경쟁입찰'(규격과 가격을 단계별로 입찰)과 '규격·가격 동시입찰'(규격과 가격을 동시 실시)로 구분할 수 있다. 실무에서는 추진 절차가 다소 간소하고 유찰의 위험이 없는 '규격·가격 동시 입찰' 방식을 주로 활용하고 있다.

---

186) 법령에 규정되어 있지는 않으나, 실무적으로 상용하는 용어로 입찰가격을 제외한 비가격요소(이행실적, 기술능력, 재무상태 등)의 평점이 만점임을 전제로 했을 때 적격심사 통과점수를 만족시키는 최저 입찰금액을 의미한다.

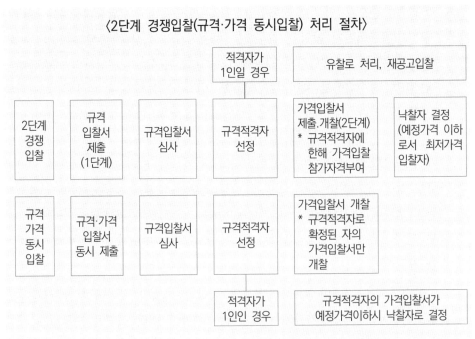

〈2단계 경쟁입찰(규격·가격 동시입찰) 처리 절차〉

				적격자가 1인일 경우	유찰로 처리, 재공고입찰
2단계 경쟁 입찰	규격 입찰서 제출 (1단계)	규격입찰서 심사	규격적격자 선정	가격입찰서 제출.개찰(2단계) * 규격적격자에 한해 가격입찰 참가자격부여	낙찰자 결정 (예정가격 이하 로서 최저가격 입찰자)
규격 가격 동시 입찰	규격·가격 입찰서 동시 제출	규격입찰서 심사	규격적격자 선정	가격입찰서 개찰 * 규격적격자로 확정된 자의 가격입찰서만 개찰	
				적격자가 1인인 경우	규격적격자의 가격입찰서가 예정가격이하시 낙찰자로 결정

*자료 : 공공계약 실무가이드(감사원, 2022, p298)

③ 협상에 의한 계약

실무에서 각종 용역업체를 선정하기 위해 가장 많이 활용하고 있는 방법이다. 다수의 공급자들로부터 제안서를 제출받아 평가한 후 협상 절차를 통하여 가장 유리하다고 인정되는 자와 계약을 체결하는 제도이다. 기획재정부 계약예규인 「협상에 의한 계약체결기준」에 따라 계약 절차를 진행하고 있다. 협상에 의한 계약은 계약 이행의 전문성과 기술성, 공공시설물의 안정성 및 그 밖의 이유로 필요하다고 인정되는 물품 및 용역계약에 적용하고 하고 있고 공사계약에는 미적용하고 있다.

업무절차는 입찰공고(40일 기준, 경우에 따라 10일), 제안요청서 교부 및 제출, 제안서평가[187](평가위원회 개최), 협상적격자 선정, 협상 개시, 협상 성립 및 계

---

187) 평가위원회 구성 및 운영 등에 관한 사항은 기획재정부 예규인 「협상에 의한 계약체결기준」에 따라 추진하며 외부위원 선임 방법은 기관에 따라 다르다. 다만, 일반적으로 적용하는 방법은 매년 분야별로 외부전문가 풀을 구성하고(모집공고 또는 추천) 구성의 필요성이 있을 때 임의 추출 방식(감사부서 입회) 방식으로 외부위원을 선정하는 것이 일반적이다.

약체결의 순으로 업무를 진행한다. 협상 과정에서 우선협상대상자와 협의가 제대로 이루어지지 않았을 경우에는 차순위자와 협상을 통해 계약할 수 있다. 제안서평가는 제안사의 발표에 대해 평가위원들이 제안사의 기술능력을 평가하여 점수화하고 제안사가 제출한 가격점수를 합해서 우선협상대상자를 결정하게 된다. 기술능력평가(70점~90점)와 입찰가격평가(10점~30점) 반영 비율은 일반적으로 80대 20의 비율로 적용하고 가격보다는 기술능력을 갖춘 업체가 필요할 경우에 90대 10으로 정하는 경우도 있다. 이는 계약의 성격과 규모 등을 고려하여 관련 법령에 따라 진행하면 된다. 기술능력평가 항목은 관련 법령에 명시되어있는 평가항목188)을 기준으로 기관에서 조정해 적용하면 된다. 우선협상대상자와 협의를 통해서 최종 이행사항을 협의하고 계약을 체결한다.

우선협상을 진행할 때에는 기관의 입장과 과업의 목적에 대해서 충분한 상호 교감을 가지고 기관에서 요구하는 사항에 대한 설명을 명확하게 해야 한다. 우선협상 과정에서 업체와의 협의가 제대로 이루어지지 않고 계약이 체결될 경우 과업 수행과정에서 잦은 업무 충돌이 발생하여 과업의 목적을 달성하는 데 어려움을 겪을 수 있다. 계약금액과 과업 진행 과정에서 발생할 수 있는 문제 등에 대한 충분한 사전 교감을 가지고 상호 이해가 완료된 상태에서 계약을 체결하는 것이 중요하다. 또한, 정식적인 계약 외에 우선협상서를 작성하여 상호 교감한 내용을 구체적으로 작성하여 차후 발생할 수 있는 분쟁의 소지를 해결할 수 있도록 문서화해야 한다.

---

188) 입찰가격 평점산식 등 상세한 기술능력 및 가격평가 방식은 「협상에 의한 계약체결기준」[별표]에서 정하고 있다.

〈협상에 의한 계약 처리 절차〉

단계	세부내용
입찰	• 집행부서에서 입찰에 필요한 관련 서류 일체 작성 * 집행부서 → 계약부서 입찰 의뢰 • 계약부서 입찰 공고 * 일반적인 경우 입찰 공고 기간은 40일, 필요에 따라 10일의 공고기간 부여
↓	
제안요청서 교부 및 접수	• 입찰기간 동안 제안사 관련 서류 접수 • 계약의 규모와 성격 등에 따라 현장 설명회 가능
↓	
제안서 평가	• 제안서를 제출한 제안사를 대상으로 제안서 평가 개최 * 제안서 평가위원회 구성은 내부위원과 외부위원으로 구성하고 외부위원을 위원장으로 호선(외부위원은 기관에서 가지고 있는 풀 중에서 임의추출방식으로 선정)
↓	
협상적격자 선정	• 기술능력평가와 업체가격평가 점수를 합산하여 우선협상대상자를 선정 • 우선협상대상자 결과 통보는 공문을 통해 실시하고 누리집(홈페이지) 등에 공개
협상 개시 및 협상 성립	• 우선협상대상자와 협상 일자를 협의하고 협상 시작 • 협상 시에는 기관의 입장을 충분히 설명하고 과업 과정에서 발생할 수 있는 사항에 대해서 논의 * 업체 의견도 반영하여 기관에서 받아들일 수 있는 범위 내에서 협상서를 작성 → 협상 과정에서 상호 간의 이견이 발생하여 계약체결이 어려울 경우에는 차순위 업체를 대상으로 협상할 수 있음
계약 체결	• 집행부서에서 우선협상이 완료되면 계약부서는 우선협상대상자와 계약 체결

*자료 : 「공공계약 실무가이드(감사원, 2022., p299~311)」를 재구성함

2. 주요 직무

계약 실무는 크게 ①계약 준비, ②계약 체결, ③계약 이행의 절차로 이루어지나, 물품·용역·공사별로 계약 절차상의 차이는 있을 수 있다. 일반적으로 실무에서 이루어지고 있는 계약 실무 중심으로 설명하도록 하겠다.

1) 계약 준비

공공기관의 모든 행정행위는 계획으로부터 시작된다. 사업이나 행정행위를 추진할 때 기본계획을 집행부서(발주부서, 사업부서)에서 수립하고 그에 따라 계약 업무가 추진된다. 기본계획에는 계약에 필요한 모든 문서와 절차 등을 반영해야 한다. 제한경쟁 또는 수의계약 등으로 계약을 추진할 것인지, 입찰을 통해서 사업을 추진하고자 할 경우에는 그 소요기간과 낙찰자 선정방법은 어떻게 할 것인지 등을 고려해야 하고 계약상대자에게 제시할 제안요청서 및 과업지시서 등은 구체적으로 작성해야 한다. 집행부서 담당자가 계약과 관련해서 실무적인 경험이 부족할 경우에는 계약부서 계약 담당자의 도움을 요청해 계획 단계부터 업무에 착오가 발생하지 않도록 사전 조율 작업은 필요하다. 실무를 하다 보면 집행부서 담당자가 대부분 계약을 어떻게 하는지 계약방법과 절차는 어떻게 되는지 잘 모르는 경우가 많이 있다. 계약부서 담당자와 사전 조율 없이 기관의 최고의사결정자에게 결재를 득한 후 잘못된 계약절차와 방법을 확정하여 계약 담당자에게 계약 요청을 하는 경우가 많이 있기 때문에 기본계획을 수립할 때 반드시 계약 담당자와 사전 조율을 하는 것이 필요하다.

2) 입찰 및 계약

기본계획이 수립되면 집행부서는 계약부서에 입찰 진행을 의뢰하게 된다. 계약부서는 집행부서에서 제출한 관련 서류를 확인한 후 입찰공고를 진행한다. 입찰은 정부(조달청)에서 운영하는 전자조달시스템을 이용하고 있다. 본 공고에 앞서 사전

공고를 통해서 입찰에 대한 문제점이 있는지 입찰에 참여할 업체들의 의견을 듣고 본 공고를 진행한다. 입찰[189]공고는 일반적으로 입찰서 제출 마감일 전날부터 기산[190]하여 7일 전에 하여야 하나, 계약의 종류, 계약규모, 낙찰자 결정방법 등에 따라 공고 시기가 다를 수 있다. 협상에 의한 계약의 경우에는 일반적으로 40일간의 입찰공고 기간을 둔다. 입찰에 참여하는 업체에게 입찰에 들어올 수 있는 기간을 주기 위함이다. 다만, 긴급공고의 사유가 있거나 추정가격이 고시금액 미만일 경우에는 입찰기간을 10일 이내로 단축할 수도 있다. 지난 코로나 19 펜데믹에는 정부의 지침에 따라 업체의 사업 활성화, 빠른 자금 회전 등을 이유로 입찰공고 기간(기존 40일→10일)을 단축했었다.

〈계약별 세부 공고기간〉

구분		기준	공고기간
일반원칙		물품 제조 및 구매 용역	7일
공사 입찰	현장설명을 하는 경우	현장설명을 하는 공사	7일
		입찰참가자격 사전심사 대상 공사	30일
	현장설명을 하지 않는 경우	추정가격 10억 원 미만	7일
		추정가격 10억 원 이상 50억 원 미만	15일
		추정가격 50억 원 이상	40일
긴급공고		5재공고입찰, 예산조기집행, 긴급한 행사 및 재해예방복구 등을 위하여 필요한 경우	5일
• 협상에 의한 계약 • 2단계 경쟁입찰의 규격·가격동시입찰		일반적인 계약	40일
		긴급공고의 사유에 해당하는 경우 추정가격이 고시금액 미만인 경우	10일

*자료 :「공공계약 실무가이드(감사원, 2022., p345~346)」를 재구성함

---

189) 입찰 시에는 입찰에 부치는 사항 및 입찰 또는 개찰의 장소 및 일시, 입찰참가자의 자격에 관한 사항, 입찰보증금 및 국고귀속사항, 낙찰자결정방법, 계약의 착수일 및 완료일, 입찰서의 제출방법 및 절차 등에 대해서 세부적으로 작성하여 입찰 공고를 하게 된다.

190) 입찰공고기간은 중요하다. 기간에 따라서 업체가 입찰에 참여할 수 있는 기회제공에 문제가 발생할 수 있다. 일반적으로 입찰공고 게시일을 제외하고 공고기간은 7일이다. 그리고 입찰서 제출 마감일을 7일에 포함하지 않는다. 예로 공고를 2023년 12월 1일에 했을 경우, 공고기간(7일 적용)은 12월 2일·3일·4일·5일·6일·7일·8일이 되고 입찰서 제출 마감일은 12월 9일이 된다. 즉 입찰공고 게시일과 입찰서 제출 마감일은 공고일에서 제외한다. 다만, 계약의 종류 등에 따라 다를 수 있기 때문에 실무자는 계약종류 및 낙찰자선정방법에 따른 공고기간(기산일 적용 시점)을 잘 숙지해야 한다.

입찰은 2인 이상이 참여해야 유효한 입찰로 성립될 수 있다. 1인이 입찰했거나, 2인 이상이 입찰하였으나 1인만 유효한 입찰 참가자일 경우에도 경쟁입찰이 성립하지 않게 되어 재공고 입찰을 진행해야 한다. 입찰 무효 사유는 「국가를 당사자로 하는 계약에 관한 법률 시행령」 제39조 제4항 및 동 법률 시행규칙 제44조, 기획재정부의 계약예규인 '정부 입찰·계약 집행기준'에 세부적인 사항이 명시되어 있다. 계약 담당자는 입찰 참여 업체가 제출한 입찰서, 법인등기사항 증명서 등 관련 서류를 검토하여 입찰 자격이 있는지와 관련 법령에서 제시하고 있는 입찰 무효 사유에 해당하는지에 대한 세밀한 검토가 필요하다.

계약의 종류에 따라 낙찰자를 선정하는데 적격심사낙찰제를 적용하는 경우에는 이행능력을 평가해 낙찰하한액에 가장 근접한 계약상대자와 계약을 체결하고, 협상에 의한 계약의 경우에는 제안서 평가를 거쳐 우선협상자를 선정해 협상을 통해 계약상대자와 계약을 체결한다. 낙찰자결정방법에 따라 선정기준이 다르기 때문에 관련 법령 및 규정을 숙지하여 낙찰자를 선정해야 한다. 낙찰자 선정 방법은 입찰공고에 명시되어 있는 대로 실무자는 업무를 추진해야 한다.

계약을 체결하기 위해서는 계약서를 작성하는데 계약서에는 계약목적, 금액, 이행기간, 계약보증금, 지체상금 관련 사항 등을 명확하게 기재하여 작성한다(「국가를 당사자로 하는 계약에 관한 법률」 제11조). 계약을 체결할 때에는 계약서 외에 일반조건 및 특수조건, 산출내역서, 설계서(공사)·규격서(물품)·과업지시서(용역), 청렴계약이행 서약서, 계약보증금 지급각서 등을 계약상대자로부터 제출받는다. 계약의 원활한 이행과 혹시 모를 불이행에 대한 손해를 보전하기 위해 계약의 이행보증을 받는데 입찰보증서, 계약보증서 등의 형태로 계약의 종류와 대상 등에 따라 일정비율의 범위 내에서 보험가입금액이 결정된다. 예로 물품 및 용역계약은 계약금액의 10% 이상, 공사계약은 계약금액의 15%를 납부해야 한다. 대부분이 보증보험증권191)(이행보증서)으로 대체해 제출하고 있다.192)

---

191) 보증보험증권은 계약상 의무를 이행할 것을 보증한 기관이 계약상대자를 대신하여 계약상의 의무를 이행하지 아니한 경우에 대신하여 계약금액을 조건에 따라 납부할 것을 보증하는 증권임
192) 「국가를 당사자로 하는 계약에 관한 법률」 제12조

3) 계약 이행

집행부서는 계약 체결이 완료됐다는 계약부서의 공문을 접수하면 과업을 추진한다. 과업지시서 및 제안요청서 상의 내용이 제대로 이행되고 있는지를 지속적으로 확인·점검한다. 용역계약의 경우에는 착수보고와 중간보고, 최종보고를 통해 과업 성과물에 대한 점검을 실시하고 구매계약은 구매물품의 수량과 성능에 대한 검사를 통해서 이상 유무를 확인한다. 계약 이행을 완료하기 위해서는 계약 성과물에 대한 상태를 검증해야 하는데 이를 검사라고 한다. 검사는 계약상대자로부터 계약 이행 완료통지를 받은 날로부터 14일 이내에 계약상대자의 입회하에 검사를 완료해야 한다. 검사의 주체는 계약 담당자가 될 수 있으나 관련 법령상에 전문적 기술 등에 대한 검토가 필요한 사항은 외부 전문기관을 따로 정하여 검사를 실시해야 한다. 감사의 결과물은 검사조서인데 검사조서를 작성하지 않을 경우(계약 금액 3천만 원 이하의 계약 등)에는 기관의 내규상에 반영된 절차대로 업무를 처리해야 한다.

대금의 지급은 검사를 완료한 후 지급하는 경우가 있고, 기성 부분에 대해 지급하는 경우가 있다. 일반적으로 검사가 완료된 이후 계약상대자의 청구를 받은 날로부터 5일 이내 대금을 지급하고 있고 기성(이미 완료된 과업) 부분에 대한 대가는 계약수량, 이행의 전망, 이행기간 등을 고려하여 일정 기간마다 정해서 지급할 수 있다(「국가를 당사자로 하는 계약에 관한 법률」제15조, 동법 시행령 제58조 및 제59조). 계약의 성질상 미리 계약금액을 지급하지 않으면 과업 추진에 지장을 가져올 수 있을 경우에는 선금을 지급하는데 일반적으로 계약금액의 70% 범위 내에서 지급하고 있다. 다만, 계약의 종류와 조건 등에 따라 달리 적용할 수 있다(「국고금관리법 시행령」 제40조, 「정부입찰·계약 집행기준」 제12장).

계약 이행 과정에서 계약상대자가 계약상 의무를 제대로 이행하지 않을 경우에는 계약담당자는 계약보증금을 기관으로 귀속하고 계약을 해제 또는 해지[193]할 수 있다. 일반적으로 적용하는 해제 또는 해지사유는 「국가를 당사자로 하는 계약에 관한 법률」 제5조의3, 동 시행령 제75조에 해당하는 사유가 발생했을 경우 해

---

193) 해제는 당초부터 그 계약이 없었던 것으로 하는 조치이고 해지는 일단 유효하게 성립된 계약으로 당사자 일방의 의사표시에 의하여 계약의 효력을 일정 시점부터 소명시키는 행정행위를 말한다.

제 또는 해지하게 되는데 실무적으로는 해제 또는 해지할 경우 분쟁의 소지가 발생할 수 있어 계약상대자가 계약 이행을 잘할 수 있도록 지속적인 확인 및 점검을 해야 한다.

〈계약업무 추진 절차〉

계약준비(발주부서)	입찰 및 계약(계약부서)	계약이행 (발주·계약부서)

• 계획 수립
  (적용범위, 과업내용,
  계약방법, 추정가격 등)
• 사전절차 이행
  (일상감사, 심위원회 등)
• 계약요청
  (발주부서→계약부서)
	• 사전규격 공개(나라장터)
	• 입찰공고(계약방법 및
	  낙찰자 결정방법에 따라
	  진행)
	• 입찰 및 개찰, 낙찰자
	  선정
	  * 계약방법에 따라
	    입찰기간 및 절차 상이
	  * 낙찰자선정방법에 따라
	    후속조치
	• 계약체결(선금 지급)
		• 계약이행
		  * 계약조건 이행 및
		    계약기간 준수 확인
		• 감사 및 검수
		  * 결과물 완료 여부 확인
		• 대가 지급
		  * 선금 정산, 지체상금
		    확인
		• 계약종료

저자 생각

구매계약관리는 영리를 목적으로 하는 계약상대자와 관련된 직무이다. 집행부서 및 계약부서 담당자가 업무절차와 방법에 대해서 정확한 숙지를 못할 경우 법적 분쟁으로 확대될 수 있기 때문에 업무를 추진하기 위한 계획수립부터 계약이행이 완료될 때까지 관련 법령을 정확하게 숙지하고 기관 내규상의 절차를 확인해 업무를 추진해야 한다.

또한 최근 공공기관의 사회적 책임과 투명경영을 추진하면서 이해관계자에 대한 갑질과 괴롭힘, 부당한 요구, 청렴 및 반부패, 인권존중 등이 강조되고 있다. 이를 반영하여 각 기관에서는 '모범거래모델'을 마련해 실천하고 있는데 업무 담당자는 최근의 추세를 확인하여 업무에 반영했으면 한다.

부록

• 참고자료

참고자료

참고문헌

감사원(2018). 자체감사 통합매뉴얼

감사원(2022). 공공계약 실무가이드. p.38, p195, p298, p299~311, p345~346

고용노동부(2023). 공감채용 가이드북

국가보훈처(2022). 국가유공자 등 채용시험 가점제도 관련 가이드라인

국가정보원(2023). 국가 정보보안 기본지침

국가인권위원회(2014). 인권경영 가이드라인 및 체크리스트

국가인권위원회(2018). 공공기관 인권경영 매뉴얼

국민권익위원회(2013). 기업 윤리경영 지원 활성화 방안

국회예산정책처(2023). 2023년 대한민국 공공기관

기획재정부(2007. 4. 25. 제정). 공공기관의 통합공시에 관한 기준

기획재정부(2011). 공기업·준정부기관 감사매뉴얼. p.14, p.20~21

기획재정부(2013). 방만경영 정상화계획 운용지침

기획재정부(2018. 3. 8. 제정). 공공기관의 혁신에 관한 지침

기획재정부(2018. 3. 8. 제정). 공기업·준정부기관의 경영에 관한 지침

기획재정부(2018. 3. 8. 시행). 공기업·준정부기관 감사 운영규정

기획재정부(2018. 3. 8. 시행). 공기업·준정부기관 임원 보수지침

기획재정부(2022). 예산안 편성 및 기금운용계획안 작성 세부지침

기획재정부(2022). 2023년도 공공기관 경영평가편람

기획재정부(2022). 2023년도 공기업·준정부기관 예산운용지침

기획재정부(2023). 2023년도 예산 및 기금운영계획 집행지침

기획재정부(2023). 공공기관 통합공시 매뉴얼, 전자문서 작성지침

기획재정부(2023. 6. 16. 일부개정) (계약예규) 정부입찰·계약 집행기준

기획재정부(2023. 6. 16. 일부개정) (계약예규) 협상에 의한 계약체결기준

경기도(2019). 경기도가 만든 정책홍보 가이드 홍보야 놀자

서울특별시(2014). 서울시 의전실무편람

기획재정부·고용노동부·인사혁신처(2023. 5.). 공공기관 공정채용 가이드북

하태수(2017). 정권교체기의 정부조직개편. 대영문화사

한국조세재정연구원(2016). 공공기관 관리제도의 이해 1권. p.14, p.23~32

한국조세재정연구원(2016). 공공기관 관리제도의 이해 3권. p.47

행정안전부(2020). 행정업무운영편람. p22~23

행정안전부(2021). 2021 정부의전편람

행정안전부(2021) 정보공개 운영 안내서. p.47

행정안전부(2021. 3. 5. 제정). 행정안전부 국외업무협약 관리 규정

행정학용어표준화연구회(2015). 행정학 용어사전(개정판). 새정보미디어

조달청(2020). 물품분류지침. 조달청고시(제2020-65호)

조달청(2020). 물품관리업무 매뉴얼

참고법령

「감사원법」

「개인정보 보호법」

「건설산업기본법」

「경비업법」

「고용상 연령차별금지 및 고령자고용촉진에 관한 법률」

「고용정책기본법」

「공공감사에 관한 법률」

「공공기관의 운영에 관한 법률」

「공공기관의 정보공개에 관한 법률」

「공공기록물 관리에 관한 법률」

「공유재산 및 물품관리법」

「공직자의 이해충돌 방지법」

「공휴일에 관한 법률」

「국가공무원법」

「국가를 당사자로 하는 계약에 관한 법률」

「국가유공자 등 예우 및 지원에 관한 법률」

「국가재정법」

「국립생태원의 설립 및 운영에 관한 법률」

「국정감사 및 조사에 관한 법률」

「근로기준법」

「근로자의 날 제정에 관한 법률」

「근로자참여 및 협력증진에 관한 법률」

「근로자퇴직급여 보장법」

「기간제 및 단시간근로자 보호 등에 관한 법률」

「남녀고용평등과 일 가정 양립 지원에 관한 법률」

「노동조합 및 노동관계조정법」

「녹색제품 구매촉진에 관한 법률」

「물품관리법」

「보조금 관리에 관한 법률」

「부정청탁 및 금품 등 수수의 금지에 관한 법률」

「부패방지 및 국민권익위원회의 설치와 운영에 관한 법률」

「사회적기업 육성법」

「산업안전보건법」

「선원법」

「소득세법」

「여성기업지원에 관한 법률」

「인천국제공항공사법」

「장애인고용촉진 및 직업재활법」

「장애인기업활동 촉진법」

「정부조직법」

「중소기업제품 구매촉진 및 판로지원에 관한 법률」

「중증장애인생산품 우선 구매 특별법」

「직업안정법」

「채용절차의 공정화에 관한 법률」

「통일교육 지원법」

「통합방위법」

「한국마사회법」

「한국수자원공사법」

「협동조합 기본법」

「형법」

「관공서의 공휴일에 관한 규정」
「국가공무원 복무규정」
「행정업무의 운영 및 혁신에 관한 규정」

보도자료

- "「공공기관 관리체계 개편방안」 마련", 기획재정부(2022. 8. 18. 보도)
- "공공기관 윤리경영 표준모델 확정", 기획재정부(2021. 12. 13. 보도)
- "공공기관 통합공시(Alio) 전면 개편", 기획재정부(2023. 2. 3. 보도)
- "내년부터 공공기관 자녀수당 지급제한을 완화하고, 사업의 타당성평가 기간도 단축" 기획재정부(2023. 12. 14. 보도)
- "자율·책임경영 확대를 위한 공기업·준정부기관 분류기준 및 예비타당성조사 대상기준 상향", 기획재정부(2022. 12. 13. 보도)
- "혁신·도전을 통한 초격차 기술 선점을 위해 과기계 출연연 공공기관 지정해제", 기획재정부(2024. 1. 31. 보도)

인터넷 자료검색

가족친화지원사업(https://www.ffsb.kr/)
기획재정부(https://www.moef.go.kr/)
국립국어원 표준국어대사전(https://stdict.korean.go.kr/)
국립생태원(https://www.nie.re.kr/)
고용노동부(https://www.moel.go.kr/)
공공기관 경영정보 공개시스템(https://www.alio.go.kr/)
네이버 지식백과(https://terms.naver.com/)
인천국제공항공사(https://www.airport.kr/)
정보공개포털(https://www.open.go.kr/)
한국수자원공사(https://www.kwater.or.kr/)
한국마사회(https://www.kra.co.kr/)
행정안전부(https://www.mois.go.kr/)